日本難字異体字大字典

コンパクト版

解読編

井上辰雄　監修

遊子館

監修のことば

日本に中国から漢字が導入され、日本語が記されはじめたのは、五世紀代に遡るといわれている。それは中国系の渡来人が、ヤマト王権の文書を取り扱い、外国文書の作成や、その解読に当たっていたことにはじまると考えられている。

おそらく彼らは、すでに中国の王朝において、日本の固有名詞を表記することに苦慮したすえに、漢字の意味は完全に排除し、ただその音だけを用いて、日本語を表記する方法を考案し、習得していったようである。

たとえば、『魏志倭人伝』には、「日の巫女」と称された邪馬台国の女王を、あえて「卑弥呼」とし、「卑」の文字を用いているが、日本の場合、中国の官人達は、あくまで中華思想的な漢字をことさらに採用して、「卑弥呼」の文字に当てているのがその一例である。この王朝に仕えた中国系の官人、つまり「史」と呼ばれる人達は、それとは逆に、仁徳天皇(大雀命)の「サ」の音をとりだし、「倭王讃」の尊称を案出しているのである。

このように漢字で日本語を表記する努力が蓄積されて、しだいに日本人にも広く普及し、漢字を用いて多くの日本語を記載することが可能となっていくのである。

しかし、中国の華北と華南の地方では、その字音自体がまったく異なり、時代の変遷と共に中国文化を輸入した人達に大いに混乱をもたらしたことも否めない事実であった。

現在でも、儒教の教典は華北系の音、いわゆる漢音で訓むことを原則とするが、仏教のお経は呉音で訓まれている。ご存じのように、孔子は「聖人」と呼ばれるが、親鸞は「聖人」と訓まなければならないのである。

その上、漢字には、篆書や隷書などがあり、古い時代には、多くの異体字が混入している。しかし、日本人は当然のように平然とそれらの言葉を咀嚼してきたのである。

日本人は、平安朝を迎える頃には、堅苦しい漢字よりも、流麗な草書体を好み、漢字を崩して流れるような書体を愛するようになるのである。よく知られるように、平安朝の初め頃に、漢字の草書体を日本語化させて、平仮名を考案することに成功していくのである。一

般には空海の創出とされているが、教典の講義を速記する必要などに迫られて、自然に略字体を作っていったものであろう。

それと並行して、漢字の一部を省略し、日本語の音を表記する方法も考え出され、片仮名が誕生するのである。

まことに日本人は驚くべきほど多くの漢字を導入し、いろいろと苦心をしてきた。現代においても、わたくしたちは、古記録や古文書、

古典文学をひもとくときなど、異体字を含め、多くの漢字の音や意味を知るために苦労させられている。それを克服するためには、便利

な字典が是非とも必要になるのである。

そのため本字典では、昔より刊行されている日本の辞書類（古文書字典を含む）はもとより、中国で刊行された厖大な辞典までも調査し、

異体字の採取につとめ、その本字に遡り、併せて、その古字、同字、俗字などを挙げ、加えて合字や草字を併載することにしたのである。

本字典は、「文字編」と「解読編」の全二冊構成となっており、「文字編」に収録した異体字は一万二千六百余字にのぼり、そのほかに、

草字（くずし字）九千五百余字を含み、それらが、対応する見出し字「新字体・旧字体」四千七百余字に分類され収録されている。「解読編」

では、収録したすべての異体字を総画数順・部首順に配列し、それに対応する見出し字「新字体・旧字体」がすぐ検索できるように工夫

されているので、異体字の解読には至便な構成となっている。

本字典に収録された異体字のなかには、わたくしたちにも見慣れた文字がいくつか発見されるだろう。たとえば、喜寿の「喜」の俗字

である「㐂」もその一つである。また、「伍」は、漢字の数字の壱、弐、参、肆、伍、陸、柒、捌、玖、拾の「伍」である。「伍」の国には、

隊伍のように「組」とか「仲間になる」意が含まれているが、一方において「五」とか「五人組」の「いつつ」を意味する。「伍」の国

字は「㐺」であるが、これは「己の身を分かった子」から案出されたものである。この「倅」の俗字が「伜」であり、「倅」（漢音スイ。

やつれるの意など）は字体が似ていることから起こった誤用による異体字である。

寶は「常用漢字では「宝」であるが、「寶」のなかの文字を抽出して、「珎」「珤」などと略して書かれたこともある。そのため「和同開珎」

という日本最古とされる貨幣は、かつては「ワドウカイホウ」と訓まれたこともあったのである。「和同」は大和産出の銅が原義である。

元明天皇の和銅元（七〇八）年に、武蔵国の秩父郡より、はじめて銅が献上されたのを記念して、「和銅」の年号に改め、これらの銅で

貨幣を作り、「和同開珎」と命名したのである。和同の「同」は「銅」の音を当てた略字であり、「珍」の俗字は「珎」である。

お茶の席で、床の間に「和敬静寂」と書かれた軸が掛けられているのを見るが、その「寂」の字が、よく「㝛」とか「宷」などと書

かれている。「寀」は「寂」の古字で、「宷」はその俗字であることが、この字書からも容易に知ることができる。

また、わたくしたちは常用漢字「寿」の旧字体「壽」の字を、「士にフエ一吋」と覚えさせられたが、この字書を見ると「壽」の古字が意外にも「𠷱」であることが知れるのである。「弓」の間に二つの「エ」と「ロ」が含まれている文字である。

「人間は考える葦だ」とは、よく知られたパスカルの言葉であるが、その「考える」の「考」の文字を、本の題目に「攷」という難しい文字を用いられる方があるが、この「攷」は「考」と同音同義である。

「渡辺」という姓があるが、「辺」はあくまで常用漢字に採用された文字に過ぎず、本字は「邊」であり、よく用いられる「邊」でないことが知られるのである。

「辻」の文字の「辶」は、「辵」が本字であり、「はしる」とか「たたずむ」の意をもっている。現代ではさらに略して「辶」と書かれるが、「辻」はいうまでもなく道の十字路である。ところがこの文字は、中国渡来の漢字ではなく、道が十字に交わる所であるから、「十」の文字を付して作られた国字である。「つじ」は「ちまた（巷、岐）、つまり十字に交わるつちまた」が原義であるから、漢字にならって「辻」という国字を作り出したのである。同様に、山の坂を登り、下るところが「峠」という国字である。ちなみに「とうげ」の本来の意は、「手向け」であろう。

これらは、本字典を無作為にひもといて知られる知識の幾つかに過ぎないのである。漢字は確かに難しいが、よくよく調べていくと、わたくしたちに色々なことを示唆してくれる。

本字典は、古記録や古文書、古典などの歴史・文学資料に書かれている難字・異体字の総覧と解読を目途とした研究者向けの字典として編纂されたものであり、研究者の方々にとっては、資料の読解に欠かせない字書となっている。

その一方で、前述したように、わたくしたち日本人の祖先は、漢字をむしろ玩んできた面もあるのである。その意味で、一般の漢字愛好者の方々も、本字典を気ままにひもとき、漢字のなりたちや、その歴史的背景に想像力をめぐらせ、知的好奇心を発揮して、漢字文化を楽しんでいただければ、本当にありがたいと思っている。

なお、末尾ながら、厖大な数の異体字を墨書していただいた加藤まり子さんの労を多としたい。

監修者　井上　辰雄

編集例言

わが国の古典や古記録・古文書などの史料をひもとくとき、私たちが今日使用している常用漢字を主とした新字体と旧来の字体である旧字体とは著しく字形が異なる「異体字」や、いまや難字ともなった「くずし字（草字）」に出会うことがある。

そして、その文字が、新字体や旧字体のどの漢字に対応した文字なのか分からず、古典や史料の解読に際し、大きな障壁となることが多い。異体字やくずし字の数の多さから、初学者ばかりでなく、研究者にとっても、その解読に苦労することはままあろう。

そのため、本書では、新字体や旧字体と同じ漢字でありながら、字形が異なるために判読が困難な異体字とくずし字を一揃いとして広範に収集し、「異体字＋くずし字」の総覧字典と、異体字の解読字典の二つの機能をもたせた「文字編」と「解読編」の二分冊の編集構成とした。

異体字と総称される字体は、漢字文化の長い歴史の中で多様に生み出されたものであり、なかには筆者の誤記や、略して書かれたものがそのまま文字として広く通用したものも少なくない。

康熙字典を基準とし、漢字の統一をはかった現在の常用漢字（一九八一年告示、前身は当用漢字）を主とした新字体と旧来の字体である旧字体に対し、それらに対応する異体字は計数できないほど多く、異体字のすべてを字典として網羅することは、ほとんど不可能といっても過言ではないであろう。もちろん本書に収録した異体字も代表的なものにとどまっている。

それでも、古典や史料に登場する難字や異体字の解読の壁に突き当たった方々にとって、難解な異体字を検索し、解読できる手がかりとなる字典の存在の意味は大きいと考える。

これらの方々の要望に多少なりとも応えるべく、本書では、後出の「依拠・参考文献」に収録した異体字資料や異体字と異体字の成果を広範囲に統合した漢和辞典や古文書字典などの成果を広範囲に統合し、「文字編」として一万二六〇〇余字の異体字を現行の漢和辞典の見出し漢字に対応させて総覧し、それに加えて中国の古典草字九五〇〇余字を「くずし字」資料として収録した。

さらに「解読編」として、異体字の総画引き検索により、異体字に対応する現行の字体との照合が可能な機能を持たせる編集をほどこした。

厳密にいえば、本書に収録した多くの異体字は、その一字一字が漢字の字形の変遷史の中に厳密に位置づけられるべきものであるが、本書では、異体字を現行の文字と照合するという点に照準を合わせて、先人の成果を纏める範囲にとどめたことをご理解いただきたい。

契文、金文、籀文（大篆）、小篆（篆書）、楷書、行書、草書（草字）などの歴史的な書体、さらに康熙字典を正楷とし、それ以外の本字、古字、同字、俗字などの異体字など、中国に生まれた漢字文化はそのまま日本の文字文化でもあり、その中で、日本独自の国字を含め、多様な漢字が通用してきたことはむしろ自然な成り行きであろう。

逆に考えれば、このことは現在の漢字の統一以前の古典や歴史資料には、異体字が豊富に使用されていることを物語っている。

それは漢字文化の豊かさでもあり、難解さでもあろう。加えて、筆という筆記具によって書かれたくずし字も、その字形の簡略化のため、冒頭に記したごとく、現代人にとっては、書家や言語学・歴史学などの研究者を除いて難字となっている。

私たちが、古典や古記録を除いて難字となっている。私たちが、古典や古記録を未来につなげる重要な営みといえる。その意味で、「異体字＋くずし字」の総覧と、異体字の解読を目途とした本書が、不十分ながらも活用されれば幸いである。

なお、異体字のほとんどは、現行の組版媒体としての活字にはないものであり、本書では、収集した異体字を書家の協力を得て、その筆になる楷書を主として文字組・編集をした。

現在の情報化社会でも活字化されていない異体字の多くを収載しているという点で、本書は貴重な字典の一つともいえよう。

凡　例

一、本書の構成

『日本難字異体字大辞典』は「文字編」と「解読編」の二冊構成よりなる。本書はその「解読編」である。

二、解読編

1　「解読編」は、文字編に収録した異体字の検索字典である。収録した一万二六〇〇余の異体字を「本字」「古字」「同字」「俗字」「合字」（後出「三、異体字の種別」参照）に分類し、それらの略称を付し、総画数順・部首順に配列し、個々の異体字に対応する親字（見出し字）を下段に示した。これによって、難解な異体字に対応する親字を「文字編」で照合することによって、対応する親字のそれ以外の異体字を総覧することができる。なお、検索できるように編集した。

2　本書に収録した異体字に対応する親字（新字体・旧字体を含む）は四七〇〇余である。その親字は、「文字編」と同様に、『新漢語林』（大修館書店）に準拠して、新字体・旧字体の順に表記し、それぞれに一般的な音訓（音はカタカナ、訓は平仮名）を付した。

3　総画数順・部首順の配列が困難な異体字は、

別項を立てて纏め、異体字に対応する親字の総画数順・部首順に配列した。

4　「解読編」の基本的な組体裁は次の通りである。

【例】

四画・又　部

叐 [同] ⇒ 友 ユウ とも

【例】

七画・木　部

杢 [合] ⇒ 木工 もく

【例】

十三画・乙（乚）部

亂 [俗] ⇒ 乱・亂 ラン みだれる

【例】

画数・部首不分明な異体字

⺮ [古] ⇒ 竹 チク たけ

三、異体字の種別

1　異体字の種別については、一定したものがなく、諸説あるが、本書では、『新漢語林』（大修館書店）で定めた種別におおむね準じた。すなわち、『康煕字典』（清の康煕帝の勅命により、『字彙』（明の梅膺祚編の字典）・『正字通』（明の張自烈著の『字彙』にならった字書）に基づいて体系

的に編纂された字書。今日の漢字の規範となっている）で標準とされる字体を正字とし、それと異なる字体の文字を異体字として、次の五つの種別に分類し、草字を加えて収録した。なお、本書では、一般に「譌字」とよばれる誤字、また、同音のため当てられた「通用字」はつとめて削除した。

① 本　字　字源的に忠実で、『説文解字』（後漢の許慎撰になる最古の部首別字書）収録の篆文に従った文字。たとえば「備」に対する「俻」などである。本書では [本] として略記した。

② 古　字　『説文解字』に「古文」と記されている文字と、『康煕字典』などに「古字」と記されている文字。本書では [古] として略記した。たとえば「南」に対する「𢆶」などである。また則天武后による造字（「国・國」に対する「圀」など）は [古・則] と略記した。

③ 同　字　『康煕字典』、『集韻』（宋の丁度らの撰。異体字や異読を収載した韻書）、『正字通』などで「〜に同じ」などと記され、正字と同等に用いられてきた文字。たとえば「婚」に対する「婚」などである。「別体」ともいう。本書では [同] として略記した。

④ 俗　字　正字が公式の場で用いられてきたのに対して、通俗的に広く用いられてきた文字。その多くは、字画の一部を省略・簡略化したもの（たとえば「幾」に対する「㡬」な

ど）や、同音の簡略な文字に置き換えたりしたもの（たとえば「糧」に対する「粮」など）で、いわゆる「略字」といわれるものである。本書では【俗】として略記した。

⑤合字　親字二字を一字とした異体字である。たとえば「木工」に対する「杢」などである。本書では、【合】と略記し、別項を立てて纏めた。

⑥草字　草字（草書）と呼ばれる「くずし字」は、楷書体の親字を特定することが困難なほど簡略・抽象化した文字が多く、異体字と同様、書家や国語学・歴史学などの研究者以外の現代人にとってはまさに「難字」といえるものとなっている。本書では、掲出した異体字の親字に対応した草字（中国の古典より採字）を、異体字の末尾に収録した。本書では【草】として略記した。

四、異体字の検索について

1　収録した異体字は、本書が依拠した『新漢語林』にも、また通常の漢和辞典にも親字として収録されていない文字であり、異体字の総画数および部首の選定は、通常の漢和辞典に近いものを選定した。特に部首については、該当する部首が複数あるものもあり、視覚的に近いものを選定した。そのため、めざす異体字が検索できない場合は、総画数においては、前後の画数を、部首においては、複数の部首を検索されたい。

2　収録した異体字の部首配列は、おおむね『新漢語林』に依拠した。ただし、同一ないし分類上同じ部首群として表記されている部首は、検索の混乱を避けるため、一つの部首として統合して表記した。「文字編」の表紙見返しの「部首索引」を参照いただきたい。

依拠・参考文献

杉本つとむ『異体字研究資料集成』雄山閣、一九七五〜九五
（本資料集成には、異体字関連の主要古文献の復刻が収録されている。冒頭に記して、以下、各巻の主な収録文献を記す）

【一巻】新井白石『同文通考』（早大図書館蔵）宝暦一〇年

【二巻】中根元珪編『異体字弁』（無窮会平沼文庫蔵）元禄五年

【三巻】雲石堂叙本編『異体字篇』（国立国会図書館蔵）元禄三年

洛東隠士『正俗字例』（国立国会図書館亀田文庫蔵）享保四年

一心院響誉上人口説・恬養補『刊繆正俗字弁』（国立国会図書館蔵）寛延元年

【四巻】太宰春台編『倭楷正訛』（東京大学文学部国語研究室蔵）宝暦三年

田中道斎著・金田宏編『道斎随筆』（静嘉堂文庫蔵）宝暦七年

岩倉家具編『楷林』（国立国会図書館蔵）寛政五年

【五巻】布山曳編『俗書正譌』（国立国会図書館蔵）寛政一二年

松本愚山編『省文纂攷』（国立国会図書館亀田文庫蔵）享和三年

宇田容編『正楷字覧』（国立国会図書館蔵）天保五年

松井義編『古今字様考』（国立国会図書館白井文庫蔵）

永井勝山編『疑字貫双』（学習院大学図書館蔵）文久元年序

安政四年

【六巻】萩原秋巌編『別体字類』（国立公文書館内閣文庫蔵）明治四年序

小此木観海編『楷法弁体』（無窮会織田文庫蔵）明治一四年

長梅外輯・長三洲校・長古雪書『古今異字叢』（国立国会図書館所蔵）明治一六年

【七巻】竹内某編『異体字彙』（東北大学総合図書館狩野文庫蔵）

近藤西涯『正楷録』（国立国会図書館所蔵）寛延三年序

【八巻】石野正永編『抜萃正俗字弁』（宮内庁書陵部蔵）寛政九年序

岡本保孝編『古今文字』（国立国会図書館蔵）永五年

岡本保孝編『古今字様』（静嘉堂文庫蔵）嘉永五年

中山竹之進編『古字便覧』（無窮会神習文庫蔵）嘉永五年

【九巻】山本格安編『和字正俗通』（国立国会図書館蔵）

『別躰字考』（静嘉堂文庫蔵）

伴直方編『国字考』（静嘉堂文庫蔵）文化一五年序

岡本況斎編『倭字攷』（静嘉堂文庫蔵）

比丘円一編『瑣玉集』（山岸徳平氏蔵）

『小野篁哥字尽』（東大総合図書館蔵）元禄五年

【一〇巻】『異体同字編』（東京大学史料編纂所蔵）

狩谷棭斎『和名類聚抄箋註異体字弁』（国立公文書館内閣文庫・静嘉堂文庫所蔵の複製）

黒柳勲編『俗字略字』（静嘉堂文蔵）明治四三年

【別巻一】顔元孫編『干禄字書』（林大氏蔵）文化一四年刊

張参編著『五経文字』（国立公文書館蔵）文化七年

唐玄度編著『九経字様』（国立公文書館蔵）文化七年

黄元立校『字考』（国立公文書館蔵）慶安二年

李秘園編著『字学七種』（国立公文書館蔵）天保七年

黄虎痴原『字学挙隅』（国立公文書館蔵）光緒一二年

【別巻二】行均著竜龕手鑑（国立公文書館内閣文庫蔵）

【一期一～三巻】市河米庵編『楷行會編』

【一期四巻】関克明・関思亮編『行書類纂』

【一期五巻】源嶧皮編『漢篆千字文』

【一期六巻】木村正辞編『語彙書類』

亀田鵬斎『国字攷』

伴信友『以呂波考』

伴直方『以呂波考』

【二期七巻】顧起潛編『韻書通用字考』

狩谷棭斎編『古京遺文』

【二期八巻】陳士元『古俗字略』

劉復・李家瑞編『宋元以来俗字譜』

　　　　　＊

『殿版・康熙字典』（文淵閣蔵本）文淵書店

東大史料編纂所編『大日本古文書 編年附録』「異字一覧」

中沢宥澄編『国字通解』私家版、一八九三

正宗敦夫『和名類聚抄校誑異体字弁』（国立国会図書館蔵）一九一八

松田舒編『五体字鑑』共益商社書店、一九二一

相田二郎『日本の古文書』岩波書店、一九六一

伊地知鉄男『日本古文書学提要』新生社、一九六六

佐藤進一『古文書学入門』法政大学出版局、一九七一

林英夫・他編『近世古文書解読字典』柏書房、一九七二

杉本つとむ『異体字弁の研究並びに索引』文化書房博文社、一九七二

山田勝美監修『難字大鑑』柏書房、一九七六

上田万年・他編『大字典』講談社、一九七八

佐野光一編『金石異体字典 ：偏類金石文字弁異』雄山閣出版、一九八〇

大槻文彦『大言海』冨山房、一九八二

水野栗原『千字文異体字類』近藤出版社、一九八四

浅井潤子・藤本篤編『古文書大字典』柏書房、一九八七

有賀要延編『難字・異体字典』国書刊行会、
一九八七

蓑毛政雄編『必携草字林』柏書房、一九八九

国士舘大学文学部考古学研究室『正倉院文書異体
字集成』一九九四

日外アソシエーツ編『漢字異体字字典』日外アソ
シエーツ、一九九五

藤堂明保編『学研漢和大字典』学習研究社、
一九九八

諸橋轍次『大漢和辞典（修訂増補）』大修館書店、
二〇〇〇

鎌田正・米山寅太郎『新漢語林』大修館書店、
二〇〇五

小池和夫『異体字の世界:旧字・俗字・略字の漢
字百科』河出書房新社、二〇〇七

協力者

文献資料の調査等、本書の編集にあたり、つぎ
の機関・個人の方々にご協力をいただいた。

国立国会図書館、国立公文書館・内閣文庫、東京
都立中央図書館、麻生九美、太田奈緒子、牟田敏
保

日本難字異体字大字典 【解読編】

本 編

一画

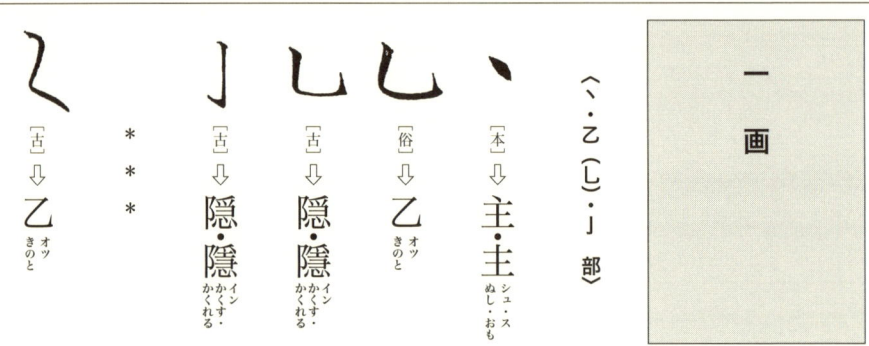

〈丶・乙（乚）・亅 部〉

[本]⇒主・主 シュ・ス ぬし・おも

[俗]⇒乙 オツ きのと

[古]⇒隠・隠 イン かくす・かくれる

[古]⇒隠・隠 イン かくす・かくれる

[古]⇒隠・隠 イン かくす・かくれる

＊＊＊

[古]⇒乙 オツ きのと

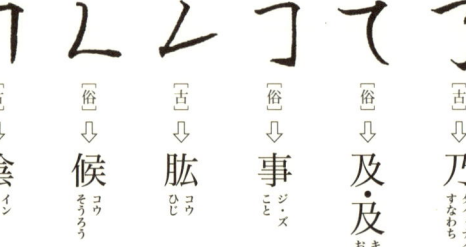

[古]⇒乃 ダイ・ナイ すなわち

[俗]⇒及・及 キュウ およぶ

[俗]⇒事 ジ・ズ こと

[古]⇒肱 コウ ひじ

[俗]⇒候 コウ そうろう

[古]⇒陰 イン かげ・かげる

二画

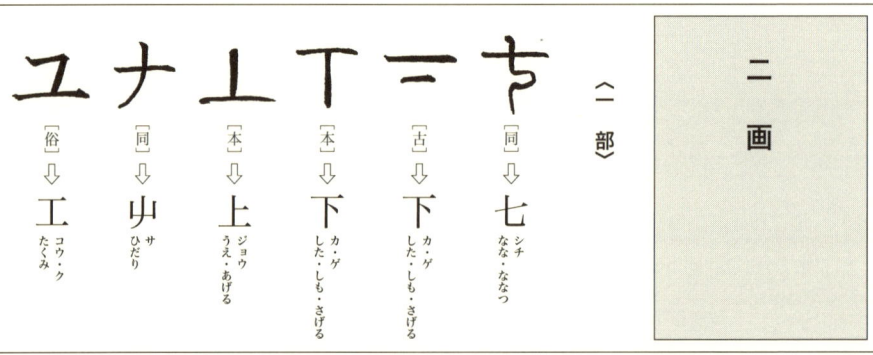

〈一 部〉

[同]⇒七 シチ なな・ななつ

[古]⇒下 カ・ゲ した・しも・さげる

[本]⇒下 カ・ゲ した・しも・さげる

[本]⇒上 ジョウ うえ・あげる

[同]⇒屮 サ ひだり

[俗]⇒工 コウ・ク たくみ

[古]⇒巧 コウ たくみ

[同]⇒町 チョウ まち

[俗]⇒左 サ ひだり

[俗]⇒帳 チョウ とばり

〈丨・丿 部〉

[古]⇒卜 ボク うらなう

[俗]⇒又 ユウ また

[俗]⇒又 ユウ また

[古]⇒五 ゴ いつつ

[本]⇒刈 ガイ かる

乃 〔同〕⇩ 酒　ダイ・ナイ　すなわち

ノ 〔俗〕⇩ 貫　カン　つらぬく

メ 〔俗〕⇩ 貫　カン　つらぬく

〈乙（乚）部〉

丸 〔古〕⇩ 九　キュウ・ク　ここのつ

セ 〔俗〕⇩ 也　ヤ　なり

匕 〔俗〕⇩ 也　ヤ　なり

匕 〔古〕⇩ 化・化　カ・ケ　ばける

乙 〔俗〕⇩ 日　ニチ・ジツ　ひ・か

乙 〔俗〕⇩ 目　め　モク・ボク

乢 〔古〕⇩ 会・會　カイ・エ　あう

二 〔古〕⇩ 上　ジョウ　うえ・あげる

イ 〔同〕⇩ 人　ジン・ニン　ひと

イ 〔俗〕⇩ 伝・傳　デン　つたわる

〈二・人（イ・〈）部〉

儿 〔古〕⇩ 人　ジン・ニン　ひと

儿 〔俗〕⇩ 児・兒　ジ・ニ　こ

ン 〔同〕⇩ 氷　ヒョウ　こおり・ひ

〈几・ン部〉

凵 〔古〕⇩ 匚　ホウ

几 〔本〕⇩ 机　キ　つくえ

刀 〔俗〕⇩ 寅　イン　とら

〈リ・ク・ヒ部〉

リ 〔同〕⇩ 刀　トウ　かたな

ク 〔本〕⇩ 包・包　ホウ　つつむ

ヒ 〔俗〕⇩ 化・化　カ・ケ　ばける

〈匸・匚・十部〉

匸 〔古〕⇩ 放　ホウ　はなす

十 〔古〕⇩ 七　シチ　なな・ななつ

十 〔古〕⇩ 十　ジュウ　とお

十 〔古〕⇩ 什　ジュウ　とお

〈卜（卜）・卩（㔾）部〉

卜 〔古〕⇩ 卜　ボク　うらなう

㔾 〔同〕⇩ 卩　セツ

卩 〔俗〕⇩ 部　ブ

卩 〔古〕⇩ 節・節　セツ・セチ　ふし

〈厂部〉

厂 〔俗〕⇩ 圧・壓　アツ　おさえる

厂 〔俗〕⇩ 雁　ガン　かり

〈厶・又部〉

字	区分	標準字	読み
厂	[俗]	⇒暦・曆	こよみ／レキ
厂	[俗]	⇒歴・歷	へる／レキ
厂	[俗]	⇒鴈	かり／ガン
ム	[本]	⇒私	わたくし／シ
ム	[古]	⇒某	それがし／ボウ
又	[本]	⇒又	また／ユウ
又	[俗]	⇒又	また／ユウ
又	[古]	⇒右	みぎ／ウ・ユウ

＊　＊　＊

字	区分	標準字	読み
ヨ	[古]	⇒又	また／ユウ
乚	[俗]	⇒又	また／ユウ
乞	[俗]	⇒与・與	あたえる／ヨ
巳	[古]	⇒巳	み／シ
巾	[古]	⇒巾	てふき／キン
マ	[俗]	⇒寅	とら／イン
マ	[俗]	⇒部	ブ
乞	[俗]	⇒歟	や／ヨ
丁	[合]	⇒コト	

三画

〈二部〉

字	区分	標準字	読み
北	[同]	⇒九	ここのつ／キュウ・ク
下	[古]	⇒下	した・しも・さげる／カ・ゲ
上	[古]	⇒上	うえ・あげる／ジョウ
万	[俗]	⇒万・萬	よろず／マン・バン
与	[俗]	⇒与・與	あたえる／ヨ
七	[同]	⇒弋	くい／ヨク

字	区分	標準字	読み
ヨ	[同]	⇒丑	うし／チュウ
セ	[古]	⇒且	かつ／ソ
方	[古]	⇒方	かた／ホウ
口	[古]	⇒且	かつ／ソ
幺	[俗]	⇒糸・絲	いと／シ

〈一・丶・丿部〉

字	区分	標準字	読み
小	[古]	⇒小	ちいさい・こ・お／ショウ
凡	[本]	⇒丸	まる・まるい／ガン
勿	[同]	⇒万・萬	よろず／マン・バン
乆	[本]	⇒久	ひさしい／キュウ・ク

ケ 〔同〕⇒ 个 カ

乂 〔俗〕⇒ 刃・刄 ジン は

乇 〔俗〕⇒ 壬 ジン みずのえ

少 〔俗〕⇒ 少 ショウ すくない・すこし

女 〔俗〕⇒ 少 ショウ すくない・すこし

乂 〔俗〕⇒ 義 ギ よい

ケ 〔俗〕⇒ 箋 セン はりふだ

〔乙〔乚〕部〕

几 〔俗〕⇒ 丸 ガン まる・まるい

乞 〔俗〕⇒ 乞 キツ こう

込 〔本〕⇒ 亡・亡 ボウ・モウ ない

川 〔俗〕⇒ 川 セン かわ

乇 〔俗〕⇒ 屯 トン たむろ

乇 〔俗〕⇒ 屯 トン たむろ

凸 〔俗〕⇒ 止 シ とまる・とめる

乇 〔俗〕⇒ 毛 モウ け

亙 〔古〕⇒ 巨・巨 キョ おおきい

乞 〔俗〕⇒ 気・氣 キ・ケ

卂 〔同〕⇒ 迅・迅 ジン はやい

飞 〔俗〕⇒ 飛 ヒ とぶ

乞 〔俗〕⇒ 欺 ヨ や

〔二部〕

亐 〔本〕⇒ 于 ウ おいて

亐 〔同〕⇒ 于 ウ おいて

亐 〔同〕⇒ 于 ウ おいて

亐 〔俗〕⇒ 工 コウ・ク たくみ

干 〔俗〕⇒ 干 カン ほす・ひる

五 〔俗〕⇒ 五 ゴ いつ・いつつ

五 〔俗〕⇒ 五 ゴ いつつ

五 〔俗〕⇒ 五 ゴ いつつ

刁 〔俗〕⇒ 習・習 シュウ ならう

〔二・人〔亻〕・亼部〕

匕 〔俗〕⇒ 亡・亡 ボウ・モウ ない

久 〔俗〕⇒ 久 キュウ・ク ひさしい

久 〔俗〕⇒ 久 キュウ・ク ひさしい

久 〔俗〕⇒ 久 キュウ・ク ひさしい

凶 〔本〕⇒ 亡・亡 ボウ・モウ ない

个 〔同〕⇒ 介 カイ たすける

从 〔俗〕⇒ 頂 チョウ いただき

亼 〔同〕⇒ 集 シュウ あつまる

个 〔同〕⇒ 箇 コ の

〈儿・八（丷）部〉

仁 [俗]⇒ 億 オク・おしはかる

从 [俗]⇒ 頭 トウ・ズ あたま・かしら

兀 [同]⇒ 尢 オウ

尢 [俗]⇒ 允 イン・まこと

分 [俗]⇒ 分 ブン・フン・ブ わける・わかる

〈儿・口部〉

丸 [俗]⇒ 凡 ボン・ハン およそ

凧 [俗]⇒ 風 フウ かぜ

日 [古]⇒ 口 コウ・ク くち

〈刀部〉

勿 [同]⇒ 刀 トウ かたな

双 [俗]⇒ 刃・刀 ジン は

丹 [俗]⇒ 丑 チュウ うし

〈力部〉

勹 [古]⇒ 力 リョク・リキ ちから

勺 [俗]⇒ 力 リョク・リキ ちから

〈十部〉

廿 [俗]⇒ 廿 ジュウ にじゅう

斗 [俗]⇒ 升 ショウ ます

半 [古]⇒ 牛 ギュウ うし

〈厶部〉

厶 [俗]⇒ 幺 ヨウ

云 [古]⇒ 肱 コウ ひじ

〈又部〉

叉 [俗]⇒ 寸 スン

叉 [俗]⇒ 必 ヒツ かならず

叉 [俗]⇒ 義 ギ よい

〈口・口部〉

口 [古]⇒ 丁 チョウ・テイ ひのと

口 [古]⇒ 囲・圍 イ かこむ

口 [古]⇒ 国・國 コク くに

〈土・夂・夊部〉

土 [俗]⇒ 壇 ダン

夊 [俗]⇒ 終・終 シュウ おわる

〈夕部〉

夕 [本]⇒ 夕 セキ ゆう

夕 [俗]⇒ 夕 セキ ゆう

〈寸部〉

才 [俗]⇒ 時 ジ とき

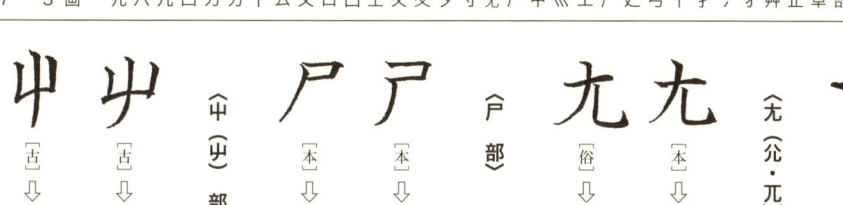

寸 〔俗〕⇩ 等　トウ　ひとしい

〈尢〈尣・兀〉部〉

尢 〔本〕⇩ 尢　オウ

尢 〔俗〕⇩ 尤　ユウ　もっとも

〈尸部〉

尸 〔本〕⇩ 尸　シ　しかばね

尸 〔本〕⇩ 屍　シ　しかばね

〈屮〈屮〉部〉

屮 〔古〕⇩ 左　サ　ひだり

屮 〔古〕⇩ 草　ソウ　くさ

〈巛〈川〉部〉

巛 〔本〕⇩ 川　セン　かわ

巛 〔古〕⇩ 坤　コン　ひつじさる

〈儿部〉

儿 〔俗〕⇩ 訓　クン　おしえる

〈エ・广部〉

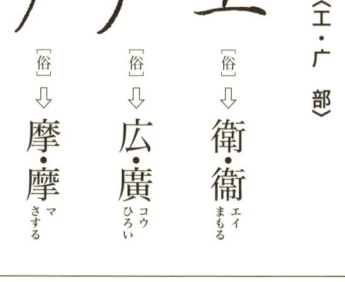

エ 〔俗〕⇩ 衛・衞　エイ　まもる

广 〔俗〕⇩ 広・廣　コウ　ひろい

广 〔俗〕⇩ 摩・摩　マ　さする

广 〔俗〕⇩ 魔・魔　マ　おに

〈廴・弓部〉

弓 〔同〕⇩ 引　イン　ひく

弓 〔古〕⇩ 乃　ダイ・ナイ　すなわち

弓 〔俗〕⇩ 弓　キュウ　ゆみ

〈忄・扌部〉

小 〔同〕⇩ 心　シン　こころ

才 〔俗〕⇩ 裁　サイ　たつ・さばく

扌 〔俗〕⇩ 権・權　ケン・ゴン　はかる

〈氵・犭・艹〈艹〉部〉

シ 〔同〕⇩ 水　スイ　みず

犭 〔同〕⇩ 犬　ケン　いぬ

サ 〔俗〕⇩ 菩　ボ　ほとけぐさ

〈止・阜〈阝〉部〉

止 〔古〕⇩ 止　シ　とまる・とめる

阝 〔同〕⇩ 阜　フ　おか

＊　＊　＊

ヨ 〔古〕⇩ 寸　スン

弓 〔俗〕⇩ 弓　キュウ　ゆみ

马 〔俗〕⇩ 馬　バ　うま・ま

乡 〔俗〕⇩ 郷・郷　キョウ・ゴウ　さと

刁 〔俗〕⇩ 閉　ヘイ　とじる

四画

〔一部〕

丈 [俗] ⇨ 丈 ジョウ たけ

㞷 [古] ⇨ 之 シ ゆく・これ

不 [古] ⇨ 不 フ・ブ ず

刅 [俗] ⇨ 丑 チュウ うし

丘 [同] ⇨ 丘 キュウ おか

丘 [俗] ⇨ 丘 キュウ おか

且 [古] ⇨ 且 ショ かつ

卋 [同] ⇨ 世 セイ・セ よ

帀 [本] ⇨ 匝 ソウ めぐる

礻 [古] ⇨ 示 ジ・シ しめす

示 [古] ⇨ 示 ジ・シ しめす

旨 [古] ⇨ 旨 シ むね

灾 [古] ⇨ 災 サイ わざわい

弁 [古] ⇨ 終・終 シュウ おわる

卅 [合] ⇨ 三十 みそ

卋 [合] ⇨ 三十 みそ

〔丨部〕

书 [俗] ⇨ 書 ショ かく

丰 [俗] ⇨ 豊・豐 ホウ ゆたか

〔亅部〕

牙 [俗] ⇨ 互 ゴ たがい

才 [俗] ⇨ 第 ダイ

才 [俗] ⇨ 第 ダイ

才 [俗] ⇨ 等 トウ ひとしい

〔ノ部〕

尣 [俗] ⇨ 万・萬 マン・バン よろず

乏 [俗] ⇨ 乏 ボウ とぼしい

劣 [俗] ⇨ 劣 レツ おとる

身 [俗] ⇨ 身 シン み

乃 [古] ⇨ 乳・乳 ニュウ ちち

鸟 [俗] ⇨ 鳥 チョウ とり

爻 [合] ⇨ 声聞 せいぶん

〔乙(乚)部〕

也 [古] ⇨ 也 ヤ なり

它 [古] ⇨ 吋 ク・ウ あ

〔丁部〕

〈一部〉

- 乎　〔俗〕⇩　互　ゴ
- 乑　〔俗〕⇩　互　たがい
- 小　〔俗〕⇩　月・月　ゲツ・ガツ　つき

〈二部〉

- 云　〔俗〕⇩　云　いう
- 㐬　〔古〕⇩　五　いつつ
- 㐬　〔俗〕⇩　五　いつつ
- 开　〔俗〕⇩　開　キ
- 亓　〔俗〕⇩　開　キ
- 五　〔古〕⇩　巨・巨　キョ　おおきい

- 王　〔古〕⇩　巨・巨　キョ　おおきい
- 三　〔古〕⇩　四　よん　シ
- 亖　〔古〕⇩　四　よん　シ
- 开　〔俗〕⇩　開　ひらく・あける　カイ
- 云　〔本〕⇩　雲　くも　ウン

〈亠部〉

- 亠　〔俗〕⇩　亡・亡　ない　ボウ・モウ
- 兀　〔俗〕⇩　亢　たかぶる　コウ
- 亣　〔俗〕⇩　開　キ
- 亢　〔俗〕⇩　抗　あらがう　コウ

- 亣　〔古〕⇩　其　その　キ

〈人（イ・𠆢）部〉

- 今　〔古〕⇩　丁　ひのと　チョウ・テイ
- 𠆢　〔本〕⇩　乍　たちまち　サ
- 从　〔俗〕⇩　以　もって　イ
- 仈　〔本〕⇩　氷　こおり・ひ　ヒョウ
- 仌　〔俗〕⇩　同　おなじ　ドウ
- 仝　〔俗〕⇩　行　いく・おこなう　コウ・ギョウ
- 行　〔俗〕⇩　似　にる　ジ
- 伍　〔同〕⇩　酊　てい　テイ
- 仃

- 仓　〔俗〕⇩　倉　くら　ソウ

〈入部〉

- 从　〔本〕⇩　従・従　したがう　ジュウ
- 伞　〔俗〕⇩　傘　かさ　サン
- 仂　〔俗〕⇩　働　はたらく　ドウ
- 介　〔合〕⇩　金剛　こんごう

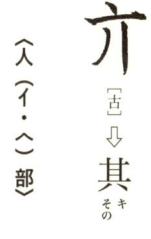
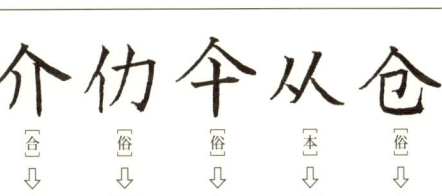

〈儿部〉

- 允　〔同〕⇩　尢　オウ
- 兂　〔俗〕⇩　元　もと　ゲン・ガン
- 凨　〔古〕⇩　州　す　シュウ

〈八（丷）部〉

从 [俗] ⇒ 両・兩（リョウ／ふたつ）

允 [同] ⇒ 尢（オウ）

分 [俗] ⇒ 介（カイ／たすける）

兮 [俗] ⇒ 兮（ケイ）

公 [本] ⇒ 公（コウ／おおやけ）

六 [俗] ⇒ 六（ロク／むっつ）

六 [俗] ⇒ 六（ロク／むっつ）

公 [古] ⇒ 別（ベツ／わかれる）

〈冂部〉

冂 [古] ⇒ 人（ジン・ニン／ひと）

丹 [俗] ⇒ 丹（タン／あか・に）

内 [俗] ⇒ 内・内（ナイ・ダイ／うち）

朮 [俗] ⇒ 月・月（ゲツ・ガツ／つき）

冇 [同] ⇒ 片（ヘン／かた）

冄 [俗] ⇒ 冉（ゼン／よわい）

冈 [俗] ⇒ 同（ドウ／おなじ）

肉 [俗] ⇒ 肉（ニク／しし）

囘 [俗] ⇒ 国・國（コク／くに）

冃 [古] ⇒ 帽・帽（ボウ）

〈儿・冖部〉

兄 [俗] ⇒ 冗（ジョウ／むだ）

火 [俗] ⇒ 四（シ／よん）

〈几部〉

凡 [俗] ⇒ 凡（ボン・ハン／およそ）

凤 [俗] ⇒ 瓦（ガ／かわら）

凤 [俗] ⇒ 鳳（ホウ／おおとり）

〈凵・力部〉

凵 [古] ⇒ 甘（カン／あまい）

丑 [俗] ⇒ 丑（チュウ／うし）

切 [本] ⇒ 切（セツ／きる）

切 [俗] ⇒ 切（セツ／きる）

切 [俗] ⇒ 幼（ヨウ／おさない）

夛 [俗] ⇒ 弁・辨・瓣・辯（ベン／わきまえる）

瓜 [古] ⇒ 似（ジ／にる）

刧 [本] ⇒ 剥（ハク／はぐ）

刃 [古] ⇒ 剥（ハク／はぐ）

刅 [同] ⇒ 截（セツ／たつ・きる）

〈刂・力部〉

〔勹部〕

- 刂 [本] ⇩ 剝 ハク／はぐ
- 分 [俗] ⇩ 分 ブン・フン・ブ／わける・わかる
- 分 [俗] ⇩ 刅 もんめ
- 方 [俗] ⇩ 方 ホウ／かた
- 为 [俗] ⇩ 為・爲 イ／なす
- 为 [俗] ⇩ 為・爲 イ／なす
- 劢 [俗] ⇩ 勧・勸 カン／すすめる
- 劢 [俗] ⇩ 勧・勸 カン／すすめる
- 勹 〔勹部〕
- 勹 [俗] ⇩ 勾 もんめ

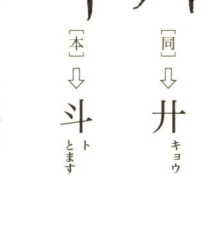

- 勾 [俗] ⇩ 均 キン／ひとしい
- 勾 [同] ⇩ 抱・抱 ホウ／だく・いだく
- 匀 [俗] ⇩ 韻 イン／ひびき

〔匕部〕

- 尢 [古] ⇩ 無 ム・ブ／ない
- 尤 [俗] ⇩ 左 サ／ひだり

〔匸・匚部〕

- 匹 [本] ⇩ 匹・匹 ヒツ／ひき
- 匹 [俗] ⇩ 匹・匹 ヒツ／ひき

- 巨 [俗] ⇩ 巨・巨 キョウ／おおきい

〔十部〕

- 匹 [俗] ⇩ 正 セイ・ショウ／ただしい
- 廾 [同] ⇩ 廾 キョウ
- 斗 [本] ⇩ 斗 ト／とます
- 升 [俗] ⇩ 斗 ト／とます
- 卆 [俗] ⇩ 卒 ソツ／しもべ
- 廿 [合] ⇩ 二十 はた

〔卩(巴)部〕

- 卯 [同] ⇩ 卯 ゴウ・ギョウ
- 卯 [俗] ⇩ 仰 ギョウ／あおぐ

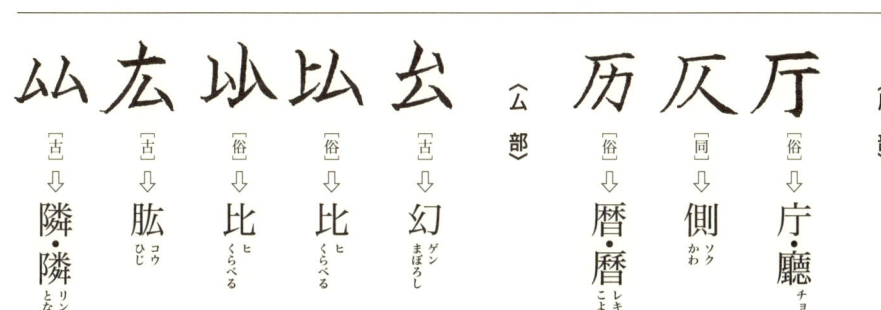

〔厂部〕

- 厅 [俗] ⇩ 庁・廳 チョウ
- 反 [同] ⇩ 側 かわ
- 历 [俗] ⇩ 暦・曆 レキ／こよみ

〔厶部〕

- 去 [古] ⇩ 幻 ゲン／まぼろし
- 㠯 [俗] ⇩ 比 ヒ／くらべる
- 㠯 [俗] ⇩ 比 ヒ／くらべる
- 厷 [古] ⇩ 肱 コウ／ひじ
- 厸 [古] ⇩ 隣・隣 リン／となり

〈又部〉

- 夊 【古】⇩ 及・及（キュウ／およぶ）
- 収 【本】⇩ 廾（キョウ）
- 夋 【同】⇩ 友（ユウ／とも）
- 叉 【同】⇩ 爪（ソウ／つめ）
- 叐 【俗】⇩ 没・沒（ボツ／しずむ）
- 夵 【本】⇩ 肱（コウ／ひじ）

〈口・口 部〉

- 㠯 【古】⇩ 巳（シ／み）
- 曰 【古】⇩ 口（コウ・ク／くち）

〈土・士 部〉

- 囬 【俗】⇩ 円・圓（エン／まるい）
- 回 【古・則】⇩ 日（ニチ・ジツ／ひ・か）
- 土 【俗】⇩ 土（ド・ト／つち）
- 圡 【俗】⇩ 土（ド・ト／つち）
- 壬 【俗】⇩ 閏（ジュン／うるう）

〈夕 部〉

- 夕 【俗】⇩ 多（タ／おおい）
- 歹 【古】⇩ 沽（コ／うる）

〈大 部〉

- 夬 【俗】⇩ 夬（ケツ）
- 太 【本】⇩ 立（リツ・リュウ／たつ）
- 夫 【同】⇩ 伏（フ）

〈女・宀・尢（尣・尢）部〉

- 女 【俗】⇩ 必（ヒツ／かならず）
- 女 【俗】⇩ 安（アン／やすい）
- 无 【同】⇩ 無（ム・ブ／ない）
- 亡 【合】⇩ 室生（むろう）

〈屮（㞢）部〉

- 屮 【古】⇩ 之（シ／ゆく・これ）

- 屯 【俗】⇩ 屯（トン／たむろ）
- 屯 【俗】⇩ 頓（トン）

〈山 部〉

- 山 【俗】⇩ 山（サン／やま）
- 屵 【同】⇩ 蓋（ガイ／おおう・ふた）

〈巛（川）・巾 部〉

- 州 【古】⇩ 州（シュウ／す）
- 帀 【俗】⇩ 万・萬（マン・バン／よろず）
- 帀 【俗】⇩ 印（イン／しるし）
- 帀 【俗】⇩ 幣・幣（ヘイ／ぬさ）

〈玄・幵 部〉

- 糸　〔古〕⇩ 玄　ゲン・くろ
- 幺　〔俗〕⇩ 糸・絲　シ・いと
- 幵　〔俗〕⇩ 等　トウ・ひとしい

〈弋 部〉

- 弌　〔古〕⇩ 一　イチ・イツ／ひと・ひとつ
- 戉　〔俗〕⇩ 戊　ボ・つちのえ
- 弍　〔同〕⇩ 戎　ジュウ・えびす

〈弓 部〉

- 弖　〔同〕⇩ 氐　テイ・もと

- 弓　〔俗〕⇩ 底　テイ・そこ
- 弓　〔同〕⇩ 巻・卷　カン／まく・まき
- 弓　〔同〕⇩ 弾・彈　ダン・たま
- 弓　〔同〕⇩ 節・節　セツ・セチ／ふし

〈忄・扌 部〉

- 忙　〔俗〕⇩ 憶　オク・おもう
- 扎　〔俗〕⇩ 札　サツ・ふだ
- 矛　〔古〕⇩ 垂　スイ・たれる

〈艸（艹）部〉

- 廾　〔同〕⇩ 廿　ニジュウ・にじゅう

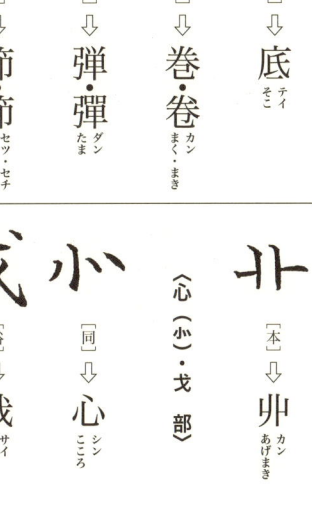

〈心（小）・戈 部〉

- 卝　〔本〕⇩ 丱　カン・あげまき
- 小　〔同〕⇩ 心　シン・こころ
- 戈　〔俗〕⇩ 哉　サイ／や・かな
- 戈　〔俗〕⇩ 幾　キ・いく

〈戸（戶）・支（攵）部〉

- 戸　〔俗〕⇩ 戸・戶　コ・と
- 攵　〔同〕⇩ 攴　ボク
- 攵　〔俗〕⇩ 文　ブン・モン／ふみ

〈斗・方 部〉

- 斗　〔俗〕⇩ 斗　ト・とます
- 斗　〔俗〕⇩ 闘・鬪　トウ・たたかう
- 方　〔俗〕⇩ 方　ホウ・かた

〈旡（旡・无）・日・曰 部〉

- 旡　〔同〕⇩ 毋　ブ・ム／なかれ
- 日　〔俗〕⇩ 曰　ニチ・ジツ／ひ・か

〈木 部〉

- 木　〔俗〕⇩ 木　ボク・モク／き・こ
- ホ　〔俗〕⇩ 等　トウ・ひとしい

〈母 部〉

〈毋 部〉

母 [俗]⇒母 ボ・はは

毋 [本]⇒貫 カン・つらぬく

〈比・气 部〉

比 [俗]⇒比 ヒ・くらべる

气 [古]⇒気・氣 キ・ケ

〈灬・爪（爫・⺥）部〉

灬 [同]⇒火 カ・ひ・ほ

爪 [同]⇒爪 ソウ・つめ

爫 [俗]⇒爪 ソウ・つめ

⺥ [俗]⇒爪 ソウ・つめ

〈父 部〉

父 [同]⇒父 フ・ちち

父 [同]⇒父 ちち

〈牛（牜）部〉

牛 [同]⇒牛 ギュウ・うし

牜 [俗]⇒物 ブッ・モツ・もの

〈玉（王）・瓜 部〉

王 [古]⇒王 オウ・きみ

王 [古]⇒玉 ギョク・たま

瓜 [俗]⇒瓜 カ・うり

〈示（礻）・糸・网（罒・冂）部〉

礻 [俗]⇒示 シ・ジ・しめす

糹 [俗]⇒糾・糾 キュウ・あざなう

冂 [俗]⇒网 ボウ・あみ

＊＊＊

中 [古]⇒才 サイ

灬 [俗]⇒亦 エキ・また

戌 [俗]⇒戌 ジュツ・いぬ

車 [俗]⇒車 シャ・くるま

乐 [俗]⇒楽・樂 ガク・ラク・たのしい

反 [俗]⇒銭・錢 セン・ぜに

片 [合]⇒トキ

比 [合]⇒トモ

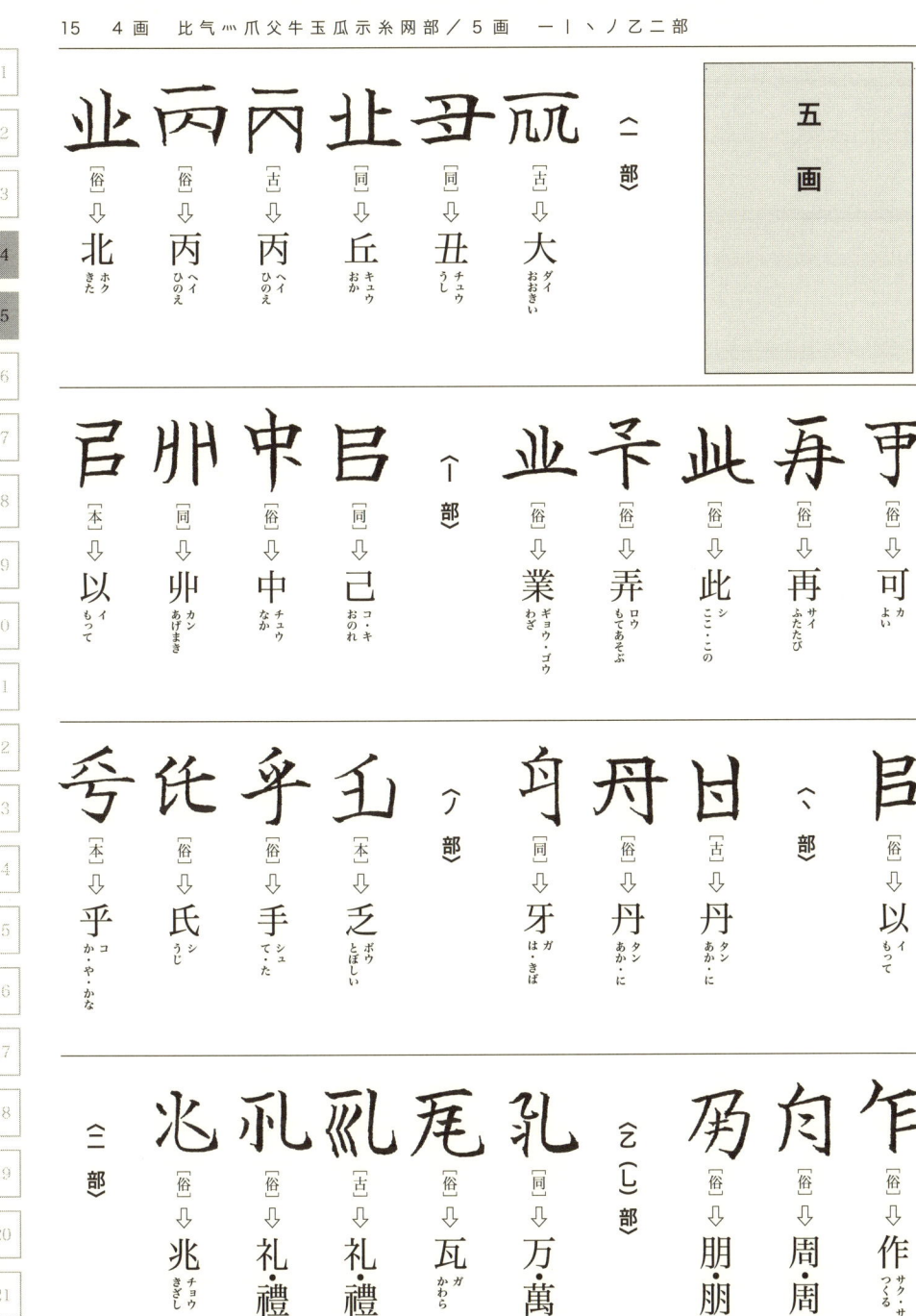

五画

〔一部〕

业 [俗]⇒北 きた
丙 [俗]⇒丙 ひのえ
丙 [古]⇒丙 ひのえ
业 [同]⇒丘 キュウ おか
丑 [同]⇒丑 チュウ うし
兀 [古]⇒大 ダイ おおきい

〔丨部〕

吕 [本]⇒以 イ もって
州 [同]⇒卅 カン あげまき
中 [俗]⇒中 チュウ なか
㠯 [同]⇒己 コ・キ おのれ
业 [俗]⇒業 ギョウ・ゴウ わざ
予 [俗]⇒弄 ロウ もてあそぶ
此 [俗]⇒此 シ ここ・この
再 [俗]⇒再 サイ ふたたび
㸚 [俗]⇒可 カ よい

〔ノ部〕

兮 [本]⇒乎 コ か・や・かな
氏 [俗]⇒氏 シ うじ
乎 [俗]⇒手 シュ て・た
壬 [本]⇒乏 ボウ とぼしい
匀 [同]⇒牙 ガ は・きば
丹 [俗]⇒丹 タン あか・に
日 [古]⇒丹 タン あか・に

〔丶部〕

㠯 [俗]⇒以 イ もって

〔二部〕

兆 [俗]⇒兆 チョウ きざし
礼 [俗]⇒礼・禮 レイ・ライ
乱 [古]⇒礼・禮 レイ・ライ
尾 [俗]⇒瓦 ガ かわら
乳 [同]⇒万・萬 マン・バン よろず

〔乙（乚）部〕

夗 [俗]⇒朋・朋 ホウ とも
肉 [俗]⇒周・周 シュウ まわり
乍 [俗]⇒作 サク・サ つくる

五 [古]⇒乏 ボウ とぼしい

丂 [同]⇒平・平 ヘイ たいら・ひら

冊 [俗]⇒開 カイ ひらく・あける

兂 [本]⇒簪 シン かんざし

（亠部）

氶 [古]⇒永 エイ ながい

玄 [俗]⇒玄 ゲン くろ

亢 [古]⇒抗 コウ あらがう

（人（イ・亻）部）

仟 [同]⇒千 セン ち

忈 [俗]⇒仙 セン

仮 [俗]⇒仞 ジン ひろ

仕 [俗]⇒仕 シ・ジ つかえる

以 [俗]⇒以 イ もって

以 [同]⇒以 イ もって

巨 [本]⇒乍 サ たちまち

攴 [古]⇒支 シ ささえる

今 [俗]⇒今 コン・キン いま

仇 [俗]⇒仇 キュウ あだ・かたき

㐬 [俗]⇒化・化 カ・ケ ばける

竹 [俗]⇒竹 チク たけ

行 [俗]⇒行 コウ・ギョウ いく・おこなう

仰 [俗]⇒印 イン しるし

仝 [古]⇒同 ドウ おなじ

令 [俗]⇒全・全 ゼン まったく

会 [俗]⇒全・全 ゼン まったく

以 [同]⇒用 ヨウ もちいる

伩 [古]⇒奴 ド やっこ・やつ

令 [俗]⇒令 レイ

仚 [俗]⇒仙 セン

尒 [同]⇒爾 ジ なんじ

饮 [同]⇒飼・飼 シ かう

仑 [同]⇒高 コウ たかい

弁 [同]⇒界 カイ さかい

伯 [古]⇒信 シン まこと

犬 [同]⇒長 チョウ ながい

㒰 [俗]⇒金 キン・コン かね・かな

侫 [古]⇒侮・侮 ブ あなどる

刪 [同]⇒作 サク・サ つくる

低 [俗]⇒衣 イ ころも

〔儿部〕

- 似〔俗〕⇨ 儀 ギ のり
- 仅〔俗〕⇨ 儀 ギ のり
- 仟〔俗〕⇨ 儒 ジュ うるおす
- 彷〔俗〕⇨ 攀 ハン よじる
- 毛〔古〕⇨ 失 シツ うしなう
- 充〔本〕⇨ 充 ジュウ あてる
- 充〔俗〕⇨ 充 ジュウ あてる
- 屳〔同〕⇨ 危 キ あぶない
- 夙〔俗〕⇨ 州 シュウ す

〔入部〕

- 父〔同〕⇨ 之 シ ゆく・これ

〔八（丷）部〕

- 全〔俗〕⇨ 同 ドウ おなじ
- 全〔古〕⇨ 全・全 ゼン まったく
- 公〔俗〕⇨ 仙 セン
- 乞〔同〕⇨ 乏 ボウ とぼしい
- 兊〔俗〕⇨ 兌 ダ よろこぶ
- 児〔俗〕⇨ 児・兒 ジ・ニ こ
- 先〔古〕⇨ 長 チョウ ながい

〔冂部〕

- 关〔古〕⇨ 天 テン あめ・あま
- 㚕〔俗〕⇨ 亦 エキ また
- 兰〔俗〕⇨ 蘭・蘭 ラン
- 同〔古〕⇨ 冂 ケイ
- 占〔本〕⇨ 歹 ガツ
- 冊〔同〕⇨ 冊 サツ ふみ
- 冊〔同〕⇨ 冊 サツ ふみ
- 冉〔俗〕⇨ 冉 ゼン よわい
- 用〔俗〕⇨ 用 ヨウ もちいる

〔一・几部〕

- 凷〔本〕⇨ 塊 カイ かたまり
- 目〔本〕⇨ 甘 カン あまい
- 囸〔同〕⇨ 正 セイ・ショウ ただしい
- 凤〔俗〕⇨ 風 フウ かぜ
- 冗〔同〕⇨ 亢 コウ たかぶる
- 同〔古〕⇨ 回 カイ まわる
- 再〔俗〕⇨ 再 サイ ふたたび
- 冉〔俗〕⇨ 再 サイ ふたたび

〈力部〉

功 〔俗〕⇩ 功 コウ・ク いさお
幼 〔俗〕⇩ 幼 ヨウ おさない

〈刂部〉

刈 〔俗〕⇩ 刈 ガイ かる
刊 〔俗〕⇩ 刊 カン けずる
刻 〔同〕⇩ 刻 コク きざむ
刋 〔合〕⇩ ヨリ

〈力部〉

务 〔同〕⇩ 幼 ヨウ おさない

〈勹部〉

匀 〔古〕⇩ 幼 ヨウ おさない
勼 〔同〕⇩ 匈 カツ
匆 〔同〕⇩ 匆 ソウ
匆 〔同〕⇩ 匆 ソウ
包 〔俗〕⇩ 包・包 ホウ つつむ
匆 〔同〕⇩ 忽 ソウ
匆 〔俗〕⇩ 忽 ソウ

〈勹部〉

另 〔俗〕⇩ 別 ベツ わかれる
务 〔俗〕⇩ 幼 ヨウ おさない

〈匕部〉

匂 〔古〕⇩ 翰 カン

北 〔俗〕⇩ 北 ホク きた
兂 〔同〕⇩ 長 チョウ ながい

〈匚匸部〉

区 〔俗〕⇩ 区・區 ク さかい
匡 〔俗〕⇩ 匡 キョウ ただす
匠 〔同〕⇩ 匠 ショウ たくみ
枢 〔同〕⇩ 枢 キュウ ひつぎ

〈十部〉

〈卜(卜)部〉

卞 〔俗〕⇩ 弄 ロウ もてあそぶ

卅 〔合〕⇩ 四十 よそ
毕 〔俗〕⇩ 畢 ヒツ おわる
卋 〔俗〕⇩ 南 ナン・ナ みなみ
卡 〔古〕⇩ 保 ホ たもつ
㐷 〔古〕⇩ 弟 テイ・ダイ おとうと
平 〔同〕⇩ 平・平 ヘイ たいら・ひら
呇 〔同〕⇩ 世 セイ・セ よ
古 〔古〕⇩ 世 セイ・セ よ

〈厂部〉
厄　[俗] ⇩ 厄　ヤク　わざわい
厊　[古] ⇩ 女　ジョ・ニョ　おんな・め
斥　[本] ⇩ 厂　ガン　がけ

〈卩(㔾)部〉
卭　[俗] ⇩ 邛　キョウ
卬　[俗] ⇩ 印　イン　しるし
夘　[俗] ⇩ 卯　ボウ　う

刉　[同] ⇩ 剝　ハク　はぐ
卣　[俗] ⇩ 貞　テイ　ただしい

〈又部〉
匂　[俗] ⇩ 内・內　ナイ・ダイ　うち

〈厶部〉
囱　[俗] ⇩ 向　コウ　むく
去　[俗] ⇩ 能　ノウ　よく・あたう
帚　[同] ⇩ 彝　イ　つね

厈　[同] ⇩ 宇　ウ
厊　[同] ⇩ 辰　シン　たつ
厉　[俗] ⇩ 厲　レイ・ライ　といし
厉　[俗] ⇩ 厲　レイ・ライ　といし

〈口部〉
叮　[俗] ⇩ 丁　チョウ・テイ　ひのと
兄　[俗] ⇩ 兄　ケイ・キョウ　あに
吞　[古] ⇩ 右　ウ・ユウ　みぎ
号　[俗] ⇩ 号・號　ゴウ　さけぶ
旦　[同] ⇩ 只　シ　ただ
名　[俗] ⇩ 召　ショウ　めす

反　[俗] ⇩ 反　ハン・タン　そる
友　[俗] ⇩ 友　ユウ　とも
攲　[俗] ⇩ 夬　ケツ

吕　[俗] ⇩ 召　ショウ　めす
同　[同] ⇩ 用　ヨウ　もちいる
叫　[同] ⇩ 叫・叫　キョウ　さけぶ
叩　[同] ⇩ 扣　コウ　ひかえる
吞　[古] ⇩ 吾　ゴ　われ
名　[俗] ⇩ 吾　ゴ　われ
叶　[古] ⇩ 協　キョウ　かなう
召　[同] ⇩ 招　ショウ　まねく
只　[俗] ⇩ 咫　シ　た
叹　[俗] ⇩ 嘆・嘆　タン　なげく

〔口部〕

- 叩 〔同〕⇓ 殻 カク
- 叨 〔同〕⇓ 饕 トウ むさぼる
- 酉 〔同〕⇓ 四 シ よん
- 四 〔俗〕⇓ 四 シ よん
- 囙 〔俗〕⇓ 因 イン よる

〔土部〕

- 圴 〔俗〕⇓ 切 セツ きる
- 切 〔俗〕⇓ 切 セツ きる
- 𠂇 〔俗〕⇓ 在 ザイ ある

〔土・夂・夊 部〕

- 左 〔俗〕⇓ 在 ザイ ある
- 全 〔俗〕⇓ 至 シ いたる
- 打 〔同〕⇓ 町 チョウ まち
- 去 〔俗〕⇓ 長 チョウ ながい
- 圤 〔同〕⇓ 塊 カイ かたまり
- 𡈼 〔同〕⇓ 尌 シン くむ
- 圣 〔同〕⇓ 聖・聖 セイ・ショウ ひじり
- 圣 〔俗〕⇓ 聖・聖 セイ・ショウ ひじり
- 圣 〔俗〕⇓ 聖・聖 セイ・ショウ ひじり

- 圵 〔同〕⇓ 士 シ さむらい
- 処 〔俗〕⇓ 処・處 ショ おる
- 処 〔同〕⇓ 斉・齊 セイ・サイ ひとしい

〔夕部〕

- 歹 〔同〕⇓ 歹 ガツ
- 夕 〔古〕⇓ 外 ガイ・ゲ そと・ほか
- 夘 〔俗〕⇓ 外 ガイ・ゲ そと・ほか
- 外 〔俗〕⇓ 外 ガイ・ゲ そと・ほか
- 多 〔俗〕⇓ 多 タ おおい
- 夕 〔俗〕⇓ 多 タ おおい

〔大部〕

- 夘 〔俗〕⇓ 卵 ラン たまご
- 太 〔同〕⇓ 太 タ ふとい
- 太 〔同〕⇓ 太 タ ふとい
- 夲 〔本〕⇓ 去 キョ・コ さる
- 尖 〔俗〕⇓ 央 オウ なかば
- 夲 〔俗〕⇓ 本 ホン もと
- 夭 〔古〕⇓ 矢 シ や
- 夭 〔俗〕⇓ 矢 シ や
- 夾 〔本〕⇓ 亦 エキ また

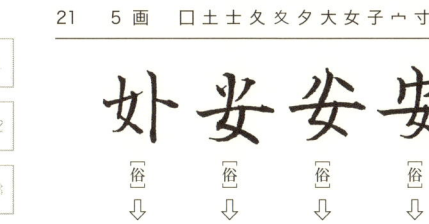

〈女部〉

妠	妄	妄	安
[俗]→娘 むすめ ジョウ	[俗]→安 やすい アン	[俗]→安 やすい アン	[俗]→安 やすい

夳	夫	夫	夶
[同]→泰 やすらか タイ	[俗]→貫 つらぬく カン	[俗]→貫 つらぬく カン	[合]→大才（太歳）たいさい

〈宀部〉

宂	宂	존	存	好	孔	孔
[俗]→冗 むだ ジョウ	[本]→冗 むだ ジョウ	[俗]→孫 まご ソン	[俗]→存 ある ソン・ゾン	[俗]→好 このむ・すく コウ	[同]→孔 あな コウ	[同]→孔 あな コウ

〈子部〉

奶
[俗]→嬭 はは ダイ

〈寸・小（⺌）部〉

尓	劣	末	対
[俗]→爾 なんじ ジ	[俗]→劣 おとる レツ	[俗]→末 すえ マツ	[俗]→対・對 こたえる タイ・ツイ

宁	它	宄	宅	它
[俗]→寧・寧 やすい ネイ	[同]→蛇 へび ジャ・ダ	[俗]→究 きわめる キュウ	[同]→庇 かばう・ひさし ヒ	[同]→他 ほか タ

〈中（⺆）部〉

尻	尼	尼	尼
	[俗]→居 いる キョ	[古]→夷 えびす イ	[古]→尼 あま ニ

〈尸部〉

尼
[古]→仁 ジン・ニ

旡	尬
[同]→尤 もっとも ユウ	[同]→又 また ユウ

〈旡（兂・兀）部〉

尔
[俗]→爾 なんじ ジ

〈山部〉

生 [本]⇩ 生 セイ・ショウ いきる・うまれる

发 [俗]⇩ 発・發 ハツ・ホツ はなつ

炋 [俗]⇩ 歩・歩 ホ・ブ あるく・あゆむ

屮 [俗]⇩ 出 シュツ・スイ でる・だす

屶 [俗]⇩ 幼 ヨウ おさない

舌 [俗]⇩ 正 セイ・ショウ ただしい

屶 [古]⇩ 会・會 カイ・エ あう

屶 [俗]⇩ 劣 レツ おとる

屲 [古]⇩ 危 キ あぶない

屵 [古]⇩ 岳・嶽 ガク たけ

屺 [古]⇩ 屆 コ つきそう

屵 [古]⇩ 歳・歳 サイ・セイ とし

〈工・己(巳・巳)部〉

壬 [古]⇩ 己 コ・キ おのれ

邑 [俗]⇩ 邑 ユウ むら

早 [俗]⇩ 畢 ヒツ おわる

〈巾部〉

吊 [俗]⇩ 弔 チョウ とむらう

希 [同]⇩ 布 フ ぬの

帆 [俗]⇩ 帆 ハン ほ

帅 [俗]⇩ 帥 スイ ひきいる

〈干・广部〉

舌 [古]⇩ 王 オウ きみ

牟 [俗]⇩ 矣 イ かな

広 [合]⇩ トイウ

〈廾部〉

升 [俗]⇩ 升 ショウ ます

升 [俗]⇩ 升 ショウ ます

弁 [俗]⇩ 弄 ロウ もてあそぶ

〈弋部〉

式 [古]⇩ 二 ニ ふた・ふたつ

式 [俗]⇩ 式 シキ のり

成 [俗]⇩ 戌 ジュツ いぬ

〈弓部〉

弘 [同]⇩ 引 イン ひく

弔 [本]⇩ 弔 チョウ とむらう

弔 [同]⇩ 弔 チョウ とむらう

豆 [俗]⇩ 氏 テイ もと

弓 [同]⇩ 巻・卷 カン まく・まき

〈彑〉【ヨ・彑】部

- 叹〔古〕⇒射（シャ・いる）
- 刍〔同〕⇒及・及（キュウ・およぶ）

〈忄〉部

- 忆〔同〕⇒怨（エン・オン・うらむ）

〈扌〉部

- 扪〔古〕⇒収・收（シュウ・おさめる）
- 扣〔古〕⇒巧（コウ・たくみ）
- 扑〔同〕⇒撲（ボク・うつ・ぶつ）
- 扨〔合〕⇒権利（けんり）

〈氵〉部

- 氼〔同〕⇒圦（いり）
- 污〔同〕⇒汚（オ・けがす・きたない）
- 汁〔同〕⇒乳・乳（ニュウ・ちち）
- 氿〔俗〕⇒沱（タ・ダ）
- 汉〔俗〕⇒漢・漢（カン）
- 汉〔俗〕⇒灌（そそぐ・カン）
- 汀〔合〕⇒灌頂（かんじょう）

〈艸〉【艹】部

- 芝〔同〕⇒艾（ガイ・よもぎ・もぐさ）
- 芁〔同〕⇒芁（キュウ）

- 芌〔俗〕⇒芋（いも・ウ）
- 艺〔俗〕⇒芸・藝（ゲイ・わざ）
- 玄〔合〕⇒華厳（けごん）

〈心〉【忄・小】・戈部

- 必〔俗〕⇒必（ヒツ・かならず）
- 戒〔俗〕⇒戎（ジュウ・えびす）
- 戋〔俗〕⇒銭・錢（セン・ぜに）

〈戸〉【戸】・斤・日・曰部

- 戸〔俗〕⇒戸・戸（コ・と）
- 斤〔俗〕⇒斤（キン・おの）

- 百〔本〕⇒昏（コン・くれ）

〈月〉【月】部

- 月〔同〕⇒舟（シュウ・ふね・ふな）
- 肎〔本〕⇒臆（オク・むね）

〈木〉・止・母部

- 术〔俗〕⇒術・術（ジュツ・すべ）
- 此〔俗〕⇒此（シ・ここ・この）
- 冊〔同〕⇒蒙（モウ・こうむる）

〈氏〉・气部

- 氐〔同〕⇒弖（て）

氏 [俗] ↓ 氏 シ・うじ

氐 [本] ↓ 低 テイ・ひくい

氐 [同] ↓ 抵 テイ・あたる

气 [俗] ↓ 気・氣 キ・ケ

〈气(氣)・火 部〉

氷 [同] ↓ 水 スイ・みず

承 [俗] ↓ 丞 ジョウ・たすける

承 [古] ↓ 承 ショウ・うけたまわる

永 [俗] ↓ 流 リュウ・ながれる

灭 [俗] ↓ 滅 メツ・ほろびる

〈爿(丬)・片 部〉

収 [俗] ↓ 収・收 シュウ・おさめる

収 [俗] ↓ 将・將 ショウ・ひきいる

片 [同] ↓ 片 ヘン・かた

〈牙(牙)・犬 部〉

牙 [俗] ↓ 牙 ガ・きば

牙 [俗] ↓ 牙 ガ・きば

犬 [俗] ↓ 泰 タイ・やすらか

〈玄・玉(王) 部〉

玄 [俗] ↓ 玄 ゲン・くろ

刉 [同] ↓ 刔 ケキ

弓 [同] ↓ 斗 ト・とます

厂 [俗] ↓ 闘・鬭 トウ・たたかう

〈田・疋(正) 部〉

电 [俗] ↓ 電 デン・いなずま

疋 [同] ↓ 足 ソク・あし,たりる

疋 [古] ↓ 雅・雅 ガ・みやび

〈疒・矛・四 部〉

疒 [俗] ↓ 病 ビョウ・やまい

矛 [俗] ↓ 柔 ジュウ・ニュウ・やわらか

四 [俗] ↓ 网 ボウ・あみ

〈舟・辵(辶・辶) 部〉

舟 [俗] ↓ 舟 シュウ・ふね,ふな

舟 [俗] ↓ 舟 シュウ・ふね・ふな

辻 [俗] ↓ 辻 つじ

＊＊＊

卯 [俗] ↓ 印 イン・しるし

归 [俗] ↓ 帰・歸 キ・かえる

马 [俗] ↓ 馬 バ・うま

乐 [俗] ↓ 楽・樂 ガク・ラク・たのしい

议 讠

[俗] ⇨ 議
はかる ギ

[俗] ⇨ 譲・讓
ゆずる ジョウ

〔六画〕

〔一部〕

异 [古] ⇒ 与・與 ヨ あたえる

尣 [古] ⇒ 大 ダイ おおきい

㞠 [古] ⇒ 不 フ・ブ ず

㞖 [古] ⇒ 不 フ・ブ ず

㞕 [俗] ⇒ 不 フ・ブ ず

㞟 [俗] ⇒ 不 フ・ブ ず

〔卜部〕

中 [古] ⇒ 中 チュウ なか

圷 [俗] ⇒ 嚇 カク いかる

㐀 [俗] ⇒ 喜 キ よろこぶ

点 [俗] ⇒ 点・點 テン ぼち

為 [俗] ⇒ 為・爲 イ なす

豆 [俗] ⇒ 豆 トウ・ズ まめ

卡 [俗] ⇒ 弄 ロウ もてあそぶ

开 [俗] ⇒ 卯 ボウ う

北 [本] ⇒ 丘 キュウ おか

〔丿部〕

弗 [俗] ⇒ 弗 フツ ず・ドル

兴 [俗] ⇒ 此 シ ここ・この

系 [俗] ⇒ 糸・絲 シ いと

夘 [俗] ⇒ 羽・羽 ウ は・はね

肉 [俗] ⇒ 肉 ニク しし

〔乀部〕

巟 [古] ⇒ 荒・荒 コウ あらい あれる

㢅 [俗] ⇒ 匡 キョウ ただす

去 [俗] ⇒ 能 ノウ よく・あたう

〔乙(乚)部〕

㡇 同 ⇒ 市 シ いち

㠶 [本] ⇒ 兆 チョウ きざし

北 [俗] ⇒ 兆 チョウ きざし

兆 [俗] ⇒ 兆 チョウ きざし

乱 [俗] ⇒ 乱・亂 ラン みだれる

永 [俗] ⇒ 衆 シュウ・シュ おおい

臼 [古] ⇒ 辰 シン たつ

瓜 [本] ⇒ 堆 タイ うずたかい

血 [俗] ⇒ 血 ケツ ち

（一行目）

- 亚　[俗] ⇩ 亜・亞　ア　みにくい
- 缶　[俗] ⇩ 缶・罐　カン
- 亥　[俗] ⇩ 亥　ガイ　い
- 亘　[俗] ⇩ 亘　コウ　わたる
- 亙　[本] ⇩ 亘　コウ　わたる
- 【二部】
- 事　[俗] ⇩ 事　ジ・ズ　こと
- 乱　[俗] ⇩ 稽　ケイ　とどまる
- 乇　[俗] ⇩ 飛　ヒ　とぶ
- 乩　[古] ⇩ 始　シ　はじめる・はじまる

（二行目）

- 交　[俗] ⇩ 交　コウ　まじわる
- 亦　[古] ⇩ 亦　エキ　また
- 玄　[俗] ⇩ 玄　ゲン　くろ
- 永　[同] ⇩ 永　エイ　ながい
- 卤　[俗] ⇩ 凶　キョウ　わるい
- 【亠部】
- 新　[古] ⇩ 新　シン　あたらしい
- 纯　[古] ⇩ 純　ジュン　いと
- 表　[俗] ⇩ 表　ヒョウ　おもて・あらわす
- 疋　[俗] ⇩ 足　ソク　あし・たりる

（三行目）

- 价　[同] ⇩ 介　カイ　たすける
- 伍　[同] ⇩ 五　ゴ　いつつ
- 【人（イ・へ）部】
- 亦　[同] ⇩ 腋　エキ　わき
- 荒　[俗] ⇩ 荒・荒　コウ　あらい・あれる
- 卆　[俗] ⇩ 卒　ソツ　しもべ
- 缶　[俗] ⇩ 缶・罐　カン
- 旨　[俗] ⇩ 旨　シ　むね
- 亥　[俗] ⇩ 亥　ガイ　い
- 夾　[俗] ⇩ 亥　ガイ　い

（四行目）

- 全　[俗] ⇩ 全・全　ゼン　まったく
- 伖　[俗] ⇩ 仰　ギョウ　あおぐ
- 怀　[俗] ⇩ 休　キュウ　やすむ
- 伞　[俗] ⇩ 本　ホン　もと
- 仕　[俗] ⇩ 仙　セン
- 仃　[俗] ⇩ 片　ヘン　かた
- 伏　[同] ⇩ 火　カ　ひ・ほ
- 佽　[同] ⇩ 欠・缺　ケツ　かける・かく
- 佀　[俗] ⇩ 仍　ジョウ　よる
- 偽　[俗] ⇩ 仍　ジョウ　よる

第一段（右から左へ）

- 任 〔俗〕⇩ 任（ニン／まかせる）
- 优 〔俗〕⇩ 佐（サ／たすける）
- 优 〔俗〕⇩ 佐（サ／たすける）
- 伹 〔俗〕⇩ 但（タン／ただし）
- 伍 〔俗〕⇩ 低（テイ／ひくい）
- 仿 〔同〕⇩ 彷（ホウ／さまよう）
- 役 〔同〕⇩ 役（ヤク・エキ／えだち）
- 役 〔同〕⇩ 役（ヤク・エキ／えだち）
- 役 〔同〕⇩ 役（ヤク・エキ／えだち）
- 夼 〔同〕⇩ 災（サイ／わざわい）

第二段

- 价 〔俗〕⇩ 価・價（カ／あたい）
- 佩 〔俗〕⇩ 佩（ハイ／おびる・はく）
- 侮 〔本〕⇩ 侮・侮（ブ／あなどる）
- 侮 〔俗〕⇩ 侮・侮（ブ／あなどる）
- 佊 〔同〕⇩ 帑（ド／かねぐら）
- 仺 〔古〕⇩ 施（シ・セ／ほどこす）
- 仺 〔古〕⇩ 施（シ・セ／ほどこす）
- 伹 〔俗〕⇩ 個（コ）
- 仺 〔古〕⇩ 倉（ソウ／くら）
- 佺 〔俗〕⇩ 倉（ソウ／くら）

第三段

- 伜 〔俗〕⇩ 倅（サイ・ソツ／せがれ）
- 仿 〔同〕⇩ 倣（ホウ／ならう）
- 伦 〔俗〕⇩ 倫（リン／みち）
- 伙 〔古〕⇩ 弱・弱（ジャク／よわい）
- 籴 〔同〕⇩ 弱・弱（ジャク／よわい）
- 炎 〔同〕⇩ 弱・弱（ジャク／よわい）
- 伪 〔俗〕⇩ 偽・僞（ギ／いつわる・にせ）
- 份 〔古〕⇩ 彬（ヒン）
- 灸 〔古〕⇩ 赦（シャ／ゆるす）
- 佡 〔同〕⇩ 躬（せがれ）

第四段

- 伟 〔俗〕⇩ 偉・偉（イ／えらい）
- 从 〔同〕⇩ 衆（シュウ・シュ／おおい）
- 夾 〔同〕⇩ 衆（シュウ・シュ／おおい）
- 伛 〔俗〕⇩ 傴（ウ／かがむ）
- 伤 〔古〕⇩ 傷（ショウ／きず）
- 伙 〔俗〕⇩ 溺（デキ／おぼれる）
- 论 〔俗〕⇩ 論（ロン／あげつらう）
- 优 〔俗〕⇩ 優（ユウ／やさしい）

〈几部〉

- 毛 〔古〕⇩ 女（ジョ・ニョ／おんな）

〈入・八（丷）部〉

兂〔古〕⇒ 天 テン・あめ・あま

兂〔同〕⇒ 天 テン・あめ・あま

兄〔俗〕⇒ 兄 ケイ・キョウ あに

兄〔古〕⇒ 四 シ よん

炎〔本〕⇒ 光 コウ ひかり

先〔俗〕⇒ 先 セン さき

克〔俗〕⇒ 克 コク かつ

兊〔俗〕⇒ 兑 ダ よろこぶ

兊〔俗〕⇒ 兑 ダ よろこぶ

亽〔古〕⇒ 矢 や シ

仐〔俗〕⇒ 中 チュウ なか

失〔俗〕⇒ 失 シツ うしなう

共〔俗〕⇒ 共 キョウ とも

共〔俗〕⇒ 共 キョウ とも

芝〔俗〕⇒ 芝 シ しば

兊〔俗〕⇒ 兑 ダ よろこぶ

矣〔俗〕⇒ 矣 イ かな

矣〔俗〕⇒ 矣 イ かな

并〔同〕⇒ 併・倂 ヘイ あわせる

并〔俗〕⇒ 幷 ヘイ ならぶ

关〔俗〕⇒ 癸 キ みずのと

癸〔同〕⇒ 笑 ショウ わらう

共〔俗〕⇒ 恭 キョウ うやうやしい

关〔俗〕⇒ 関・關 カン せき

兴〔俗〕⇒ 興 コウ・キョウ おこる・おこす

〈冂部〉

冊〔本〕⇒ 冊 サツ ふみ

冊〔俗〕⇒ 冊 サツ ふみ

雨〔俗〕⇒ 両・兩 リョウ ふたつ

雨〔俗〕⇒ 両・兩 リョウ ふたつ

再〔本〕⇒ 再 サイ ふたたび

再〔俗〕⇒ 再 サイ ふたたび

否〔俗〕⇒ 否 ヒ いな

冊〔古〕⇒ 官 カン つかさ

〈冖部〉

冥〔古〕⇒ 天 テン あめ・あま

冝〔俗〕⇒ 旨 シ むね

㲂〔俗〕⇒ 容 ヨウ いれる

农〔俗〕⇒ 農 ノウ

〈冫部〉

汜 ［同］↓ 冱 ゴ／こおる
決 ［俗］↓ 決 ケツ／きめる・きまる
沖 ［俗］↓ 沖 チュウ／おき
冰 ［同］↓ 凝 ギョウ／こる

〈几部〉

夙 ［同］↓ 火 カ／ひ・ほ
光 ［俗］↓ 光 コウ／ひかり
夙 ［俗］↓ 夙 シュク／つとに
兊 ［俗］↓ 兊 ダ／よろこぶ

風 ［俗］↓ 風 フウ／かぜ
禿 ［古］↓ 否 ヒ／いな

〈凵部〉

臼 ［古］↓ 自 ジ・シ／みずから
凹 ［同］↓ 歯・齒 はシ
齿 ［俗］↓ 塊 カイ／かたまり
凾 ［俗］↓ 塊 カイ／かたまり

〈刀部〉

叏 ［俗］↓ 州 シュウ／す
叕 ［俗］↓ 州 シュウ／す

〈刂部〉

初 ［俗］↓ 初 ショ／はじめ
召 ［同］↓ 亟 キョク／すみやか
韧 ［俗］↓ 契・契 ケイ／ちぎる
刘 ［古］↓ 刈 ガイ／かる
刑 ［同］↓ 刑 ケイ
利 ［俗］↓ 利 リ／きく
刜 ［同］↓ 抉 ケツ／えぐる
判 ［俗］↓ 刺 シ／さす
刚 ［俗］↓ 剛 ゴウ／つよい

創 ［古］↓ 創 ソウ／きずつける
刘 ［俗］↓ 劉 リュウ
剹 ［俗］↓ 劉 リュウ
炋 ［俗］↓ 臨 リン／のぞむ

〈力部〉

动 ［俗］↓ 動 ドウ／うごく
务 ［俗］↓ 務 ム／つとめる

〈勹部〉

鼡 ［同］↓ 永 エイ／ながい
匈 ［同］↓ 胸 キョウ／むね・むな

匈
〔同〕⇒
輝
キ
かがやく

〈匕部〉

屁
〔俗〕⇒
喜
よろこぶ

厄
〔同〕⇒
厄
ヤク
わざわい

〈匚・匸部〉

匡
〔同〕⇒
筐
キョウ
かご・かたみ

匧
〔古〕⇒
杯
ハイ
さかずき

匧
〔古〕⇒
抵
テイ
あたる

𠥓
〔俗〕⇒
巨・𢀪
キョ
おおきい

〈十部〉

卉
〔合〕⇒
三十
みそ

古
〔合〕⇒
三十
みそ

卆
〔俗〕⇒
卒
ソツ
しもべ

升
〔同〕⇒
亥
い
ガイ

半
〔俗〕⇒
本
ホン
もと

卉
〔同〕⇒
卉
キ・クツ
くさ

卋
〔同〕⇒
世
セイ・セ
よ

𠀐
〔同〕⇒
世
セイ・セ
よ

卞
〔俗〕⇒
片
ヘン
かた

卍
〔同〕⇒
万・萬
マン・バン
よろず

厌
〔古〕⇒
侯
コウ
まと

厔
〔古〕⇒
吟
ギン
うめく

圧
〔俗〕⇒
圧・壓
アツ
おさえる

〈厂部〉

卵
〔俗〕⇒
卵
ラン
たまご

朵
〔同〕⇒
朶
ダ
えだ

〈卩(㔾)部〉

㑸
〔俗〕⇒
足
ソク
あし・たりる

〈卜(卜)部〉

卌
〔合〕⇒
四十
よそ

贠
〔俗〕⇒
員
イン
かず

父
〔俗〕⇒
参・參
サン
まいる

𢆶
〔俗〕⇒
参・參
サン
まいる

厽
〔俗〕⇒
㣺
やぶさか
リン

牟
〔俗〕⇒
牟
ボウ・ム

厺
〔同〕⇒
去
キョ・コ
さる

厶
〔同〕⇒
去
キョ・コ
さる

〈厶部〉

尿
〔古〕⇒
貨・貨
カ
たから

厌
〔俗〕⇒
侯
コウ
まと

〈攴部〉

- 吏 〔本〕⇒ 史（シ／ふびと）
- 叒 〔俗〕⇒ 吝（リン／やぶさか）
- 受 〔俗〕⇒ 受（ジュ／うつける）
- 癶 〔同〕⇒ 怪（カイ／あやしい）
- 皮 〔同〕⇒ 虔（ケン／つつしむ）

〈口部〉

- 吉 〔俗〕⇒ 吉（キチ・キツ／よい）
- 吘 〔本〕⇒ 呺（ク・ウ／ああ）
- 号 〔古〕⇒ 呺（ク・ウ／ああ）

- 㝵 〔同〕⇒ 呺（ク・ウ／ああ）
- 后 〔俗〕⇒ 后（コウ／きさき）
- 右 〔俗〕⇒ 后（コウ／きさき）
- 右 〔俗〕⇒ 后（コウ／きさき）
- 舌 〔本〕⇒ 舌（ゼツ／した）
- 啔 〔古〕⇒ 舌（ゼツ／した）
- 吾 〔俗〕⇒ 吾（ゴ／われ）
- 㕠 〔俗〕⇒ 谷（コク／たに・や）
- 乭 〔俗〕⇒ 足（ソク／あし・たりる）
- 乭 〔俗〕⇒ 足（ソク／あし・たりる）

- 吒 〔本〕⇒ 咤（タ／しかる）
- 后 〔同〕⇒ 後（ゴ・コウ／のち・うしろ）
- 問 〔俗〕⇒ 問（モン／とう・とい）
- 叩 〔古〕⇒ 訟（ショウ／うったえる）
- 叩 〔古〕⇒ 喧（ケン／かまびすしい）
- 吐 〔同〕⇒ 嘔（オウ／はく）
- 向 〔同〕⇒ 嚮（キョウ／むかう）

〈口部〉

- 囙 〔同〕⇒ 目（モク・ボク／め）
- 囙 〔俗〕⇒ 因（イン／よる）

- 國 〔俗〕⇒ 国・國（コク／くに）
- 圎 〔古〕⇒ 面（メン／おもて・つら）
- 囦 〔古〕⇒ 窓（ソウ／まど）

〈土部〉

- 去 〔俗〕⇒ 夫（フ・フウ／おっと）
- 夌 〔同〕⇒ 夭（ヨウ／わかい）
- 扗 〔俗〕⇒ 在（ザイ／ある）
- 坖 〔古〕⇒ 地（チ・ジ／つち）
- 壵 〔俗〕⇒ 走（ソウ／はしる）
- 坙 〔同〕⇒ 基（キ／もと・もとい）

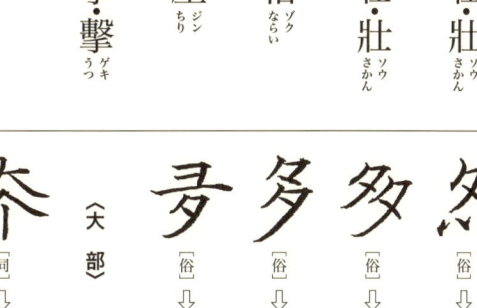

〔土部〕

埕	壮	壯	社	尘	壴
[俗]	[俗]	[俗]	[古]	[古]	[俗]
⇒壮・壯	⇒壮・壯	⇒壮・壯	⇒俗	⇒塵	⇒撃・撃
ソウ／さかん	ソウ／さかん	ソウ／さかん	ゾク／ならい	ジン／ちり	ゲキ／うつ

〈夂・夊部〉

冬	麦	夆
[俗]	[俗]	[古]
⇒灸／キュウ	⇒麦・麥／バク・むぎ	⇒降・降／コウ・おりる

〈夕部〉

叓	夲	炏	肉	夰
[俗]	[俗]	[古]	[俗]	[同]
⇒更／つかさ	⇒本／ホン・もと	⇒比／ヒ・くらべる	⇒内・内／ナイ・ダイ・うち	⇒介／カイ・たすける

夛	夛	夛	夗
[俗]	[俗]	[俗]	[俗]
⇒多／タ・おおい	⇒多／タ・おおい	⇒多／タ・おおい	⇒亦／エキ・また

〈大部〉

奊	奊	夺	夵	夲	炎	夾	衣	夸
[俗]	[俗]	[俗]	[同]	[古]	[俗]	[俗]	[俗]	[本]
⇒霊・靈	⇒霊・靈	⇒奪	⇒套	⇒青・青	⇒災	⇒夾	⇒灰・灰	⇒夷
レイ・リョウ／たま	レイ・リョウ／たま	ダツ／うばう	トウ	セイ・ショウ／あお	サイ／わざわい	キョウ／はさむ	カイ／はい	イ／えびす

〈女部〉

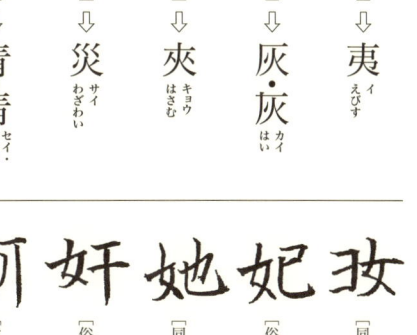

斈		妣	妆	妇	妠	奸	她	妃	妏
[古]		[俗]	[俗]	[俗]	[俗]	[古]	[同]	[俗]	[同]
⇒子	**〈子部〉**	⇒嬢・孃	⇒粧	⇒婦・婦	⇒姫・姫	⇒姦	⇒姐	⇒妃	⇒好
シ／こ		ジョウ／むすめ	ショウ／よそおう	フ	キ／ひめ	カン／よこしま	ソ／あねご	ヒ／きさき	コウ／このむ・すく

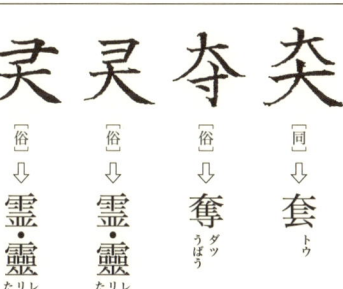

〈子 部〉

〔俗〕⇒ 子 シ・こ

〔同〕⇒ 好 コウ・このむ・すく

〔同〕⇒ 学・學 ガク・まなぶ

〈宀 部〉

〔俗〕⇒ 写・寫 シャ・うつす

〔同〕⇒ 宇 ウ・のき・いえ

〔俗〕⇒ 宇 ウ・のき・いえ

〔同〕⇒ 守 シュ・ス・まもる・もり

〔俗〕⇒ 肉 ニク・しし

〔俗〕⇒ 定 テイ・ジョウ・さだめる

〔同〕⇒ 穹 キュウ・そら

〔俗〕⇒ 突・突 トツ・つく

〔俗〕⇒ 突・突 トツ・つく

〔俗〕⇒ 害・害 ガイ・そこなう

〈寸 部〉

〔俗〕⇒ 尋・尋 ジン・たずねる

〔俗〕⇒ 導・導 ドウ・みちびく

〈小(⺌) 部〉

〔俗〕⇒ 当・當 トウ・あたる・あてる

〔俗〕⇒ 当・當 トウ・あたる・あてる

〔同〕⇒ 叔 シュク・おじ

〔古〕⇒ 貴 キ・とうとい

〈尢(尣・兀)・尸 部〉

〔古〕⇒ 竜・龍 リュウ・たつ

〔同〕⇒ 夭 ヨウ・わかい

〔俗〕⇒ 孕 ヨウ・はらむ

〔俗〕⇒ 尻 コウ・しり

〔俗〕⇒ 尼 ニ・あま

〔俗〕⇒ 尾 オビ

〔古〕⇒ 良 リョウ・よい

〔古〕⇒ 豕 シ・い・いのこ

〔同〕⇒ 身 シン・み

〈屮(屮) 部〉

〔本〕⇒ 逆・逆 ギャク・さからう

〔本〕⇒ 戟 ゲキ・ほこ

〈山 部〉

〔俗〕⇒ 出 シュツ・スイ・でる・だす

〔俗〕⇒ 出 シュツ・スイ・でる・だす

〔俗〕⇒ 岸 ガン・きし

〔古〕⇒ 専・專 セン・もっぱら

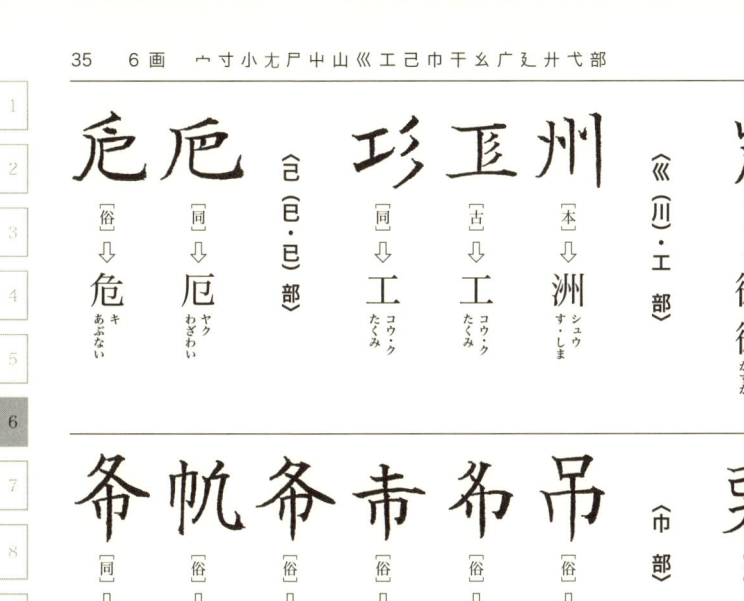

⿱山⿰几乚 〔俗〕⇩ 嵐 ラン あらし

⿱山⿰儿乚 〔俗〕⇩ 微・微 ビ かすか

⿱山儿 〔俗〕⇩ 微・微 ビ かすか

《巛(川)・工部》

州 〔本〕⇩ 洲 シュウ す・しま

⿷匚巳 〔古〕⇩ 工 コウ・ク たくみ

珍 〔同〕⇩ 工 コウ・ク たくみ

《己(巳・已)部》

巵 〔同〕⇩ 厄 ヤク わざわい

⿱⺈巳 〔俗〕⇩ 危 キ あぶない

危 〔俗〕⇩ 危 キ あぶない

⿱⺈巴 〔俗〕⇩ 色 ショク・シキ いろ

⿱己共 〔俗〕⇩ 異・異 イ こと

《巾部》

吊 〔俗〕⇩ 弔 チョウ とむらう

⿱乂巾 〔俗〕⇩ 弔 チョウ とむらう

巿 〔俗〕⇩ 市 シ いち

⿱夂巾 〔俗〕⇩ 布 フ ぬの

帆 〔俗〕⇩ 帆 ハン ほ

⿱夂希 〔同〕⇩ 希 キ まれ

师 〔俗〕⇩ 師 シ

饰 〔俗〕⇩ 飾・飾 ショク かざる

《干・幺部》

秊 〔同〕⇩ 年 ネン とし

⿱𠂉丰 〔俗〕⇩ 年 ネン とし

兹 〔古〕⇩ 玆 ゲン くろい

《广部》

庍 〔俗〕⇩ 斥 セキ しりぞける

序 〔古〕⇩ 宇 ウ のき・いえ

庑 〔古〕⇩ 宅 タク

広 〔同〕⇩ 底 テイ そこ

庀 〔古〕⇩ 度 ド・ト・タク たび

庄 〔俗〕⇩ 莊・荘 ソウ おごそか

庆 〔俗〕⇩ 慶 ケイ よろこぶ

《廴部》

廵 〔俗〕⇩ 巡・巡 ジュン めぐる

⿺廴巛 〔俗〕⇩ 巡・巡 ジュン めぐる

《廾・弋部》

⿱与廾 〔同〕⇩ 与・與 ヨ あたえる

弍 〔同〕⇩ 二 ニ ふた・ふたつ

弐	〈弓部〉	弧	弘	昆	昱	夷	〈互彐部〉	昌	昰
[古] ⇒ 三 サン・み・みっつ		[本] ⇒ 弾・彈 ダン ひく・はず む・たま	[同] ⇒ 弾・彈 ダン ひく・はず む・たま	[古] ⇒ 氐 テイ もと	[俗] ⇒ 氐 テイ もと	[俗] ⇒ 夷 イ えびす		[同] ⇒ 多 タ おおい	[俗] ⇒ 多 タ おおい

归	昌	〈彳部〉	行	社	〈忄部〉	忙	忉	〈扌部〉	扔
[本] ⇒ 抑 ヨク おさえる	[含] ⇒ 縁覚 えんがく		[同] ⇒ 徒 ト かち	[俗] ⇒ 行 コウ・ギョウ いく・おこなう		[本] ⇒ 忙・忙 ボウ いそがしい	[同] ⇒ 忍・忍 ニン しのぶ		[俗] ⇒ 引 イン ひく

扣	扗	扜	扚	扱	扖	扩	托	执	扣
[同] ⇒ 叩 コウ たたく	[俗] ⇒ 在 ザイ ある	[本] ⇒ 存 ソン・ゾン ある	[俗] ⇒ 抃 サ さて	[俗] ⇒ 抃 サ さて	[俗] ⇒ 牡 ボ おす	[俗] ⇒ 拡・擴 カク ひろめる	[同] ⇒ 拓 タク ひらく	[俗] ⇒ 執 シツ とる	[同] ⇒ 控 コウ ひかえる

扫	扬	邜	〈氵部〉	氼	氾	汎	污	汙	江	汽
[俗] ⇒ 掃・掃 ソウ はく	[俗] ⇒ 揚 ヨウ あげる・あがる	[俗] ⇒ 擲 テキ なげうつ		[俗] ⇒ 九 キュウ・ク ここのつ	[同] ⇒ 氾 ハン	[本] ⇒ 汚 オ けがす・きたない	[同] ⇒ 汚 コウ けがす・きたない	[同] ⇒ 江 エ	[同] ⇒ 江 コウ え	[同] ⇒ 汽 キ

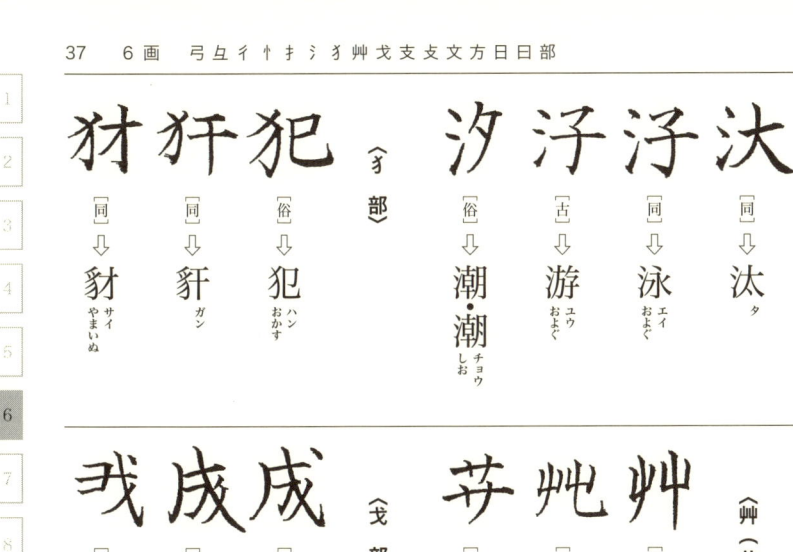

〈氵・犭 部〉

- 汽 〔俗〕⇒ 汽　キ
- 汲 〔俗〕⇒ 汲　キュウ　くむ
- 汱 〔同〕⇒ 汰　タ
- 泳 〔同〕⇒ 泳　エイ　およぐ
- 游 〔古〕⇒ 游　ユウ　およぐ
- 汐 〔俗〕⇒ 潮・潮　チョウ　しお
- 〈犭〉部
- 犯 〔俗〕⇒ 犯　ハン　おかす
- 犴 〔同〕⇒ 犴　ガン
- 犲 〔同〕⇒ 豺　サイ　やまいぬ

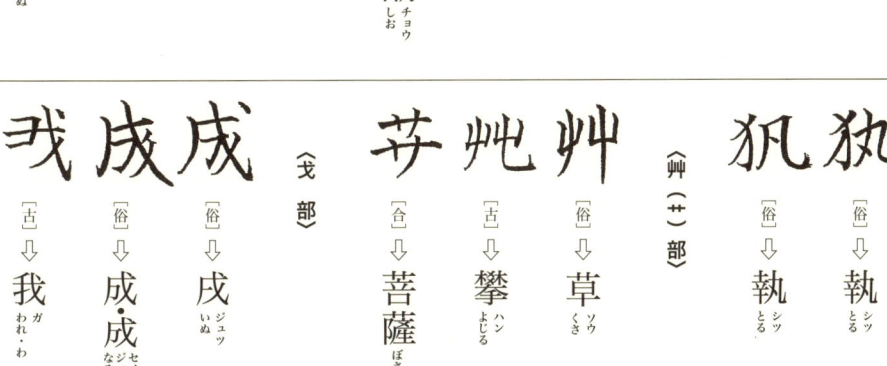

- 独 〔俗〕⇒ 執　シツ　とる
- 犾 〔俗〕⇒ 執　シツ　とる
- 〈艸(艹)〉部
- 屮 〔俗〕⇒ 草　ソウ　くさ
- 屮屮 〔古〕⇒ 攀　ハン　よじる
- 芐 〔合〕⇒ 菩薩　ぼさつ
- 〈戈〉部
- 戌 〔俗〕⇒ 戌　ジュツ　いぬ
- 成 〔俗〕⇒ 成・成　セイ・ジョウ　なる・なす
- 戎 〔古〕⇒ 我　ガ　われ・わ

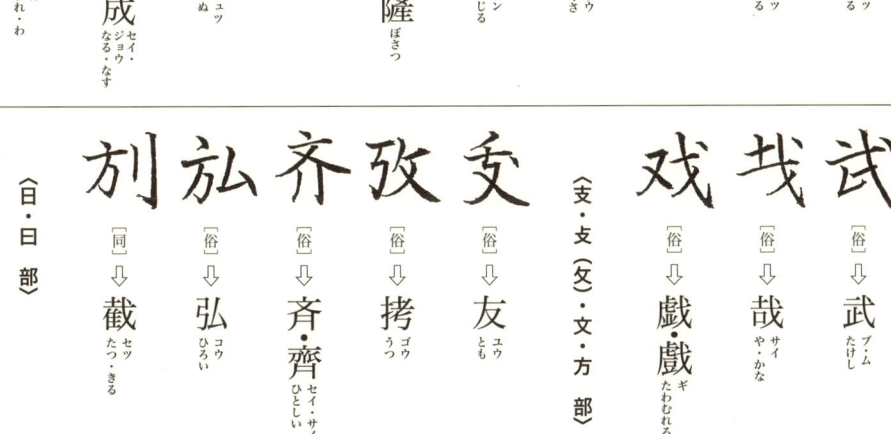

- 武 〔俗〕⇒ 武　ブ・ム　たけし
- 戉 〔俗〕⇒ 哉　サイ　や・かな
- 戏 〔俗〕⇒ 戯・戯　ギ　たわむれる
- 〈支・攴(攵)・文・方 部〉
- 癶 〔俗〕⇒ 友　ユウ　とも
- 攺 〔俗〕⇒ 拷　ゴウ
- 齐 〔俗〕⇒ 斉・齊　セイ・サイ　ひとしい
- 弘 〔俗〕⇒ 弘　コウ　ひろい
- 剕 〔同〕⇒ 截　セツ　たつ・きる
- 〈日・日 部〉

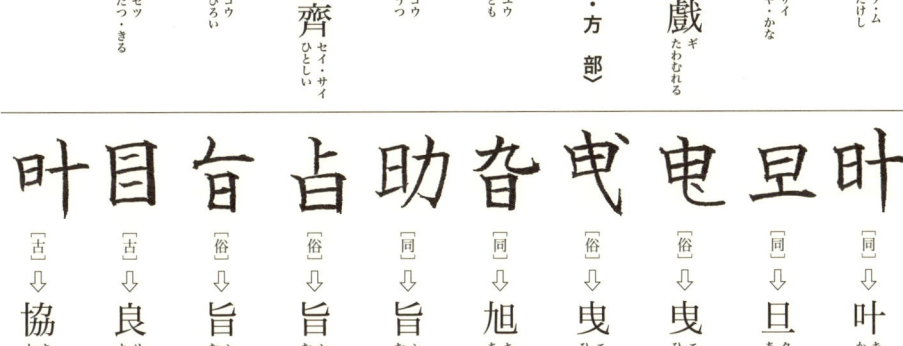

- 叶 〔同〕⇒ 叶　キョウ　かなう
- 旦 〔同〕⇒ 旦　タン　あした
- 电 〔俗〕⇒ 曳　エイ　ひく
- 曳 〔同〕⇒ 曳　エイ　ひく
- 旮 〔同〕⇒ 旭　キョク　あさひ
- 助 〔同〕⇒ 旨　シ　むね
- 占 〔俗〕⇒ 旨　シ　むね
- 旨 〔俗〕⇒ 旨　シ　むね
- 目 〔古〕⇒ 良　リョウ　よい
- 叶 〔古〕⇒ 協　キョウ　かなう

〈木部〉

朴 [同]⇒ 攴 ボク

李 [古]⇒ 本 ホン もと

〈月(月)部〉

𦙶 [俗]⇒ 背 ハイ せ・そむく

肎 [本]⇒ 肯 コウ うべなう

肴 [俗]⇒ 有 ユウ・ウ ある

叹 [俗]⇒ 袋 タイ ふくろ

史 [俗]⇒ 叓 ユ

叹 [俗]⇒ 服・服 フク きもの

雑 [俗]⇒ 雑・雜 ザツ まじる

末 [俗]⇒ 漆 シツ うるし

㲱 [同]⇒ 殺・殺 サツ ころす

柔 [古]⇒ 挙・擧 キョ あげる

柔 [古]⇒ 保 ホ たもつ

未 [俗]⇒ 来・來 ライ くる

朵 [同]⇒ 朵 ダ えだ

末 [古]⇒ 末 マツ すえ

本 [俗]⇒ 本 ホン もと

李 [俗]⇒ 本 ホン もと

夗 [俗]⇒ 卯 ボウ う

〈歹部〉

此 [同]⇒ 斯 シ この

正 [古]⇒ 定 テイ・ジョウ さだめる

㞢 [同]⇒ 此 シ ここ・この

〈止部〉

欢 [俗]⇒ 歓・歡 カン よろこぶ

次 [本]⇒ 次・次 ジ・シ つぐ・つぎ

〈欠部〉

权 [俗]⇒ 権・權 ケン・ゴン はかる

𣱲 [本]⇒ 派・派 ハ わかれ

民 [俗]⇒ 民 ミン たみ

〈氏部〉

毎 [俗]⇒ 毎・毎 マイ つね

毎 [俗]⇒ 毎・毎 マイ つね

〈毋部〉

双 [俗]⇒ 残・殘 ザン のこる

𣦵 [同]⇒ 死 シ しぬ

歹 [俗]⇒ 朽 キュウ くちる

歾 [古]⇒ 夙 シュク つとに

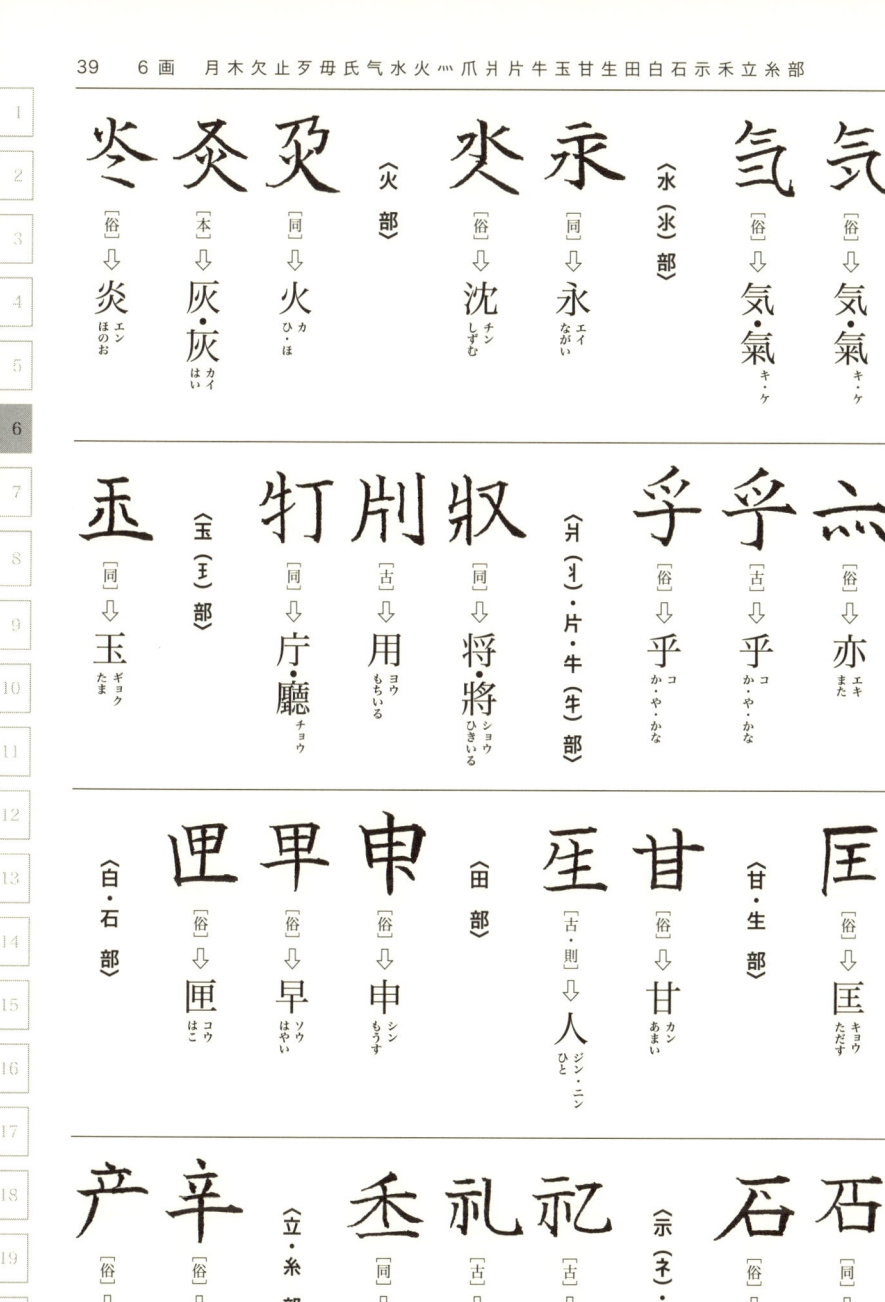

〈气部〉
気　[俗] ⇒ 気・氣　キ・ケ
气　[俗] ⇒ 気・氣　キ・ケ

〈水(氷)部〉
永　[同] ⇒ 永　エイ　ながい
氺　[俗] ⇒ 沈　チン　しずむ

〈火部〉
灮　[同] ⇒ 火　カ　ひ・ほ
灸　[本] ⇒ 灰・灰　カイ　はい
炏　[俗] ⇒ 炎　エン　ほのお

〈灬・爪(爫・爫)部〉
亦　[俗] ⇒ 亦　エキ　また
乎　[古] ⇒ 乎　コ　か・や・かな
乎　[俗] ⇒ 乎　コ　か・や・かな

〈爿(丬)・片・牛(牜)部〉
叔　[同] ⇒ 将・將　ショウ　ひきいる
刖　[古] ⇒ 用　ヨウ　もちいる
扜　[同] ⇒ 庁・廳　チョウ

〈玉(王)部〉
玊　[同] ⇒ 玉　ギョク　たま
玊　[同] ⇒ 玉　ギョク　たま
匡　[俗] ⇒ 匡　キョウ　ただす

〈甘・生部〉
甘　[俗] ⇒ 甘　カン　あまい
甠　[古・則] ⇒ 人　ジン・ニン　ひと

〈田部〉
申　[俗] ⇒ 申　シン　もうす
甲　[俗] ⇒ 早　ソウ　はやい
匣　[俗] ⇒ 匣　コウ　はこ

〈白・石部〉
白　[古] ⇒ 白　ハク・ビャク　しろ
石　[同] ⇒ 石　セキ・コク　いし
石　[俗] ⇒ 石　セキ・コク　いし

〈示(礻)・禾部〉
祀　[古] ⇒ 礼・禮　レイ・ライ
礼　[古] ⇒ 礼・禮　レイ・ライ
禿　[同] ⇒ 玉　ギョク　たま

〈立・糸部〉
辛　[俗] ⇒ 辛　シン　からい
产　[俗] ⇒ 産・産　サン　うまれる

〈网(襾・冂)部〉

紸 [俗] ⇒ 織 ショク・シキ おる

网 [本] ⇒ 網・網 モウ あみ

〈老(耂)部〉

考 [同] ⇒ 攷 コウ かんがえる

耂 [俗] ⇒ 考 コウ かんがえる

〈耳・自・臼(自)部〉

耳 [俗] ⇒ 耳 ジ みみ

自 [本] ⇒ 鼻・鼻 ビ はな

臼 [俗] ⇒ 臼 キュウ うす

〈舛(舛・舟・艮)部〉

舛 [同] ⇒ 升 ショウ ます

舟 [俗] ⇒ 舟 シュウ ふね・ふな

艮 [俗] ⇒ 銀 ギン しろがね

〈虍・虫・襾(襾)部〉

虍 [俗] ⇒ 廬 ロ いおり

虽 [俗] ⇒ 雖 スイ いえども

西 [俗] ⇒ 西 セイ・サイ にし

〈辵(辶・辶)部〉

辺 [俗] ⇒ 匹・匹 ヒツ ひき

辺 [俗] ⇒ 匹・匹 ヒツ ひき

还 [俗] ⇒ 匹・匹 ヒツ ひき

込 [俗] ⇒ 匹・匹 ヒツ ひき

辺 [俗] ⇒ 疋 ヒキ あし

边 [俗] ⇒ 辺・邊 ヘン あたり・べ

迂 [俗] ⇒ 迂 ウ

辻 [同] ⇒ 迄 キツ いたる・まで

迄 [俗] ⇒ 迄 キツ いたる・まで

辿 [俗] ⇒ 辿 テン たどる

辷 [古] ⇒ 軌 キ わだち

迄 [俗] ⇒ 辿 ショウ

迂 [古] ⇒ 遊・遊 ユウ・ユ あそぶ

〈邑(阝)部〉

邦 [同] ⇒ 村 ソン むら

邪 [俗] ⇒ 邪・邪 ジャ よこしま

邱 [俗] ⇒ 邸 テイ やしき

邸 [俗] ⇒ 邸 テイ やしき

〈阜(阝)部〉

阤 [俗] ⇒ 陀 タ・ダ

附 [俗] ⇒ 附 フ つく・つける

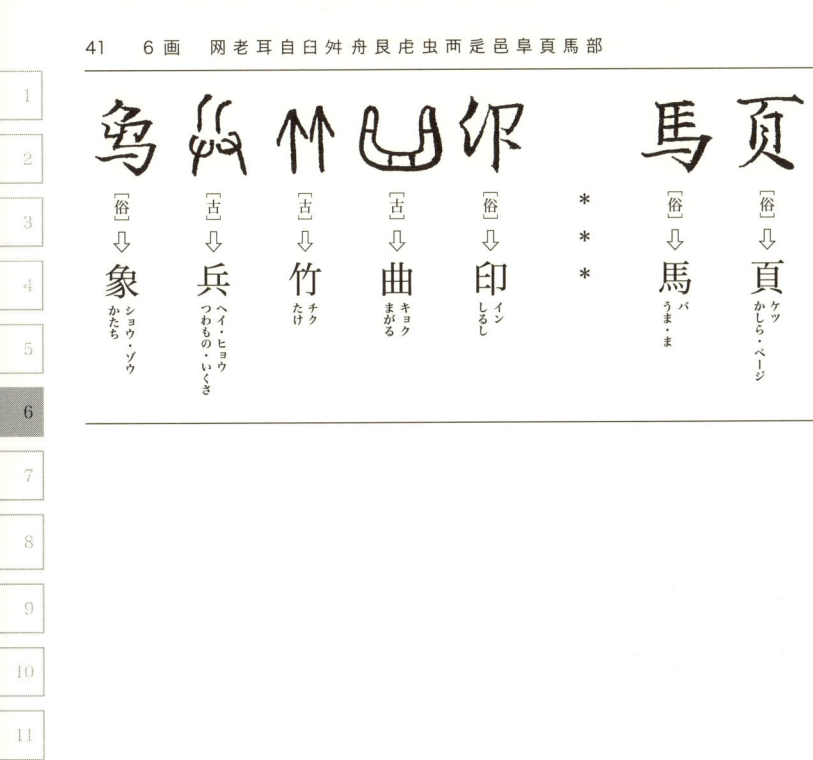

〈頁・馬 部〉

阪
[俗] ⇒ 級・級
キュウ
しな

頁
[俗] ⇒ 頁
ケツ
かしら・ページ

馬
[俗] ⇒ 馬
バ
うま・ま

＊　＊　＊

卬
[俗] ⇒ 印
イン
しるし

[古] ⇒ 曲
キョク
まがる

[古] ⇒ 竹
チク
たけ

[古] ⇒ 兵
ヘイ・ヒョウ
つわもの・いくさ

[俗] ⇒ 象
ショウ・ゾウ
かたち

七画

〔一部〕

冞 [俗] ⇩ 不 フ・ブ／ず

冤 [俗] ⇩ 天 テン／あめ・あま

丙 [俗] ⇩ 丙 ヘイ／ひのえ

叮 [同] ⇩ 汀 テイ／みぎわ

丞 [俗] ⇩ 丞 ジョウ／たすける

休 [俗] ⇩ 休 キュウ／やすむ

但 [俗] ⇩ 但 タン／ただし

庐 [同] ⇩ 近・近 キン／ちかい

亜 [古] ⇩ 酉 ユウ／とり

丛 [本] ⇩ 並・竝 ヘイ／なみ・ならぶ

所 [俗] ⇩ 所・所 ショ／ところ

所 [俗] ⇩ 所・所 ショ／ところ

所 [俗] ⇩ 所・所 ショ／ところ

所 [俗] ⇩ 所・所 ショ／ところ

号 [俗] ⇩ 房・房 ボウ／ふさ

丗 [古] ⇩ 庶 ショ／おおい

鱼 [俗] ⇩ 魚 ギョ／うお・さかな

夆 [俗] ⇩ 賢 ケン／かしこい

夆 [俗] ⇩ 賢 ケン／かしこい

严 [俗] ⇩ 厳・嚴 ゲン・ゴン／きびしい

〔丨部〕

串 [同] ⇩ 丱 カン／つらぬく

卬 [俗] ⇩ 印 イン／しるし

〔丶部〕

注 [俗] ⇩ 往・往 オウ／ゆく

航 [俗] ⇩ 航 コウ

〔ノ部〕

乗 [俗] ⇩ 乖 カイ／そむく

乖 [俗] ⇩ 乖 カイ／そむく

凶 [本] ⇩ 匆 ソウ

帄 [俗] ⇩ 虎 コ／とら

〔乙(乚)部〕

圠 [俗] ⇩ 兆 チョウ／きざし

亀 [俗] ⇩ 亀・龜 キ／かめ

〔亅部〕

事 [俗] ⇩ 事 ジ・ズ／こと

〔一部〕

- 亨 〔同〕⇨ 享 キョウ うける
- 室 〔同〕⇨ 妄・妄 モウ・ボウ みだり
- 死 〔俗〕⇨ 充 ジュウ あてる
- 亥 〔俗〕⇨ 亥 ガイ い

〔二(亠)部〕

- 乖 〔俗〕⇨ 飛 ヒ とぶ
- 延 〔古〕⇨ 恒・恆 コウ つね
- 形 〔俗〕⇨ 形 ケイ・ギョウ かた・かたち
- 亥 〔俗〕⇨ 亥 ガイ い

〔人(イ・ヘ)部〕

- 傍 〔同〕⇨ 価 カイ よい
- � 〔古〕⇨ 目 モク・ボク め
- 命 〔同〕⇨ 甲 コウ・カン きのえ
- 佛 〔俗〕⇨ 仏・佛 ブツ ほとけ
- 伂 〔古〕⇨ 仏・佛 ブツ ほとけ
- 命 〔古〕⇨ 万・萬 マン・バン よろず

- 弃 〔古〕⇨ 棄 キ すてる
- 荒 〔同〕⇨ 旒 リュウ はたあし
- 府 〔俗〕⇨ 府 フ くら

- 侶 〔古〕⇨ 似 ジ にる
- 佐 〔同〕⇨ 作 サク・サ つくる
- 位 〔俗〕⇨ 位 イ くらい
- 夂 〔同〕⇨ 死 シ しぬ
- 仰 〔俗〕⇨ 仰 ギョウ あおぐ
- 休 〔俗〕⇨ 休 キュウ やすむ
- 伎 〔俗〕⇨ 伎 キ・ギ わざ
- 企 〔俗〕⇨ 企 キ くわだてる
- 俗 〔俗〕⇨ 企 キ くわだてる
- 伍 〔俗〕⇨ 企 キ くわだてる

- 伎 〔俗〕⇨ 使 シ つかう
- 囚 〔同〕⇨ 血 キョク
- 舎 〔俗〕⇨ 含 ガン ふくむ
- 㑈 〔同〕⇨ 努 ド つとめる
- 伍 〔俗〕⇨ 低 テイ ひくい
- 伍 〔俗〕⇨ 低 テイ ひくい
- 体 〔俗〕⇨ 体・體 タイ・テイ からだ
- 伸 〔俗〕⇨ 伸 シン のびる・のばす
- 伲 〔同〕⇨ 你 ジ なんじ
- 佰 〔同〕⇨ 似 ジ にる

第一段（右から）

- 佩　[俗] ⇩ 佩　ハイ／おびる・はく
- 母　[俗] ⇩ 侮・侮　ブ／あなどる
- 侖　[古] ⇩ 命・侖　メイ・ミョウ
- 命　[俗] ⇩ 命　メイ・ミョウ／いのち
- 征　[俗] ⇩ 征　セイ／ゆく
- 彼　[俗] ⇩ 彼　ヒ／かれ・かの
- 金　[俗] ⇩ 金　キン・コン／かね・かな
- 俊　[俗] ⇩ 俊　シュン／すぐれる
- 促　[俗] ⇩ 促　ソク／うながす
- 俗　[俗] ⇩ 俗　ゾク／ならい

第二段（右から）

- 俗　[俗] ⇩ 俗　ゾク／ならい
- 佁　[同] ⇩ 昭　ショウ／あきらか
- 伷　[同] ⇩ 冑　チュウ／よつぎ
- 兖　[俗] ⇩ 盆　ボン
- 帝　[古] ⇩ 禹　ウ
- 全　[古] ⇩ 倉　ソウ／くら
- 体　[俗] ⇩ 倅　サイ・ソツ／せがれ
- 俩　[本] ⇩ 倣　ホウ／ならう
- 佂　[古] ⇩ 剛　ゴウ／つよい
- 侳　[古] ⇩ 剛　ゴウ／つよい

第三段（右から）

- 关　[俗] ⇩ 哭　コク／なく
- 你　[俗] ⇩ 称・稱　ショウ／たたえる
- 余　[俗] ⇩ 除　ジョ／のぞく
- 佔　[同] ⇩ 覘　テン／うかがう
- 甘　[同] ⇩ 醰　カン／たけなわ
- 价　[同] ⇩ 爾　ジ／なんじ
- 佛　[同] ⇩ 髯　フツ
- 伯　[同] ⇩ 覇・覇　ハ／はたがしら

〈儿部〉

- 厄　[俗] ⇩ 尢　オウ

第四段（右から）

- 晃　[同] ⇩ 光　コウ／ひかり
- 克　[俗] ⇩ 充　ジュウ／あてる
- 兂　[俗] ⇩ 充　ジュウ／あてる
- 克　[俗] ⇩ 克　コク／かつ
- 兔　[俗] ⇩ 免・免　メン／まぬかれる
- 兔　[俗] ⇩ 免・免　メン／まぬかれる
- 況　[俗] ⇩ 況　キョウ／いわんや
- 兏　[古] ⇩ 長　チョウ／ながい
- 兏　[古] ⇩ 長　チョウ／ながい
- 厷　[同] ⇩ 長　チョウ／ながい

〈儿部〉

克　[同]⇒ 剋　コク

兒　[同]⇒ 貌　ボウ・かたち・かお

兌　[俗]⇒ 鋭・鋭　エイ・するどい

〈八（丷）部〉

谷　[古]⇒ 公　コウ・おおやけ

共　[同]⇒ 共　キョウ・とも

共　[俗]⇒ 共　キョウ・とも

兂　[同]⇒ 死　シ・しぬ

花　[俗]⇒ 花・花　カ・はな

㑶　[俗]⇒ 命　メイ・ミョウ・いのち

兵　[古]⇒ 長　チョウ・ながい

貞　[俗]⇒ 貌　ボウ・かたち・かお

关　[俗]⇒ 器・器　キ・うつわ

哭　[俗]⇒ 興　コウ・キョウ・おこる・おこす

〈冂部〉

同　[古]⇒ 丹　タン・あか・に

岡　[同]⇒ 冊　サツ・ふみ

兩　[古]⇒ 両・兩　リョウ・ふたつ

兩　[同]⇒ 両・兩　リョウ・ふたつ

両　[俗]⇒ 両・兩　リョウ・ふたつ

肉　[俗]⇒ 吶　トツ・どもる

冐　[古]⇒ 周・周　シュウ・まわり

囷　[俗]⇒ 国・國　コク・くに

冐　[同]⇒ 肯　コウ・うべなう

冎　[俗]⇒ 朋・朋　ホウ・とも

冄　[俗]⇒ 南　ナン・ナ・みなみ

咢　[同]⇒ 粤　エツ

〈冖（冖丶）部〉

宜　[本]⇒ 宜　ギ・よろしい

冴　[俗]⇒ 冱　ゴ・こおる

冷　[俗]⇒ 冷　レイ・つめたい・ひえる

況　[俗]⇒ 況　キョウ・いわんや

泯　[俗]⇒ 泯　ビン・ほろびる

凍　[俗]⇒ 凍　トウ・こおる

〈几部〉

兊　[古]⇒ 民　ミン・たみ

兒　[俗]⇒ 兇　キョウ・おそれる

夙　[俗]⇒ 夙　シュク・つとに

凧　[俗]⇒ 佩　ハイ・おびる・はく

凮　[古]⇒ 風　フウ・かぜ

風 〔同〕⇒ 商・商 ショウ あきなう

〔口部〕

臽 〔古〕⇒ 自 ジ・シ みずから

函 〔俗〕⇒ 画・畫 ガ・カク かぎる・えがく

〔刀部〕

刦 〔本〕⇒ 劫 キョウ・ゴウ おびやかす

甪 〔俗〕⇒ 角 カク かど・つの

〔刂部〕

剑 〔古〕⇒ 州 シュウ す

刪 〔同〕⇒ 删 サン けずる

刪 〔俗〕⇒ 删 サン けずる

删 〔俗〕⇒ 删 サン けずる

別 〔俗〕⇒ 別 ベツ わかれる

刑 〔俗〕⇒ 利 リ きく

刔 〔同〕⇒ 劫 キョウ・ゴウ おびやかす

刔 〔本〕⇒ 劫 キョウ・ゴウ おびやかす

刐 〔俗〕⇒ 刷 サツ する

利 〔古〕⇒ 制 セイ

制 〔俗〕⇒ 制 セイ

創 〔古〕⇒ 割・割 カツ わる

剧 〔俗〕⇒ 劇 ゲキ はげしい

〔力部〕

助 〔俗〕⇒ 助 ジョ たすける

努 〔俗〕⇒ 努 ド つとめる

励 〔俗〕⇒ 励・勵 レイ はげむ・はげます

労 〔俗〕⇒ 労・勞 ロウ つかれる

男 〔俗〕⇒ 男 ダン・ナン おとこ

劲 〔俗〕⇒ 勁 ケイ つよい

劲 〔俗〕⇒ 勁 ケイ つよい

虏 〔俗〕⇒ 虜・虜 リョ とりこ

嘉 〔俗〕⇒ 嘉 カ よい

〔勹部〕

物 〔古〕⇒ 易 エキ・イ やさしい

易 〔古〕⇒ 垂 スイ たれる

〔匕部〕

旨 〔同〕⇒ 旨 シ むね

死 〔俗〕⇒ 死 シ しぬ

壱 〔俗〕⇒ 虐・虐 ギャク しいたげる

〔匚・匸部〕

匜 〔古・則〕⇒ 月・月 ゲツ・ガツ つき

匡〔同〕⇩生 セイ・ショウ いきる・うまれる

匣〔俗〕⇩匣 コウ はこ

匜〔俗〕⇩恒・恆 コウ つね

匝〔本〕⇩頤 イ あご・おとがい

〈十部〉

异〔古〕⇩与・與 ヨ あたえる

竝〔同〕⇩世 セイ・セ よ

平〔同〕⇩丕 ヒ おおきい

柬〔俗〕⇩束 ソク たば

南〔俗〕⇩南 ナン・ナ みなみ

早〔俗〕⇩卑・卑 ヒ いやしい

針〔俗〕⇩針 シン はり

卌〔合〕⇩四十 よそ

〈卜(ト)・卩(㔾)部〉

死〔同〕⇩死 シ しぬ

耴〔俗〕⇩卵 ラン たまご

卵〔俗〕⇩卵 ラン たまご

阿〔俗〕⇩阿 ア おもねる

〈厂部〉

后〔古〕⇩石 セキ・コク いし

辰〔本〕⇩辰 シン たつ

厄〔古〕⇩辰 シン たつ

厌〔俗〕⇩辰 シン たつ

厌〔古〕⇩侯 コウ まと

厎〔同〕⇩砥 シ と・といし

〈厶部〉

矣〔同〕⇩六 ロク むっつ

坴〔古〕⇩至 シ いたる

叚〔同〕⇩皮 ヒ かわ

叙〔同〕⇩皮 ヒ かわ

叀〔古〕⇩更 コウ つかさ

叓〔古〕⇩事 ジ・ズ こと

叓〔古〕⇩事 ジ・ズ こと

臥〔俗〕⇩臥 ガ ふす

叜〔俗〕⇩叟 ソウ おきな

〈口部〉

宁〔古〕⇩中 チュウ なか

吭〔同〕⇩亢 コウ たかぶる

咘〔同〕⇩化・化 カ・ケ ばける

吷	吞	吴	吴	呉	曲	吐	吒	吃	吃
〔俗〕	〔同〕	〔俗〕	〔俗〕	〔俗〕	〔俗〕	〔俗〕	〔俗〕	〔同〕	〔同〕
⇩	⇩	⇩	⇩	⇩	⇩	⇩	⇩	⇩	⇩
吻	呑	呉・呉	呉・呉	呉・呉	曲	吐	叫・叩	吃	吃
フン くちびる	ドン のむ	ゴ くれ	ゴ くれ	ゴ くれ	キョク まがる	ト はく	キョウ さけぶ	キツ どもる	キツ どもる

吙	㐬	杲	芫	品	品	和	咎	啚	咅
〔同〕	〔俗〕	〔俗〕	〔古〕	〔俗〕	〔俗〕	〔俗〕	〔俗〕	〔俗〕	〔同〕
⇩	⇩	⇩	⇩	⇩	⇩	⇩	⇩	⇩	⇩
哺	甚	是	荒・荒	品	品	和	咎	局	否
ホ ふくむ	ジン はなはだ	ゼ これ・この	コウ あらい・あれる	ヒン しな	ヒン しな	ワ やわらぐ	キュウ とが	キョク つぼね	リン やぶさか

囤	〈口部〉	听	听	吩	呕	吡	启	咨	咅
〔俗〕		〔俗〕	〔同〕	〔同〕	〔同〕	〔俗〕	〔本〕	〔同〕	〔同〕
⇩		⇩	⇩	⇩	⇩	⇩	⇩	⇩	⇩
屯		聴・聴	磐	噴・噴	嘔	嘩・嘩	啓・啓	咨	否
トン たむろ		チョウ きく	バン いわ	フン ふく	オウ はく	カ かまびすしい	ケイ ひらく	リン やぶさか	リン やぶさか

巴	公	囧	囧	囜	回	囜	囙	囜	囜
〔同〕	〔俗〕	〔同〕	〔本〕	〔俗〕	〔俗〕	〔俗〕	〔俗〕	〔同〕	〔古〕
⇩	⇩	⇩	⇩	⇩	⇩	⇩	⇩	⇩	⇩
邑	問	問	問	肉	回	因	因	日	日
ユウ むら	ケイ あきらか	ケイ あきらか	ケイ あきらか	ニク しし	カイ まわる	イン よる	イン よる	ニチ・ジツ ひ・か	ニチ・ジツ ひ・か

垯　均　〔土部〕　囻　囮　囪　囻　囻　氓　囻

坕　坂　赤　坕　埒　坅　坐　坈　均　皇

坙　坅　坙　坎　垊　攷　耒　杜　杜　坓

坎　坟　堅　坙　坊　斗　址　坙　埣　堊

〈土部〉

- 圻 [同]⇒ 畿（キ／みやこ）
- 坏 [俗]⇒ 壊・壞（カイ／こわす）
- 坛 [俗]⇒ 壇（ダン）

〈士部〉

- 壱 [同]⇒ 一（イチ・イツ／ひと・ひとつ）
- 売 [俗]⇒ 殻・殼（カク／から）

〈夂・夊部〉

- 各 [古]⇒ 冬・冬（トウ／ふゆ）
- 夅 [同]⇒ 牢（ロウ／おり・ひとや）
- 夋 [俗]⇒ 麦・麥（バク／むぎ）

- 夆 [俗]⇒ 降・降（コウ／おりる）
- 夅 [俗]⇒ 黄・黃（コウ・オウ／き）

〈夕部〉

- 夗 [俗]⇒ 升（ショウ／ます）
- 夘 [本]⇒ 夙（シュク／つとに）
- 夆 [俗]⇒ 麦・麥（バク／むぎ）
- 外 [俗]⇒ 叔（シュク／おじ）
- 条 [俗]⇒ 楽・樂（ガク・ラク／たのしい）
- 鸡 [俗]⇒ 鶏・鷄（ケイ／にわとり）

〈大部〉

- 灻 [同]⇒ 些（サ／いささか）
- 夜 [古]⇒ 夜（ヤ／よ・よる）
- 吞 [俗]⇒ 奮（フン）

〈女部〉

- 好 [同]⇒ 伃（ヨ）
- 敊 [同]⇒ 好（コウ／このむ・すく）
- 齿 [同]⇒ 西（セイ・サイ／にし）
- 妥 [同]⇒ 妥・安（ダ／おだやか）
- 姊 [同]⇒ 姉（シ／あね）
- 妒 [同]⇒ 妬（ト／ねたむ）

- 妒 [同]⇒ 妬（ト／ねたむ）
- 灻 [俗]⇒ 姦（カン／よこしま）
- 妍 [俗]⇒ 妍（ケン／うつくしい）
- 妆 [同]⇒ 粧（ショウ／よそおう）
- 妝 [同]⇒ 装・裝（ソウ・ショウ／よそおう）
- 肬 [同]⇒ 装・裝（ソウ・ショウ／よそおう）
- 姬 [俗]⇒ 嫗（ウ／おうな）

〈子部〉

- 孕 [同]⇒ 孕（ヨウ／はらむ）
- 野 [古]⇒ 好（コウ／このむ・すく）

〔宀部〕

季 〔同〕→ 孝 コウ
孝 〔同〕→ 孝 コウ
㝈 〔俗〕→ 学・學 ガク まなぶ
㝈 〔俗〕→ 学・學 ガク まなぶ
孤 〔俗〕→ 孤 コ ひとり
孙 〔同〕→ 咳 ガイ せき
㝅 〔俗〕→ 悖 ハイ もとる
字
〈宀部〉
宔 〔俗〕→ 主・主 シュ・ス ぬし・おも
守 〔俗〕→ 守 シュ・ス まもる・もり

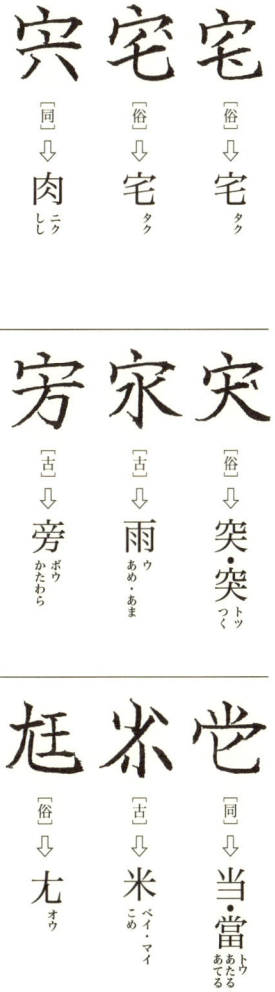

宅 〔俗〕→ 宅 タク
宅 〔俗〕→ 宅 タク
宍 〔同〕→ 肉 ニク しし
宍 〔俗〕→ 肉 ニク しし
宏 〔俗〕→ 宏 コウ ひろい
灾 〔同〕→ 災 サイ わざわい
宐 〔俗〕→ 宜 ギ よろしい
実 〔俗〕→ 実・實 ジツ み・みのる
宗 〔俗〕→ 宗 シュウ・ソウ みたまや
定 〔俗〕→ 定 テイ・ジョウ さだめる

宎 〔俗〕→ 突・突 トツ つく
宋 〔俗〕→ 雨 ウ あめ・あま
㝑 〔古〕→ 旁 ボウ かたわら
㝍 〔俗〕→ 寂 ジャク・セキ さびしい
〈寸部〉
㝬 〔同〕→ 刋 ガン けずる
対 〔俗〕→ 対・對 タイ・ツイ こたえる
羿 〔俗〕→ 剛 ゴウ つよい
芋 〔俗〕→ 等 トウ ひとしい
〈小(ツ)・尢(尣・尤)部〉

㞫 〔同〕→ 当・當 トウ あたる・あてる
米 〔古〕→ 米 ベイ・マイ こめ
㞬 〔俗〕→ 尤 オウ
〈尸部〉
帒 〔古〕→ 尹 イン おさめる
尿 〔同〕→ 尻 コウ しり
局 〔本〕→ 局 キョク つぼね
尾 〔同〕→ 尾 ビ おび
屄 〔俗〕→ 居 キョ いる
眉 〔同〕→ 看 カン みる

〔山部〕

层〔俗〕⇩ 層・層（ソウ／かさなる）

岦〔俗〕⇩ 岦（あけん）

岅〔同〕⇩ 坂（ハン／さか）

峆〔同〕⇩ 谷（コク／たに）

岅〔同〕⇩ 阪（ハン／さか）

岳〔同〕⇩ 岳・嶽（ガク／たけ）

岸〔俗〕⇩ 岸（ガン／きし）

岐〔同〕⇩ 岐（キ）

步〔俗〕⇩ 歩・歩（ホ・ブ／あるく・あゆむ）

《川・己（巳）・巳》部

岺〔俗〕⇩ 専・専（セン／もっぱら）

峡〔同〕⇩ 炭・炭（タン／すみ）

峯〔同〕⇩ 峰（ホウ／みね）

峆〔同〕⇩ 谺（カ／こだま）

峅〔同〕⇩ 流（リュウ／ながれる）

峀〔同〕⇩ 嘯（シ／わらう）

坣〔俗〕⇩ 徴・徴（チョウ／しるす・めす）

𡶏〔俗〕⇩ 嶧（エキ）

災〔俗〕⇩ 災（サイ／わざわい）

〔巾部〕

厄〔俗〕⇩ 厄（シ／さかずき）

危〔俗〕⇩ 危（キ／あぶない）

帝〔同〕⇩ 支（シ／ささえる）

帝〔同〕⇩ 亥（ガイ／い）

帚〔同〕⇩ 希（キ／まれ）

希〔同〕⇩ 希（キ／まれ）

希〔同〕⇩ 希（キ／まれ）

帝〔俗〕⇩ 希（キ／まれ）

系〔同〕⇩ 系（ケイ／つなぐ）

帍〔俗〕⇩ 虎（コ／とら）

帍〔俗〕⇩ 虎（コ／とら）

帝〔古〕⇩ 帝・帝（テイ／みかど）

師〔俗〕⇩ 師（シ）

帯〔俗〕⇩ 帯・帯（タイ／おびる・おび）

帋〔同〕⇩ 紙（シ／かみ）

帳〔俗〕⇩ 帳（チョウ／とばり）

〔干・幺部〕

汀〔俗〕⇩ 汀（テイ／みぎわ）

年〔俗〕⇩ 年（ネン／とし）

紗〔俗〕⇩ 妙（ミョウ／たえ）

〈广部〉

延 [俗] ⇩ 延・延 のばす エン のびる・

廷 [俗] ⇩ 廷・廷 ひろにわ テイ

〈廴部〉

庐 [俗] ⇩ 廬 ロ いおり

庋 [俗] ⇩ 番 バン つがい

庰 [古] ⇩ 府 フ くら

底 [俗] ⇩ 底 テイ そこ

応 [俗] ⇩ 応・應 こたえる オウ

庌 [俗] ⇩ 片 ヘン かた

〈弋部〉

夷 [俗] ⇩ 夷 イ えびす

〈弋部〉

昇 [同] ⇩ 算 サン かぞえる・かず

弄 [本] ⇩ 抂 ロウ はたらく

外 [俗] ⇩ 叔 シュク おじ

対 [俗] ⇩ 叔 シュク おじ

杀 [俗] ⇩ 叔 シュク おじ

秌 [俗] ⇩ 形 ケイ・ギョウ かた・かたち

形 [俗] ⇩ 形 ケイ・ギョウ かた・かたち

〈升部〉

系 [俗] ⇩ 系 ケイ つなぐ

炎 [同] ⇩ 文 ブン・モン ふみ

隶 [古] ⇩ 支 シ ささえる

〈彑⦅彐⦆・彡部〉

弥 [同] ⇩ 弦 ゲン つる

弟 [俗] ⇩ 弟 テイ・ダイ おとうと

司 [同] ⇩ 句 ク

弓 [古] ⇩ 乃 ダイ・ナイ すなわち

〈弓部〉

武 [同] ⇩ 武 ブ・ム たけし

性 [俗] ⇩ 性 セイ・ショウ さが

忸 [同] ⇩ 狃 ジュウ なれる

忕 [同] ⇩ 忕 タイ おごる

〈忄部〉

彵 [俗] ⇩ 德・德 トク

纵 [同] ⇩ 従・從 ジュウ したがう

往 [俗] ⇩ 往・往 オウ ゆく

仮 [同] ⇩ 返・返 ヘン かえす・かえる

彷 [同] ⇩ 仿 ホウ さまよう

〈彳部〉

怀 ［俗］⇒ 懐・懷 カイ なつかしい
忼 ［同］⇒ 慷 コウ なげく
忬 ［同］⇒ 舒 ジョ のべる
忰 ［同］⇒ 躬 せがれ
悴 ［俗］⇒ 悴 スイ やつれる
忿 ［同］⇒ 紛 フン まぎれる
忣 ［同］⇒ 急・急 キュウ いそぐ
悔 ［俗］⇒ 悔・悔 カイ くいる・くやむ
忻 ［同］⇒ 欣 キン よろこぶ
物 ［同］⇒ 忽 コツ たちまち

〈扌部〉

抛 ［俗］⇒ 抛 ホウ なげうつ
扺 ［同］⇒ 抵 テイ あたる
拘 ［俗］⇒ 拘 コウ とらえる
拘 ［同］⇒ 拘 コウ とらえる
扷 ［古］⇒ 災 サイ わざわい
抪 ［俗］⇒ 抑 ヨク おさえる
抗 ［俗］⇒ 抗 コウ あらがう
扮 ［同］⇒ 仿 ホウ さまよう
拐 ［同］⇒ 引 イン ひく

扷 ［古］⇒ 損 ソン そこなう
抄 ［俗］⇒ 鈔 ショウ
抔 ［俗］⇒ 等 トウ ひとしい
報 ［俗］⇒ 報 ホウ むくいる
拌 ［俗］⇒ 捧 ホウ ささげる
抶 ［俗］⇒ 秋 シュウ あき
枉 ［俗］⇒ 枉 オウ まがる
拮 ［俗］⇒ 於 オ おいて
扲 ［俗］⇒ 於 オ おいて
拗 ［俗］⇒ 拗 オウ・ヨウ ねじれる

汳 ［同］⇒ 汴 ベン
洗 ［俗］⇒ 沈 チン しずむ
沈 ［俗］⇒ 沈 チン しずむ
泑 ［同］⇒ 沙 サ すな
洹 ［同］⇒ 洹 ゴ こおる
泑 ［同］⇒ 方 ホウ かた

〈氵部〉

护 ［同］⇒ 護 ゴ まもる
扰 ［同］⇒ 櫛・櫛 シツ くし
抚 ［俗］⇒ 撫 ブ なでる

氵部

字	分類		正字	読み
没		⇩	没・没	ボツ／しずむ
㳉	〔俗〕	⇩	泳	エイ／およぐ
㳉	〔同〕	⇩	沿	エン／そう
浈	〔俗〕	⇩	沿	エン／そう
汰	〔同〕	⇩	泣	キュウ／なく
泄	〔同〕	⇩	泄	セツ／もれる
海	〔俗〕	⇩	海・海	カイ／うみ
泅	〔同〕	⇩	洶	キョウ／わく
沟	〔俗〕	⇩	洵	ジュン／まこと
汎	〔俗〕	⇩	派・派	ハ／わかれ

字	分類		正字	読み
沙	〔同〕	⇩	砂	サ・シャ／すな
洪	〔古〕	⇩	穽	セイ／おとしあな
次	〔本〕	⇩	涎	セン／よだれ
汖	〔古〕	⇩	流	リュウ／ながれる
泚	〔俗〕	⇩	流	リュウ／ながれる
淬	〔同〕	⇩	淬	サイ／にらぐ
汢	〔俗〕	⇩	澄	チョウ／すむ
沪	〔俗〕	⇩	濾	ロ／こす
沪	〔俗〕	⇩	濾	ロ／こす

〈扌部〉

犭部

字	分類		正字	読み
狃	〔同〕	⇩	忸	ジク／はじる
犾	〔同〕	⇩	我	ガ／われ・わ
猂	〔俗〕	⇩	独・獨	ドク／ひとり
犰	〔同〕	⇩	豚	トン／ぶた
犹	〔同〕	⇩	猶・猶	ユウ／なお
狮	〔同〕	⇩	獅	シ／しし
埶	〔俗〕	⇩	熱	ネツ／あつい

〈艹（艸）部〉

字	分類		正字	読み
苅	〔俗〕	⇩	刈	ガイ／かる
芀	〔同〕	⇩	芋	いも

心部

字	分類		正字	読み
芝	〔本〕	⇩	芒	ボウ／のぎ・すすき
芉	〔本〕	⇩	羊	ヨウ／ひつじ
花	〔俗〕	⇩	花・花	カ／はな
芳	〔同〕	⇩	芥	カイ／からし・あくた
芦	〔俗〕	⇩	芦・蘆	ロ／あし・よし
芦	〔本〕	⇩	苡	イ
芔	〔古〕	⇩	挙・擧	キョウ／あげる

〈心（小）部〉

字	分類		正字	読み
忈	〔古〕	⇩	仁	ジン・ニ
応	〔俗〕	⇩	庁・廳	チョウ

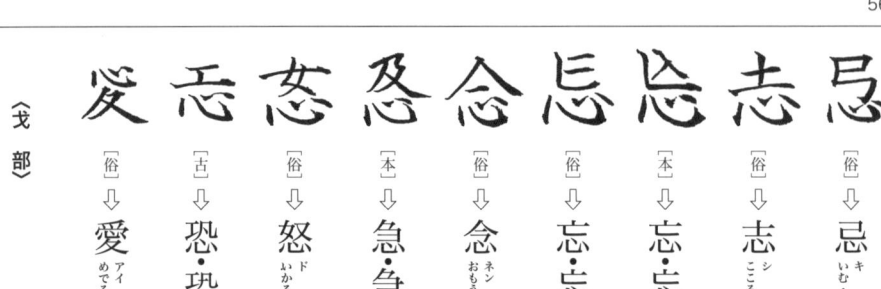

〈戈部〉

愛 [俗]⇩愛 アイ めでる
恐 [古]⇩恐・恐 キョウ おそれる
怒 [俗]⇩怒 ド いかる・おこる
急 [本]⇩急・急 キュウ いそぐ
念 [俗]⇩念 ネン おもう
忘 [俗]⇩忘・忘 ボウ わすれる
忘 [本]⇩忘・忘 ボウ わすれる
志 [俗]⇩志 シ こころざす
忌 [俗]⇩忌 キ いむ・いまわしい

我 [同]⇩俺 エン おれ
𢦏 [俗]⇩哉 や・かな サイ
𢦏 [俗]⇩哉 や・かな サイ
或 [俗]⇩武 ブ・ム たけし
𢧵 [俗]⇩武 ブ・ム たけし
或 [俗]⇩或 あるいは ワク
或 [俗]⇩或 あるいは ワク
弉 [同]⇩戒 カイ いましめる
我 [俗]⇩我 ガ われ・わ
成 [古]⇩我 ガ われ・わ

或 [俗]⇩惑 ワク まどう
𢦏 [俗]⇩銭・錢 セン ぜに

〈戸(戸)部〉

扂 [俗]⇩辛 シン からい

〈手部〉

乗 [俗]⇩承 ショウ うけたまわる

〈攴(攵)・文部〉

改 [本]⇩改 カイ あらためる
攺 [俗]⇩改 カイ あらためる
改 [俗]⇩改 カイ あらためる

攻 [同]⇩攻 コウ せめる
牧 [俗]⇩牧 ボク まき
攺 [同]⇩施 シ・セ ほどこす
攸 [俗]⇩修 シュウ・シュ おさめる
改 [同]⇩撫 ブ なでる
牵 [俗]⇩挙・擧 キョウ あげる

〈日・曰部〉

曳 [俗]⇩曳 エイ ひく
旨 [俗]⇩旨 シ むね
旦 [同]⇩艮 コン うしとら

豆	昌	旳	㝷	時	昳	臽	杲
[古]⇩	[俗]⇩	[同]⇩	[古]⇩	[同]⇩	[俗]⇩	[俗]⇩	[合]⇩
豆 トウ・ズ まめ	昌 ショウ さかん	的・的 テキ まと	厚 コウ あつい	時 ジ とき	時 ジ とき	陥・陥 カン おちいる	日下 くさか

〈月（月）部〉

肖　[俗]⇩　肖・肖 ショウ にる

肌	肎	朙	肯	直	胐	肥	冐	肩	育
[同]⇩	[同]⇩	[同]⇩	[俗]⇩	[俗]⇩	[俗]⇩	[俗]⇩	[古]⇩	[俗]⇩	[本]⇩
期 キ・ゴ あう	期 キ・ゴ あう	望・望 ボウ・モウ のぞむ	前・前 ゼン まえ	直 チョク ただちに・なおす	朋・朋 ホウ とも	肥 ヒ こえる	肯 コウ うべなう	肩・肩 ケン かた	育 イク そだてる

杓	杉	朶	朽	机	杅	杓	
[俗]⇩	[俗]⇩	[俗]⇩	[俗]⇩	[俗]⇩	[俗]⇩	[同]⇩	〈木部〉
杓 シャク ひしゃく	杉 サン すぎ	朶 ダ えだ	朽 キュウ くちる	机 キ つくえ	行 コウ・ギョウ いく・おこなう	勺・勺 シャク ひしゃく	

肕　[同]⇩　靱 ジン しなやか

羽　[同]⇩　期 キ・ゴ あう

杉	林	柔	枥	果	扵	邟	杍	村	杤
[同]⇩	[同]⇩	[同]⇩	[同]⇩	[俗]⇩	[俗]⇩	[同]⇩	[古]⇩	[俗]⇩	[俗]⇩
椙 すぎ	梢・梢 ショウ こずえ	殺・殺 サツ ころす	栃 とち	果 カ はたす	於 オ おいて	邦 ホウ くに	李 リ すもも	村 ソン むら	杓 シャク ひしゃく

枣 〔俗〕⇩ 棗 ソウ／なつめ

閑 〔俗〕⇩ 閑 カン／のどか・ひま

杁 〔俗〕⇩ 概・概 ガイ／おおむね

松 〔古〕⇩ 綱 コウ／つな

杁 〔同〕⇩ 樴 ショク／くい

杢 〔合〕⇩ 木工 もく

〈欠・止 部〉

歖 〔同〕⇩ 歟 ヨ／かや

㞱 〔同〕⇩ 幻 ゲン／まぼろし

帠 〔古〕⇩ 会・會 カイ・エ／あう

歧 〔同〕⇩ 歧 キ

〈歹 部〉

殀 〔同〕⇩ 弘 コウ／ひろい

殅 〔同〕⇩ 死 シ／しぬ

〈母 部〉

每 〔俗〕⇩ 毎・毎 マイ／つね

毐 〔俗〕⇩ 毎・毎 マイ／つね

〈毛 部〉

毟 〔俗〕⇩ 摩・摩 マ／さする

毨 〔同〕⇩ 麾 キ／さしずばた

汖 〔俗〕⇩ 赤 セキ・シャク／あか・あかい

乗 〔俗〕⇩ 乖 カイ／そむく

泵 〔俗〕⇩ 承 ショウ／うけたまわる

吢 〔俗〕⇩ 沓 トウ／くつ

𠕞 〔古〕⇩ 雨 ウ／あめ・あま

汖 〔俗〕⇩ 雨 ウ／あめ・あま

〈水(氷) 部〉

茨 〔古〕⇩ 光 コウ／ひかり

灰 〔俗〕⇩ 灰・灰 カイ／はい

〈火 部〉

灾 〔俗〕⇩ 災 サイ／わざわい

夾 〔本〕⇩ 赤 セキ・シャク／あか・あかい

炎 〔本〕⇩ 赤 セキ・シャク／あか・あかい

岑 〔俗〕⇩ 炎 エン／ほのお

炒 〔同〕⇩ 炒 ショウ／いためる

灶 〔俗〕⇩ 窯 ヨウ／かま

灵 〔俗〕⇩ 霊・靈 レイ・リョウ／たま

灶 〔俗〕⇩ 竈 ソウ／かまど

〈灬 部〉

炁 〔俗〕⇩ 気・氣 キ・ケ

〈片・牛(牜)部〉

牧
〔俗〕
⇩
犠・犧
いけにえ
ギ

牡
〔古〕
⇩
牡
おす
ボ

帆
〔同〕
⇩
帆
ほ
ハン

〈爿(丬)部〉

沭
〔同〕
⇩
床
とこ・ゆか
ショウ

壯
〔俗〕
⇩
壮・壯
さかん
ソウ

收
〔俗〕
⇩
収・收
おさめる
シュウ

赤
〔同〕
⇩
赤
あか・あかい
セキ・シャク

灸
⇩
灸
キュウ

〈田・疒部〉

布
〔俗〕
⇩
狃
なれる
コウ

曱
〔同〕
⇩
町
まち
チョウ

助
〔古〕
⇩
男
おとこ
ダン・ナン

甫
〔俗〕
⇩
輔
たすける・すけ
ホ

角
〔俗〕
⇩
角
かど・つの
カク

〈用部〉

疋
〔俗〕
⇩
匡
ただす
キョウ

狀
〔俗〕
⇩
状・狀
かたち
ジョウ

〈犬・玉(王)部〉

〈白部〉

臭
〔古〕
⇩
香
か・かおり
コウ

皁
〔俗〕
⇩
阜
どんぐり
ソウ

皀
〔古〕
⇩
早
はやい
ソウ

疗
〔俗〕
⇩
療
いやす
リョウ

畄
〔俗〕
⇩
留
とめる・とまる
リュウ・ル

助
〔俗〕
⇩
留
とめる・とまる
リュウ・ル

宙
〔俗〕
⇩
畝
せ・うね
ホ

畖
〔俗〕
⇩
畝
せ・うね
ホ

畋
〔同〕
⇩
畋
かり
デン

〈目部〉

吴
〔古〕
⇩
矢
や
シ

〈矢部〉

見
〔古〕
⇩
眼
まなこ
ガン

眅
〔俗〕
⇩
睕
ベン

皂
〔古〕
⇩
艮
うしとら
コン

艮
〔本〕
⇩
艮
うしとら
コン

盈
〔同〕
⇩
盈
みちる
エイ

盂
〔俗〕
⇩
皿
さら
ベイ

〈皿部〉

〈石 部〉

- 斗 〔同〕⇒ 矧 シン
- 刌 〔俗〕⇒ 砌 セイ みぎり
- 厔 〔古〕⇒ 席 セキ むしろ
- 矼 〔同〕⇒ 碇 テイ いかり

〈示(礻)部〉

- 祂 〔俗〕⇒ 礼・禮 レイ・ライ
- 祄 〔俗〕⇒ 私 シ わたくし
- 祁 〔同〕⇒ 祁 キ
- 祀 〔俗〕⇒ 祀 シ まつる

- 礻 〔俗〕⇒ 科 カ しな
- 祟 〔同〕⇒ 祟 スイ たたる

〈禾 部〉

- 秀 〔本〕⇒ 秀 シュウ ひいでる
- 秅 〔同〕⇒ 秕 ヒ しいな

〈穴 部〉

- 空 〔俗〕⇒ 空 クウ そら
- 宊 〔俗〕⇒ 容 ヨウ いれる
- 穷 〔古〕⇒ 貧 ヒン・ビン まずしい
- 穷 〔俗〕⇒ 窮 キュウ きわまる

〈立・礻 部〉

- 卦 〔同〕⇒ 亦 エキ また
- 补 〔俗〕⇒ 補 ホ おぎなう
- 礽 〔同〕⇒ 襷 ハン

〈米・糸 部〉

- 迷 〔俗〕⇒ 迷・迷 メイ まよう
- 系 〔俗〕⇒ 系 ケイ つなぐ
- 乱 〔同〕⇒ 糾・糾 キュウ あざなう
- 约 〔俗〕⇒ 約・約 ヤク むすぶ
- 纬 〔俗〕⇒ 緯・緯 イ よこいと

〈羊(䍩・羊)・老(耂) 部〉

- 纵 〔俗〕⇒ 縦・縱 ジュウ たて
- 羙 〔俗〕⇒ 芙 フ
- 耂 〔俗〕⇒ 老 ロウ おいる・ふける
- 希 〔俗〕⇒ 希 キ まれ

〈耳 部〉

- 身 〔俗〕⇒ 身 シン み
- 耴 〔俗〕⇒ 取 シュ とる

〈自 部〉

- 自 〔古〕⇒ 白 ハク・ビャク しろ

〈長・阜（阝）部〉

郘	镸	阺	阬	趾	阫	阪	防	阼
[同]⇒郾 ウン	[古]⇒長 チョウ ながい	[同]⇒氏 シ うじ	[同]⇒坑 コウ あな	[同]⇒址 シ あと	[同]⇒坏 ハイ つき	[同]⇒坂 ハン さか	[同]⇒坊 ボウ	[同]⇒序 ジョ ついで

阱	阩	阴	阥	阣	阳	阤	陁	區	***
[同]⇒穽 セイ おとしあな	[同]⇒陞 ショウ のぼる	[俗]⇒陰 イン かげ・かげる	[俗]⇒陰 イン かげ・かげる	[俗]⇒陽 ヨウ ひ	[俗]⇒陽 ヨウ ひ	[俗]⇒陽 ヨウ ひ	[俗]⇒隘 アイ せまい	[俗]⇒陋 ク	

兵	𢗽	诈
[古]⇒兵 ヘイ・ヒョウ つわもの・いくさ	[俗]⇒張 チョウ はる	[俗]⇒詐 サ いつわる

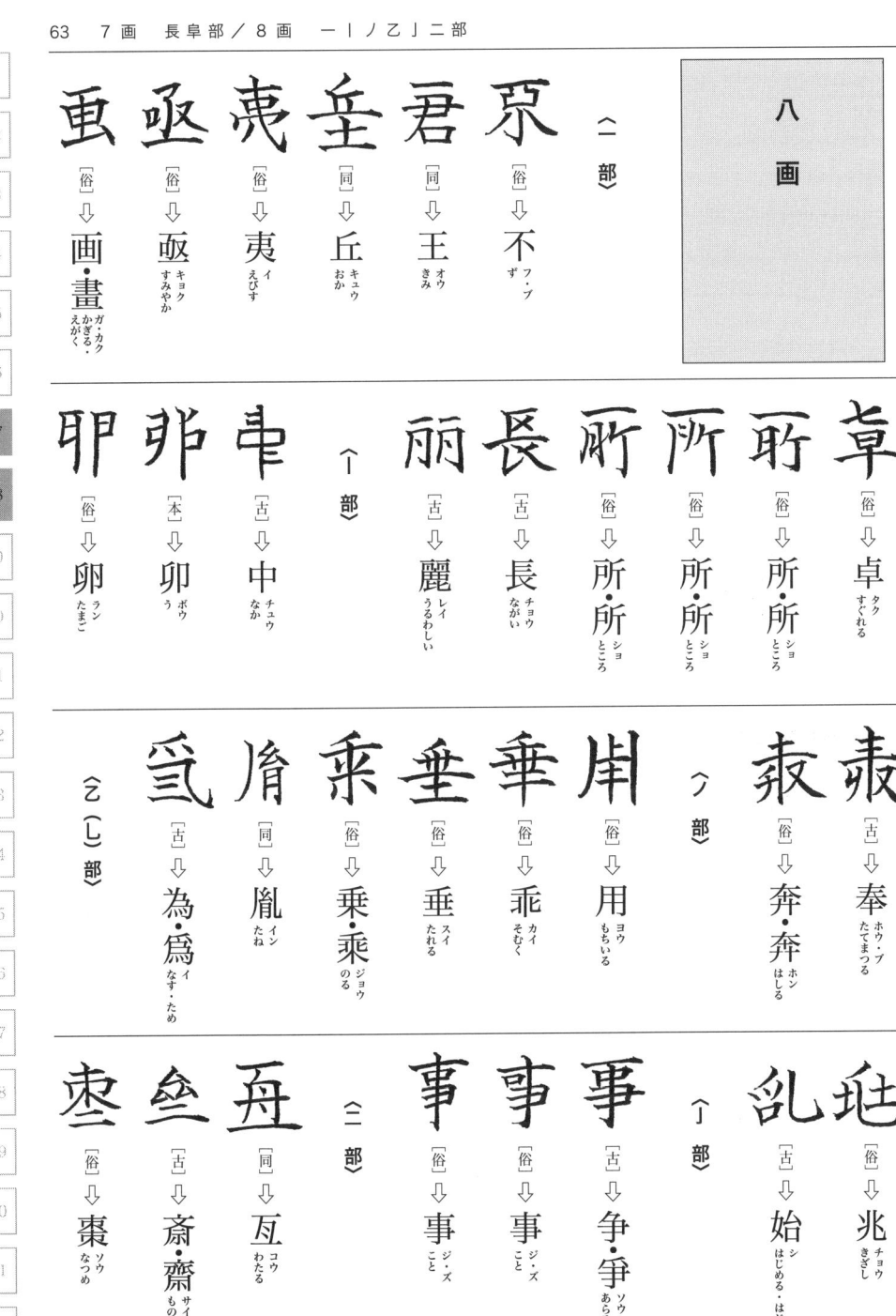

【八画】

〔一部〕

- 尿　[俗]⇒不　フ・ブ　ず
- 君　[同]⇒王　オウ　きみ
- 坴　[同]⇒丘　キュウ　おか
- 叀　[俗]⇒夷　イ　えびす
- 亟　[俗]⇒亟　キョク　すみやか
- 甀　[俗]⇒画・畫　ガ・カク　かぎる・えがく

〔丨部〕

- 卓　[俗]⇒卓　タク　すぐれる
- 所　[俗]⇒所・所　ショ　ところ
- 所　[俗]⇒所・所　ショ　ところ
- 所　[俗]⇒所・所　ショ　ところ
- 長　[古]⇒長　チョウ　ながい
- 丽　[古]⇒麗　レイ　うるわしい
- 电　[古]⇒中　チュウ　なか
- 非　[本]⇒卯　ボウ　う
- 卯　[俗]⇒卵　ラン　たまご

〔ノ部〕

- 奉　[古]⇒奉　ホウ・ブ　たてまつる
- 奉　[俗]⇒奔・奔　ホン　はしる
- 乿　[俗]⇒用　ヨウ　もちいる
- 垂　[俗]⇒乖　カイ　そむく
- 垂　[俗]⇒垂　スイ　たれる
- 乗　[俗]⇒乗・乘　ジョウ　のる
- 肙　[同]⇒胤　イン　たね
- 爲　[古]⇒為・爲　イ　なす・ため

〔乙(乚)部〕

〔亅部〕

- 坢　[俗]⇒兆　チョウ　きざし
- 乱　[古]⇒始　シ　はじめる・はじまる
- 事　[古]⇒争・爭　ソウ　あらそう
- 事　[俗]⇒事　ジ・ズ　こと
- 事　[俗]⇒事　ジ・ズ　こと

〔二部〕

- 舟　[同]⇒亙　コウ　わたる
- 叁　[古]⇒斎・齋　サイ　ものいみ
- 枣　[俗]⇒棗　ソウ　なつめ

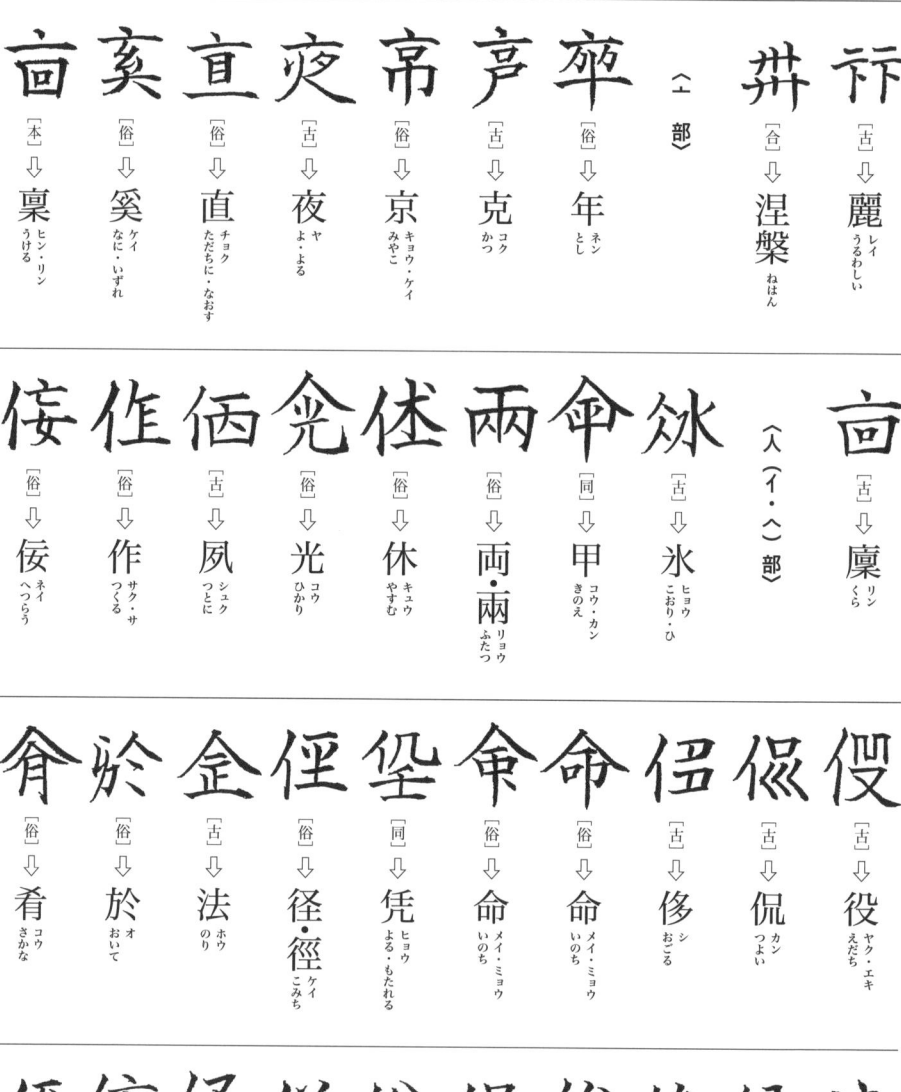

〈亠部〉

〈人（イ・𠆢）部〉

[俗] ⇓ 偽・僞 いつわる・にせ ギ	[同] ⇓ 粊 なでる ビ	[同] ⇓ 宦 カン	[俗] ⇓ 倆 わざ リョウ	[俗] ⇓ 候 そうろう コウ	[古] ⇓ 倹・傹 つつましい ケン	[俗] ⇓ 政 まつりごと セイ・ショウ	[古] ⇓ 怨 うらむ エン・オン	[古] ⇓ 怨 うらむ エン・オン	[俗] ⇓ 律 のり リツ・リチ

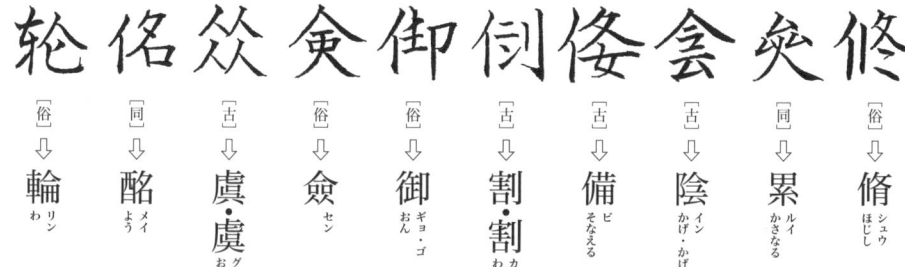

[俗] ⇓ 輪 わ リン	[同] ⇓ 酩 よう メイ	[古] ⇓ 虞・虞 おそれ グ	[俗] ⇓ 僉 セン	[俗] ⇓ 御 おん ギョ・ゴ	[古] ⇓ 割・割 わる カツ	[古] ⇓ 備 そなえる ビ	[古] ⇓ 陰 かげ・かげる イン	[同] ⇓ 累 かさなる ルイ	[俗] ⇓ 脩 ほじし シュウ

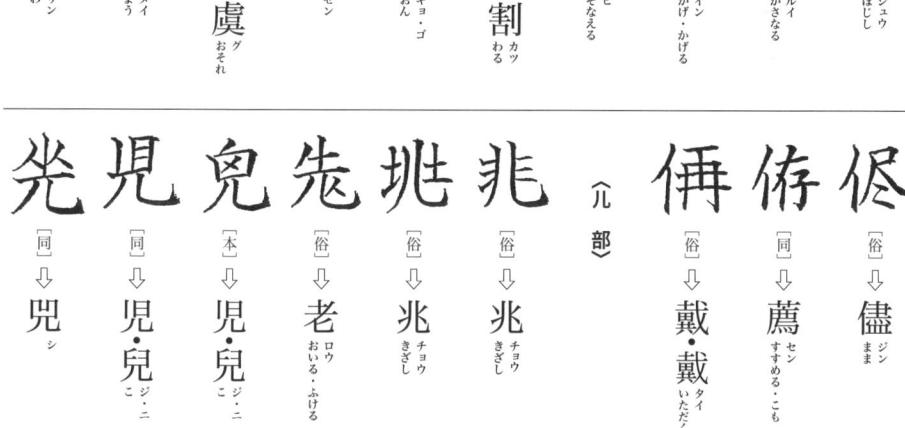

						〈儿部〉			
[同] ⇓ 兜 シ	[同] ⇓ 児・兒 こ ジ・ニ	[本] ⇓ 児・兒 こ ジ・ニ	[俗] ⇓ 老 おいる・ふける ロウ	[俗] ⇓ 兆 きざし チョウ	[俗] ⇓ 兆 きざし チョウ		[俗] ⇓ 戴・戴 いただく タイ	[同] ⇓ 薦 すすめる・こも セン	[俗] ⇓ 儘 まま ジン

							〈八(丷)部〉		
[俗] ⇓ 若 わかい ジャク	[俗] ⇓ 苟 かりそめ コウ	[俗] ⇓ 苑 その エン	[俗] ⇓ 苑 その エン	[俗] ⇓ 英 はな・はなぶさ エイ	[俗] ⇓ 典 のり テン	[古] ⇓ 求 もとめる キュウ		[俗] ⇓ 兗 エン	[同] ⇓ 兜 シ

茂 [俗] ↓ 茂 モ しげる

単 [俗] ↓ 単・單 タン ひとつ・ひとえ

巻 [俗] ↓ 巻・卷 カン まく・まき

荒 [俗] ↓ 荒・荒 コウ あらい・あれる

荘 [俗] ↓ 荘・莊 ソウ おごそか

瓮 [俗] ↓ 盆 ボン

茶 [俗] ↓ 薬・藥 ヤク くすり

舁 [俗] ↓ 興 コウ・キョウ おこる・おこす

〔冂部〕

帀 [俗] ↓ 両・兩 リョウ ふたつ

朋 [俗] ↓ 朋・朋 ホウ とも

网 [古] ↓ 雨 ウ あめ・あま

冊 [俗] ↓ 爾 ジ なんじ

〔一・丶部〕

受 [俗] ↓ 受 ジュ うける

畐 [俗] ↓ 富 フ・フウ とむ・とみ

列 [同] ↓ 冽 レツ きよい

〔几部〕

飢 [同] ↓ 以 イ もって

兒 [俗] ↓ 兇 キョウ おそれる

夙 [俗] ↓ 夙 シュク つとに

夗 [古] ↓ 夜 ヤ よ・よる

虎 [俗] ↓ 虎 コ とら

鳳 [古] ↓ 風 フウ かぜ

鳳 [古] ↓ 風 フウ かぜ

風 [古] ↓ 風 フウ かぜ

風 [古] ↓ 風 フウ かぜ

尣 [古] ↓ 幾 キ いく

〔凵部〕

画 [俗] ↓ 画・畫 ガ・カク かぎる・えがく

函 [俗] ↓ 函 カン はこ

幽 [俗] ↓ 幽 ユウ かすか

齿 [俗] ↓ 歯・齒 シ は

〔刀部〕

刼 [俗] ↓ 劫 キョウ・ゴウ おびやかす

刼 [俗] ↓ 劫 キョウ・ゴウ おびやかす

券 [俗] ↓ 券・券 ケン

刻 [俗] ↓ 刻 コク きざむ

効 [俗] ↓ 効・效 コウ きく

肃 [同] ↓ 粛・肅 シュク つつしむ

〔刂部〕

刑 〔本〕↓ 刑 ケイ

列 〔古〕↓ 列 レツ つらなる

剗 〔同〕↓ 初 ショ はじめ

删 〔俗〕↓ 冊 サン けずる

删 〔本〕↓ 冊 サン けずる

删 〔俗〕↓ 冊 サン けずる

刷 〔俗〕↓ 冊 サン けずる

判 〔俗〕↓ 判・判 ハン・バン わける

剏 〔俗〕↓ 判・判 ハン・バン わける

剛 〔本〕↓ 別 ベツ わかれる

剋 〔俗〕↓ 刻 コク きざむ

刹 〔俗〕↓ 刹 サツ・セツ

刺 〔同〕↓ 刺 シ さす

劑 〔俗〕↓ 剤・劑 ザイ

剛 〔俗〕↓ 剥 ハク はぐ

剝 〔俗〕↓ 剥 ハク はぐ

判 〔俗〕↓ 料 リョウ はかる

剑 〔古〕↓ 割・割 カツ わる

剣 〔古〕↓ 創 ソウ きずつける

〈力 部〉

衩 〔俗〕↓ 初 ショ はじめ

券 〔俗〕↓ 券・劵 ケン

劾 〔俗〕↓ 劾 ガイ きわめる

勁 〔俗〕↓ 勁 ケイ つよい

劵 〔古〕↓ 倦 ケン うむ

劦 〔同〕↓ 逸・逸 イツ それる

勢 〔俗〕↓ 勢 セイ いきおい

勢 〔俗〕↓ 勢 セイ いきおい

勠 〔同〕↓ 勠 リク あわせる

〈勹 部〉

旬 〔古〕↓ 旬 ジュン

匀 〔古〕↓ 旬 ジュン

夠 〔俗〕↓ 卵 ラン たまご

匋 〔本〕↓ 陶 トウ すえ

匌 〔同〕↓ 窰 ヨウ かま

匌 〔俗〕↓ 窰 ヨウ かま

〈匕・匚・匸 部〉

产 〔俗〕↓ 彦・彦 ゲン ひこ

匡 〔本〕↓ 匡 キョウ ただす

匪 〔俗〕↓ 蔵・藏 ゾウ くら

〈十 部〉

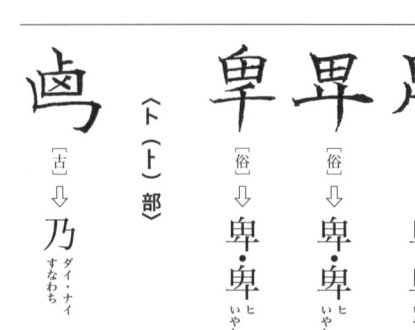

帯　[同]⇒亦　エキ　また

恊　[俗]⇒協　キョウ　かなう

協　[俗]⇒協　キョウ　かなう

幸　[俗]⇒幸　コウ　さいわい・さち

南　[俗]⇒南　ナン・ナ　みなみ

畀　[俗]⇒卑・卑　ヒ　いやしい

畁　[俗]⇒卑・卑　ヒ　いやしい

卑　[俗]⇒卑・卑　ヒ　いやしい

〈卜（上）部〉

鹵　[古]⇒乃　ダイ・ナイ　すなわち

兆　[同]⇒兆　チョウ　きざし

鹵　[古]⇒西　セイ・サイ　にし

夘　[俗]⇒各　キュウ　とが

〈卩（巳）部〉

却　[俗]⇒却　キャク　しりぞく

即　[同]⇒即・即　ソク　つく

卸　[俗]⇒卸　シャ　おろす・おろし

晜　[俗]⇒晜　キン　さかずき

御　[俗]⇒御　ギョ・ゴ　おん

〈厂部〉

厊　[同]⇒斥　セキ　しりぞける

厇　[同]⇒応・應　オウ　こたえる

庨　[本]⇒庚　コウ　かのえ

厈　[本]⇒晨　ショク　かたむく

厄　[同]⇒晨　ショク　かたむく

啚　[古]⇒席　セキ　むしろ

㡿　[同]⇒涯　ガイ　みぎわ

〈厶部〉

厽　[古]⇒争・争　ソウ・あらそう

兔　[俗]⇒兎・兔　ト　うさぎ

厽　[古]⇒斉・齊　セイ・サイ　ひとしい

叀　[俗]⇒専・專　セン　もっぱら

𢆶　[同]⇒幽　ユウ　かすか

甚　[俗]⇒某　ボウ　それがし

芌　[同]⇒華・華　カ・ケ　はな

〈又部〉

羿　[同]⇒友　ユウ　とも

取　[本]⇒刷　サツ　する

肴　[同]⇒肴　コウ　さかな

肴　[俗]⇒肴　コウ　さかな

〔同〕
⇩
封
フウ・ホウ

〈口部〉
叺

呑
〔俗〕
⇩
呑
ドン
のむ

呉
〔俗〕
⇩
呉・呉
くれ
ゴ

吟
〔俗〕
⇩
吟
ギン
うめく

含
〔俗〕
⇩
含
ガン
ふくむ

周
〔俗〕
⇩
舟
シュウ
ふね・ふな

咶
〔同〕
⇩
吃
キツ
どもる

和
〔古〕
⇩
凪
なぐ・なぎ

戻
〔同〕
⇩
皮
ヒ
かわ

咽
〔俗〕
⇩
咽
エッ・イン
のど

皁
〔俗〕
⇩
阜
フ
おか

咊
〔同〕
⇩
述・迪
のべる
ジュツ

咅
〔俗〕
⇩
苦
ク
くるしい

咊
〔古〕
⇩
和
ワ
やわらぐ

咒
〔俗〕
⇩
呪
ジュ
のろう

咒
〔同〕
⇩
呪
ジュ
のろう

吟
〔古〕
⇩
呼
コ
よぶ

咎
〔同〕
⇩
咎
キュウ
とがめる

邑
〔俗〕
⇩
邑
ユウ
むら

哥
〔俗〕
⇩
疇
チュウ
たぐい

哊
〔同〕
⇩
謀
ボウ・ム
はかる

咎
〔古〕
⇩
謀
ボウ・ム
はかる

咄
〔同〕
⇩
噺
はなし

咊
〔古〕
⇩
嗜
シ
たしなみ

咏
〔同〕
⇩
詠
エイ
よむ

周
〔同〕
⇩
週・週
シュウ

面
〔俗〕
⇩
面
メン
おもて・つら

冒
〔俗〕
⇩
冒・冒
ボウ
おかす

陀
〔俗〕
⇩
咤
タ
しかる

回
〔同〕
⇩
笏
コツ・シャク

囷
〔同〕
⇩
圃
ホ
はたけ

台
〔同〕
⇩
胎
タイ
はらむ

囵
〔同〕
⇩
国・國
コク
くに

坙
〔古〕
⇩
国・國
コク
くに

画
〔同〕
⇩
画・畫
ガ・カク
えがく

図
〔俗〕
⇩
図・圖
ズ・ト
はかる

圁
〔同〕
⇩
回
カイ
まわる

匠
〔古〕
⇩
日
ニチ・ジツ
ひ・か

〈口部〉

第1行
- 困 〔古〕⇒淵 エン ふち
- 〈土部〉
- 坴 〔古〕⇒丘 キュウ おか
- 址 〔古〕⇒丘 キュウ おか
- 坵 〔俗〕⇒丘 キュウ おか
- 坮 〔古〕⇒台・臺 ダイ・タイ うてな
- 望 〔古〕⇒至 シ いたる
- 坑 〔俗〕⇒坑 コウ あな
- 坐 〔同〕⇒坐 ザ すわる
- 坐 〔俗〕⇒坐 ザ すわる
- 坏 〔同〕⇒坏 ハイ つき

第2行
- 坙 〔俗〕⇒巫 フ みこ・かんなぎ
- 坦 〔俗〕⇒坦 タン たいら
- 坙 〔俗〕⇒坪・坪 ヘイ つぼ
- 圻 〔俗〕⇒岸 ガン きし
- 坫 〔同〕⇒店 テン みせ
- 坭 〔同〕⇒泥 デイ どろ
- 求 〔俗〕⇒哀 アイ あわれ・あわれむ
- 㚻 〔同〕⇒垢 コウ あか
- 均 〔同〕⇒垢 コウ あか
- 坐 〔俗〕⇒哭 コク なく

第3行
- 埃 〔同〕⇒埃 アイ ちり・ほこり
- 坢 〔俗〕⇒畔・畔 ハン あぜ・くろ
- 求 〔俗〕⇒袁 エン
- 堂 〔古〕⇒堂 ドウ
- 圽 〔俗〕⇒場 ジョウ ば
- 㙢 〔俗〕⇒嘉 カ よい
- 垢 〔同〕⇒墟 セキ
- 垂 〔同〕⇒錘 スイ つむ・おもり
- 〈土・夂・夊 部〉
- 壳 〔俗〕⇒殻・殻 カク から

第4行
- 夋 〔俗〕⇒麦・麥 バク むぎ
- 長 〔古〕⇒長 チョウ ながい
- 夏 〔俗〕⇒夏・夏 カ・ゲ なつ
- 〈夕 部〉
- 夗 〔俗〕⇒卵 ラン たまご
- 姓 〔同〕⇒晴・晴 セイ はれる
- 〈大 部〉
- 夷 〔俗〕⇒夷 イ えびす
- 扶 〔俗〕⇒扶 フ たすける
- 㚏 〔同〕⇒並・竝 ヘイ なみ・ならぶ

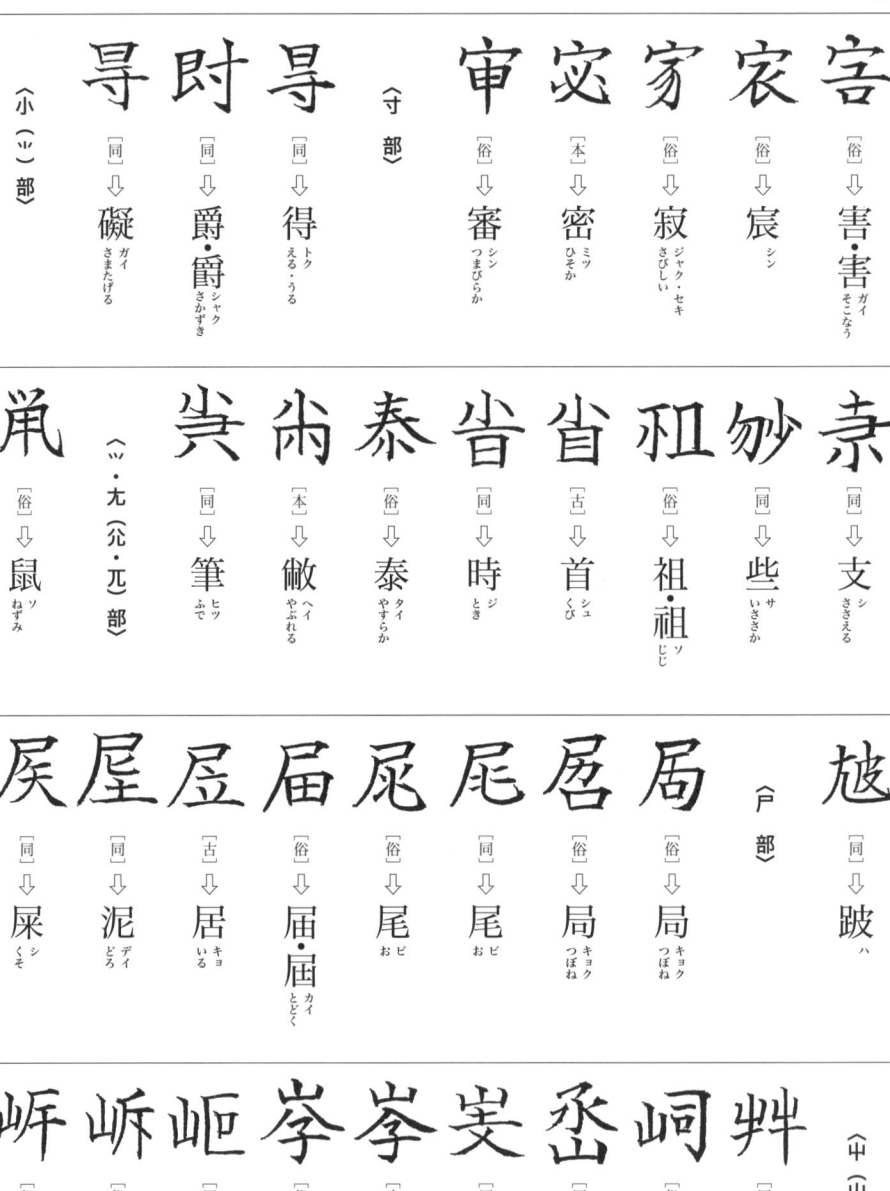

〈小(ツ)部〉

尋 〔同〕⇩ 礙 ガイ さまたげる

尌 〔同〕⇩ 爵・爵 シャク さかずき

尋 〔同〕⇩ 得 トク える・うる

〈寸部〉

審 〔俗〕⇩ 審 シン つまびらか

宓 〔本〕⇩ 密 ミッ ひそか

家 〔俗〕⇩ 寂 ジャク・セキ さびしい

宧 〔俗〕⇩ 宸 シン

宮 〔俗〕⇩ 害・害 ガイ そこなう

鼡 〔俗〕⇩ 鼠 ソ ねずみ

〈ツ・尢(允・兀)部〉

尞 〔同〕⇩ 筆 ヒツ ふで

尚 〔本〕⇩ 敝 ヘイ やぶれる

泰 〔俗〕⇩ 泰 タイ やすらか

省 〔同〕⇩ 時 ジ とき

省 〔古〕⇩ 首 シュ くび

秇 〔俗〕⇩ 祖・祖 ソ じじ

玅 〔同〕⇩ 些 サ いささか

尗 〔同〕⇩ 支 シ ささえる

戻 〔同〕⇩ 屎 シ くそ

屋 〔同〕⇩ 泥 デイ どろ

屈 〔古〕⇩ 居 キョ いる

届 〔俗〕⇩ 届・届 カイ とどく

屄 〔俗〕⇩ 尾 オビ

尾 〔同〕⇩ 尾 オビ

居 〔俗〕⇩ 局 キョク つぼね

局 〔俗〕⇩ 局 キョク つぼね

〈尸部〉

尳 〔同〕⇩ 跛 ハ

岏 〔俗〕⇩ 岸 ガン きし

岏 〔俗〕⇩ 岸 ガン きし

岠 〔同〕⇩ 坡 ハ さか

峚 〔俗〕⇩ 使 シ つかう

峚 〔古〕⇩ 使 シ つかう

岌 〔同〕⇩ 岐 キ わかれる

峚 〔同〕⇩ 丞 ジョウ たすける

峒 〔俗〕⇩ 司 シ つかさ

屮 〔同〕⇩ 友 ユウ とも

〈屮(㞢)・山部〉

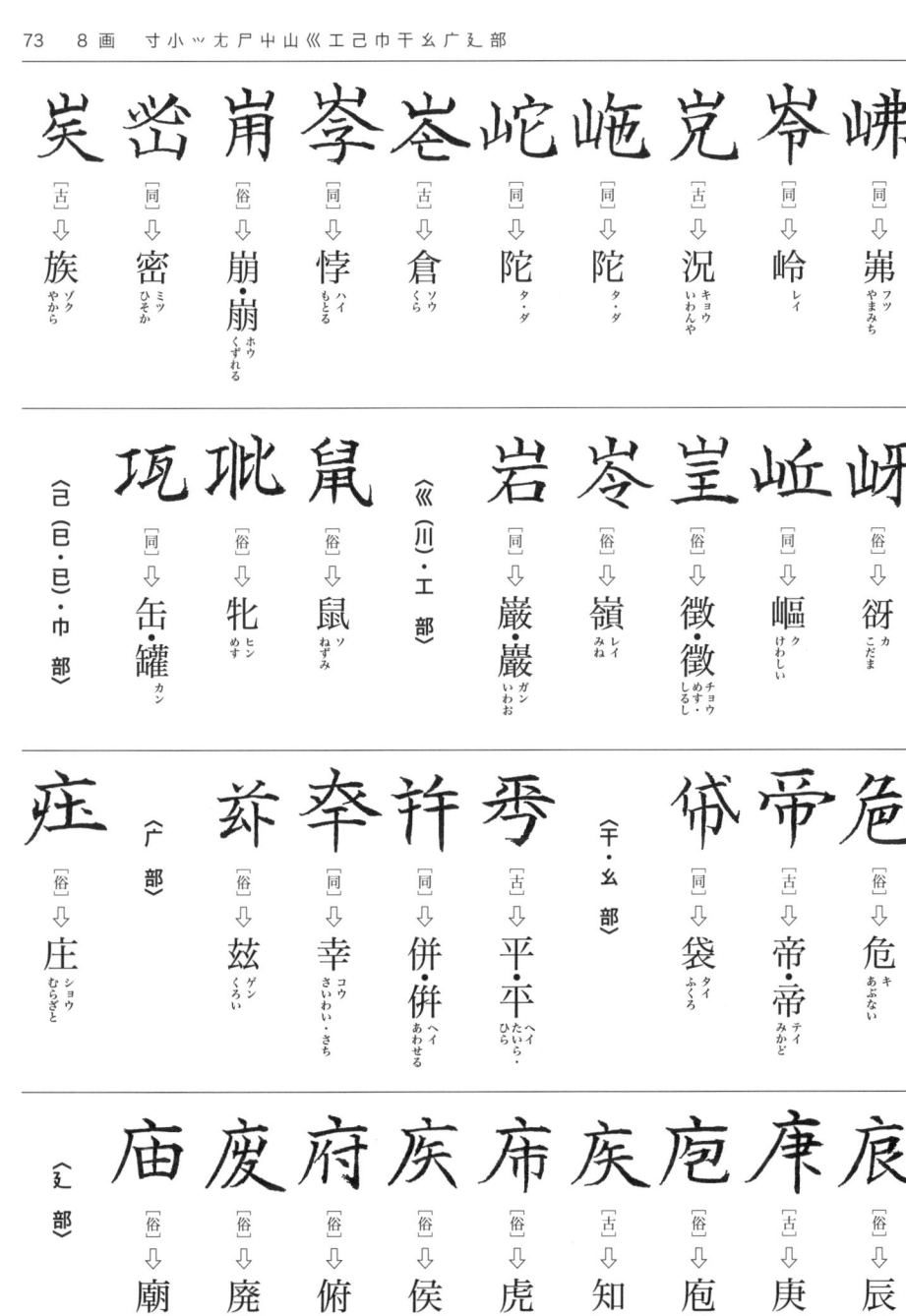

〈廴部〉

廻 [俗]⇩ 回 カイ／まわる

延 [同]⇩ 征 セイ／ゆく

廸 [俗]⇩ 迪・迪 テキ／みち

迫 [同]⇩ 迫・迫 ハク／せまる

廻 [同]⇩ 廻 カイ／まわる・めぐる

建 [俗]⇩ 建 ケン・コン／たてる・たつ

〈廾部〉

宑 [同]⇩ 肉 ニク／しし

桬 [同]⇩ 承 ショウ／うけたまわる

〈弓部〉

弛 [同]⇩ 弛 シ／ゆるめる

弟 [俗]⇩ 弟 テイ・ダイ／おとうと

弦 [本]⇩ 弦 ゲン／つる

弧 [俗]⇩ 弧 コ／ゆみ

弥 [俗]⇩ 弥・彌 ビ／ひさしい

弳 [俗]⇩ 殆 タイ／あやうい・ほとんど

弞 [本]⇩ 矧 シン

弨 [古]⇩ 張 チョウ／はる

〈互(彐)部〉

彦 [俗]⇩ 穏・穩 オン／おだやか

〈彡部〉

彤 [古]⇩ 丹 タン／あか・に

彦 [俗]⇩ 彦・彦 ゲン／ひこ

〈彳部〉

作 [俗]⇩ 作 サク・サ／つくる

徃 [俗]⇩ 往・往 オウ／ゆく

狭 [俗]⇩ 侯 コウ／まと

衍 [俗]⇩ 衍 エン

術 [古]⇩ 軌 キ／わだち

術 [俗]⇩ 道・道 ドウ・トウ／みち

彿 [俗]⇩ 徹 テツ／とおる

彿 [同]⇩ 髴 フツ

〈忄部〉

怵 [俗]⇩ 休 キュウ／やすむ

忮 [本]⇩ 快 カイ／こころよい

恠 [俗]⇩ 怪 カイ／あやしい

悔 [同]⇩ 悔・悔 カイ／くいる・くやむ

恟 [俗]⇩ 恟 キョウ／おそれる

恒 [俗]⇩ 恒・恆 コウ／つね

恖 [古]⇩ 思 シ／おもう

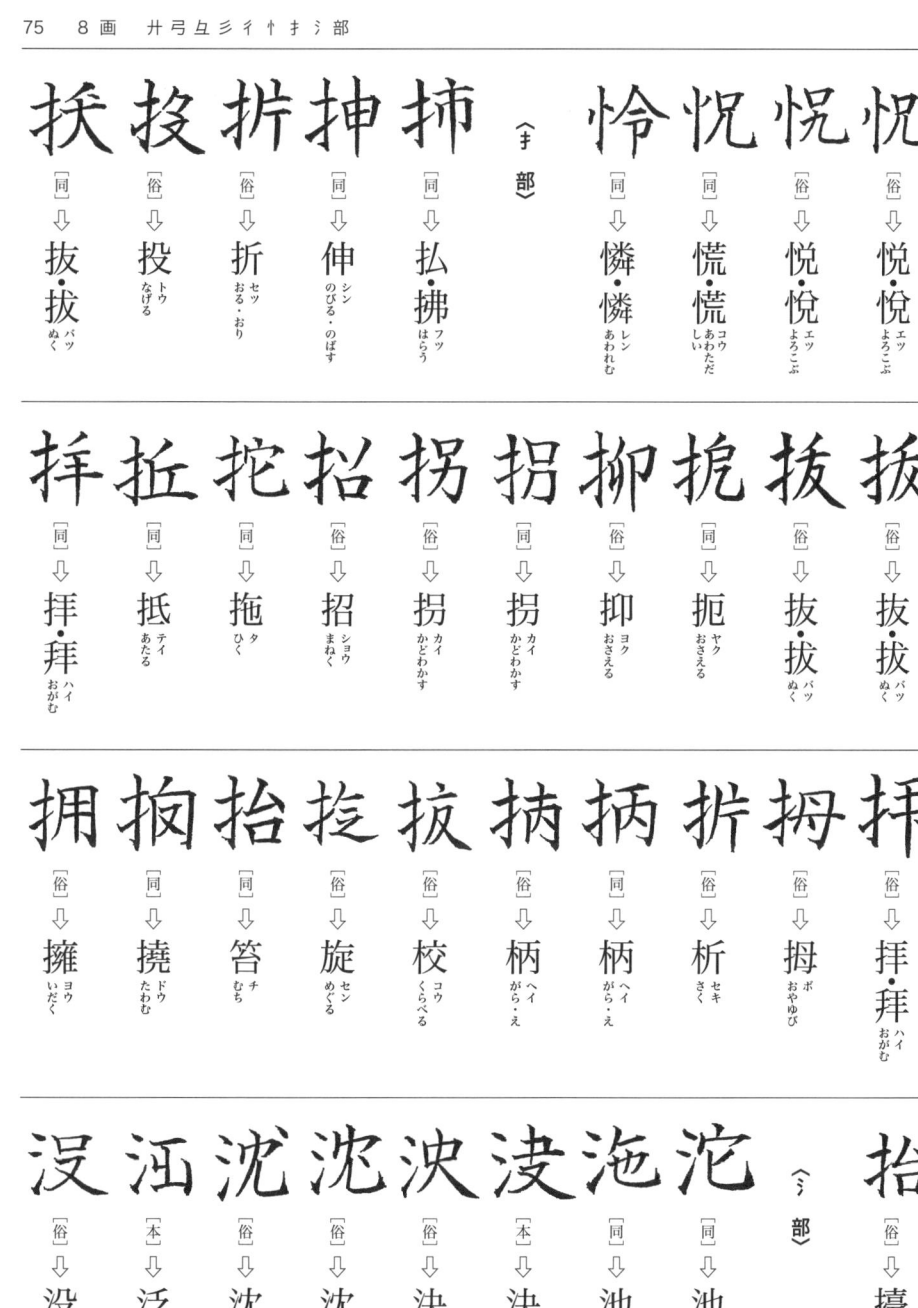

〈扌部〉

抶	投	扸	抻	柿		怜	悦	悦	悦

扶
〔同〕
⇩
抜・拔
ぬく
バツ

投
〔俗〕
⇩
投
なげる
トウ

扸
〔俗〕
⇩
折
おる・おり
セツ

抻
〔同〕
⇩
伸
のびる・のばす
シン

柿
〔同〕
⇩
払・拂
はらう
フツ

怜
〔同〕
⇩
憐・憐
あわれむ
レン

悦
〔同〕
⇩
慌・慌
あわただしい
コウ

悦
〔俗〕
⇩
悦・悦
よろこぶ
エツ

悦
〔俗〕
⇩
悦・悦
よろこぶ
エツ

拜
〔同〕
⇩
拝・拜
おがむ
ハイ

拡
〔同〕
⇩
抵
あたる
テイ

拕
〔同〕
⇩
拖
ひく
タ

招
〔俗〕
⇩
招
まねく
ショウ

拐
〔俗〕
⇩
拐
かどわかす
カイ

拐
〔同〕
⇩
拐
かどわかす
カイ

抑
〔俗〕
⇩
抑
おさえる
ヨク

扼
〔同〕
⇩
扼
おさえる
ヤク

抜
〔俗〕
⇩
抜・拔
ぬく
バツ

抜
〔俗〕
⇩
抜・拔
ぬく
バツ

拥
〔俗〕
⇩
擁
いだく
ヨウ

拘
〔同〕
⇩
撓
たわむ
ドウ

抬
〔同〕
⇩
筈
むち
チ

挺
〔俗〕
⇩
旋
めぐる
セン

拔
〔俗〕
⇩
校
くらべる
コウ

柄
〔俗〕
⇩
柄
がら・え
ヘイ

柄
〔同〕
⇩
柄
がら・え
ヘイ

拆
〔俗〕
⇩
析
さく
セキ

拇
〔俗〕
⇩
拇
おやゆび
ボ

拝
〔俗〕
⇩
拝・拜
おがむ
ハイ

| 浸 | 沰 | 沈 | 沈 | 決 | 浹 | 池 | 沱 | | 抬 |

〈氵部〉

浸
〔俗〕
⇩
没・沒
しずむ
ボツ

沰
〔本〕
⇩
泛
うかぶ
ハン

沈
〔俗〕
⇩
沈
しずむ
チン

沈
〔俗〕
⇩
沈
しずむ
チン

決
〔俗〕
⇩
決
きめる
ケツ

浹
〔本〕
⇩
決
きめる・きまる
ケツ

池
〔同〕
⇩
池
いけ
チ

沱
〔同〕
⇩
池
いけ
チ

抬
〔俗〕
⇩
擡
もたげる
タイ

没・沒
しずむ
ボツ

〔同〕洇 ↓ 泳（エイ・およぐ）　〔俗〕沿 ↓ 沿（エン・そう）　〔俗〕泙 ↓ 沽（コ・うる）　〔俗〕泄 ↓ 泄（セツ・もれる）　〔同〕沲 ↓ 沱（タ・ダ）　〔同〕泹 ↓ 法（ホウ・のり）　〔俗〕泹 ↓ 法（ホウ・のり）　〔俗〕泡 ↓ 泡・泡（ホウ・あわ）　〔同〕洩 ↓ 洩（セツ・エイ・もれる）　〔俗〕浅 ↓ 浅・淺（セン・あさい）

〔俗〕妳 ↓ 嬭（ダイ・はは）　〔同〕沛 ↓ 霈（ハイ）　〔同〕沸 ↓ 鉳（にえ）　〔同〕泝 ↓ 遡（ソ・さかのぼる）　〔同〕沂 ↓ 遡（ソ・さかのぼる）　〔俗〕泅 ↓ 溢（イツ・あふれる）　〔同〕注 ↓ 註（チュウ・ときあかし）　〔同〕泪 ↓ 涙・涙（ルイ・なみだ）　〔俗〕泛 ↓ 流（リュウ・ながれる）　〔同〕泳 ↓ 流（リュウ・ながれる）

〔俗〕茅 ↓ 弟（テイ・ダイ・おとうと）

〈艸（艹）部〉

〔同〕狙 ↓ 覘（ねらう）　〔俗〕狐 ↓ 狐（コ・きつね）　〔同〕狨 ↓ 怯（キョウ・おびえる）　〔俗〕狄 ↓ 狄（テキ・えびす）　〔古〕犮 ↓ 犯（ハン・おかす）

〈犭 部〉

〔俗〕沐 ↓ 瀬・瀬（ライ・せ）　〔俗〕浮 ↓ 瀉（シャ・そそぐ）

〔俗〕苙 ↓ 茲（ジ・しげる）　〔古〕芺 ↓ 咲・咲（ショウ・さく）　〔俗〕茂 ↓ 茂（モ・しげる）　〔俗〕苒 ↓ 苒（ゼン）　〔俗〕若 ↓ 若（ジャク・わかい）　〔俗〕苣 ↓ 苣（キョ）　〔俗〕芽 ↓ 芽・芽（ガ・め）　〔本〕芽 ↓ 芽・芽（ガ・め）　〔俗〕茶 ↓ 参・參（サン・まいる）　〔俗〕苍 ↓ 花・花（カ・はな）

〈艸部〉

- 花 [同] ⇩ 華・華　カ・ケ／はな
- 芸 [俗] ⇩ 耘　ウン／くさぎる
- 茁 [本] ⇩ 菰　コ／まこも
- 花 [俗] ⇩ 菰　コ／まこも
- 苹 [同] ⇩ 苹　スイ／あつまる
- 苻 [俗] ⇩ 符　フ／わりふ
- 芛 [俗] ⇩ 等　トウ／ひとしい
- 芛 [俗] ⇩ 等　トウ／ひとしい
- 荗 [俗] ⇩ 筏　バツ／いかだ
- 茉 [俗] ⇩ 薬・藥　ヤク／くすり

- 茉 [俗] ⇩ 薬・藥　ヤク／くすり
- 荓 [合] ⇩ 薩埵　さった
- 荓 [合] ⇩ 薩埵　さった
- 苔 [合] ⇩ 菩提　ぼだい

〈心（小）部〉

- 文 [古] ⇩ 文　ブン・モン／ふみ
- 忢 [古] ⇩ 志　こころざす／シ
- 恴 [同] ⇩ 志　こころざす／シ
- 忈 [俗] ⇩ 忍・忍　ニン／しのぶ
- 悉 [本] ⇩ 忝　テン／かたじけない

- 念 [俗] ⇩ 念　ネン／おもう
- 忩 [同] ⇩ 忽　ソウ
- 㤅 [古] ⇩ 悟　ゴ／さとる
- 态 [古] ⇩ 愛　アイ／めでる
- 态 [俗] ⇩ 態　タイ／ありさま
- 悤 [俗] ⇩ 総・總　ソウ／すべる

〈戈部〉

- 弎 [古] ⇩ 弟　テイ・ダイ／おとうと
- 戈 [古] ⇩ 我　ガ／われ・わ
- 戒 [俗] ⇩ 戒　カイ／いましめる

- 戉 [俗] ⇩ 哉　サイ／や・かな
- 戉 [古] ⇩ 感　カン

〈戸（戸）部〉

- 尿 [古] ⇩ 戸・戸　コ／と
- 烏 [俗] ⇩ 局　キョク／つぼね
- 戾 [俗] ⇩ 戻・戻　レイ／もどす・もどる
- 炭 [古] ⇩ 房・房　ボウ／ふさ
- 帘 [俗] ⇩ 虎　コ／とら
- 皀 [本] ⇩ 阜　フ／おか
- 烏 [本] ⇩ 烏　オ／からす

〈手部〉

- 承 [俗] ↓ 承 ショウ うけたまわる
- 乑 [俗] ↓ 承 ショウ うけたまわる
- 与 [同] ↓ 舁 ヨ かく・かつぐ
- 夆 [俗] ↓ 挙・擧 キョウ あげる

〈攴(攵)部〉

- 攴 [古] ↓ 扶 フ たすける
- 攺 [俗] ↓ 改 カイ あらためる
- 放 [本] ↓ 放 ホウ はなす
- 牧 [俗] ↓ 枚 マイ

〈攴部〉

- 政 [俗] ↓ 政 セイ・ショウ まつりごと
- 攺 [俗] ↓ 啓・啓 ケイ ひらく
- 敎 [古] ↓ 教・敎 キョウ おしえる
- 敎 [古] ↓ 教・敎 キョウ おしえる
- 敎 [同] ↓ 教・敎 キョウ おしえる
- 敎 [俗] ↓ 教・敎 キョウ おしえる
- 攵 [俗] ↓ 赦 シャ ゆるす
- 枚 [俗] ↓ 散 サン ちる
- 敺 [同] ↓ 駆・驅 ク かける

〈斗部〉

- 料 [俗] ↓ 料 リョウ はかる

- 奈 [俗] ↓ 学・學 ガク まなぶ
- 斋 [俗] ↓ 斎・齋 サイ ものいみ
- 斉 [同] ↓ 臍 セイ ほぞ・へそ

〈斤部〉

- 幷 [同] ↓ 兵 ヘイ・ヒョウ つわもの・いくさ
- 斤 [同] ↓ 近・近 キン ちかい
- 斧 [俗] ↓ 斧 フ おの
- 祈 [古] ↓ 斯 シ この

〈方部〉

- 匆 [同] ↓ 勿 ブツ・モチ なかれ・なし
- 芴 [本] ↓ 旁 ボウ かたわら
- 㐬 [同] ↓ 航 コウ
- 航 [同] ↓ 航 コウ

〈日・曰部〉

- 曻 [俗] ↓ 争・爭 ソウ あらそう
- 坥 [俗] ↓ 坦 タン たいら
- 智 [同] ↓ 忽 コツ たちまち
- 智 [俗] ↓ 忽 コツ たちまち

[古]⇩ 易 エキ・イ やさしい

[同]⇩ 戻 ショク かたむく

[俗]⇩ 戻 ショク かたむく

[俗]⇩ 服・服 フク きもの

[俗]⇩ 斉・齊 セイ・サイ ひとしい

[俗]⇩ 皆 シ せめる

[古]⇩ 専・專 セン もっぱら

[俗]⇩ 曷 カツ なんぞ

[古]⇩ 昨 きのう サク

[俗]⇩ 昨 きのう サク

[古]⇩ 春 シュン はる

[俗]⇩ 是 ゼ これ・この

[俗]⇩ 昼・晝 チュウ ひる

[俗]⇩ 冒・冒 ボウ おかす

[俗]⇩ 冒・冒 ボウ おかす

[俗]⇩ 胃 イ

[俗]⇩ 皆 カイ みな

[俗]⇩ 時 ジ とき

[俗]⇩ 書 ショ かく

[俗]⇩ 啓・啓 ケイ ひらく

〈月（月）部〉

[同]⇩ 訪 ホウ おとずれる

[俗]⇩ 晶 ショウ あきらか

[俗]⇩ 暇 カ ひま

[同]⇩ 匈 キョウ むね

[俗]⇩ 吻 フン くちびる

[俗]⇩ 胦 キツ しく

[俗]⇩ 肱 コウ ひじ

[俗]⇩ 服・服 フク きもの

[俗]⇩ 肺・肺 ハイ

[俗]⇩ 肺・肺 ハイ

[俗]⇩ 背 ハイ せ・そむく

[本]⇩ 胚 ハイ はらむ

[同]⇩ 疣 ユウ いぼ

[俗]⇩ 時 ジ とき

[同]⇩ 胸 キョウ むね・むな

[俗]⇩ 朔 サク ついたち

[俗]⇩ 朔 サク ついたち

[俗]⇩ 般 ハン めぐる

[俗]⇩ 敗 ハイ やぶれる

〔木部〕

漢字	区分	正字	読み
杵	〔同〕⇩	午	ゴ うま
柂	〔俗〕⇩	厄	ヤク わざわい
枖	〔俗〕⇩	夭	ヨウ わかい
朌	〔俗〕⇩	爪	ソウ つめ
枫	〔俗〕⇩	机	キ つくえ

胇	〔俗〕⇩	脚	キャク・キャ あし
肎	〔俗〕⇩	貧	ヒン・ビン まずしい
肠	〔俗〕⇩	腸	チョウ はらわた
肤	〔俗〕⇩	膚	フ はだ

茉	〔同〕⇩	困	コン こまる
杖	〔俗〕⇩	杖	ジョウ つえ
杜	〔俗〕⇩	杜	ト とじる・もり
亲	〔俗〕⇩	辛	シン からい
朿	〔同〕⇩	刺	シ さす
柠	〔俗〕⇩	於	オ おいて
枉	〔俗〕⇩	枉	オウ まがる
杲	〔俗〕⇩	果	カ はたす
杲	〔俗〕⇩	果	カ はたす
狀	〔俗〕⇩	枝	シ えだ

杢	〔同〕⇩	松	ショウ まつ
枀	〔俗〕⇩	松	ショウ まつ
枡	〔同〕⇩	柝	セキ さく
柔	〔同〕⇩	杼	チョ ひ
枧	〔俗〕⇩	枕	チン まくら
枕	〔俗〕⇩	枕	チン まくら
柿	〔本〕⇩	柿	ハイ こけら
枚	〔同〕⇩	枚	マイ
柿	〔本〕⇩	柿	シ かき
枾	〔同〕⇩	柿	シ かき

柿	〔同〕⇩	柿	シ かき
枏	〔同〕⇩	柟	ダン
枏	〔俗〕⇩	枏	ケイ ますがた
采	〔本〕⇩	採・探	サイ とる
杲	〔同〕⇩	菓	カ くだもの
杪	〔同〕⇩	梢・梢	ショウ こずえ
枡	〔俗〕⇩	椒	ショウ はじかみ
炎	〔俗〕⇩	森	シン もり
枣	〔俗〕⇩	棗	ソウ なつめ

1 2 3 4 5 6 7 8 9 10 11 12 13 14 15 16 17 18 19 20 21 22

⿰木丰 〔俗〕⇩ 棒 ボウ

柄 〔同〕⇩ 棉 メン わた

杰 〔俗〕⇩ 傑・傑 ケツ すぐれる

杶 〔本〕⇩ 椿 チン つばき

枏 〔同〕⇩ 楠 ナン くすのき

柒 〔俗〕⇩ 漆 シツ うるし

构 〔同〕⇩ 構・構 コウ かまえる

栈 〔俗〕⇩ 機 キ はた

栌 〔俗〕⇩ 櫨 ロ はぜ

枦 〔俗〕⇩ 櫨 ロ はぜ

〈欠部〉

欣 〔俗〕⇩ 欣 キン よろこぶ

欤 〔俗〕⇩ 歟 ヨ か・や

〈止部〉

⿰止巴 〔古〕⇩ 戸・戶 コ と

歧 〔俗〕⇩ 岐 キ わかれる

⿱夭止 〔本〕⇩ 走 ソウ はしる

⿱夭止 〔本〕⇩ 走 ソウ はしる

⿱夭止 〔本〕⇩ 走 ソウ はしる

⿱止斤 〔古〕⇩ 近・近 キン ちかい

⿱止业 〔同〕⇩ 歩・步 ホ・ブ あるく・あゆむ

歨 〔俗〕⇩ 歩・步 ホ・ブ あるく・あゆむ

⿸尸止 〔同〕⇩ 咫 シ た

⿱止衣 〔古〕⇩ 旅・旅 リョ たび

⿱止衣 〔古〕⇩ 旅・旅 リョ たび

⿱止凶 〔俗〕⇩ 齒・齒 シ は

〈歹・毋部〉

⿰歹凶 〔同〕⇩ 凶 キョウ わるい

殀 〔同〕⇩ 夭 ヨウ わかい

歾 〔同〕⇩ 刎 フン くびはねる

⿰歹川 〔古〕⇩ 州 シュウ す

歾 〔同〕⇩ 歿 ボツ しぬ

歼 〔同〕⇩ 歿 ボツ しぬ

殁 〔俗〕⇩ 歿 ボツ しぬ

殁 〔俗〕⇩ 歿 ボツ しぬ

殉 〔同〕⇩ 殉 ジュン したがう

每 〔本〕⇩ 毎・每 マイ つね

〈比部〉

⿰⿱卜匕⿱卜匕 〔古〕⇩ 比 ヒ くらべる

⿰⿱卜乚乇 〔同〕⇩ 氏 シ うじ

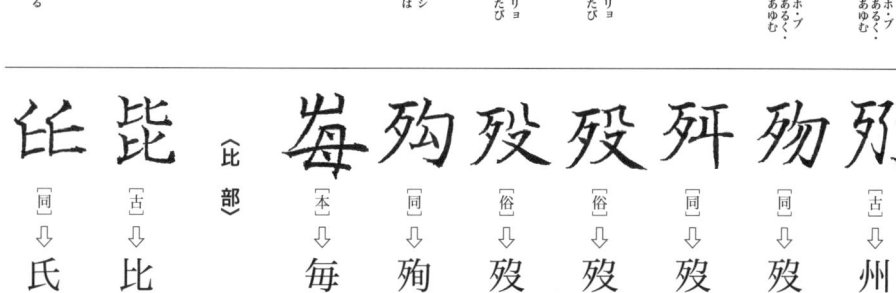

〈毛部〉

髪 〔俗〕⇒ 斐 ヒ

毟 〔同〕⇒ 髻 ゼン ひげ

毛 〔同〕⇒ 拋 むしる

〈民部〉

㟄 〔本〕⇒ 㟄 ボウ たみ

㟄 〔俗〕⇒ 㟄 ボウ たみ

〈气部〉

気 〔古〕⇒ 気・氣 キ・ケ

氛 〔俗〕⇒ 陰 イン かげ・かげる

〈水（氺）部〉

氜 〔俗〕⇒ 陽 ヨウ ひ

氛 〔同〕⇒ 雰 フン きり

㳠 〔古〕⇒ 窔 セイ おとしあな

㴆 〔同〕⇒ 陰 イン かげ・かげる

炎 〔同〕⇒ 渺 ビョウ

汆 〔同〕⇒ 飲・飮 イン のむ

氽 〔本〕⇒ 凝 ギョウ こる

录 〔俗〕⇒ 録・錄 ロク しるす

〈火部〉

荧 〔同〕⇒ 光 コウ ひかり

炛 〔俗〕⇒ 光 コウ ひかり

灾 〔俗〕⇒ 災 サイ わざわい

灼 〔俗〕⇒ 灼 シャク やく

炊 〔俗〕⇒ 炎 エン ほのお

炊 〔俗〕⇒ 炊 スイ たく

歁 〔同〕⇒ 叛 ハン そむく

炛 〔同〕⇒ 焔 エン ほのお

灸 〔同〕⇒ 焚 フン やく・たく

炎 〔同〕⇒ 煮・煮 シャ にる・にえる

奭 〔同〕⇒ 暖・煖 ダン あたたかい

〈灬部〉

烝 〔同〕⇒ 気・氣 キ・ケ

糸 〔俗〕⇒ 系 ケイ つなぐ

為 〔俗〕⇒ 焉 エン いずくんぞ

烝 〔俗〕⇒ 然 ゼン・ネン しかり

〈爪（爫・爫）部〉

卬 〔俗〕⇒ 印 イン しるし

坙 〔古〕⇒ 淫 イン みだら

〈爿（丬）部〉

牧	牝	〈牛（牜）部〉	斫	胊	〈片部〉	冰	寑	牀	冊
〔本〕 ⇩ 牧 ボク まき	〔同〕 ⇩ 牝 ヒン めす		〔古〕 ⇩ 析 セキ さく	〔同〕 ⇩ 句 ク		〔俗〕 ⇩ 漿 ショウ	〔同〕 ⇩ 段 ダン くぎり	〔同〕 ⇩ 床 ショウ とこ・ゆか	〔古〕 ⇩ 卯 ウ

牧	〈生・用部〉	珏	环	坙	〈玉（王）部〉	献	犾	哭	〈犬部〉
〔同〕 ⇩ 姓 セイ・ショウ かばね		〔合〕 ⇩ 瑠璃 るり	〔俗〕 ⇩ 環・環 カン たまき	〔俗〕 ⇩ 坐 ザ すわる		〔俗〕 ⇩ 献・獻 ケン・コン たてまつる	〔古〕 ⇩ 然 ゼン・ネン しかり	〔俗〕 ⇩ 哭 コク なく	

〈疒部〉	备	鬼	甾	甽	苗	男	畀	〈田部〉	甬
	〔俗〕 ⇩ 備 ビ そなえる	〔俗〕 ⇩ 鬼 おに	〔俗〕 ⇩ 留 リュウ・ル とめる・とまる	〔同〕 ⇩ 甽 ケン みぞ	〔俗〕 ⇩ 苗 ビョウ なえ・なわ	〔同〕 ⇩ 男 ダン・ナン おとこ	〔俗〕 ⇩ 早 ソウ はやい		〔俗〕 ⇩ 爾 ジ なんじ

益	盂	〈皿部〉	泉	皀	臭	〈白部〉	疞	庄	疒
〔俗〕 ⇩ 益・益 エキ・ヤク ます	〔本〕 ⇩ 盂 ウ はち		〔俗〕 ⇩ 泉 セン いずみ	〔本〕 ⇩ 良 リョウ よい	〔古〕 ⇩ 沢・澤 タク さわ		〔俗〕 ⇩ 病 ビョウ やまい	〔俗〕 ⇩ 荘・莊 ソウ おごそか	〔同〕 ⇩ 庄 ショウ むらざと

〈目部〉

- 百 [俗]⇒酉（ユウ　とり）
- 昇 [本]⇒具・具（グ　そなわる）
- 具 [俗]⇒具・具（グ　そなわる）
- 直 [俗]⇒直（チョク　ただちに・なおす）
- 眈 [俗]⇒盲・盲（モウ）
- 县 [俗]⇒県・縣（ケン　かける）
- 眃 [同]⇒融（ユウ　とける・とかす）

〈石部〉

- 矸 [同]⇒干（カン　ほす・ひる）
- 砥 [俗]⇒砥（シ　と・といし）
- 砡 [俗]⇒礫（タク　はりつけ）

〈示（ネ）部〉

- 祇 [同]⇒祇（ギ　ただ）
- 科 [俗]⇒科（カ　しな）
- 秋 [俗]⇒秋（シュウ　あき）
- 袂 [俗]⇒袂（ベイ　たもと）
- 衵 [俗]⇒耗・耗（モウ・コウ　へる）
- 祐 [俗]⇒禍・禍（カ　わざわい）

〈禾部〉

- 秊 [本]⇒年（ネン　とし）
- 秆 [同]⇒年（ネン　とし）
- 秔 [同]⇒芒（ボウ　のぎ・すすき）
- 秒 [古]⇒利（リ　きく）
- 秖 [古]⇒芸・藝（ゲイ　わざ）
- 私 [俗]⇒私（シ　わたくし）
- 秄 [古]⇒叔（シュク　おじ）
- 秅 [俗]⇒和（ワ　やわらぐ）
- 秠 [同]⇒移（イ　うつる・うつす）
- 秆 [同]⇒稈（カン　わら）

〈穴部〉

- 宇 [古]⇒宇（ウ　のき・いえ）
- 牢 [俗]⇒字（ジ　あざ）
- 窄 [俗]⇒牢（ロウ　おり・ひとや）
- 窊 [俗]⇒究（キュウ　きわめる）
- 宊 [俗]⇒究（キュウ　きわめる）
- 窂 [同]⇒虐・虐（ギャク　しいたげる）

〈立部〉

- 辛 [俗]⇒辛（シン　からい）

- 歪 [合]⇒和尚（わじょう・おしょう）

〈皿部〉
妃 [同]⇒俟 シ・まつ
罒 [俗]⇒岡 コウ・おか
哭 [古]⇒軍 グン・いくさ
罘 [俗]⇒羅 ラ・あみ

〈ネ部〉
神 [同]⇒巾 キン・てふき
初 [俗]⇒初 ショ・はじめ
祝 [同]⇒襷 ハン

〈竹部〉
笋 [古]⇒筋 キン・すじ
竺 [同]⇒篤 トク・あつい

〈米部〉
粃 [古]⇒番 バン・つがい
粂 [俗]⇒雜・雜 ザツ・まじる
粂 [俗]⇒糴 テキ・かいよね

〈糸部〉
紃 [同]⇒功 コウ・ク・いさお
紉 [俗]⇒幼 ヨウ・おさない
紅 [俗]⇒紅 コウ・ク・べに・くれない

〈羊(䒑・⺶)・老(耂)部〉
線 [俗]⇒練・練 レン・ねる
线 [俗]⇒線 セン・いと
羊 [同]⇒羌 キョウ
羌 [俗]⇒差 サ・さす
耄 [同]⇒耄 ボウ・モウ・ほうける

〈耳部〉
取 [俗]⇒取 シュ・とる
取 [俗]⇒取 シュ・とる
耴 [同]⇒須 ス・シュ・まつ

〈聿・肉・自部〉
肅 [俗]⇒肅・肅 シュク・つつしむ
肏 [本]⇒角 カク・かど・つの
直 [古]⇒恵・恵 ケイ・エ・めぐむ

〈臼(臼)・舟部〉
甲 [古]⇒申 シン・もうす
舵 [俗]⇒那・那 ナ
舩 [古]⇒服・服 フク・きもの
舩 [同]⇒服・服 フク・きもの

〈虍・虫部〉

〔血・衣 部〕

- 虍〔同〕⇩ 虐・虐　ギャク　しいたげる
- 奄〔同〕⇩ 蚤　ソウ　のみ
- 蚤〔俗〕⇩ 蚤　ソウ　のみ
- 虱〔俗〕⇩ 蝨　シツ　しらみ
- 虫〔俗〕⇩ 雖　スイ　いえども
- 卹〔同〕⇩ 恤　ジュツ　うれえる
- 卒〔同〕⇩ 卒　ソツ　しもべ
- 衺〔俗〕⇩ 表　ヒョウ　おもて・あらわす
- 哀〔俗〕⇩ 表　ヒョウ　おもて・あらわす

〔臣・言・貝・走 部〕

- 衮〔俗〕⇩ 袁　エン
- 夸〔俗〕⇩ 裔　エイ　すそ
- 凱〔古〕⇩ 始　シ　はじめる・はじまる
- 司〔俗〕⇩ 詞　シ　ことば
- 負〔俗〕⇩ 負　フ　まける・おう
- 起〔同〕⇩ 赳・赳　キュウ

〔走(辵・辶) 部〕

- 迚〔同〕⇩ 匝　ソウ　めぐる
- 近〔俗〕⇩ 匠　ショウ　たくみ

- 迷〔同〕⇩ 巡・巡　ジュン　めぐる
- 逰〔同〕⇩ 迅・迅　ジン　はやい
- 迚〔俗〕⇩ 廷・廷　テイ　ひろにわ
- 迂〔同〕⇩ 迄　キツ　いたる・まで
- 迄〔俗〕⇩ 迄　キツ　いたる・まで
- 迎〔俗〕⇩ 迎・迎　ゲイ　むかえる
- 迦〔俗〕⇩ 迦　カ
- 送〔俗〕⇩ 送・送　ソウ　おくる
- 迯〔俗〕⇩ 逃・逃　トウ　にげる
- 逃〔俗〕⇩ 逃・逃　トウ　にげる
- 迯〔俗〕⇩ 逃・逃　トウ　にげる

〔邑(阝) 部〕

- 込〔同〕⇩ 従・従　ジュウ　したがう
- 迂〔同〕⇩ 徐　ジョ　おもむろ
- 迂〔俗〕⇩ 這　シャ　はう
- 这〔俗〕⇩ 違・違　イ　ちがう
- 远〔俗〕⇩ 遠・遠　エン・オン　とおい
- 还〔俗〕⇩ 還・還　カン　かえる
- 迹〔俗〕⇩ 迴　ジ　ちかい
- 邱〔同〕⇩ 丘　キュウ　おか
- 邤〔俗〕⇩ 丘　キュウ　おか

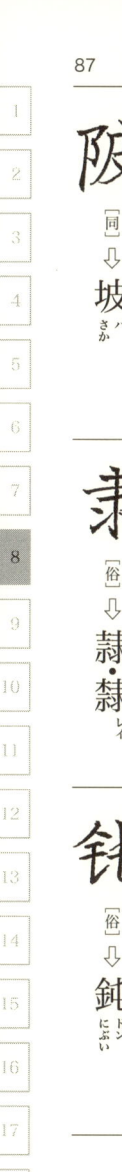

邔	郖	那	邪	〈酉 部〉	酉	酉
[俗]	[本]	[俗]	[俗]		[俗]	[俗]
⇩	⇩	⇩	⇩		⇩	⇩
正 セイ・ショウ ただしい	那・那 ナ	那・那 ナ	邪・邪 ジャ よこしま		酉 ユウ とり	酉 ユウ とり

〈阜(阝)部〉

陂	阭
[同]	[同]
⇩	⇩
坡 ハ さか	阺 アイ ふさがる

陁	阤	陋	陋	陣	陈	阮	际	阾	〈隶・非・飛 部〉	隶
[俗]	[同]	[同]	[古]	[俗]	[同]	[俗]	[俗]	[同]		[俗]
⇩	⇩	⇩	⇩	⇩	⇩	⇩	⇩	⇩		⇩
陀 タ・ダ	帥 スイ ひきいる	陋 ロウ せまい	陳 チン のべる	陳 チン のべる	陳 チン のべる	隘 アイ せまい	際 サイ きわ	嶺 レイ みね		隷・隸 レイ

非	飛	〈鳥・黽 部〉	鳥	黾	為	卋	雪	铣
[同]	[俗]		[俗]	[俗]	[俗]	[俗]	[俗]	[俗]
⇩	⇩		⇩	⇩	⇩	⇩	⇩	⇩
誹 ヒ そしる	飛 ヒ とぶ		鳥 チョウ とり	黽 ビン・ベン あおがえる	為・爲 イ なす・ため	庶 ショ おおい	雪・雪 セツ ゆき	鈍 ドン にぶい

＊　＊　＊

九画

〔一部〕

〔俗〕⇒ 夷 イ えびす

〔古〕⇒ 君 クン きみ

〔同〕⇒ 並・竝 ヘイ ならぶ

〔俗〕⇒ 虐・虐 ギャク しいたげる

〔本〕⇒ 頁 ケツ かしら・ページ

〔俗〕⇒ 無 ム・ブ ない

〔亅部〕

〔俗〕⇒ 置 チ おく

〔俗〕⇒ 厳・嚴 ゲン・ゴン きびしい

〔俗〕⇒ 申 シン もうす

〔同〕⇒ 鐘 ショウ かね

〔了部〕

〔同〕⇒ 作 サク・サ つくる

〔俗〕⇒ 垂 スイ たれる

〔乙(乚)部〕

〔同〕⇒ 乱・亂 ラン みだれる

〔亅二部〕

〔俗〕⇒ 乾 カン かわく

〔俗〕⇒ 乱・亂 ラン みだれる

〔同〕⇒ 事 ジ・ズ こと

〔俗〕⇒ 魂 コン たましい

〔亠部〕

〔本〕⇒ 享 キョウ とおる

〔古〕⇒ 克 コク かつ

〔俗〕⇒ 京 キョウ・ケイ みやこ

〔俗〕⇒ 京 キョウ・ケイ みやこ

〔古〕⇒ 享 キョウ うける

〔古〕⇒ 卓 タク すぐれる

〔俗〕⇒ 夜 ヤ よ・よる

〔俗〕⇒ 直 チョク ただちに・なおす

〔俗〕⇒ 畝 ホ せ・うね

〔俗〕⇒ 畝 ホ せ・うね

〔俗〕⇒ 高 コウ たかい

〔俗〕⇒ 商・商 ショウ あきなう

〔俗〕⇒ 停 テイ とどまる

〔同〕⇒ 復 フク かえる

〈人（イ・へ）部〉

亮 [同]⇒諒　リョウ　まこと

個 [同]⇒个　カ

仝 [同]⇒台・臺　ダイ・タイ　うてな

倨 [俗]⇒伊　イ　これ

猷 [俗]⇒伊　イ　これ

俄 [同]⇒价　カイ　よい

仚 [同]⇒企　キ　くわだてる

伾 [俗]⇒低　テイ　ひくい

侔 [古]⇒兵　ヘイ・ヒョウ　つわもの・いくさ

倳 [俗]⇒呈・呈　テイ　たてまつる

俊 [古]⇒役　ヤク・エキ　えだち

侠 [俗]⇒男　ダン・ナン　おとこ

侶 [同]⇒身　シン　み

価 [俗]⇒那・那　ナ

郷 [俗]⇒個　カイ　さまよう

佷 [本]⇒恬　カツ　あう

偁 [同]⇒供　キョウ・ク　そなえる・とも

使 [古]⇒使　シ　つかう

佩 [俗]⇒佩　ハイ　おびる・はく

侔 [同]⇒侔　ボウ

竿 [古]⇒叔　シュク　おじ

半 [古]⇒叔　シュク　おじ

仐 [俗]⇒金　キン・コン　かね・かな

侯 [俗]⇒侯　コウ　まと

偌 [俗]⇒俗　ゾク　ならい

佫 [俗]⇒俗　ゾク　ならい

俞 [俗]⇒俞　ユ　しかり・ますます

㿻 [古]⇒食・食　ショク　くう・たべる

㿿 [俗]⇒食・食　ショク　くう・たべる

会 [俗]⇒食・食　ショク　くう・たべる

俭 [俗]⇒倹・儉　ケン　つつましい

値 [同]⇒値　チ　ね・あたい

佫 [俗]⇒倍　バイ　ます

俾 [俗]⇒俾　ヒ　しむ

宰 [古]⇒宰　サイ　つかさ

修 [古]⇒修　シュウ・シュ　おさめる

傘 [同]⇒陟　チョク　のぼる

侪 [同]⇒隻　セキ

俟 [俗]⇒隻　セキ

俟 [俗]⇒隻　セキ

偏 [俗] ⇒ 偏・偏 ヘン かたよる
械 [俗] ⇒ 備 ビ そなえる
俻 [俗] ⇒ 袋 タイ ふくろ
傍 [本] ⇒ 傍 ボウ かたわら
御 [俗] ⇒ 御 ギョ・ゴ おん
倨 [同] ⇒ 窘 キン たしなめる
倣 [古] ⇒ 順 ジュン したがう
俚 [同] ⇒ 痴・癡 チ おろか
促 [俗] ⇒ 痴・癡 チ おろか
侷 [同] ⇒ 踞 キョク かがむ

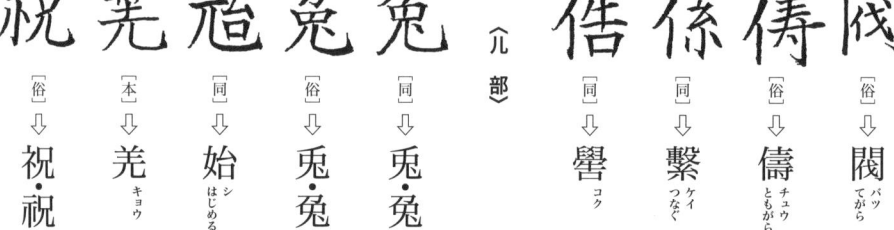

閥 [俗] ⇒ 閥 バツ てがら
儔 [俗] ⇒ 儔 チュウ ともがら
係 [俗] ⇒ 繋 ケイ つなぐ
俉 [同] ⇒ 譽 コク

（几部）

兔 [同] ⇒ 兎・兔 ト うさぎ
冕 [俗] ⇒ 兎・兔 ト うさぎ
茫 [同] ⇒ 始 シ はじめる・はじまる
芫 [本] ⇒ 羗 キョウ
祝 [俗] ⇒ 祝・祝 シュク・シュウ いわう

（八（丷）部）

與 [古] ⇒ 与・與 ヨ あたえる
興 [俗] ⇒ 与・與 ヨ あたえる
柬 [同] ⇒ 中 チュウ なか
釜 [俗] ⇒ 父 フ ちち
荳 [同] ⇒ 豆 トウ・ズ まめ
其 [古] ⇒ 其 キ その
興 [同] ⇒ 典 テン のり
英 [俗] ⇒ 英 エイ はな・はなぶさ
茂 [俗] ⇒ 茂 モ しげる

草 [俗] ⇒ 草 ソウ くさ
茶 [俗] ⇒ 茶 チャ・サ
華 [俗] ⇒ 華・華 カ・ケ はな
㢲 [俗] ⇒ 巽・巽 ソン たつみ
㒼 [俗] ⇒ 満・滿 マン みちる
荅 [俗] ⇒ 答 トウ こたえる
鈆 [俗] ⇒ 鉛 エン なまり
興 [俗] ⇒ 興 コウ・キョウ おこる・おこす
奥 [俗] ⇒ 興 コウ・キョウ おこる・おこす
騰 [俗] ⇒ 騰・騰 トウ あがる・のぼる

〈冂部〉

罡 〔同〕⇩ 罠 ビン あみ・わな

圁 〔同〕⇩ 害・害 ガイ そこなう

〈冖部〉

冝 〔俗〕⇩ 宜 ギ よろしい

冠 〔俗〕⇩ 冠 カン かんむり

冡 〔俗〕⇩ 冢 チョウ

冠 〔俗〕⇩ 寇 コウ あだ

冣 〔俗〕⇩ 最 サイ もっとも

滅 〔古〕⇩ 戒 カイ いましめる

凌 〔俗〕⇩ 凌 リョウ しのぐ

涂 〔同〕⇩ 涂 ト みち

〈几部〉

覒 〔古〕⇩ 不 フ・ブ ず

禹 〔古・則〕⇩ 君 クン きみ

鳧 〔俗〕⇩ 鳧 フ かも

〈凵部〉

圅 〔同〕⇩ 図・圖 ズ・ト はかる

函 〔俗〕⇩ 函 カン はこ

面 〔本〕⇩ 面 メン おもて・つら

齿 〔古〕⇩ 歯・齒 シ は

吟 〔俗〕⇩ 齢・齡 レイ よわい・とし

〈刀部〉

㓹 〔俗〕⇩ 㓹 ソウ はじめる

㓤 〔俗〕⇩ 劾 ガイ きわめる

㓨 〔俗〕⇩ 剔 テキ・テイ えぐる

〈刂部〉

刑 〔同〕⇩ 工 コウ・ク たくみ

剄 〔同〕⇩ 刑 ケイ

剒 〔同〕⇩ 列 レツ つらなる

尅 〔同〕⇩ 克 コク かつ

劮 〔俗〕⇩ 別 ベツ わかれる

刮 〔本〕⇩ 刮 カツ けずる

剎 〔俗〕⇩ 刹 サツ・セツ

刺 〔同〕⇩ 刺 シ さす

制 〔古〕⇩ 制 セイ

前 〔俗〕⇩ 前・前 ゼン まえ

則 〔俗〕⇩ 則 ソク のり

剣 〔俗〕⇩ 剣・劍 ケン つるぎ

剛 〔古〕⇩ 剛 ゴウ つよい

剔 〔同〕⇩ 剔 テキ・テイ えぐる

临 〔俗〕⇩ 臨 リン のぞむ

〈刀 部〉

勅 〔俗〕⇩ 勅・敕 チョク いましめる

勃 〔俗〕⇩ 勃 ボツ

勈 〔同〕⇩ 勇・勇 ユウ いさむ

架 〔俗〕⇩ 架 カ かける

勉 〔俗〕⇩ 勉・勉 ベン つとめる

勄 〔古〕⇩ 敏・敏 ビン とし

勄 〔俗〕⇩ 敏・敏 ビン とし

勖 〔同〕⇩ 筋 キン すじ

勢 〔俗〕⇩ 勢 セイ いきおい

鳬 〔俗〕⇩ 鳧 フ かも

㽞 〔合〕⇩ 釈迦 しゃか

〈勹・匕 部〉

旬 〔古〕⇩ 旬 ジュン しゅん

坴 〔古〕⇩ 丘 キュウ おか

帛 〔古〕⇩ 卓 タク すぐれる

〈匚・匸 部〉

區 〔俗〕⇩ 区・區 ク さかい

匡 〔本〕⇩ 匡 キョウ ただす

匦 〔同〕⇩ 柩 キュウ ひつぎ

盰 〔古〕⇩ 蔵・藏 ゾウ くら

夾 〔同〕⇩ 篋 キョウ はこ

〈十・卜(卜)・卩(㔾) 部〉

草 〔俗〕⇩ 革 カク かわ

毎卜 〔古〕⇩ 悔・悔 カイ くいる・くやむ

卻 〔本〕⇩ 却 キャク しりぞく

却 〔俗〕⇩ 却 キャク しりぞく

卽 〔俗〕⇩ 即・卽 ソク つく

卿 〔同〕⇩ 卿 ケイ

御 〔同〕⇩ 御 ギョ・ゴ おん

〈厂 部〉

尾 〔俗〕⇩ 区・區 ク さかい

厔 〔同〕⇩ 存 ソン・ゾン ある

厉 〔同〕⇩ 房・房 ボウ ふさ

厚 〔同〕⇩ 厚 コウ あつい

厚 〔俗〕⇩ 厚 コウ あつい

厡 〔同〕⇩ 原 ゲン はら

〈又部〉

尅
〔俗〕⇒髪・髪 かみ ハツ

貟
〔俗〕⇒員 かず イン

叄
〔古〕⇒参・參 まいる サン

兔
〔俗〕⇒免・免 まぬかれる メン

〈ム部〉

座
〔古〕⇒猛 たけし モウ

厵
〔同〕⇒峨 ガ

展
〔俗〕⇒展 のびる テン

原
〔俗〕⇒原 はら ゲン

舎
〔俗〕⇒含 ふくむ ガン

邖
〔同〕⇒山 やま サン

〈口部〉

鈑
〔俗〕⇒鍛 きたえる タン

贠
〔俗〕⇒賢 かしこい ケン

叟
〔俗〕⇒叟 おきな ソウ

叛
〔俗〕⇒叛 そむく ハン

叛
〔俗〕⇒叛 そむく ハン

叒
〔本〕⇒若 わかい ジャク

叓
〔古〕⇒使 つかう シ

唐
〔俗〕⇒唐・唐 から トウ

唐
〔俗〕⇒唐・唐 から トウ

叱
〔同〕⇒呮 た シ

竒
〔俗〕⇒奇 めずらしい キ

周
〔古〕⇒周・周 まわり シュウ

呼
〔俗〕⇒呼 よぶ コ

昼
〔俗〕⇒参・參 まいる サン

音
〔本〕⇒言 いう・こと ゲン・ゴン

局
〔俗〕⇒局 つぼね キョク

哈
〔俗〕⇒吝 やぶさか リン

善
〔俗〕⇒善 よい ゼン

咺
〔同〕⇒喧 かまびすしい ケン

唘
〔俗〕⇒啓・啓 ひらく ケイ

啓
〔同〕⇒啓・啓 ひらく ケイ

呴
〔同〕⇒啓・啓 ひらく ケイ

哭
〔古〕⇒笑 わらう ショウ

殳
〔同〕⇒殺・殺 ころす サツ

捉
〔俗〕⇒捉 とらえる ソク

周
〔俗〕⇒害・害 そこなう ガイ

周
〔俗〕⇒害・害 そこなう ガイ

〔口部〕

吧 〔俗〕⇩ 喪 ソウ・も

咊 〔俗〕⇩ 衆 シュウ・シュ・おおい

咨 〔古〕⇩ 諮・諮 シ・はかる

咬 〔同〕⇩ 嚙 ゲツ・かむ

响 〔俗〕⇩ 響・響 キョウ・ひびく

圓 〔古〕⇩ 日 ニチ・ジツ・ひ・か

囷 〔俗〕⇩ 団・團 ダン・トン・まるい

囯 〔俗〕⇩ 囲・圍 イ・かこむ

囚 〔古・則〕⇩ 国・國 コク・くに

〔土部〕

圀 〔俗〕⇩ 国・國 コク・くに

囼 〔同〕⇩ 直 チョク・ただちに・なおす

坄 〔同〕⇩ 艾 ガイ・よもぎ・もぐさ

垥 〔同〕⇩ 守 シュス・まもる・もり

坉 〔同〕⇩ 宅 タク

坓 〔俗〕⇩ 坐 ザ・すわる

垌 〔俗〕⇩ 坰 ケイ

基 〔俗〕⇩ 茎・莖 ケイ・くき

庋 〔俗〕⇩ 侯 コウ・まと

厔 〔古〕⇩ 厚 コウ・あつい

㐫 〔俗〕⇩ 哀 アイ・あわれ・あわれむ

盛 〔同〕⇩ 城・城 ジョウ・しろ

垛 〔同〕⇩ 垜 ダ・あずち

壮 〔古〕⇩ 封 フウ・ホウ

尭 〔同〕⇩ 胡 コ・えびす

垜 〔俗〕⇩ 埒 ラツ・ラチ

㦳 〔俗〕⇩ 栽 サイ・うえる

桒 〔俗〕⇩ 桑 ソウ・くわ

叒 〔俗〕⇩ 桑 ソウ・くわ

㐬 〔俗〕⇩ 袁 エン

垍 〔本〕⇩ 堆 タイ・うずたかい

垛 〔同〕⇩ 堡 ホ・とりで

壵 〔俗〕⇩ 塁・壘 ルイ・とりで

枣 〔俗〕⇩ 棗 ソウ・なつめ

坴 〔同〕⇩ 陽 ヨウ・ひ

堊 〔俗〕⇩ 聖・聖 セイ・ショウ・ひじり

垠 〔同〕⇩ 銀 ギン・しろがね

墾 〔俗〕⇩ 墾 コン・たがやす

坂 〔俗〕⇩ 壜 まま

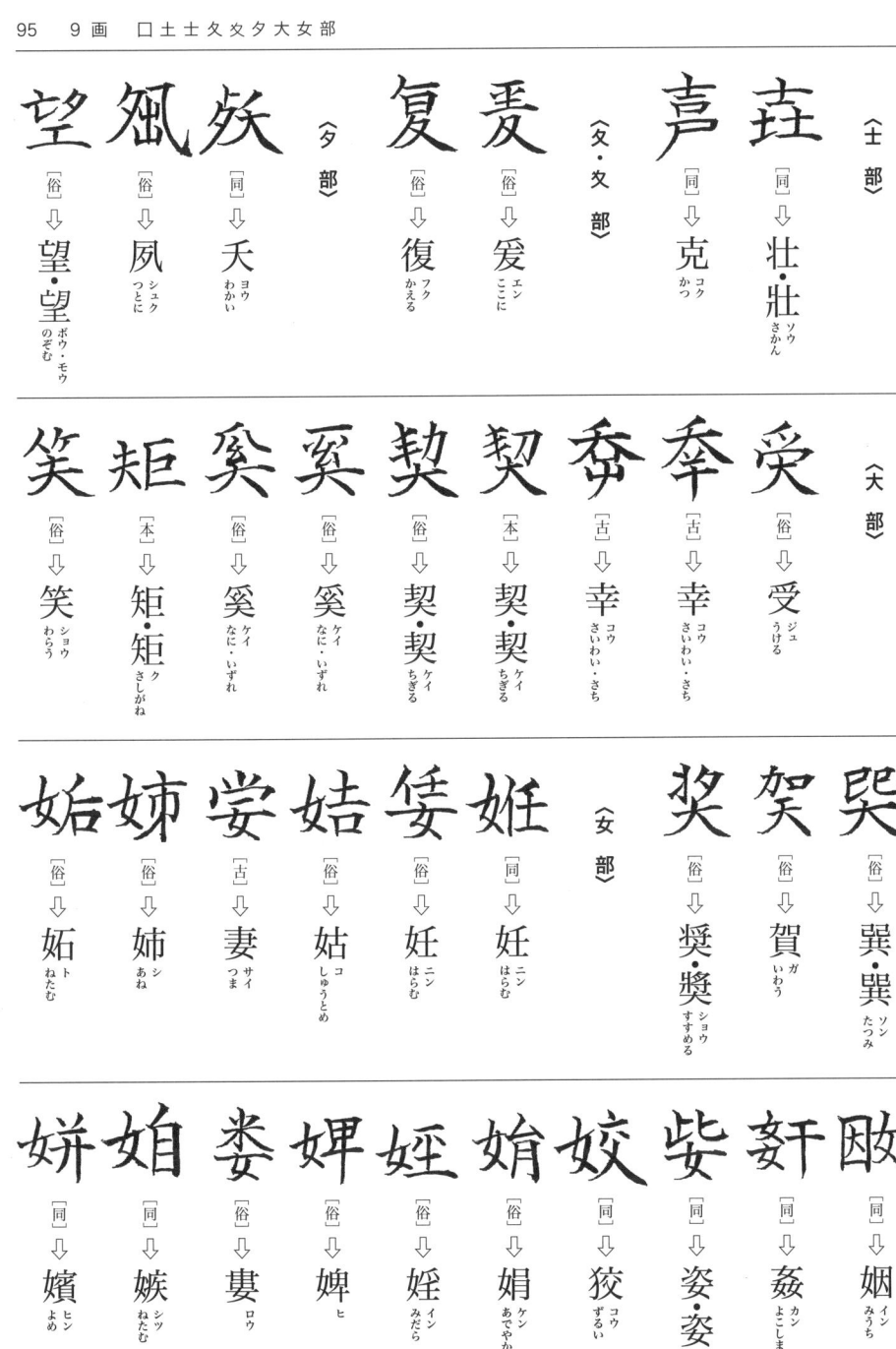

〈土部〉

垚
〔同〕
⇒
壮・壯
ソウ
さかん

声
〔同〕
⇒
克
コク
かつ

〈夊・攵部〉

叜
〔俗〕
⇒
爰
エン
ここに

复
〔俗〕
⇒
復
フク
かえる

〈夕部〉

妖
〔同〕
⇒
夭
ヨウ
わかい

颭
〔俗〕
⇒
夙
シュク
つとに

望
〔俗〕
⇒
望・望
ボウ・モウ
のぞむ

〈大部〉

受
〔俗〕
⇒
受
ジュ
うける

奉
〔古〕
⇒
幸
コウ
さいわい・さち

委
〔古〕
⇒
幸
コウ
さいわい・さち

契
〔本〕
⇒
契・契
ケイ
ちぎる

契
〔俗〕
⇒
契・契
ケイ
ちぎる

奚
〔俗〕
⇒
奚
ケイ
なに・いずれ

奚
〔俗〕
⇒
奚
ケイ
なに・いずれ

矩
〔本〕
⇒
矩・矩
ク
さしがね

笑
〔俗〕
⇒
笑
ショウ
わらう

〈女部〉

姃
〔同〕
⇒
妊
ニン
はらむ

委
〔俗〕
⇒
妊
ニン
はらむ

姑
〔俗〕
⇒
姑
コ
しゅうとめ

娑
〔古〕
⇒
妻
サイ
つま

姉
〔俗〕
⇒
姉
シ
あね

妬
〔俗〕
⇒
妬
ト
ねたむ

奘
〔俗〕
⇒
巽・巽
ソン
たつみ

賀
〔俗〕
⇒
賀
ガ
いわう

奨
〔俗〕
⇒
奨・奬
ショウ
すすめる

敗
〔同〕
⇒
姻
イン
みうち

奸
〔同〕
⇒
姦
カン
よこしま

娡
〔同〕
⇒
姿・姿
シ
すがた

娆
〔同〕
⇒
狡
コウ
ずるい

姣
〔俗〕
⇒
娟
ケン
あでやか

娟
〔俗〕
⇒
娟
ケン
あでやか

娃
〔俗〕
⇒
姪
イン
みだら

婢
〔俗〕
⇒
婢
ヒ

婁
〔俗〕
⇒
婁
ロウ

姐
〔同〕
⇒
嫉
シツ
ねたむ

姸
〔同〕
⇒
嬪
ヒン
よめ

〔子部〕

| 享 [俗]⇒享 キョウ うける |
| 孩 [古]⇒咳 ガイ せき |
| 孛 [俗]⇒悖 ハイ もとる |
| 殊 [俗]⇒殊 シュ こと |

〔宀部〕

| 安 [俗]⇒安 アン やすい |
| 宁 [古]⇒字 ジ あざ |
| 宇 [俗]⇒字 ジ あざ |
| 宄 [古]⇒宅 タク |

| 突 [俗]⇒災 サイ わざわい |
| 宛 [俗]⇒宛 エン あて |
| 官 [本]⇒官 カン つかさ |
| 宜 [古]⇒宜 ギ よろしい |
| 宊 [俗]⇒突・突 トツ つく |
| 窏 [俗]⇒突・突 トツ つく |
| 宊 [同]⇒屎 シ くそ |
| 宋 [本]⇒叟 ソウ おきな |
| 家 [俗]⇒家 カ・ケ いえ・や |
| 宧 [俗]⇒害・害 ガイ そこなう |

| 宧 [俗]⇒害・害 ガイ そこなう |
| 宮 [俗]⇒宮 キュウ・グウ みや |
| 宦 [俗]⇒寅 イン とら |
| 窈 [同]⇒寂 ジャク・セキ さびしい |
| 宋 [同]⇒寂 ジャク・セキ さびしい |
| 家 [俗]⇒寂 ジャク・セキ さびしい |
| 寂 [俗]⇒寂 ジャク・セキ さびしい |
| 宿 [俗]⇒宿 シュク やど・やどる |
| 寛 [俗]⇒寛・寛 カン くつろぐ |
| 寍 [同]⇒寧・寧 ネイ やすい |

〔寸部〕

| 冊 [俗]⇒冊 サン けずる |
| 村 [同]⇒叔 シュク おじ |
| 𡙙 [俗]⇒契・契 ケイ ちぎる |

〔小（ツ）部〕

| 妾 [同]⇒妻 サイ つま |
| 畁 [俗]⇒卑・卑 ヒ いやしい |
| 尝 [俗]⇒嘗 ショウ・ジョウ なめる |
| 尝 [俗]⇒賞 ショウ ほめる |

〔ツ・尢（尣・兀）部〕

〈尸部〉

- 举　[俗]⇩　挙・擧　キョ／あげる
- 䑕　[同]⇩　鼠　ソ／ねずみ
- 彼　[俗]⇩　跛　ハ
- 帚　[同]⇩　尹　イン／おさめる
- 屍　[同]⇩　尻　コウ／しり
- 屑　[同]⇩　旨　シ／むね
- 屑　[同]⇩　尾　ビ／お
- 尾　[同]⇩　尾　ビ／お
- 屈　[俗]⇩　屈　クツ／かがむ
- 屚　[俗]⇩　屈　クツ／かがむ

- 屄　[同]⇩　肩・肩　ケン／かた
- 屑　[本]⇩　屑　セツ／くず
- 扇　[俗]⇩　扇・扇　セン／おうぎ
- 昼　[俗]⇩　書　ショ／かく
- 屏　[俗]⇩　屏　ヘイ・ビョウ／しりぞく
- 屄　[俗]⇩　骸　ガイ／なきがら・むくろ
- 屍　[本]⇩　臀　デン／しり

〈屮(㞢)部〉

- 屮　[本]⇩　卉　キ・クツ／くさ

〈山部〉

- 呫　[古]⇩　君　クン／きみ
- 皀　[古]⇩　思　シ／おもう
- 㪝　[同]⇩　挙・擧　キョ／あげる
- 㟢　[同]⇩　岳・嶽　ガク／たけ
- 岊　[同]⇩　岡　コウ／おか
- 島　[同]⇩　阜　フ／おか
- 崋　[同]⇩　峰　ホウ／みね
- 峕　[古]⇩　時　ジ／とき
- 崩　[同]⇩　崩・崩　ホウ／くずれる

〈巛(川)部〉

- 密　[俗]⇩　密　ミツ／ひそか
- 𡿨　[古]⇩　子　シ／こ
- 酱　[同]⇩　脳・脳　ノウ
- 衆　[俗]⇩　衆　シュウ・シュ／おおい
- 鼡　[俗]⇩　鼠　ソ／ねずみ

〈工部〉

- 坙　[俗]⇩　坐　ザ／すわる
- 𧈧　[同]⇩　虹　コウ／にじ
- 差　[同]⇩　差　サ／さす

〔己（巳・巳）部〕

卷 〔俗〕⇩ 巻・卷（カン／まく・まき）

肥 〔古〕⇩ 朕・朕（チン／われ）

巻 〔俗〕⇩ 巷（コウ／ちまた）

起 〔俗〕⇩ 起・起（キ／おきる・おこる）

〔巾部〕

帝 〔俗〕⇩ 来・來（ライ／くる）

帛 〔古〕⇩ 卓（タク／すぐれる）

帙 〔本〕⇩ 帙（チツ／ふまき）

帚 〔俗〕⇩ 虎（コ／とら）

帝 〔俗〕⇩ 帝・帝（テイ／みかど）

師 〔俗〕⇩ 師（シ）

帯 〔俗〕⇩ 帯・帶（タイ／おびる・おび）

常 〔俗〕⇩ 常（ジョウ／つね・とこ）

〔玄部〕

茲 〔俗〕⇩ 茲（ジ／しげる）

茲 〔俗〕⇩ 茲（ゲン／くろい）

〔广部〕

庁 〔同〕⇩ 斥（セキ／しりぞける）

度 〔俗〕⇩ 度（ド・ト・タク／たび）

産 〔俗〕⇩ 産・産（サン／うまれる）

麻 〔俗〕⇩ 鹿（ロク／しか）

薦 〔俗〕⇩ 薦（セン／すすめる）

〔辶部〕

廼 〔俗〕⇩ 乃（ダイ・ナイ／すなわち）

迺 〔同〕⇩ 虫・蟲（チュウ／むし）

廼 〔俗〕⇩ 酒（すなわち）

〔廾部〕

奔 〔俗〕⇩ 奔・奔（ホン／はしる）

契 〔俗〕⇩ 契・契（ケイ／ちぎる）

鼻 〔古〕⇩ 思（シ／おもう）

巺 〔俗〕⇩ 巽・異（ソン／たつみ）

舁 〔俗〕⇩ 葬（ソウ／ほうむる）

鼻 〔俗〕⇩ 鼻・鼻（ビ／はな）

〔弋部〕

弑 〔同〕⇩ 弑（シ）

〔弓部〕

卨 〔古〕⇩ 西（セイ・サイ／にし）

弜 〔同〕⇩ 弼（ヒツ／たすける）

弯 〔俗〕⇩ 彎（ワン／ひく）

〈彡部〉

形 [本]⇒形　ケイ・ギョウ　かた・かたち

彦 [本]⇒彦・彦　ゲン　ひこ

修 [同]⇒脩　シュウ　ほじし

〈彳部〉

征 [同]⇒任　ニン　まかせる

後 [同]⇒后　コウ　きさき

終 [同]⇒佟　トウ

徊 [同]⇒個　カイ　さまよう

衍 [俗]⇒衍　エン

衍 [俗]⇒衍　エン

從 [俗]⇒修　シュウ・シュ　おさめる

徔 [俗]⇒従・従　ジュウ　したがう

絡 [本]⇒格　カク・コウ　いたる

衕 [同]⇒衡　コウ　はかり

〈忄部〉

怢 [同]⇒忙・忙　ボウ　いそがしい

協 [同]⇒協　キョウ　かなう

怪 [俗]⇒怪　カイ　あやしい

忹 [俗]⇒怪　カイ　あやしい

恦 [俗]⇒怪　カイ　あやしい

恢 [俗]⇒恢　カイ　ひろい

悁 [本]⇒恨　コン　うらむ

悟 [本]⇒恬　テン　やすい

恓 [同]⇒恬　テン　やすい

悦 [俗]⇒悦・悦　エツ　よろこぶ

惱 [俗]⇒悩・悩　ノウ　なやむ

悩 [俗]⇒悩・悩　ノウ　なやむ

恰 [俗]⇒恪　リン　やぶさか

性 [同]⇒悫　イ　いかる

忟 [同]⇒恣　シ　ほしいまま

怕 [俗]⇒息　ソク　いき

慌 [同]⇒慌・慌　コウ　あわただしい

〈扌部〉

拽 [同]⇒曳　エイ　ひく

拼 [俗]⇒弄　ロウ　もてあそぶ

挨 [同]⇒抉　ケツ　えぐる

投 [古]⇒投　トウ　なげる

抑 [同]⇒抑　ヨク　おさえる

挿 [同]⇒抑　ヨク　おさえる

抑 〔同〕⇩ 抑 ヨク おさえる

挪 〔俗〕⇩ 抑 ヨク おさえる

挄 〔同〕⇩ 拡・擴 カク ひろめる

拙 〔俗〕⇩ 拙 セツ つたない

拍 〔本〕⇩ 拍 ハク・ヒョウ うつ

抱 〔俗〕⇩ 抱・抱 ホウ だく・いだく

捞 〔同〕⇩ 毟 むしる

揝 〔本〕⇩ 拶 サツ

指 〔古〕⇩ 指 シ ゆび・さす

指 〔俗〕⇩ 指 シ ゆび・さす

将 〔俗〕⇩ 将・將 ショウ ひきいる

捐 〔俗〕⇩ 捐 エン すてる

捉 〔俗〕⇩ 捉 ソク とらえる

挔 〔同〕⇩ 旅・旅 リョ たび

挔 〔俗〕⇩ 旅・旅 リョ たび

挍 〔同〕⇩ 校 コウ くらべる

挂 〔同〕⇩ 掛 カイ かける

拮 〔同〕⇩ 掲・揭 ケイ かかげる

採 〔俗〕⇩ 採・採 サイ とる

授 〔俗〕⇩ 授 ジュ さずける

挨 〔俗〕⇩ 族 ゾク やから

挨 〔俗〕⇩ 族 ゾク やから

掾 〔俗〕⇩ 掾 エン じょう

搔 〔同〕⇩ 搔 ソウ かく

揖 〔俗〕⇩ 摂・攝 セツ とる

拝 〔俗〕⇩ 様・樣 ヨウ さま

挔 〔同〕⇩ 稼 カ かせぐ

擣 〔俗〕⇩ 擣 トウ つく

〈氵部〉

犬 〔同〕⇩ 犬 ケン いぬ

洲 〔同〕⇩ 州 シュウ す

洿 〔同〕⇩ 汚 オ けがす・きたない

汗 〔俗〕⇩ 汗 カン あせ

沃 〔俗〕⇩ 沃 ヨク そそぐ

泳 〔俗〕⇩ 泳 エイ およぐ

治 〔同〕⇩ 治 ジ・チ おさめる

泊 〔同〕⇩ 泊 ハク とまる・とめる

法 〔古〕⇩ 法 ホウ のり

泡 〔俗〕⇩ 泡・泡 ホウ あわ

洒 〔俗〕⇩ 洒 サイ そそぐ

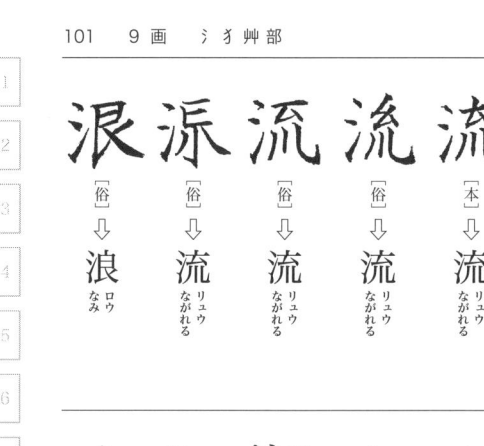

洌	浅	洼	浹	涎	流	流	流	流	浪
[同]↓	[俗]↓	[古]↓	[俗]↓	[俗]↓	[本]↓	[俗]↓	[俗]↓	[俗]↓	[俗]↓
洲 す・しま シュウ	浅・淺 あさい セン	泉 いずみ セン	浹 あまねし ショウ	涎 よだれ セン	流 ながれる リュウ	流 ながれる リュウ	流 ながれる リュウ	流 ながれる リュウ	浪 なみ ロウ

洎	泳	渓	滋	済	沫	流	深	滋	浽
[同]↓	[俗]↓	[俗]↓	[俗]↓	[俗]↓	[俗]↓	[俗]↓	[俗]↓	[古]↓	[同]↓
堆 うずたかい タイ	液 しる エキ	渓・溪 たに ケイ	済・濟 すむ・ます サイ	済・濟 すむ・ます サイ	淑 よい シュク	深 ふかい シン	深 ふかい シン	滋・滋 しげる ジ	渡 わたる ト

汉	涷	潎	渹	浊	浓	〈犭部〉	狃	狌	狗
[俗]↓	[古]↓	[俗]↓	[同]↓	[俗]↓	[俗]↓		[同]↓	[同]↓	[俗]↓
漢・漢 カン	漬 つける	潔・潔 いさぎよい ケツ	盤 さら バン	濁 にごる ダク	濃 こい ノウ		助 キョウ	姪 めい テツ	徇 となえる ジュン

独	猴	狢	〈艸(艹)部〉	荍	荳	芓	苑	茎	苗
[同]↓	[俗]↓	[同]↓		[俗]↓	[本]↓	[同]↓	[俗]↓	[俗]↓	[俗]↓
特 ひとり トク	猶・猶 なお ユウ	貉 むじな カク・バク		瓜 うり カ	芝 しば シ	芓 シ	苑 その エン	茎・莖 くき ケイ	苗 なえ・なわ ビョウ

〈艸部つづき〉

- 耂 〔俗〕⇩ 差 サ／さす
- 茾 〔古〕⇩ 莫 ボ・バク／なし・なかれ
- 莽 〔俗〕⇩ 莽 モウ／くさむら
- 莕 〔古〕⇩ 菅 カン／すげ
- 茈 〔本〕⇩ 菰 コ／まこも
- 苹 〔同〕⇩ 萍 ヘイ
- 弚 〔同〕⇩ 第 ダイ
- 茰 〔俗〕⇩ 萸 ユ
- 荨 〔俗〕⇩ 等 トウ／ひとしい
- 荨 〔俗〕⇩ 等 トウ／ひとしい

- 忥 〔古〕⇩ 固 コ／かためる
- 叅 〔俗〕⇩ 参・參 サン・シン／まいる
- 恶 〔古〕⇩ 臣 シン・ジン／おみ
- 㤅 〔同〕⇩ 尤 ユウ／もっとも

〈心（小）部〉

- 茧 〔俗〕⇩ 繭 ケン／まゆ
- 苍 〔古〕⇩ 蒼 ソウ／あおい
- 茫 〔俗〕⇩ 蒸 ジョウ／むす
- 苑 〔同〕⇩ 園 エン／その
- 荨 〔俗〕⇩ 等 トウ／ひとしい

- 泰 〔俗〕⇩ 泰 タイ／やすらか
- 恐 〔俗〕⇩ 恐・恐 キョウ／おそれる
- 悲 〔同〕⇩ 恐・恐 キョウ／おそれる
- 恳 〔俗〕⇩ 恩 オン／めぐみ
- 恳 〔同〕⇩ 恩 オン／めぐみ
- 悠 〔古〕⇩ 怒 ド／いかる・おこる
- 昂 〔古〕⇩ 怨 エン・オン／うらむ
- 念 〔俗〕⇩ 念 ネン／おもう
- 层 〔古〕⇩ 恨 ジ／はじる
- 忢 〔俗〕⇩ 岳・嶽 ガク／たけ

- 恖 〔俗〕⇩ 悉 シツ／つくす
- 恖 〔俗〕⇩ 悉 シツ／つくす
- 恶 〔俗〕⇩ 慮 リョ／おもんぱかる

〈戈部〉

- 戓 〔本〕⇩ 戎 ジュウ／えびす
- 戒 〔俗〕⇩ 戒 カイ／いましめる
- 戜 〔同〕⇩ 災 サイ／わざわい
- 戚 〔俗〕⇩ 勇・勇 ユウ／いさむ
- 戝 〔同〕⇩ 戚 セキ／うれえる
- 战 〔俗〕⇩ 戦・戰 セン／いくさ・たたかう

〈戸（戸）部〉

扃 [俗]⇩局 キョク つぼね

戻 [俗]⇩戻・戻 レイ もどす・もどる

㞐 [俗]⇩居 キョ いる

所 [古]⇩所・所 ショ ところ

肩 [同]⇩肩・肩 ケン かた

扁 [俗]⇩扁 ヘン よこがく

〈手部〉

承 [同]⇩承 ショウ うけたまわる

挽 [同]⇩挽 ワン

〈攴（攵）部〉

牽 [同]⇩牽 ケン ひく

敂 [同]⇩叩 コウ たたく

[本]⇩更 コウ さら・ふける

[俗]⇩更 コウ さら・ふける

[同]⇩拙 セツ つたない

故 [同]⇩故 コ ゆえ

故 [俗]⇩故 コ ゆえ

故 [俗]⇩故 コ ゆえ

〈斗・方部〉

斟 [同]⇩斟 シン くむ

弥 [俗]⇩弥・彌 ビ ひさしい

施 [俗]⇩施 ハイ はた

施 [俗]⇩施 ハイ はた

旁 [古]⇩旁 ボウ かたわら

秘 [俗]⇩秘・祕 ヒ ひめる

政 [同]⇩政 セイ・ショウ まつりごと

務 [古]⇩務 ム つとめる

赦 [同]⇩赦 シャ ゆるす

〈日・曰部〉

游 [同]⇩游 ユウ およぐ

旒 [同]⇩旒 リュウ はたあし

冬 [同]⇩冬・冬 トウ ふゆ

早 [古]⇩早 ソウ はやい

姓 [俗]⇩姓 セイ・ショウ かばね

昂 [俗]⇩昂 ゴウ・コウ あがる

昊 [本]⇩昊 コウ そら

昏 [同]⇩昏 コン くれ

昏 [俗]⇩昏 コン くれ

昞	晢	眤	晒	昰	旹	曷	旱	昇	昏
[同] ⇩ 炳 ヘイ あきらか	[俗] ⇩ 背 ハイ せ・そむく	[古] ⇩ 昧 マイ くらい	[同] ⇩ 昺 ヘイ	[本] ⇩ 是 ゼ これ・この	[同] ⇩ 春 シュン はる	[俗] ⇩ 曷 カツ なんぞ	[本] ⇩ 厚 コウ あつい	[俗] ⇩ 昇 ショウ のぼる	[俗] ⇩ 昏 コン くれ

眝	旹	昵	晍	昚	晉	旹	是	面	昺
[俗] ⇩ 貯 チョ たくわえる	[俗] ⇩ 貴 キ とうとい	[俗] ⇩ 睇 テイ	[俗] ⇩ 晴・晴 セイ はれる	[俗] ⇩ 胸 キョウ むね・むな	[俗] ⇩ 晋・晉 シン すすむ	[俗] ⇩ 時 ジ とき	[古] ⇩ 夏・夏 カ・ゲ なつ	[俗] ⇩ 面 メン おもて・つら	[同] ⇩ 炳 ヘイ あきらか

胆	服	肶	胟	脈	〔月(月)部〕	昡	㬎	冒	晳
[俗] ⇩ 肝・膽 タン きも	[俗] ⇩ 服・服 フク きもの	[同] ⇩ 肢 シ てあし	[同] ⇩ 拇 ボ おやゆび	[俗] ⇩ 尻 コウ しり		[俗] ⇩ 曠 コウ むなしい	[古] ⇩ 顕・顯 ケン あきらか	[俗] ⇩ 置 チ おく	[古] ⇩ 慎・愼 シン つつしむ

胙	胕	胗	胲	胍	脉	脈	胸	育	胐
[同] ⇩ 祚 ソ さいわい	[俗] ⇩ 疹 シン	[古] ⇩ 疹 シン	[古] ⇩ 疼 トウ いたむ・うずく	[俗] ⇩ 脈・脈 ミャク	[俗] ⇩ 脈・脈 ミャク	[同] ⇩ 脈・脈 ミャク	[俗] ⇩ 胸 キョウ むね・むな	[俗] ⇩ 胸 キョウ むね・むな	[本] ⇩ 肺・肺 ハイ

柒
〔俗〕
⇩
七
シチ
なな・ななつ

〈木部〉

胜
〔同〕
⇩
勝・勝
ショウ
かつ・まさる

肩
〔同〕
⇩
豚
トン
ぶた

胆
〔同〕
⇩
蛆
ショ
うじ

舩
〔同〕
⇩
船
セン
ふね・ふな

脳
〔同〕
⇩
脳・腦
ノウ

脱
〔俗〕
⇩
脱・脱
ダツ
ぬぐ

脛
〔俗〕
⇩
脛
ケイ
すね

骨
〔俗〕
⇩
骨
コツ
ほね

査
〔俗〕
⇩
査
サ
しらべる

枴
〔同〕
⇩
枴
カイ
つえ

栐
〔俗〕
⇩
栐
エイ

枕
〔俗〕
⇩
枕
チン
まくら

柗
〔俗〕
⇩
松
ショウ
まつ

枝
〔俗〕
⇩
枝
シ
えだ

枒
〔俗〕
⇩
枒
ガ

拙
〔俗〕
⇩
拙
セツ
つたない

奈
〔本〕
⇩
奈
ナ
いかん

菜
〔同〕
⇩
朶
ダ
えだ

桜
〔同〕
⇩
案
アン
つくえ

柳
〔同〕
⇩
相
ソウ・ショウ
あい

柳
〔同〕
⇩
柳
リュウ
やなぎ

臬
〔古〕
⇩
某
ボウ
それがし

染
〔俗〕
⇩
染
セン
そめる・しみる

柔
〔俗〕
⇩
柔
ジュウ・ニュウ
やわらか

柿
〔俗〕
⇩
柿
シ
かき

林
〔古〕
⇩
柿
シ
かき

柿
〔本〕
⇩
柿
シ
かき

柵
〔同〕
⇩
柵
サク
やらい

梔
〔同〕
⇩
舵
ダ
かじ

柤
〔本〕
⇩
耜
シ
すき

柭
〔同〕
⇩
梳
ソ
くし

梔
〔同〕
⇩
梔
シ
くちなし

枮
〔同〕
⇩
砧
チン
きぬた

某
〔古〕
⇩
梅・梅
バイ
うめ

臬
〔古〕
⇩
梅・梅
バイ
うめ

桒
〔俗〕
⇩
桑
ソウ
くわ

柴
〔俗〕
⇩
柴
サイ
しば

梨
〔俗〕
⇩
桀
ケツ
はりつけ

杝 [同] ⇩ 舵 ダ／かじ
茉 [俗] ⇩ 葉 ヨウ／は
枣 [俗] ⇩ 棗 ソウ／なつめ
柠 [同] ⇩ 楮 チョ／こうぞ
栟 [俗] ⇩ 楠 ナン／くすのき
枹 [同] ⇩ 楢 ユウ／なら
枺 [同] ⇩ 楢 ユウ／なら
柞 [同] ⇩ 楢 ユウ／なら
柒 [俗] ⇩ 漆 シツ／うるし
标 [俗] ⇩ 標 ヒョウ／しるし

袢 [俗] ⇩ 盤 バン／さら
树 [俗] ⇩ 樹 ジュ／き
柬 [古] ⇩ 簡・簡 カン／ふだ
栎 [俗] ⇩ 櫟 レキ／くぬぎ
栏 [俗] ⇩ 欄・欄 ラン／てすり

〈欠部〉

欥 [同] ⇩ 呷 コウ／すう・あおる
欧 [俗] ⇩ 欧・歐 オウ／はく

〈止部〉

歧 [俗] ⇩ 歧 キ

武 [俗] ⇩ 武 ブ・ム／たけし
歩 [俗] ⇩ 歩・歩 ホ・ブ／あるく・あゆむ
歩 [同] ⇩ 渉・渉 ショウ／わたる
炭 [古] ⇩ 族 ゾク／やから
延 [同] ⇩ 距・距 キョ／へだたる
距 [俗] ⇩ 距・距 キョ／へだたる

〈歹部〉

破 [同] ⇩ 披 ヒ／ひらく
殉 [俗] ⇩ 狗 コウ・ク／いぬ
殀 [同] ⇩ 枯 コ／かれる

终 [同] ⇩ 終・終 シュウ／おわる
殊 [俗] ⇩ 晴・晴 セイ／はれる

〈殳部〉

殴 [同] ⇩ 殴・毆 オウ／なぐる
段 [俗] ⇩ 段 ダン／くぎり

〈母・比部〉

惑 [同] ⇩ 謀 ボウ・ム／はかる
毖 [俗] ⇩ 労・労 ロウ／つかれる

〈毛部〉

毡 [俗] ⇩ 氈 セン

〈氏・气 部〉

看　[同]⇒者　キ・シ
罣　[同]⇒裂　ケ
炁　[同]⇒玄　ゲン／くろ
瓱　[俗]⇒伺　シ／うかがう
氜　[合]⇒電気　でんき

〈水（氺）部〉

袁　[俗]⇒克　コク／かつ
衆　[同]⇒沸　フツ／わく・わかす
忝　[俗]⇒忝　テン／かたじけない

〈火 部〉

炅　[古]⇒因　イン／よる
炤　[同]⇒昭　ショウ／あきらか
炗　[同]⇒炳　ヘイ／あきらか
炗　[俗]⇒点・點　テン／ぼち
烁　[本]⇒秋　シュウ／あき
彔　[俗]⇒録・錄　ロク／しるす
忝　[同]⇒魅　ミ／みいる
忝　[同]⇒添　テン／そえる
泰　[俗]⇒泰　タイ／やすらか

〈灬 部〉

烎　[同]⇒燼　ジン／もえのこり
炤　[同]⇒照　ショウ／てる
炟　[同]⇒煙・煙　エン／けむり
耸　[古]⇒蓋　ガイ／おおう・ふた
烝　[同]⇒焼・燒　ショウ／やく
㸑　[俗]⇒㸑　キ
為　[俗]⇒烏　オ／からす
点　[俗]⇒熊　ユウ／くま

〈爪（爫・㕚）部〉

奚　[俗]⇒奚　ケイ／なに・いずれ
爲　[俗]⇒為・爲　イ／なす
畱　[俗]⇒者・者　シャ／もの
受　[俗]⇒受　ジュ／うける
巻　[古]⇒平・平　ヘイ／たいら・ひら

〈爻 部〉

俎　[俗]⇒俎　ソ／まないた
冹　[同]⇒疎　ソ／うとい

〈爿（丬）片 部〉

爼　[俗]⇒俎　ソ／まないた

牉 [同]⇒ 判・判 ハン・バン わける

版 [俗]⇒ 版 ハン ふだ

帖 [同]⇒ 枯 コ かれる

〈牛(牜)・玄 部〉

妮 [同]⇒ 你 ジ なんじ

牽 [俗]⇒ 牽 ケン ひく

牴 [同]⇒ 觝 テイ ふれる

玅 [同]⇒ 妙 ミョウ たえ。

〈玉(王)部〉

珪 [同]⇒ 圭 ケイ たま

珧 [俗]⇒ 宝・寶 ホウ たから

玲 [俗]⇒ 店 テン みせ

珊 [同]⇒ 珊 サン

珊 [同]⇒ 珊 サン

珊 [俗]⇒ 珊 サン

珊 [俗]⇒ 珊 サン

琛 [俗]⇒ 珍 チン めずらしい

玽 [俗]⇒ 珍 チン めずらしい

玿 [俗]⇒ 珍 チン めずらしい

望 [俗]⇒ 望・望 ボウ・モウ のぞむ

〈瓦 部〉

瓫 [俗]⇒ 盈 エイ みちる

瓺 [同]⇒ 瓶・瓶 ビン かめ

甌 [俗]⇒ 甌 オウ わん

甀 [俗]⇒ 甌 オウ わん

瓺 [同]⇒ 甕 オウ かめ

〈甘 部〉

是 [本]⇒ 甚 ジン はなはだ

甚 [古]⇒ 甚 ジン はなはだ

甚 [俗]⇒ 甚 ジン はなはだ

甚 [俗]⇒ 甚 ジン はなはだ

〈生 部〉

靑 [本]⇒ 青・青 セイ・ショウ あお

牧 [同]⇒ 笙 ショウ

〈田 部〉

甿 [古]⇒ 允 イン まこと

畎 [俗]⇒ 吹 スイ ふく

畊 [古]⇒ 威 イ おどす

禺 [同]⇒ 畏 イ おそれる

畏 [同]⇒ 畏 イ おそれる

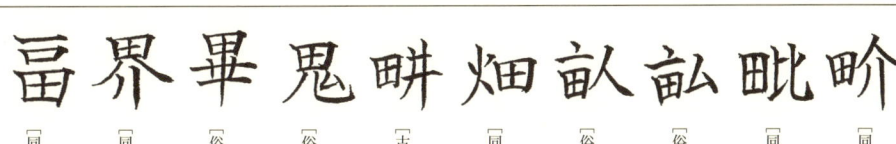

〔田部（続き）〕

- 畐 [同] ↓ 幅　フク　はば
- 界 [同] ↓ 堺　カイ　さかい
- 畢 [俗] ↓ 畢　ヒツ　おわる
- 鬼 [俗] ↓ 鬼　おに
- 畊 [古] ↓ 耕・耕　コウ　たがやす
- 畑 [同] ↓ 畠　はた
- 畞 [俗] ↓ 畝　ホ　せ・うね
- 畝 [俗] ↓ 畝　ホ　せ・うね
- 毗 [同] ↓ 毘　ヒ　たすける
- 畍 [同] ↓ 界　カイ　さかい

- 畐 [俗] ↓ 福・福　フク　さいわい
- 鬼 [俗] ↓ 魂　コン　たましい

〈疒・癶 部〉

- 疞 [同] ↓ 斥　セキ　しりぞける
- 疲 [俗] ↓ 疲　ヒ　つかれる
- 瘁 [俗] ↓ 悴　スイ　やつれる
- 痒 [俗] ↓ 瘁　スイ　つかれる
- 癶 [俗] ↓ 登　トウ・ト　のぼる

〈白 部〉

- 氕 [古] ↓ 気・氣　キ・ケ

- 犾 [同] ↓ 狛　ハク　こま
- 皮 [同] ↓ 迫・迫　ハク　せまる
- 皈 [同] ↓ 帰・歸　キ　かえる
- 毣 [俗] ↓ 耄　ボウ・モウ　ほうける

〈皿 部〉

- 盃 [俗] ↓ 杯　ハイ　さかずき
- 盆 [俗] ↓ 盈　エイ　みちる
- 显 [同] ↓ 溫　オン　あたたかい
- 盏 [同] ↓ 盇　コウ　なんぞ
- 盉 [同] ↓ 盥　カン　たらい

〈目 部〉

- 眆 [同] ↓ 仿　ホウ　さまよう
- 眆 [同] ↓ 彷　ホウ　さまよう
- 香 [俗] ↓ 酉　ユウ　とり
- 昇 [本] ↓ 具・具　グ　そなわる
- 明 [同] ↓ 明　メイ　あかるい
- 直 [俗] ↓ 直　チョク　ただちに・なおす
- 直 [古] ↓ 専・專　セン　もっぱら
- 眪 [同] ↓ 相　ソウ・ショウ　あい
- 盼 [同] ↓ 眄　ベン

〈石部〉
㩨 〔同〕⇩ 矧 シン

庩 〔本〕⇩ 侯 コウ まと

𥎞 〔同〕⇩ 矛 ム ほこ

〈矛・矢部〉

眠 〔同〕⇩ 視・視 シ みる

眪 〔古〕⇩ 視・視 シ みる

配 〔俗〕⇩ 配 ハイ くばる

眪 〔俗〕⇩ 眄 ベン

盼 〔同〕⇩ 眄 ベン

祧 〔同〕⇩ 祗 シ つつしむ

祠 〔俗〕⇩ 祠 シ ほこら

祐 〔俗〕⇩ 祐・祐 ユウ たすける

袟 〔俗〕⇩ 帙 チツ ふまき

祆 〔同〕⇩ 妖 ヨウ なまめく

〈示(ネ)部〉

夏 〔俗〕⇩ 磊 ライ

砒 〔俗〕⇩ 砥 シ と・といし

碭 〔俗〕⇩ 砺 セイ みぎり

砂 〔俗〕⇩ 沙 サ すな

祢 〔俗〕⇩ 禰 デイ・ネ

祢 〔俗〕⇩ 禰 デイ・ネ

衺 〔古〕⇩ 頭 トウ・ズ あたま・かしら

戒 〔俗〕⇩ 禍・禍 カ わざわい

袖 〔俗〕⇩ 袖 シュウ そで

袜 〔俗〕⇩ 秣 マツ まぐさ

祖 〔俗〕⇩ 租 ソ みつぎ

袚 〔俗〕⇩ 祓 フツ はらう

景 〔同〕⇩ 祟 スイ たたる

祗 〔俗〕⇩ 祗 シ つつしむ

殳 〔同〕⇩ 穀・穀 コク もみ

耗 〔本〕⇩ 耗・耗 モウ・コウ へる

耕 〔俗〕⇩ 耕 コウ たがやす

耘 〔俗〕⇩ 耘 ウン くさぎる

弄 〔俗〕⇩ 秋 あき シュウ

秌 〔同〕⇩ 奔・奔 ホン はしる

私 〔俗〕⇩ 私 シ わたくし

秒 〔古〕⇩ 利 リ きく

禍 〔俗〕⇩ 禍・禍 カ わざわい

〈内(禸)・禾部〉

禾部

种 [俗]⇒ 種（たね・シュ）

采 [古]⇒ 穗・穗（ほ・スイ）

〈穴部〉

窂 [俗]⇒ 牢（ロウ・おり・ひとや）

穿 [俗]⇒ 穿（セン・うがつ）

〈立・皿部〉

亲 [俗]⇒ 親（シン・おや・したしい）

罡 [俗]⇒ 岡（コウ・おか）

罡 [同]⇒ 罡（コウ）

〈ネ部〉

衤 [同]⇒ 救（キュウ・すくう）

衺 [同]⇒ 斜（シャ・ななめ）

祅 [俗]⇒ 襖（オウ・あお・ふすま）

〈竹部〉

竻 [俗]⇒ 竺（ジク）

笁 [俗]⇒ 竿（カン・さお）

笈 [俗]⇒ 笈（キュウ・おい）

筭 [俗]⇒ 簣（ヨ）

〈米部〉

籴 [俗]⇒ 籴（くめ）

籾 [俗]⇒ 籾（もみ）

籾 [俗]⇒ 籾（もみ）

粰 [同]⇒ 掬（キク・すくう・むすぶ）

粂 [同]⇒ 斎・齋（サイ・ものいみ）

粟 [古]⇒ 粟（ゾク・あわ）

类 [俗]⇒ 類・類（ルイ・たぐい）

䊫 [含]⇒ 久米（くめ）

粂 [含]⇒ 久米（くめ）

絅 [同]⇒ 弦（ゲン・つる）

〈糸部〉

純 [同]⇒ 糾・糾（キュウ・あざなう）

糺 [本]⇒ 糾・糾（キュウ・あざなう）

約 [本]⇒ 約・約（ヤク・むすぶ）

紐 [俗]⇒ 紐（チュウ・ひも）

紹 [俗]⇒ 紹（ショウ）

絵 [俗]⇒ 絵・繪（カイ・エ）

〈网（罒・冖）部〉

罕 [本]⇒ 罕（カン・まれ）

岡 [本]⇒ 岡（コウ・おか）

〈羊（羋・𦍋）部〉

承 [本]⇒承 ショウ うけたまわる

羕 [俗]⇒承 ショウ うけたまわる

美 [本]⇒美 ビ うつくしい

羑 [俗]⇒美 ビ うつくしい

羕 [俗]⇒美 ビ うつくしい

羙 [俗]⇒美 ビ うつくしい

羕 [俗]⇒羑 ユウ

犀 [同]⇒犀 サイ

〈羽(羽・田)部〉

翌 [古]⇒舞・舞 まう・まい ブ

翌 [古]⇒舞・舞 まう・まい ブ

狱 [同]⇒翼・翼 つばさ ヨク

〈老(耂)・而 部〉

夅 [俗]⇒孝 コウ

耏 [同]⇒耐 たえる タイ

奀 [古]⇒軟 やわらか ナン

耑 [本]⇒端 はし タン

〈耒(耒)・耳 部〉

耔 [同]⇒耡 すき シ

耶 [俗]⇒邪・邪 よこしま ジャ

耴 [俗]⇒邪・邪 よこしま ジャ

耻 [俗]⇒恥 はじる チ

甫 [俗]⇒聞 きく・きこえる ブン・モン

戜 [俗]⇒職 つかさどる ショク

〈自・至・白(自)部〉

皁 [同]⇒京 みやこ キョウ・ケイ

致 [本]⇒致・致 いたす チ

舁 [俗]⇒舁 かく・かつぐ ヨ

〈舌 部〉

舓 [同]⇒舐 なめる シ

〈舟 部〉

舧 [俗]⇒帆 ほ ハン

舩 [俗]⇒般 めぐる ハン

〈虍 部〉

席 [俗]⇒虎 とら コ

辰 [同]⇒虐・虐 しいたげる ギャク

虐 [俗]⇒虐・虐 しいたげる ギャク

虐 [俗]⇒虐・虐 しいたげる ギャク

〈虫 部〉

虳 [俗]⇒尺 シャク

蛋 [同]⇒虹 にじ コウ

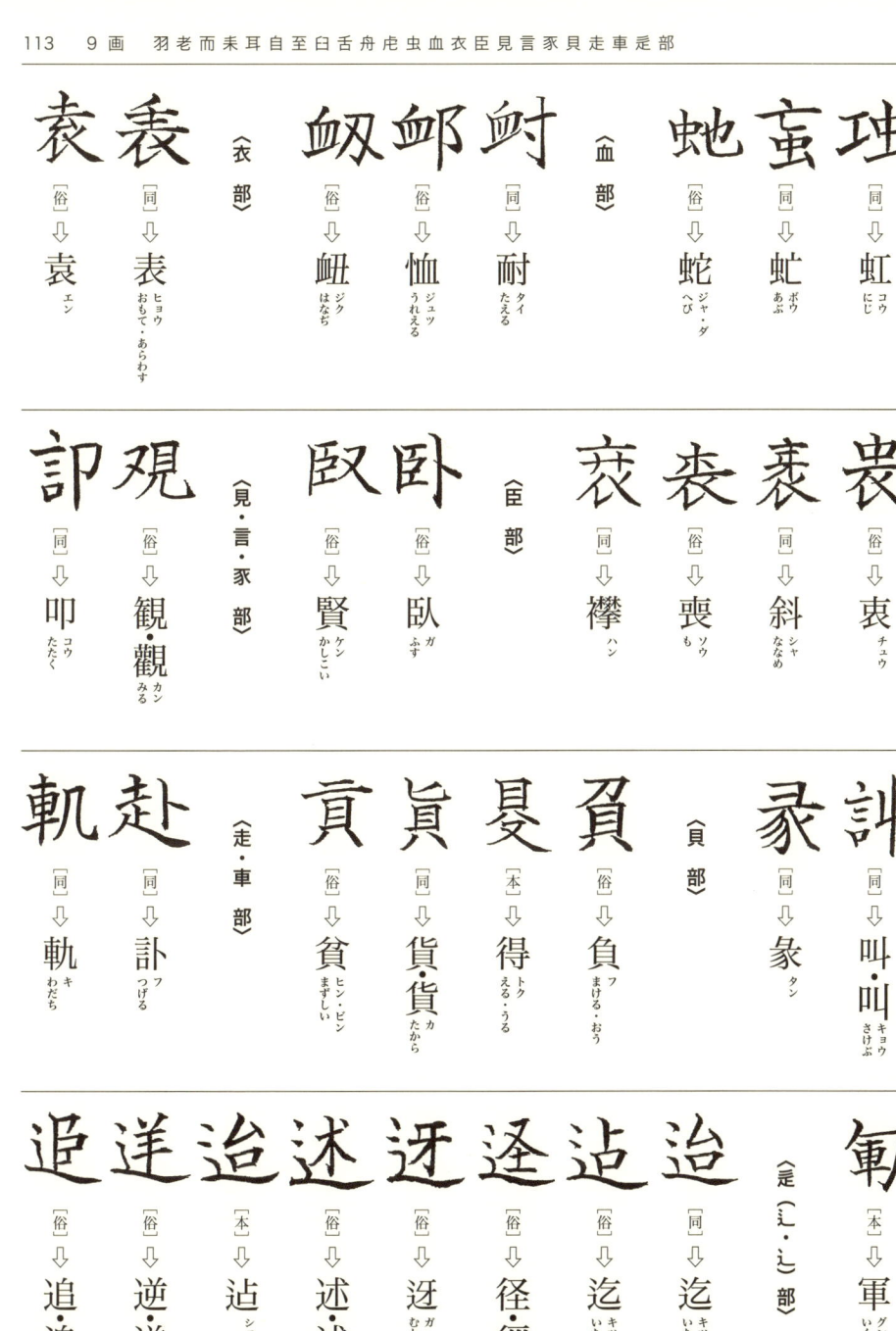

〈衣部〉

袤 〔俗〕⇒ 袁 エン

表 〔同〕⇒ 表 ヒョウ おもて・あらわす

〈血部〉

衄 〔俗〕⇒ 衄 ジク はなぢ

恤 〔俗〕⇒ 恤 ジュツ うれえる

耏 〔同〕⇒ 耐 タイ たえる

蛇 〔俗〕⇒ 蛇 ジャ・ダ へび

虻 〔同〕⇒ 虻 ボウ あぶ

虹 〔同〕⇒ 虹 コウ にじ

〈見・言・豕部〉

叩 〔同〕⇒ 叩 コウ たたく

覌 〔俗〕⇒ 観・觀 カン みる

〈臣部〉

賢 〔俗〕⇒ 賢 ケン かしこい

臥 〔俗〕⇒ 臥 ガ ふす

褩 〔同〕⇒ 攀 ハン

裛 〔俗〕⇒ 喪 ソウ も

裛 〔同〕⇒ 斜 シャ ななめ

衷 〔俗〕⇒ 衷 チュウ

〈走・車部〉

軌 〔同〕⇒ 軌 キ わだち

赴 〔同〕⇒ 訃 フ つげる

〈貝部〉

貢 〔俗〕⇒ 貧 ヒン・ビン まずしい

貞 〔同〕⇒ 貨・貨 カ たから

旻 〔本〕⇒ 得 トク える・うる

頁 〔俗〕⇒ 負 フ まける・おう

彖 〔同〕⇒ 象 ゾウ

計 〔同〕⇒ 叫・叫 キョウ さけぶ

〈辵（辶・辶）部〉

單 〔本〕⇒ 軍 グン いくさ

迫 〔同〕⇒ 迄 キツ いたる・まで

迠 〔俗〕⇒ 迄 キツ いたる・まで

逕 〔俗〕⇒ 径・徑 ケイ こみち

迎 〔俗〕⇒ 迎 ガ むかえる

迖 〔俗〕⇒ 迖 ショウ

述 〔本〕⇒ 述・述 ジュツ のべる

迊 〔俗〕⇒ 逆・逆 ギャク さからう

追 〔俗〕⇒ 追・追 ツイ おう

迯 [俗] ↓ 逃・逃 《トウ／にげる》
逃 [俗] ↓ 逃・逃 《トウ／にげる》
庭 [俗] ↓ 庭 《テイ／にわ》
洒 [俗] ↓ 酒 《すなわち》
逹 [俗] ↓ 逸・逸 《イツ／それる》
逸 [俗] ↓ 逸・逸 《イツ／それる》
迨 [同] ↓ 逮・逮 《タイ／およぶ》
連 [同] ↓ 陳 《チン／のべる》
迟 [同] ↓ 遅・遅 《チ／おくれる》
迟 [同] ↓ 遅・遅 《チ／おくれる》

选 [俗] ↓ 選・選 《セン／えらぶ》
迩 [俗] ↓ 邇 《ジ／ちかい》
迩 [同] ↓ 邇 《ジ／ちかい》
迩 [同] ↓ 邇 《ジ／ちかい》

〈邑（阝）部〉

邱 [俗] ↓ 丘 《キュウ／おか》
刪 [同] ↓ 刪 《サン／けずる》
郤 [同] ↓ 却 《キャク／しりぞく》
邢 [本] ↓ 邢 《ケイ・コウ》
邦 [俗] ↓ 邦 《ホウ／くに》

重 [俗] ↓ 重 《ジュウ・チョウ／おもい・かさねる》
重 [俗] ↓ 重 《ジュウ・チョウ／おもい・かさねる》
酉 [俗] ↓ 酋 《シュウ／おさ》

〈酉・里部〉

郤 [俗] ↓ 郤 《ゲキ／すきま》
卸 [俗] ↓ 卸 《シャ／おろす・おろし》
邸 [俗] ↓ 邸 《テイ／やしき》
郎 [俗] ↓ 邸 《テイ／やしき》
邦 [俗] ↓ 邦 《ホウ／くに》

〈阜（阝）部〉

陀 [同] ↓ 陀 《タ・ダ》
陜 [俗] ↓ 峡・峡 《キョウ／はざま・かい》
陏 [俗] ↓ 降・降 《コウ／おりる》
除 [俗] ↓ 陰 《イン／かげ・かげる》
陰 [俗] ↓ 陰 《イン／かげ・かげる》
陶 [同] ↓ 陶 《トウ／すえ》
陷 [同] ↓ 陽 《ヨウ／ひ》

〈隹・頁部〉

虱 [同] ↓ 截 《セツ／たつ・きる》
頁 [俗] ↓ 頁 《ケツ／かしら・ページ》

〈食（飠・𩙿）部〉

食
［同］⇩喰（サン くう）

＊＊＊

訁
［俗］⇩議（ギ はかる）

1
2
3
4
5
6
7
8
9
10
11
12
13
14
15
16
17
18
19
20
21
22

十画

〈一部〉

辡 [俗] ⇩ 弁・辨・瓣・辯 ベン わきまえる

坏 [同] ⇩ 坏 ハイ つき

𠁥 [古] ⇩ 乖 カイ そむく

恖 [古] ⇩ 思 シ おもう

鬲 [本] ⇩ 鬲 レキ・カク かま

肅 [俗] ⇩ 粛・肅 シュク つつしむ

虛 [俗] ⇩ 虚・虛 キョ・コ むなしい

㬎 [俗] ⇩ 顕・顯 ケン あきらか

〈丨・丿部〉

韋 [俗] ⇩ 韋 イ なめしがわ

處 [俗] ⇩ 処・處 ショ おる

乗 [俗] ⇩ 乗・乘 ジョウ のる

魚 [俗] ⇩ 魚 ギョ うお・さかな

〈乙（乚）部〉

亂 [俗] ⇩ 乱・亂 ラン みだれる

亂 [俗] ⇩ 乱・亂 ラン みだれる

〈亅部〉

事 [同] ⇩ 事 ジ・ズ こと

〈二部〉

舂 [俗] ⇩ 舂 ショウ うすづく

〈亠部〉

亯 [古] ⇩ 亨 キョウ とおる

玅 [同] ⇩ 妙 ミョウ たえ

齊 [俗] ⇩ 斉・齊 セイ・サイ ひとしい

乘 [古] ⇩ 乗・乘 ジョウ のる

乘 [同] ⇩ 乗・乘 ジョウ のる

亭 [俗] ⇩ 亭 テイ

亮 [俗] ⇩ 亮 リョウ あきらか

商 [俗] ⇩ 商・啇 ショウ あきなう

蒸 [俗] ⇩ 蒸 ジョウ むす

弃 [同] ⇩ 棄 キ すてる

誨 [古] ⇩ 誨 カイ おしえる

〈人（亻・𠆢）部〉

伊 [古] ⇩ 伊 イ これ

會 [古] ⇩ 会・會 カイ・エ あう

第1段（右から左）

- 仚　[同]⇒ 企　キ　くわだてる
- 俥　[俗]⇒ 伝・傳　デン　つたわる
- 偰　[俗]⇒ 劫　キョウ・ゴウ　おびやかす
- 條　[俗]⇒ 条・條　ジョウ　えだ・すじ
- 倈　[同]⇒ 来・來　ライ　くる
- 例　[同]⇒ 例　レイ　たとえる
- 劾　[同]⇒ 効・效　コウ　きく
- 丞　[古]⇒ 垂　スイ　たれる
- 倖　[同]⇒ 幸　コウ　さいわい・さち
- 俽　[同]⇒ 欣　キン　よろこぶ

第2段（右から左）

- 釜　[古]⇒ 金　キン・コン　かね・かな
- 金　[古]⇒ 金　キン・コン　かね・かな
- 金　[古]⇒ 金　キン・コン　かね・かな
- 俗　[俗]⇒ 俗　ゾク　ならい
- 俣　[同]⇒ 俣　また
- 俴　[同]⇒ 浅・淺　セン　あさい
- 胤　[俗]⇒ 胤　イン　たね
- 倄　[俗]⇒ 背　ハイ　せ・そむく
- 食　[本]⇒ 食・食　ショク　くう・たべる
- 俱　[俗]⇒ 倶　ク・グ　ともに

第3段（右から左）

- 倅　[俗]⇒ 倦　ケン　うむ
- 候　[俗]⇒ 候　コウ　そうろう
- 倩　[俗]⇒ 倩　セン　つらつら
- 値　[俗]⇒ 値　ね・あたい　チ
- 倍　[古]⇒ 倍　バイ　ます
- 俯　[同]⇒ 俯　フ　うつむく
- 倣　[同]⇒ 倣　ホウ　ならう
- 竜　[古]⇒ 竜・龍　リュウ　たつ
- 偬　[俗]⇒ 惣　ソウ
- 偏　[俗]⇒ 偏・偏　ヘン　かたよる

第4段（右から左）

- 倡　[同]⇒ 娼　ショウ
- 倅　[俗]⇒ 悴　スイ　やつれる
- 災　[古]⇒ 盗・盗　トウ　ぬすむ
- 倅　[同]⇒ 粉　フン　せがれ
- 倣　[俗]⇒ 倣　コウ　ならう
- 俻　[俗]⇒ 備　ビ　そなえる
- 喪　[俗]⇒ 喪　ソウ　も
- 奢　[俗]⇒ 奢　シャ　おごる
- 倒　[同]⇒ 御　ギョ・ゴ　おん
- 倩　[俗]⇒ 粥　シュク　かゆ

俾 〔同〕⇒ 睥 ヘイ

倮 〔俗〕⇒ 裸 ラ／はだか

俖 〔俗〕⇒ 儕 サイ／ともがら

儔 〔俗〕⇒ 儔 チュウ／ともがら

鍊 〔俗〕⇒ 錬・鍊 レン／ねる

验 〔俗〕⇒ 験・驗 ケン／しるし

倘 〔俗〕⇒ 儻 トウ／あるいは

〔兀 部〕

贶 〔同〕⇒ 昆 コン／あに

冤 〔俗〕⇒ 冤 エン／ぬれぎぬ

〔八（丷）部〕

其 〔俗〕⇒ 其 キ／その

兼 〔同〕⇒ 兼・兼 ケン／かねる

荷 〔俗〕⇒ 荷 カ／に

荻 〔俗〕⇒ 荻 テキ／おぎ

莫 〔俗〕⇒ 莫 ボ・バク／なし・なかれ

羕 〔俗〕⇒ 羞 シュウ／すすめる・はじる

㫗 〔俗〕⇒ 葛 カツ／くず

〔冂・冖 部〕

冓 〔俗〕⇒ 冓 コウ／くむ

冥 〔俗〕⇒ 冥 メイ・ショウ／くらい

冠 〔俗〕⇒ 寇 コウ／あだ

冨 〔俗〕⇒ 富 フ・フウ／とむ・とみ

冨 〔俗〕⇒ 富 フ・フウ／とむ・とみ

冣 〔俗〕⇒ 最 サイ／もっとも

寘 〔俗〕⇒ 置 チ／おく

〔冖 部〕

凋 〔俗〕⇒ 凋 チョウ／しぼむ・しおれる

浼 〔俗〕⇒ 浼 バイ／けがす

涸 〔同〕⇒ 涸 コ／かれる

測 〔古〕⇒ 清・清 セイ・ショウ／きよい

涼 〔俗〕⇒ 涼 リョウ／すずしい

准 〔俗〕⇒ 準 ジュン／みずもり

〔几 部〕

㲢 〔俗〕⇒ 処・處 ショ／おる

釓 〔俗〕⇒ 乱・亂 ラン／みだれる

凬 〔同〕⇒ 風 フウ／かぜ

〔刀 部〕

刜 〔俗〕⇒ 刱 ソウ／はじめる

羿 〔本〕⇒ 幷 ヘイ／ならぶ

〔刂部〕

剙　[俗]⇒劍・剣　ケン　つるぎ

釼　[俗]⇒剣・劍　ケン　つるぎ

曷　[俗]⇒勇・勇　ユウ　いさむ

刹　[同]⇒刹　サツ・セツ

剎　[古]⇒制　セイ

刜　[本]⇒制　セイ

刦　[俗]⇒制　セイ

刜　[俗]⇒制　セイ

剔　[本]⇒剃　テイ　そる

剗　[古]⇒剤・劑　ザイ

剏　[本]⇒剖　ボウ　さく

削　[俗]⇒崩・崩　ホウ　くずれる

剛　[俗]⇒彫・彫　チョウ　ほる

剠　[俗]⇒掠　リャク　かすめる

剠　[古]⇒断・斷　ダン・ことわる　たつ

剙　[古]⇒割・割　カツ　わる

剙　[俗]⇒割　ソウ　きずつける

剙　[俗]⇒創　ソウ　きずつける

刪　[俗]⇒嗣　シ　つぐ

剦　[同]⇒閹　エン

〔力部〕

劵　[俗]⇒労・勞　ロウ　つかれる

勑　[本]⇒勅・敕　チョク　いましめる

勃　[俗]⇒勃　ボツ

勏　[俗]⇒勃　ボツ

勇　[俗]⇒勇・勇　ユウ　いさむ

努　[同]⇒残・殘　ザン　のこる

勐　[俗]⇒猛　モウ　たけし

痕　[俗]⇒臨　リン　のぞむ

剠　[同]⇒鯨　ゲイ　いれずみ

〔勹部〕

勢　[俗]⇒勢　セイ　いきおい

勈　[同]⇒勠　リク　あわせる

冟　[古]⇒軍　グン　いくさ

冢　[同]⇒冢　チョウ

㲋　[俗]⇒渋・澁　ジュウ　しぶ・しぶい

〔匕・匚・匸・十部〕

斱　[同]⇒丘　キュウ　おか

匲　[俗]⇒奩　レン　はこ

秊　[俗]⇒年　ネン　とし

埠 [俗]⇒阜 フ・おか

〈卜(卜)部〉

乪 [古]⇒乃 ダイ・ナイ・すなわち

泉 [古]⇒克 コク・かつ

皁 [同]⇒克 コク・かつ

〈卩(卪)部〉

卲 [同]⇒即・卽 ソク・つく

忯 [古]⇒怨 エン・オン・うらむ

卿 [俗]⇒卿 ケイ

御 [俗]⇒御 ギョ・ゴ・おん

卩 [俗]⇒節・節 セツ・セチ・ふし

卽 [俗]⇒節・節 セツ・セチ・ふし

〈厂部〉

厚 [同]⇒厚 コウ・あつい

厚 [俗]⇒厚 コウ・あつい

盾 [同]⇒盾 ジュン・たて

原 [俗]⇒源 ゲン・みなもと

届 [俗]⇒廟 ビョウ・たまや

唇 [俗]⇒錯 サク・まじる

〈厶部〉

脅 [本]⇒斉・齊 セイ・サイ・ひとしい

専 [俗]⇒専・專 セン・もっぱら

単 [俗]⇒単・單 タン・ひとつ・ひとえ

能 [俗]⇒能 ノウ・よく・あたう

畚 [本]⇒畚 ホン・ふご・もっこ

奄 [俗]⇒畚 ホン・ふご・もっこ

〈又部〉

飯 [同]⇒坂 ハン・さか

瓶 [俗]⇒叛 ハン・そむく

燊 [古]⇒桑 ソウ・くわ

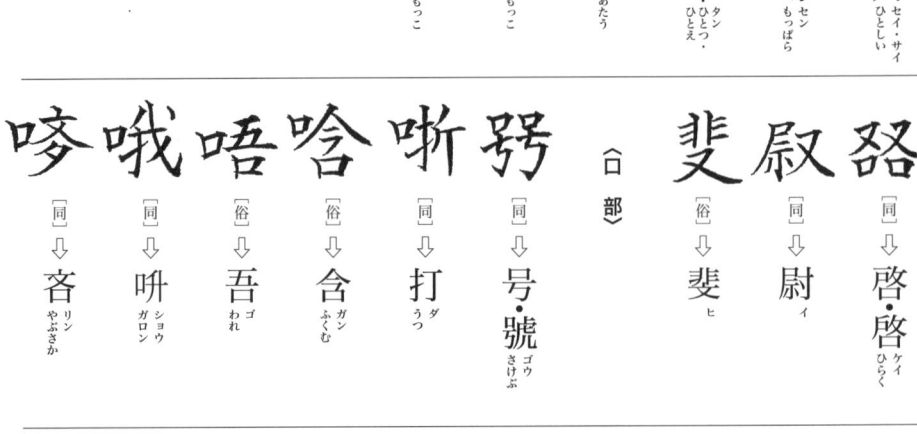

咯 [同]⇒啓・啟 ケイ・ひらく

叔 [同]⇒尉 イ

斐 [俗]⇒斐 ヒ

〈口部〉

弩 [同]⇒号・號 ゴウ・さけぶ

唶 [同]⇒打 ダ・うつ

唅 [俗]⇒含 ガン・ふくむ

唔 [俗]⇒吾 ゴ・われ

哦 [同]⇒吜 ショウ・ガロン

哆 [同]⇒吝 リン・やぶさか

唫 ［同］⇩ 吝（リン・やぶさか）

哼 ［同］⇩ 声・聲（セイ・ショウ・こえ・こわ）

叄 ［俗］⇩ 参・參（サン・まいる）

唤 ［同］⇩ 呷（コウ・すう・あおる）

咒 ［俗］⇩ 呪（ジュ・のろう）

哉 ［本］⇩ 哉（サイ・や・かな）

裁 ［古］⇩ 哉（や・かな・サイ）

單 ［俗］⇩ 単・單（タン・ひとつ・ひとえ）

桒 ［俗］⇩ 柔（ジュウ・ニュウ・やわらか）

喋 ［同］⇩ 哭（コク・なく）

哭 ［俗］⇩ 哭（コク・なく）

哨 ［俗］⇩ 哨（ショウ・みはり）

哲 ［俗］⇩ 哲（テツ・あきらか）

雪 ［俗］⇩ 唐・唐（トウ・から）

哥 ［同］⇩ 唄（バイ・うた）

咲 ［俗］⇩ 笑（ショウ・わらう）

啗 ［同］⇩ 訊（ジン・とう・たずねる）

唖 ［俗］⇩ 啞（ア）

咨 ［俗］⇩ 啓・啓（ケイ・ひらく）

畨 ［古］⇩ 問（モン・とう・とい）

唳 ［俗］⇩ 唳（レイ・なく）

卤 ［同］⇩ 鹵（ロ・しおつち）

高 ［俗］⇩ 喬（キョウ・たかい）

呵 ［同］⇩ 訶（カ・しかる）

唗 ［俗］⇩ 嘩・譁（カ・かまびすしい）

哥 ［古］⇩ 歌（カ・うた・うたう）

毎 ［古］⇩ 誨（カイ・おしえる）

嘐 ［同］⇩ 誘（ユウ・さそう）

唑 ［同］⇩ 噬（ゼイ・かむ）

哺 ［同］⇩ 舗（ホ・めし）

味 ［俗］⇩ 嚇（カク・いかる）

啗 ［同］⇩ 齧（ゲツ・かむ・かじる）

〔口 部〕

囿 ［同］⇩ 古（コ・ふるい）

圓 ［古］⇩ 目（モク・ボク・め）

圅 ［本］⇩ 函（カン・はこ）

函 ［俗］⇩ 函（カン・はこ）

圓 ［本］⇩ 面（メン・おもて・つら）

〔土 部〕

堕 ［古］⇩ 地（チ・ジ・つち）

埿	堕	埀	埰	型	型	垜	垂	堕	埿
〔同〕⇒ 陛 ヘイ きざはし	〔同〕⇒ 院 イン かきね	〔古〕⇒ 桀 ケツ はりつけ	〔俗〕⇒ 埒 ラツ・ラチ	〔同〕⇒ 哲 テツ あきらか	〔本〕⇒ 型 ケイ かた	〔同〕⇒ 保 ホ たもつ	〔俗〕⇒ 垂 スイ たれる	〔同〕⇒ 防 ボウ ふせぐ	〔同〕⇒ 沙 サ すな

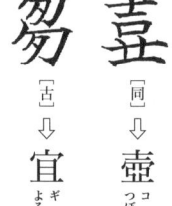
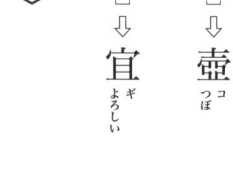

〈大部〉	匆	壷	〈土・夕部〉	壽	埫	堅	堆	執	晷
	〔古〕⇒ 宜 ギ よろしい	〔同〕⇒ 壺 コ つぼ		〔俗〕⇒ 棄 キ すてる	〔同〕⇒ 椀 ワン	〔俗〕⇒ 野 ヤ の	〔同〕⇒ 堆 タイ うずたかい	〔俗〕⇒ 執 シツ とる	〔同〕⇒ 基 キ もと・もとい

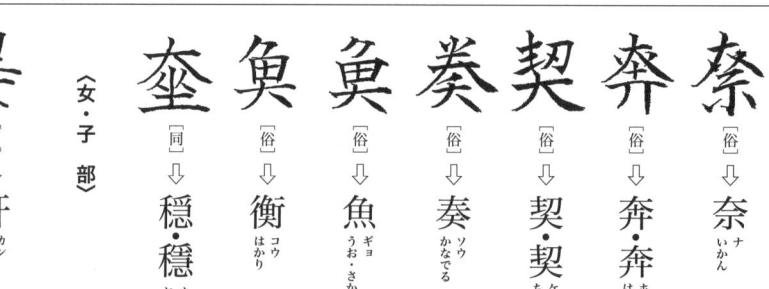

晏	〈女・子部〉	壼	奠	奠	羹	契	奔	祭	臾
〔同〕⇒ 奸 カン おかす		〔同〕⇒ 穏・穩 オン おだやか	〔俗〕⇒ 衡 コウ はかり	〔俗〕⇒ 魚 ギョ うお・さかな	〔俗〕⇒ 奏 ソウ かなでる	〔俗〕⇒ 契・契 ケイ ちぎる	〔俗〕⇒ 奔・奔 ホン はしる	〔俗〕⇒ 奈 ナ いかん	〔俗〕⇒ 坤 コン ひつじさる

婁	娱	姫	姻	威	姍	娰	娤	娤	娎
〔同〕⇒ 娠 シン はらむ	〔俗〕⇒ 娯・娯 ゴ たのしむ	〔俗〕⇒ 姫・姫 キ ひめ	〔俗〕⇒ 姻 イン みうち	〔俗〕⇒ 威 イ おどす	〔古〕⇒ 姜 ショウ わらわ	〔同〕⇒ 姒 ジ あによめ	〔同〕⇒ 妝 ショウ よそおう	〔同〕⇒ 妝 ショウ よそおう	〔同〕⇒ 妃 ヒ きさき

親字	分類		標準字	読み
娘	〔同〕	⇩	嬢・孃	ジョウ／むすめ
娛	〔同〕	⇩	嬉	キ／うれしい
嫋	〔俗〕	⇩	嬲	ドウ／たわむれる
婳	〔俗〕	⇩	嫂	ソウ／あによめ
晏	〔古〕	⇩	婁	ロウ
婢	〔俗〕	⇩	婢	ヒ
婞	〔俗〕	⇩	婢	ヒ
姪	〔俗〕	⇩	婬	イン／みだら
娜	〔俗〕	⇩	娜	ダ／しなやか
婟	〔同〕	⇩	娠	シン／はらむ

親字	分類		標準字	読み
媋	〔古〕	⇩	嬪	ヒン／よめ
娭	〔同〕	⇩	嬪	ヒン／よめ
孞	〔同〕	⇩	信	シン／まこと

〈宀部〉

親字	分類		標準字	読み
亘	〔同〕	⇩	豆	トウ・ズ／まめ
宜	〔古〕	⇩	宜	ギ／よろしい
宲	〔古〕	⇩	実・實	ジツ／み・みのる
客	〔俗〕	⇩	客	キャク・カク／まろうど
室	〔俗〕	⇩	室	シツ／むろ
宣	〔本〕	⇩	宣	セン／のべる

親字	分類		標準字	読み
寇	〔俗〕	⇩	寇	コウ／あだ
寅	〔古〕	⇩	寅	イン／とら
夐	〔同〕	⇩	虔	ケン／つつしむ
寙	〔同〕	⇩	栗	リツ／くり
寣	〔俗〕	⇩	悟	ゴ／さとる
宸	〔俗〕	⇩	宸	シン
害	〔俗〕	⇩	害・害	ガイ／そこなう
害	〔本〕	⇩	害・害	ガイ／そこなう
突	〔古〕	⇩	軍	グン／いくさ
穿	〔俗〕	⇩	穿	セン／うがつ

親字	分類		標準字	読み
宷	〔古〕	⇩	審	シン／つまびらか
电	〔俗〕	⇩	電	デン／いなずま
宴	〔俗〕	⇩	寝・寢	シン／ねる
寃	〔俗〕	⇩	寛・寬	カン／くつろぐ
冣	〔俗〕	⇩	最	サイ／もっとも
宅	〔古〕	⇩	毫	ゴウ／わずか
宿	〔俗〕	⇩	宿	シュク／やど・やどる
寪	〔俗〕	⇩	宿	シュク／やど・やどる
寀	〔俗〕	⇩	寂	ジャク・セキ／さびしい
寂	〔古〕	⇩	寂	ジャク・セキ／さびしい

〈寸・小 (ツ) 部〉

宾 [俗]↓ 賓・賓 ヒン まろうど

宦 [古]↓ 響・響 キョウ ひびく

尅 [俗]↓ 剋 コク かつ

尅 [俗]↓ 克 コク かつ

耐 [俗]↓ 耐 タイ たえる

耐 [俗]↓ 耐 タイ たえる

尋 [古]↓ 得 トク える・うる

尌 [俗]↓ 短 タン みじかい

崇 [同]↓ 隙 ゲキ ひま・すき

〈尸 部〉

尋 [合]↓ 忌寸 いみき

屎 [本]↓ 尿 ニョウ しと

屁 [俗]↓ 尿 ニョウ しと

屍 [同]↓ 尾 おび

昼 [俗]↓ 画・畫 ガ・カク かぎる・えがく

居 [同]↓ 居 キョ いる

屃 [古]↓ 屍 シ しかばね

屑 [俗]↓ 屑 セツ くず

犀 [俗]↓ 犀 サイ

〈山 部〉

屁 [同]↓ 踞 キョ うずくまる

坔 [古]↓ 地 チ・ジ つち

峪 [同]↓ 谷 コク たに・や

叓 [古]↓ 事 ジ・ズ こと

垂 [同]↓ 垂 スイ たれる

峯 [古]↓ 南 ナン・ナ みなみ

峨 [同]↓ 峨 ガ

島 [俗]↓ 島 トウ しま

峯 [同]↓ 峰 ホウ みね

〈巛(川)・工 部〉

崋 [俗]↓ 崋 カ

崇 [俗]↓ 崇 スウ たかい

密 [俗]↓ 密 ミツ ひそか

密 [俗]↓ 蜜 ミツ

巢 [同]↓ 凝 ギョウ こる

晋 [古]↓ 首 シュ くび

咢 [同]↓ 霊・靈 レイ・リョウ たま

〈巾 部〉

帥 [俗]↓ 帥 スイ ひきいる

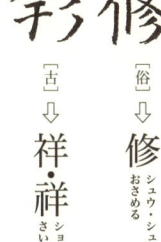
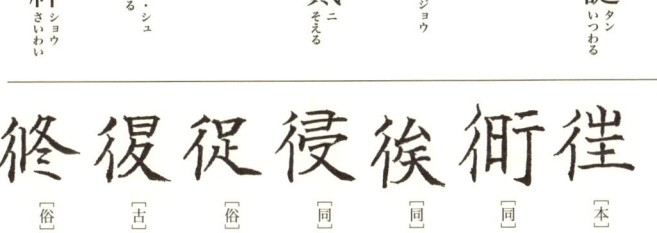
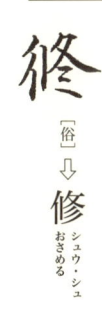

巾部（つづき）

帰	帠	席	帯	帯	帚	常	帮	帬	帴
[俗]⇒帰・歸 キ かえる	[同]⇒師 シ	[俗]⇒席 セキ むしろ	[俗]⇒帯・帯 タイ おび・おびる	[俗]⇒帯・帯 タイ おび・おびる	[俗]⇒韋 イ なめしがわ	[俗]⇒常 ジョウ つね・とこ	[俗]⇒帮 ホウ たすける	[同]⇒裙 クン も	[同]⇒幟 シ のぼり

〈广部〉

厚	庬	庹	度	庍	庳	庸	庥	虎
[俗]⇒厚 コウ あつい	[俗]⇒厖 ボウ おおきい	[同]⇒度 ド・ト・タク たび	[俗]⇒度 ド・ト・タク たび	[俗]⇒原 ゲン はら	[俗]⇒唐・唐 トウ から	[俗]⇒庸 ヨウ もちいる	[俗]⇒麻・麻 マ あさ	[古]⇒親 シン おや・したしい

〈廴部〉

廻	建	迀
[俗]⇒廻 カイ まわる・めぐる	[俗]⇒建 ケン・コン たてる・たつ	[同]⇒誕・誕 タン いつわる

〈廾・弋部〉

羊	弐
[俗]⇒奘 ソウ・ジョウ	[俗]⇒弐・貳 ニ そえる

〈彡部〉

修	彩
[俗]⇒修 シュウ・シュ おさめる	[古]⇒祥・祥 ショウ さいわい

〈彳部〉

終	復	従	侵	後	衙	徍	浦	彩
[俗]⇒修 シュウ・シュ おさめる	[古]⇒退・退 タイ しりぞく	[俗]⇒促 ソク うながす	[同]⇒侵・侵 シン おかす	[同]⇒俟 シ まつ	[同]⇒往・往 オウ ゆく	[本]⇒往・往 オウ ゆく	[古]⇒補 ホ おぎなう	[俗]⇒彩・彩 サイ いろどる

徸 〔古〕⇩ 通・通（ツウ／とおる）
徏 〔同〕⇩ 陟（チョク／のぼる）
術 〔俗〕⇩ 術・術（ジュツ／すべ）
徕 〔俗〕⇩ 採・探（サイ／とる）
御 〔俗〕⇩ 御（ギョ・ゴ／おん）

〈彳部〉

怺 〔俗〕⇩ 劣（レツ／おとる）
恜 〔同〕⇩ 吝（リン／やぶさか）
悋 〔同〕⇩ 吝（リン／やぶさか）
惏 〔俗〕⇩ 吝（リン／やぶさか）
怖 〔同〕⇩ 怖（フ／こわい）

愀 〔同〕⇩ 欣（キン／よろこぶ）
悞 〔俗〕⇩ 誤・誤（ゴ／あやまる）
悮 〔同〕⇩ 誤・誤（ゴ／あやまる）
惧 〔俗〕⇩ 慣（カン／なれる）
愕 〔俗〕⇩ 愕（ガク／おどろく）
恡 〔俗〕⇩ 恡（リン／やぶさか）
悩 〔俗〕⇩ 悩・悩（ノウ／なやむ）
悃 〔本〕⇩ 恨（コン／うらむ）
悧 〔同〕⇩ 俐（リ／さとい）
俔 〔同〕⇩ 倪（ケン／うかがう）

悭 〔俗〕⇩ 慳（ケン／やぶさか）
惧 〔俗〕⇩ 懼（ク／おそれる）

〈扌部〉

捍 〔同〕⇩ 扞（カン／ふせぐ）
挵 〔俗〕⇩ 弄（ロウ／もてあそぶ）
投 〔俗〕⇩ 投（トウ／なげる）
投 〔俗〕⇩ 投（トウ／なげる）
括 〔同〕⇩ 抔（ホウ／すくう）
抂 〔古〕⇩ 狂（キョウ／くるう）
捅 〔俗〕⇩ 角（カク／かど・つの）

捁 〔本〕⇩ 括（カツ／くくる）
挃 〔俗〕⇩ 指（シ／ゆび・さす）
拻 〔俗〕⇩ 持（ジ／もつ）
拭 〔俗〕⇩ 拭（ショク／ぬぐう・ふく）
挑 〔俗〕⇩ 挑（チョウ／いどむ）
捵 〔俗〕⇩ 振（シン／ふる）
挺 〔同〕⇩ 挿・挿（ソウ／さす）
插 〔俗〕⇩ 挿・挿（ソウ／さす）
採 〔俗〕⇩ 採・探（サイ／とる）
捷 〔俗〕⇩ 捷（ショウ／はやい）

扌・扌部

見出し	区分	→	標準字	読み
挳	[俗]	↓	揺・搖	ヨウ・ゆれる
挳	[同]	↓	揺・搖	ヨウ・ゆれる
揶	[同]	↓	揶	ヤ・もてあそぶ
捅	[俗]	↓	粗	ソ・あらい
梳	[俗]	↓	梳	ソ・くし
挩	[古]	↓	脱・脱	ダツ・ぬぐ
挻	[俗]	↓	旋	セン・めぐる
挺	[俗]	↓	旋	セン・めぐる
捩	[俗]	↓	捩	レイ・ねじる
捀	[同]	↓	捧	ホウ・ささげる

見出し	区分	→	標準字	読み
浭	[俗]	↓	泥	デイ・どろ
沱	[俗]	↓	沱	タ・ダ
漫	[同]	↓	没・沒	ボツ・しずむ
渌	[俗]	↓	尿	ニョウ・しと
淬	[同]	↓	汚	オ・けがす・きたない

〈氵部〉

見出し	区分	→	標準字	読み
拮	[同]	↓	攪	コウ・カク・みだす
捞	[俗]	↓	撈	ロウ
挽	[同]	↓	輓	バン・ひく
揎	[俗]	↓	短	タン・みじかい

見出し	区分	→	標準字	読み
渫	[同]	↓	涎	セン・よだれ
洰	[同]	↓	涎	セン・よだれ
浿	[同]	↓	浣	カン・あらう
漆	[俗]	↓	染	セン・そめる・しみる
浅	[俗]	↓	浅・淺	セン・あさい
浲	[俗]	↓	洪	コウ
泽	[同]	↓	洪	コウ
浯	[本]	↓	活	カツ・いきる
洩	[俗]	↓	洩	セツ・エイ・もれる
溉	[本]	↓	波	ハ・なみ

見出し	区分	→	標準字	読み
渋	[同]	↓	渋・澁	ジュウ・しぶい・しぶ
涸	[俗]	↓	涸	コ・かれる
激	[俗]	↓	液	エキ・しる
泾	[俗]	↓	淫	イン・みだら
溢	[同]	↓	苬	リ
滚	[俗]	↓	流	リュウ・ながれる
浮	[俗]	↓	浮・浮	フ・うく
泻	[古]	↓	浜・濱	ヒン・はま
涅	[俗]	↓	涅	デツ・ネ
涎	[俗]	↓	涎	セン・よだれ

〈氵部〉（つづき）

異体字	区分	正字	読み
浨	[俗]	⇩ 渋・澁	ジュウ／しぶい・しぶ
淋	[同]	⇩ 淑	シュク／よい
渆	[俗]	⇩ 淑	シュク／よい
洵	[同]	⇩ 淀	デン／よど
淫	[俗]	⇩ 望・望	ボウ・モウ／のぞむ
淩	[俗]	⇩ 陵	リョウ／みささぎ
涵	[同]	⇩ 淵	エン／ふち
浡	[俗]	⇩ 渤	ボツ
涌	[同]	⇩ 湧・湧	ユウ／わく
洴	[俗]	⇩ 溝・溝	コウ／みぞ

異体字	区分	正字	読み
泊	[俗]	⇩ 滔	トウ／はびこる
彬	[同]	⇩ 滲	シン／にじむ
涔	[同]	⇩ 潜・潜	セン／ひそむ・もぐる
湼	[古]	⇩ 澄	チョウ／すむ
涜	[俗]	⇩ 濤	トウ／なみ
洸	[俗]	⇩ 瀆	トク／みぞ
洋	[同]	⇩ 瀾	ヒ／ひろい

〈犭部〉

異体字	区分	正字	読み
猚	[同]	⇩ 狂	キョウ／くるう
猓	[同]	⇩ 保	ホ／たもつ
猂	[俗]	⇩ 悍	カン／たけだけしい
猛	[俗]	⇩ 猛	モウ／たけし
貌	[同]	⇩ 貌	ボウ／かたち・かお

〈艸（艹）部〉

異体字	区分	正字	読み
苅	[俗]	⇩ 刈	ガイ／かる
茂	[俗]	⇩ 茂	モ／しげる
茷	[俗]	⇩ 茂	モ／しげる
莐	[俗]	⇩ 茂	モ／しげる
荒	[本]	⇩ 荒・荒	コウ／あらい・あれる
蕪	[本]	⇩ 荒・荒	コウ／あらい・あれる

異体字	区分	正字	読み
苕	[同]	⇩ 荇	コウ／あさざ
葷	[俗]	⇩ 草	ソウ／くさ
荘	[俗]	⇩ 荘・莊	ソウ／おごそか
茗	[同]	⇩ 茶	チャ・サ
荣	[俗]	⇩ 栄・榮	エイ／さかえる
莈	[同]	⇩ 従・從	ジュウ／したがう
蒀	[俗]	⇩ 芻	スウ／まぐさ
羡	[俗]	⇩ 華・華	カ・ケ／はな
蒠	[俗]	⇩ 葱	ニン
兹	[本]	⇩ 玆	ゲン／くろい

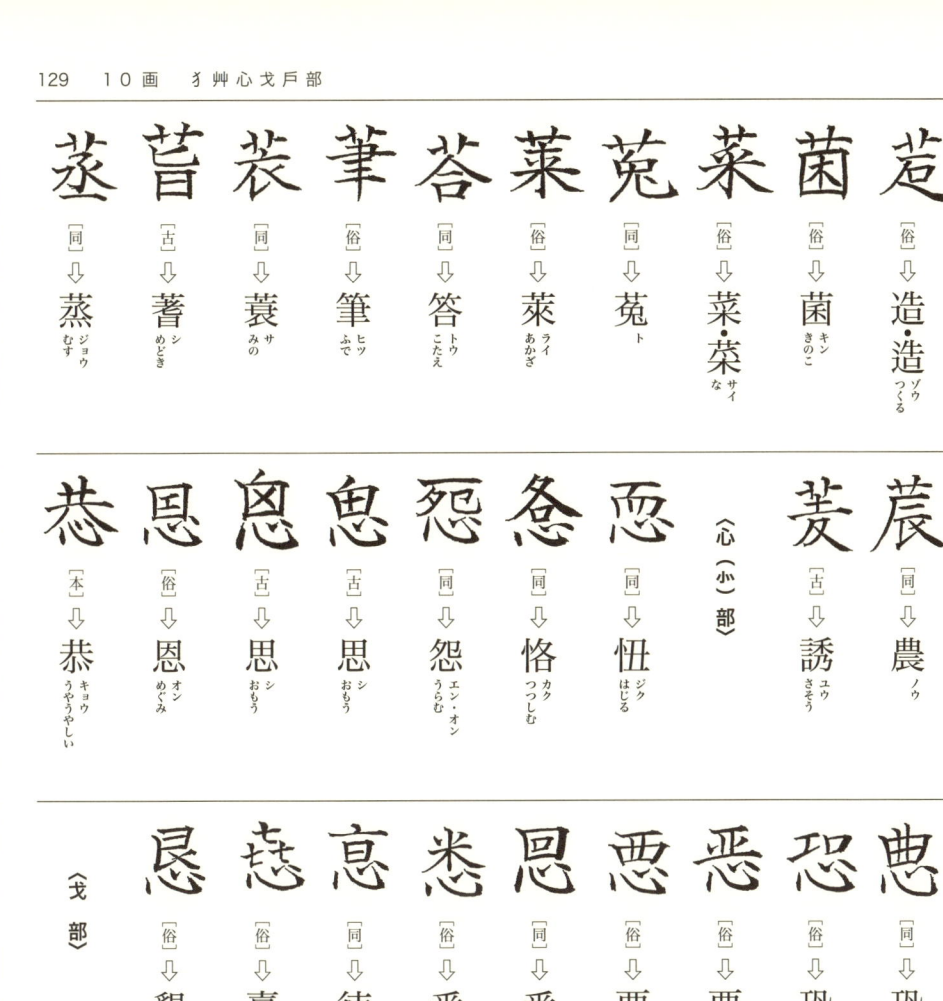

茊 〔同〕⇩ 蒸 むす ジョウ

菩 〔古〕⇩ 蓍 めどき シ

袶 〔同〕⇩ 蓑 みの サ

筆 〔俗〕⇩ 筆 ふで ヒツ

荅 〔同〕⇩ 答 こたえ トウ

菜 〔俗〕⇩ 萊 あかざ ライ

莵 〔同〕⇩ 菟 ト

菜 〔俗〕⇩ 菜・菜 な サイ

菌 〔俗〕⇩ 菌 きのこ キン

莟 〔俗〕⇩ 造・造 つくる ゾウ

〈心（小）部〉

恭 〔本〕⇩ 恭 うやうやしい キョウ

恩 〔俗〕⇩ 恩 めぐみ オン

恖 〔古〕⇩ 思 おもう シ

息 〔古〕⇩ 思 おもう シ

怨 〔同〕⇩ 怨 うらむ エン・オン

悆 〔同〕⇩ 恪 つつしむ カク

忢 〔同〕⇩ 忸 はじる ジク

芰 〔古〕⇩ 誘 さそう ユウ

辰 〔同〕⇩ 農 ノウ

〈戈部〉

慇 〔俗〕⇩ 懇 ねんごろ コン

慈 〔俗〕⇩ 憙 よろこぶ キ

意 〔俗〕⇩ 徳・徳 トク

悉 〔同〕⇩ 悉 つくす シツ

恖 〔俗〕⇩ 悉 つくす シツ

恖 〔同〕⇩ 悉 つくす シツ

悪 〔俗〕⇩ 悪・惡 わるい アク・オ

惡 〔俗〕⇩ 悪・惡 わるい アク・オ

恐 〔俗〕⇩ 恐・恐 おそれる キョウ

患 〔同〕⇩ 恐・恐 おそれる キョウ

〈戸（戸）部〉

扅 〔俗〕⇩ 扉・扉 とびら ヒ

栽 〔俗〕⇩ 載 のせる・のる サイ

義 〔俗〕⇩ 義 よい ギ

威 〔俗〕⇩ 感 カン

戚 〔古〕⇩ 滅 ほろびる メツ

戝 〔俗〕⇩ 動 ドウ

栽 〔俗〕⇩ 栽 うえる サイ

或 〔俗〕⇩ 戒 いましめる カイ

戌 〔古〕⇩ 成・成 なる・なす セイ・ジョウ

〈手・支 部〉

- 拜 [本] ⇒ 拝・拜 ハイ おがむ
- 拜 [俗] ⇒ 拝・拜 ハイ おがむ
- 愛 [俗] ⇒ 愛 アイ めでる

〈攴(攵)部〉

- 殸 [俗] ⇒ 刷 サツ する
- 敆 [同] ⇒ 挌 カク うつ
- 效 [本] ⇒ 倣 ホウ ならう
- 敛 [同] ⇒ 殺・殺 サツ ころす
- 秚 [同] ⇒ 殺・殺 サツ ころす

- 殺 [同] ⇒ 殺・殺 サツ ころす
- 敇 [俗] ⇒ 殺・殺 サツ ころす
- 敇 [俗] ⇒ 殺・殺 サツ ころす
- 致 [俗] ⇒ 致・致 チ いたす
- 寇 [俗] ⇒ 寇 コウ あだ
- 救 [俗] ⇒ 救 キュウ すくう
- 赦 [同] ⇒ 赦 シャ ゆるす
- 敬 [俗] ⇒ 敬 ケイ うやまう
- 敕 [同] ⇒ 策 サク むち
- 散 [古] ⇒ 微・微 ビ かすか

- 斬 [本] ⇒ 折 セツ おる・おり

〈斤 部〉

- 斛 [同] ⇒ 斛 コク

〈斗 部〉

- 斉 [俗] ⇒ 斉・齊 セイ・サイ ひとしい

〈文 部〉

- 敌 [俗] ⇒ 敵 テキ かたき
- 慾 [俗] ⇒ 奪 ダツ うばう
- 敛 [俗] ⇒ 奪 ダツ うばう
- 数 [俗] ⇒ 数・數 スウ かず

- 斦 [本] ⇒ 近・近 キン ちかい
- 断 [俗] ⇒ 断・斷 ダン たつ・ことわる
- 新 [俗] ⇒ 新 シン あたらしい

〈方 部〉

- 㫃 [俗] ⇒ 㫃 ハイ はた
- 旆 [本] ⇒ 旅・旅 リョ たび
- 旂 [同] ⇒ 旗 キ はた
- 旟 [同] ⇒ 旗 キ はた
- 敷 [俗] ⇒ 敷・敷 フ しく

〈日・曰 部〉

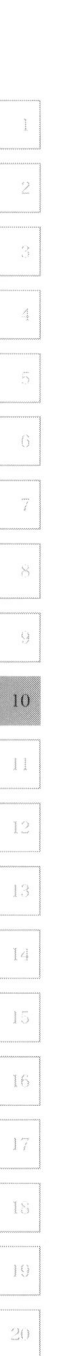

得	晭	晉	晄	昏	眤	昇	晃	昙	晊
[俗]⇓	[同]⇓	[本]⇓	[同]⇓	[俗]⇓	[俗]⇓	[俗]⇓	[同]⇓	[同]⇓	[同]⇓
得	晟・晟	晋・晉	晃	春	昵	昇	昊	侈	冬・冬
トク	セイ	シン	コウ	シュン	ジツ	ショウ	コウ	シ	トウ
える・うる	あきらか	すすむ	あきらか	はる	なじむ・ちかづく	のぼる	そら	おごる	ふゆ

暴	晐	晍	晞	晁	暁	晈	曺	曺	晦
[同]⇓	[同]⇓	[俗]⇓	[同]⇓	[古]⇓	[俗]⇓	[同]⇓	[俗]⇓	[同]⇓	[俗]⇓
暴	該	置	暖・暖	朝・朝	暁・曉	皎	曹	曹	晦
ボウ	ガイ	チ	ダン	チョウ	ギョウ	コウ	ソウ	ソウ	カイ
あばく・あばれる	かねる	おく	あたたかい	あさ	あかつき	しろい	つかさ	つかさ	みそか

脅	脅	脇	胃	胄	胲	胶	〈月（月）部〉	显	曇
[同]⇓	[俗]⇓	[同]⇓	[同]⇓	[俗]⇓	[俗]⇓	[同]⇓		[俗]⇓	[俗]⇓
脇	脅	脅	胸	胄	咳	交		顕・顯	曇
キョウ	キョウ	キョウ	キョウ	チュウ	ガイ	コウ		ケン	ドン
わき	おびやかす	おびやかす	むね・むな	よつぎ	せき	まじわる		あきらか	くもる

猒	胼	甁	脳	脩	胞	肺	朓	脁	脇
[本]⇓	[俗]⇓	[俗]⇓	[俗]⇓	[同]⇓	[本]⇓	[俗]⇓	[古]⇓	[俗]⇓	[俗]⇓
厭	胼	瓶・瓶	脳・腦	脩	脆	朔	朔	脇	脇
エン	ヘン	ビン	ノウ	シュウ	ゼイ	サク	サク	キョウ	キョウ
あきる	たこ	かめ		ほじし	もろい	ついたち	ついたち	わき	わき

脿【俗】⇒ 膝（シツ／ひざ）
脍【俗】⇒ 膾（カイ／なます）
脏【俗】⇒ 臟・臟（ゾウ／はらわた）
胭【同】⇒ 臙（エン／べに）

〈木部〉

栞【同】⇒ 刊（カン／けずる）
桒【古】⇒ 孚（フ）
桳【同】⇒ 杆（ウ）
桌【同】⇒ 卓（タク／すぐれる）
梻【俗】⇒ 杮（チョ／ひ）

框【同】⇒ 枠（わく）
桼【古】⇒ 保（ホ／たもつ）
椳【同】⇒ 柧（かい）
栐【同】⇒ 栐（エイ）
桼【俗】⇒ 柔（ジュウ・ニュウ／やわらか）
染【俗】⇒ 染（セン／そめる・しみる）
栢【俗】⇒ 柏（ハク／かしわ）
夲【同】⇒ 柳（リュウ／やなぎ）
枡【俗】⇒ 柳（リュウ／やなぎ）
尌【同】⇒ 約・約（ヤク／むすぶ）

桉【俗】⇒ 案（アン／つくえ）
梜【俗】⇒ 核（カク／さね）
桝【俗】⇒ 桀（ケツ／はりつけ）
栲【俗】⇒ 栲（コウ／たえ）
柴【俗】⇒ 柴（サイ／しば）
栂【同】⇒ 梅（セン）
桒【俗】⇒ 桑（ソウ／くわ）
桒【俗】⇒ 桑（ソウ／くわ）
桒【俗】⇒ 桑（ソウ／くわ）
尭【同】⇒ 桃（トウ／もも）

杲【同】⇒ 桐（トウ／きり）
栗【俗】⇒ 栗（リツ／くり）
枀【同】⇒ 素（ソ・ス／もと）
柒【俗】⇒ 深（シン／ふかい）
桅【同】⇒ 梔（シ／くちなし）
梁【俗】⇒ 梁（リョウ／はり）
杷【同】⇒ 椛（もみじ）
檳【同】⇒ 蛇（ジャ・ダ／へび）
窊【古】⇒ 棺（カン／ひつぎ）
枺【同】⇒ 椒（ショウ／はじかみ）

柱
〔俗〕
⇩
欄・欄
ラン
てすり

档
〔俗〕
⇩
檔
トウ

桧
〔俗〕
⇩
檜
カイ
ひのき

桥
〔俗〕
⇩
橋
キョウ
はし

桔
〔俗〕
⇩
橘
キツ
たちばな

桕
〔俗〕
⇩
槌
ツイ
つち

桂
〔同〕
⇩
橲
かつら

裂
〔俗〕
⇩
裂
レツ
さく・さける

枞
〔同〕
⇩
筏
バツ
いかだ

栖
〔同〕
⇩
棲
セイ
すむ

耂
〔古〕
⇩
前・前
ゼン
まえ

肎
〔同〕
⇩
肯
コウ
うべなう

厈
〔同〕
⇩
近・近
キン
ちかい

〈止部〉

欵
〔俗〕
⇩
歎
タン
なげく

欣
〔同〕
⇩
欧・歐
オウ

〈欠部〉

桜
〔合〕
⇩
木鞍
くら

栾
〔俗〕
⇩
欒
ラン
おうち

椏
〔俗〕
⇩
櫖
ロウ
おり

〈毛・氏・气部〉

毗
〔本〕
⇩
毘
ヒ
たすける

毘
〔本〕
⇩
毘
ヒ
たすける

毎
〔俗〕
⇩
毎・毎
マイ
つね

〈毋・比部〉

殻
〔本〕
⇩
殻・殼
カク
から

殺
〔俗〕
⇩
教・教
キョウ
おしえる

殺
〔俗〕
⇩
救
キュウ
すくう

〈殳部〉

歩
〔同〕
⇩
渉・渉
ショウ
わたる

潔
〔俗〕
⇩
潔・潔
ケツ
いさぎよい

条
〔古〕
⇩
洛
ラク

氺
〔俗〕
⇩
海・海
カイ
うみ

沓
〔俗〕
⇩
沓
トウ
くつ

桼
〔俗〕
⇩
参・參
サン
まいる

乘
〔俗〕
⇩
乖
カイ
そむく

〈水(氺)部〉

氣
〔俗〕
⇩
気・氣
キ・ケ

閅
〔同〕
⇩
聞
ブン・モン
きく・きこえる

耗
〔俗〕
⇩
耄
ボウ・モウ
ほうける

〈火部〉

裁 [本]⇩ 災 サイ わざわい
恢 [同]⇩ 恢 カイ ひろい
烔 [俗]⇩ 洞 ドウ ほら
裂 [俗]⇩ 烈 レツ はげしい
倏 [俗]⇩ 倏 シュク たちまち
焚 [俗]⇩ 焚 フン やく・たく
烟 [同]⇩ 煙・烟 エン
炙 [同]⇩ 煥 カン あきらか
炙 [俗]⇩ 煥 カン あきらか

〈灬部〉

烛 [俗]⇩ 燭 ショク ともしび
裵 [同]⇩ 燼 ジン もえのこり
炗 [俗]⇩ 燼 ジン もえのこり
為 [俗]⇩ 為・爲 イ なす
烏 [俗]⇩ 焉 エン いずくんぞ
然 [俗]⇩ 然 ゼン・ネン しかり
裒 [俗]⇩ 蒸 ジョウ むす
热 [俗]⇩ 熱 ネツ あつい

〈爪(爫・爫)部〉

倏 [俗]⇩ 倏 シュク たちまち

〈犬・玄部〉

牽 [俗]⇩ 牽 ケン ひく
犲 [古]⇩ 方 ホウ かた

〈牛(牜)部〉

甭 [古]⇩ 牙 ガ はぎば

〈片・牙(牙)部〉

胴 [同]⇩ 向 コウ むく
愛 [俗]⇩ 愛 アイ めでる
泉 [古]⇩ 畏 イ おそれる

〈玉(王)部〉

猒 [俗]⇩ 厭 エン あきる
寧 [俗]⇩ 牽 ケン ひく
玐 [同]⇩ 佩 ハイ おびる・はく
琭 [古]⇩ 宝・寳 ホウ たから
珊 [俗]⇩ 珊 サン
珍 [俗]⇩ 珍 チン めずらしい
班 [本]⇩ 班 ハン わける
坚 [俗]⇩ 姪 イン みだら
琴 [本]⇩ 琴 キン こと

琎　[俗] ↓ 琴　キン・こと

瑙　[俗] ↓ 瑙　ノウ

璽　[俗] ↓ 璽　ジ・しるし

坔　[俗] ↓ 璽　ジ・しるし

坓　[俗] ↓ 璽　ジ・しるし

瑶　[俗] ↓ 瓔　ヨウ

〈瓦部〉

鋺　[同] ↓ 椀　ワン

〈田部〉

畏　[古] ↓ 威　イ・おどす

畏　[本] ↓ 畏　イ・おそれる

畏　[俗] ↓ 畏　イ・おそれる

畠　[俗] ↓ 畑　はた・はたけ

香　[同] ↓ 香　コウ・か・かおり

畞　[同] ↓ 畞　ホ・せ・うね

畱　[俗] ↓ 留　リュウ・ル・とめる・とまる

畧　[俗] ↓ 略　リャク・おかす

畜　[古] ↓ 陸　リク・ロク・おか

〈疒部〉

疕　[俗] ↓ 札　サツ・ふだ

疢　[俗] ↓ 疹　シン

疼　[俗] ↓ 疼　トウ・いたむ・うずく

痱　[同] ↓ 病　ビョウ・やまい

痊　[俗] ↓ 産・産　サン・うまれる

疴　[同] ↓ 痾　ア・やまい

〈癶部〉

癸　[古] ↓ 癸　キ・みずのと

癹　[俗] ↓ 登　トウ・ト・のぼる

〈白部〉

皐　[古] ↓ 申　シン・もうす

皕　[同] ↓ 白　ハク・ビャク・しろ

皀　[古] ↓ 即・卽　ソク・つく

皍　[俗] ↓ 的・的　テキ・まと

皛　[古] ↓ 皇　コウ・オウ・きみ

皋　[同] ↓ 皋　コウ・さわ

鼠　[俗] ↓ 鼠　ソ・ねずみ

〈皿部〉

盡　[俗] ↓ 尽・盡　ジン・つくす

盈　[俗] ↓ 盈　エイ・みちる

盍　[俗] ↓ 畜　チク・たくわえる

〈目部〉

眤 [俗]⇒ 昵 ジツ／なじむ・ちかづく

眅 [俗]⇒ 看 カン／みる

監 [俗]⇒ 鑑 カン／かがみ

盉 [同]⇒ 鉢 ハチ・ハツ

盐 [俗]⇒ 塩・鹽 エン／しお

盌 [同]⇒ 椀 ワン

盄 [同]⇒ 温・溫 オン／あたたか

壼 [同]⇒ 壺 コ／つぼ

益 [同]⇒ 益・益 エキ・ヤク／ます

県 [同]⇒ 県・縣 ケン／かける

峕 [同]⇒ 省 セイ・ショウ／かえりみる

眉 [古]⇒ 眉 ／まゆ

眞 [同]⇒ 真・眞 シン／ま

眞 [俗]⇒ 真・眞 シン／ま

眦 [俗]⇒ 皆 シ／まなじり

眽 [同]⇒ 脈 ミャク

际 [古]⇒ 視・視 シ／みる

眡 [同]⇒ 視・視 シ／みる

眠 [同]⇒ 睇 テイ

眮 [同]⇒ 覗 シ／のぞく

貼 [同]⇒ 覘 テン／うかがう

睿 [古]⇒ 慎・愼 シン／つつしむ

鼎 [同]⇒ 鼎 テイ／かなえ

曽 [同]⇒ 髴 フツ

睊 [同]⇒ 髴 フツ

眹 [古]⇒ 瞬・瞬 シュン／またたく

〈矛部〉

矛 [同]⇒ 矛 ム／ほこ

矛 [俗]⇒ 矛 ム／ほこ

〈矢部〉

矨 [古]⇒ 拙 セツ／つたない

矧 [同]⇒ 知 チ／しる

矩 [同]⇒ 短 タン／みじかい

疑 [古]⇒ 疑 ギ／うたがう

〈石部〉

砑 [同]⇒ 岬 コウ／みさき

砠 [同]⇒ 岨 ソ／そわ

砥 [俗]⇒ 砥 シ／と・といし

碎 [同]⇒ 磐 バン／いわ

〔石部〕

础 〔俗〕↓ 礎 いしずえ ソ
砺 〔俗〕↓ 礪 といし レイ
砥 〔俗〕↓ 礦 あらがね コウ
硺 〔俗〕↓ 礫 こいし レキ

〖示(ネ)部〗

袷 〔同〕↓ 祀 まつる シ
袻 〔同〕↓ 祀 まつる シ
祝 〔俗〕↓ 祝・祝 いわう シュク・シュウ
神 〔俗〕↓ 神・神 かみ シン・ジン
祖 〔俗〕↓ 祖・祖 じ ソ

祦 〔俗〕↓ 旅・旅 たび リョ
袔 〔俗〕↓ 梅 セン
祇 〔同〕↓ 祇 つつしむ シ
裇 〔同〕↓ 祓 はらう フツ
祓 〔俗〕↓ 祓 はらう フツ
祖 〔俗〕↓ 租 みつぎ ソ
秩 〔俗〕↓ 秩 ついで チツ
袄 〔俗〕↓ 族 やから ゾク
祭 〔俗〕↓ 祭 まつる・まつり サイ
移 〔俗〕↓ 移 うつる・うつす イ

袴 〔俗〕↓ 袴 はかま コ
税 〔俗〕↓ 税・税 みつぎ ゼイ
祢 〔同〕↓ 禰 デイ・ネ
祢 〔同〕↓ 禰 デイ・ネ
祢 〔俗〕↓ 禰 デイ・ネ

〔禾部〕

秡 〔俗〕↓ 祓 はらう フツ
秡 〔俗〕↓ 祓 はらう フツ
秤 〔俗〕↓ 称・稱 たたえる ショウ
称 〔俗〕↓ 称・稱 たたえる ショウ

秦 〔俗〕↓ 秦 はた シン
秤 〔俗〕↓ 秤 はかり ビン
秕 〔俗〕↓ 移 うつる・うつす イ
稅 〔俗〕↓ 税・税 みつぎ ゼイ
秄 〔俗〕↓ 秄 フ
桼 〔同〕↓ 黍 きび ショ
积 〔俗〕↓ 積 つむ セキ
舲 〔同〕↓ 齢・齢 よわい・とし レイ

〔穴部〕

窅 〔同〕↓ 岨 そわ ソ

〈立 部〉

穿 [俗] ⇩ 穿 セン うがつ

零 [俗] ⇩ 零 レイ おちる・こぼれる

竚 [同] ⇩ 佇 チョ たたずむ

玭 [俗] ⇩ 氓 ボウ たみ

䪲 [古] ⇩ 音・音 オン・イン おと・ね

竞 [俗] ⇩ 競 キョウ・ケイ きそう・せる

〈皿 部〉

圌 [同] ⇩ 岡 コウ おか

置 [俗] ⇩ 置 チ おく

〈ネ 部〉

罢 [俗] ⇩ 罷 ヒ やめる

祝 [同] ⇩ 只 シ ただ

袟 [同] ⇩ 帙 チツ ふまき

祢 [同] ⇩ 袗 シン ひとえ

衿 [同] ⇩ 領 リョウ くび

〈竹 部〉

筲 [俗] ⇩ 昔 セキ むかし

笑 [本] ⇩ 笑 ショウ わらう

箆 [同] ⇩ 匙 シ さじ

〈米 部〉

叛 [俗] ⇩ 叛 ハン そむく

柴 [同] ⇩ 秕 ヒ しいな

粃 [同] ⇩ 秕 ヒ しいな

筭 [俗] ⇩ 筓 ケイ こうがい

笋 [同] ⇩ 筍 ジュン たけのこ

笔 [同] ⇩ 筆 ヒツ ふで

笁 [古] ⇩ 箕 キ み

笻 [同] ⇩ 箍 コ・ク たが

笩 [同] ⇩ 算 サン かぞえる・かず

〈糸 部〉

絲 [同] ⇩ 糸・絲 シ いと

絅 [同] ⇩ 衿 キン えり

粬 [同] ⇩ 料 リョウ はかる

新 [俗] ⇩ 料 リョウ はかる

粉 [俗] ⇩ 粉 フン こ・こな

新 [俗] ⇩ 断・斷 ダン たつ・ことわる

斉 [同] ⇩ 斎・齋 サイ ものいみ

粏 [同] ⇩ 糠 コウ ぬか

类 [俗] ⇩ 類・類 ルイ たぐい

紫 〔俗〕⇩ 紫 シ／むらさき

約 〔俗〕⇩ 絢 ケン／あや

紒 〔同〕⇩ 結 ケツ／むすぶ・ゆう

絆 〔同〕⇩ 結 ケツ／むすぶ・ゆう

絷 〔俗〕⇩ 紮 サツ／からげる

紋 〔俗〕⇩ 紋 モン／あや

紛 〔俗〕⇩ 紛 フン／まぎれる

紐 〔俗〕⇩ 紐 チュウ／ひも

純 〔俗〕⇩ 純 ジュン／いと

紏 〔俗〕⇩ 糾・糺 キュウ／あざなう

糼 〔同〕⇩ 縦・縱 ジュウ／たて

絗 〔同〕⇩ 緬 メン／ほそいと

緊 〔俗〕⇩ 緊 キン／きびしい

緣 〔俗〕⇩ 縁・緣 エン／ふち

綱 〔俗〕⇩ 網・網 モウ／あみ

綱 〔俗〕⇩ 網・網 モウ／あみ

網 〔同〕⇩ 網・網 モウ／あみ

絷 〔同〕⇩ 総・總 ソウ／すべる

絳 〔俗〕⇩ 綷 サイ

綱 〔俗〕⇩ 綱 コウ／つな

叛 〔俗〕⇩ 叛 ハン／そむく

羌 〔同〕⇩ 羌 キョウ

〈羊(羊・羊)部〉

缺 〔同〕⇩ 闕 ケツ／かく

缸 〔俗〕⇩ 杯 ハイ／さかずき

欮 〔俗〕⇩ 欠・缺 ケツ／かける・かく

〈缶部〉

缻 〔俗〕⇩ 罏 ロ

缾 〔俗〕⇩ 罐 ロ

釈 〔俗〕⇩ 繹 エキ

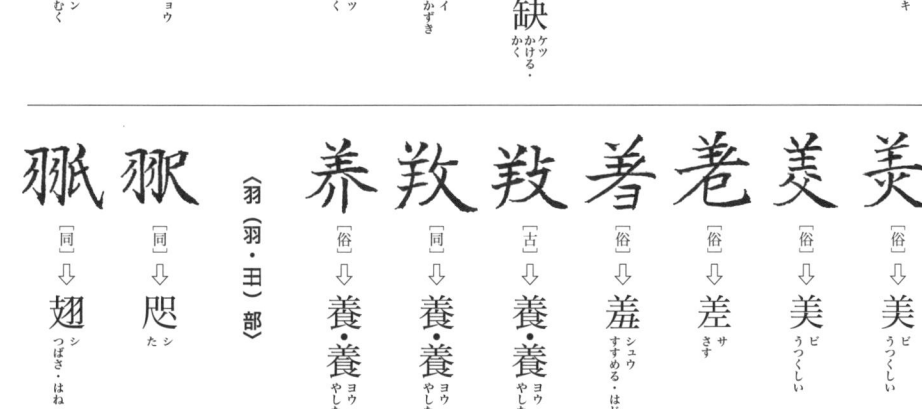

翀 〔同〕⇩ 翅 シ／つばさ・はね

翃 〔同〕⇩ 眣 シ／た

〈羽(羽・羽)部〉

养 〔俗〕⇩ 養・養 ヨウ／やしなう

羑 〔同〕⇩ 養・養 ヨウ／やしなう

羖 〔古〕⇩ 養・養 ヨウ／やしなう

着 〔俗〕⇩ 羞 シュウ／すすめる・はじる

耂 〔俗〕⇩ 差 サ／さす

羙 〔俗〕⇩ 美 ビ／うつくしい

羡 〔俗〕⇩ 美 ビ／うつくしい

羝 [同] ⇒ 翅 （シ、つばさ・はね）

翄 [同] ⇒ 甾 （シ、ただ）

翠 [俗] ⇒ 翠・翠 （スイ、みどり）

翊 [同] ⇒ 翼・翼 （ヨク、つばさ）

〈老(尹)・而・耒(耒)部〉

耋 [同] ⇒ 耋 （テツ）

斋 [俗] ⇒ 斎・齋 （サイ、ものいみ）

耘 [俗] ⇒ 耘 （ウン、くさぎる）

〈耳部〉

耻 [俗] ⇒ 恥 （チ、はじる）

恥 [俗] ⇒ 恥 （チ、はじる）

耽 [同] ⇒ 酖 （タン・チン、ふける）

聘 [同] ⇒ 聘 （ヘイ）

耷 [本] ⇒ 聳 （ショウ、そびえる）

戠 [俗] ⇒ 職 （ショク、つかさどる）

〈肉部〉

肴 [同] ⇒ 肴 （コウ、さかな）

胾 [同] ⇒ 炙 （シャ、あぶる）

〈自部〉

皇 [同] ⇒ 皇 （コウ・オウ、きみ）

曇 [俗] ⇒ 雲 （ウン、くも）

〈至・臼(臼)部〉

珡 [同] ⇒ 致・致 （チ、いたす）

昌 [同] ⇒ 昌 （ショウ、さかん）

昰 [同] ⇒ 貶 （ヘン、おとしめる）

〈舌・舛(舛)部〉

舐 [同] ⇒ 噤 （キン、つぐむ）

舞 [俗] ⇒ 舞・舞 （ブ、まう・まい）

〈舟部〉

服 [古] ⇒ 服・服 （フク、きもの）

航 [俗] ⇒ 航 （コウ）

舨 [古] ⇒ 般 （ハン、めぐる）

舩 [俗] ⇒ 般 （ハン、めぐる）

船 [俗] ⇒ 船 （セン、ふね・ふな）

舮 [俗] ⇒ 艫 （ロ、へさき・とも）

舮 [俗] ⇒ 艫 （ロ、へさき・とも）

舮 [俗] ⇒ 艫 （ロ、へさき・とも）

〈色・虍部〉

艶 [俗] ⇒ 艶・艶 （エン、なまめかし・い・つや）

虍 [俗] ⇒ 虎 （コ、とら）

〈虫部〉

席 [俗] ⇒ 虎 とら／コ

戯 [同] ⇒ 虐・虐 しいたげる／ギャク

夷 [俗] ⇒ 虫・蟲 むし／チュウ

壷 [古] ⇒ 毒 ドク

蚨 [俗] ⇒ 呑 のむ／ドン

蚨 [同] ⇒ 蚕・蠶 かいこ／サン

蚤 [同] ⇒ 蚕・蠶 かいこ／サン

蚨 [同] ⇒ 蚤 のみ／ソウ

蚨 [俗] ⇒ 蚤 のみ／ソウ

〈衣部〉

蚤 [俗] ⇒ 蚤 のみ／ソウ

蚊 [同] ⇒ 蚊 か／ブン

衰 [古] ⇒ 表 おもて・あらわす／ヒョウ

衰 [同] ⇒ 表 おもて・あらわす／ヒョウ

畏 [俗] ⇒ 畏 おそれる／イ

裒 [俗] ⇒ 畏 おそれる／イ

衾 [本] ⇒ 衾 ふすま／キン

衰 [俗] ⇒ 衰 おとろえる／スイ

衷 [古] ⇒ 衷 チュウ

〈両（西）部〉

衷 [俗] ⇒ 衷 チュウ

裔 [同] ⇒ 裔 すそ／エイ

粟 [同] ⇒ 洒 そそぐ／サイ

晉 [本] ⇒ 暗 くらい／アン

〈見部〉

覚 [同] ⇒ 弁・辨・瓣・辯 わきまえる／ベン

覓 [俗] ⇒ 覚・覺 おぼえる／カク

覌 [俗] ⇒ 観・觀 みる／カン

〈言部〉

訃 [古] ⇒ 信 まこと／シン

訖 [俗] ⇒ 訖 おわる／キツ

誉 [俗] ⇒ 訓 おしえる／クン

訊 [俗] ⇒ 訊 とう・たずねる／ジン

訙 [俗] ⇒ 訊 とう・たずねる／ジン

訊 [同] ⇒ 訊 とう・たずねる／ジン

奢 [同] ⇒ 誇 ほこる／コ

詙 [古] ⇒ 詩 からうた／シ

試 [俗] ⇒ 識 しる／シキ

〈豕部〉

豕 [同]⇒豕 シ・い・いのこ

豘 [同]⇒豚 トン ぶた

象 [俗]⇒象 ショウ・ゾウ かたち

〈貝部〉

財 [俗]⇒得 トク える・うる

貧 [俗]⇒貧 ヒン・ビン まずしい

貳 [同]⇒貸 タイ かす

貟 [俗]⇒貿 ボウ かえる

〈走部〉

趈 [同]⇒迄 キツ いたる・まで

赴 [同]⇒徒 ト かち

赳 [俗]⇒赳・赳 キュウ

〈足(足)部〉

跐 [同]⇒址 シ あと

跙 [同]⇒趾 シ あし

跐 [俗]⇒趾 シ あし

〈車部〉

軌 [俗]⇒軌 キ わだち

軒 [俗]⇒軒 ケン のき

〈辵(辶・辶)部〉

迺 [同]⇒乃 ダイ・ナイ すなわち

迿 [同]⇒交 コウ まじわる

迴 [同]⇒回 カイ まわる

巡 [俗]⇒巡・巡 ジュン めぐる

逃 [俗]⇒抄 ショウ かすめる

迎 [俗]⇒迎・迎 ゲイ むかえる

迊 [同]⇒卒 ソツ しもべ

逕 [俗]⇒径・徑 ケイ こみち

述 [俗]⇒述・述 ジュツ のべる

迴 [同]⇒廻 カイ まわる・めぐる

逡 [古]⇒後 ゴ・コウ のち・うしろ

迏 [同]⇒恢 カイ ひろい

迥 [俗]⇒迴 ケイ はるか

還 [俗]⇒退・退 タイ しりぞく

逃 [古]⇒逃・逃 トウ にげる

逃 [古]⇒逃・逃 トウ にげる

逃 [同]⇒逃・逃 トウ にげる

逎 [俗]⇒陋 ロウ せまい

逓 [俗]⇒庭 テイ にわ

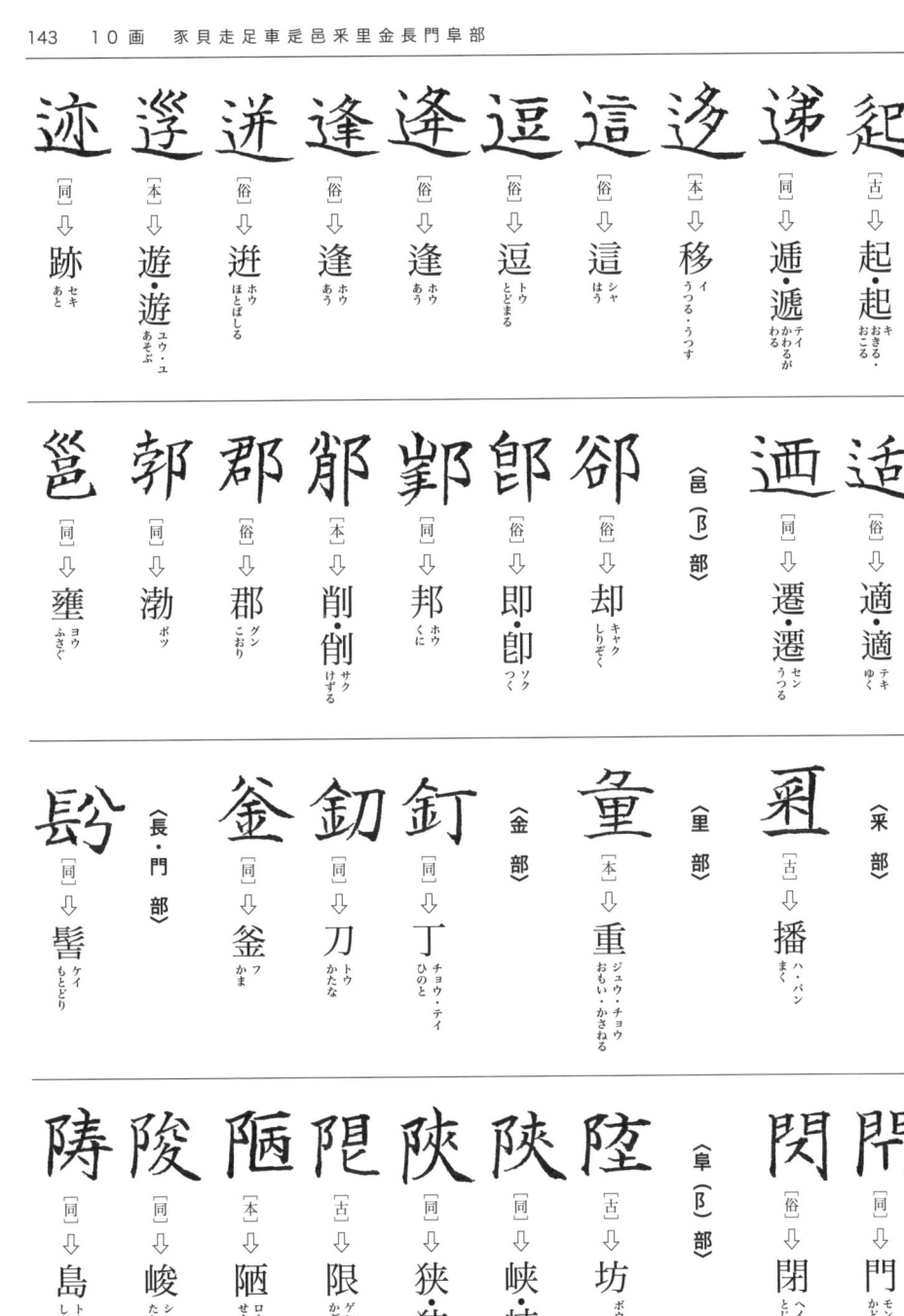

迹 【同】↓ 跡 セキ あと

逰 【本】↓ 遊・遊 ユウ・ユ あそぶ

逬 【俗】↓ 迸 ホウ ほとばしる

逢 【俗】↓ 逢 ホウ あう

逢 【俗】↓ 逢 ホウ あう

逗 【俗】↓ 逗 トウ とどまる

這 【俗】↓ 這 シャ はう

迻 【本】↓ 移 イ うつる・うつす

逓 【同】↓ 逓・遞 テイ かわるが わる

起 【古】↓ 起・起 おきる・おこる

邕 【同】↓ 雍 ヨウ ふさぐ

郭 【同】↓ 渤 ボツ

郡 【俗】↓ 郡 グン こおり

鄐 【本】↓ 削・削 サク けずる

鄋 【同】↓ 邦 ホウ くに

郎 【俗】↓ 即・即 ソク つく

邻 【俗】↓ 却 キャク しりぞく

〈邑(阝)部〉

迺 【同】↓ 遷・遷 セン うつる

适 【俗】↓ 適・適 テキ ゆく

髟 【同】↓ 髻 ケイ もとどり

〈長・門 部〉

釜 【同】↓ 釜 フ かま

釪 【同】↓ 刀 トウ かたな

釘 【同】↓ 丁 チョウ・テイ ひのと

〈金 部〉

童 【本】↓ 重 ジュウ・チョウ おもい・かさねる

〈里 部〉

乑 【古】↓ 播 ハ・バン まく

〈釆 部〉

陦 【同】↓ 島 トウ しま

陵 【同】↓ 峻 シュン たかい

陌 【本】↓ 陌 ロウ せまい

陙 【古】↓ 限 ゲン かぎる

陜 【同】↓ 狭・狹 キョウ せまい

陜 【同】↓ 峡・峽 キョウ はざま・かい

陸 【古】↓ 坊 ボウ

〈阜(阝)部〉

閃 【俗】↓ 閉 ヘイ とじる

門 【同】↓ 門 モン かど

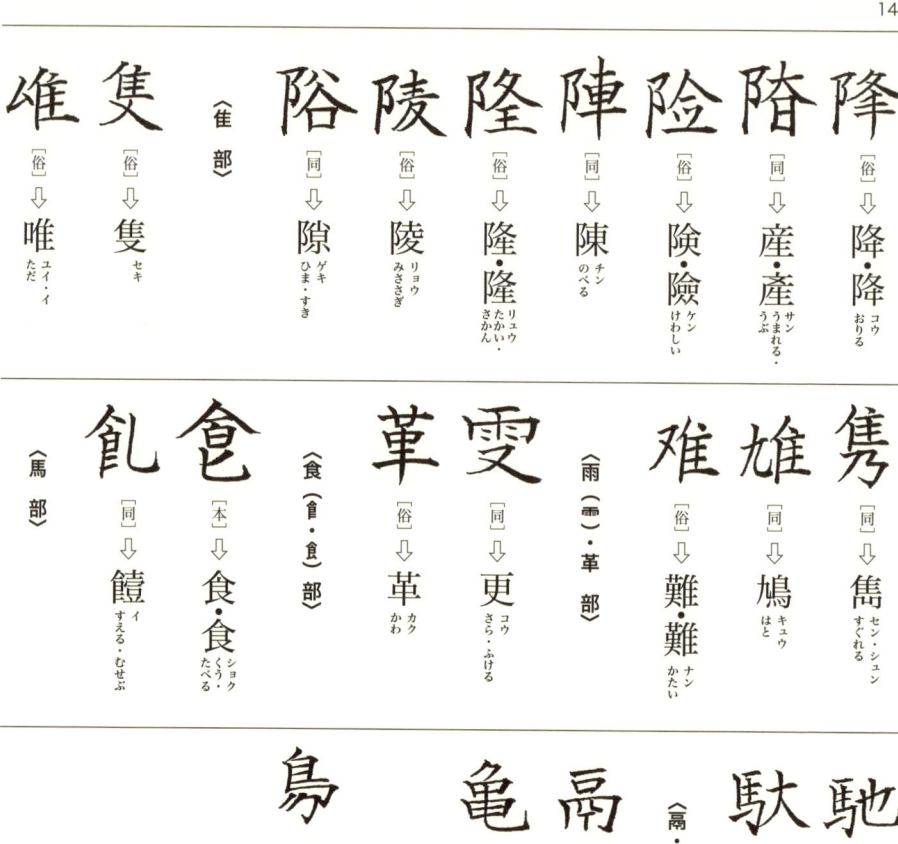

降 [俗] ↓ 降・降 コウ おりる

陏 [俗] ↓ 産・產 サン うまれる・うぶ

険 [俗] ↓ 険・險 ケン けわしい

陣 [同] ↓ 陳 チン のべる

隆 [俗] ↓ 隆・隆 リュウ たかい・さかん

陵 [俗] ↓ 陵 リョウ みささぎ

陥 [同] ↓ 隙 ゲキ ひま・すき

〈隹部〉

隻 [俗] ↓ 隻 セキ

唯 [俗] ↓ 唯 ユイ・イ ただ

隽 [同] ↓ 雋 セン・シュン すぐれる

雄 [同] ↓ 鳩 キュウ はと

难 [俗] ↓ 難・難 ナン かたい

〈雨(雨)・革部〉

雯 [同] ↓ 更 コウ さら・ふける

革 [俗] ↓ 革 カク かわ

〈食(倉・食)部〉

食 [本] ↓ 食・食 ショク・ジキ くう・たべる

飢 [同] ↓ 饐 イ すえる・むせぶ

〈馬部〉

馳 [俗] ↓ 馳 チ はせる

駄 [俗] ↓ 駄 ダ

〈高・龜(亀)部〉

鬲 [俗] ↓ 隔・隔 カク へだてる

亀 [俗] ↓ 亀・龜 キ かめ

＊＊＊

鳬 [俗] ↓ 鳧 フ かも

十一画

〈一・ノ部〉

乳
〔同〕⇨
治
ジ・チ
おさめる

乶
〔乙〕部〉
〔同〕⇨
手
シュ
て・た

霝
〔俗〕⇨
虚・虛
キョ・コ
むなしい

處
〔俗〕⇨
処・處
ショ
おる

處
〔俗〕⇨
処・處
ショ
おる

ノ

〈亠部〉

厃
〔古〕⇨
克
コク
かつ

韋
〔俗〕⇨
韋
イ
なめしがわ

竝
〔同〕⇨
堲
キョク
すみやか

二部〉

黾
〔古〕⇨
亀・龜
キ
かめ

執
〔俗〕⇨
執
シツ
とる

執
〔本〕⇨
執
シツ
とる

乾
〔俗〕⇨
乾
カン
かわく

思
〔古〕⇨
思
シ
おもう

〈人（イ・へ）部〉

侴
〔古〕⇨
台・臺
ダイ・タイ
うてな

側
〔同〕⇨
仄
ソク
ほのか

偁
〔同〕⇨
云
ウン
いう

偁
〔同〕⇨
云
ウン
いう

京
〔俗〕⇨
稟
ヒン・リン
うける

商
〔俗〕⇨
商・商
ショウ
あきなう

兗
〔同〕⇨
乗・乘
ジョウ
のる

萌
〔俗〕⇨
盲・盲
モウ

亨
〔古〕⇨
享
キョウ
うける

偝
〔同〕⇨
背
ハイ
せ・そむく

傪
〔俗〕⇨
夋
シャ
おごる

偹
〔俗〕⇨
前・前
ゼン
まえ

優
〔本〕⇨
便
ベン・ビン
たより

俠
〔俗〕⇨
英
エイ
はな・はなぶさ

侖
〔同〕⇨
命
メイ・ミョウ
いのち

偑
〔俗〕⇨
佩
ハイ
おびる・はく

偘
〔同〕⇨
侃
カン
つよい

個
〔古〕⇨
夙
シュク
つとに

傳
〔俗〕⇨
伝・傳
デン
つたわる

偝 〔俗〕⇩ 発・發 ハツ・ホツ はなつ

倉 〔同〕⇩ 食・食 ショク くう たべる

倚 〔俗〕⇩ 倚 イ よる

倦 〔俗〕⇩ 倦 ケン うむ

俟 〔同〕⇩ 候 コウ そうろう

候 〔俗〕⇩ 候 コウ そうろう

雙 〔同〕⇩ 候 コウ そうろう

倢 〔俗〕⇩ 候 コウ そうろう

倢 〔同〕⇩ 健 ショウ さとい

倡 〔俗〕⇩ 害・害 ガイ そこなう

倌 〔同〕⇩ 宦 カン

脩 〔俗〕⇩ 修 シュウ・シュ おさめる

倫 〔本〕⇩ 称・稱 ショウ たたえる

倫 〔俗〕⇩ 称・稱 ショウ たたえる

偁 〔同〕⇩ 紗 サ・シャ うすぎぬ

偽 〔俗〕⇩ 偽・僞 ギ いつわる・にせ

偸 〔同〕⇩ 悠 ユウ はるか

悠 〔同〕⇩ 悠 ユウ はるか

脩 〔本〕⇩ 脩 シュウ ほじし

爽 〔俗〕⇩ 爽 ソウ さわやか

傮 〔俗〕⇩ 備 ビ そなえる

傭 〔俗〕⇩ 備 ビ そなえる

備 〔俗〕⇩ 備 ビ そなえる

備 〔俗〕⇩ 備 ビ そなえる

俻 〔俗〕⇩ 備 ビ そなえる

傍 〔俗〕⇩ 傍 ボウ かたわら

脩 〔俗〕⇩ 循 ジュン したがう

策 〔俗〕⇩ 策 サク むち

畣 〔古〕⇩ 答 トウ こたえ

癸 〔古〕⇩ 遇・遇 グウ あう

傲 〔俗〕⇩ 傲 ゴウ おごる

僉 〔俗〕⇩ 僉 セン

僂 〔俗〕⇩ 僂 ロウ

偵 〔同〕⇩ 逪 テイ うかがう

僎 〔本〕⇩ 僎 セン

候 〔俗〕⇩ 儒 ジュ うるおす

償 〔俗〕⇩ 償 ショウ つぐなう

傮 〔俗〕⇩ 儳 ザン さしでる

脩 〔同〕⇩ 贋 ガン にせ

〈儿・八（丷）部〉

第1段（右→左）

児 [俗] ↓ 児・兒 ジ・ニ こ

益 [俗] ↓ 益・益 エキ・ヤク ます

菓 [俗] ↓ 菓 カ くだもの

菊 [俗] ↓ 菊 キク

菜 [俗] ↓ 菜・菜 サイ な

異 [俗] ↓ 異・異 イ こと

黄 [同] ↓ 黄・黄 コウ・オウ き

齒 [俗] ↓ 滋・滋 ジ しげる

〈冖部〉

冤 [俗] ↓ 冤 エン ぬれぎぬ

第2段（右→左）

家 [俗] ↓ 家 カ・ケ いえ・や

富 [俗] ↓ 富 フ・フウ とむ・とみ

電 [俗] ↓ 電 デン いなずま

〈冫部〉

淵 [俗] ↓ 淵 エン ふち

減 [俗] ↓ 減 ゲン へる

湊 [俗] ↓ 湊 ソウ みなと

〈几部〉

寇 [同] ↓ 冠 カン かんむり

鼠 [同] ↓ 橆 カン

第3段（右→左）

処 [同] ↓ 衡 コウ はかり

〈凵・刀部〉

凾 [同] ↓ 函 カン はこ

圅 [俗] ↓ 函 カン はこ

蕟 [俗] ↓ 勇・勇 ユウ いさむ

劍 [同] ↓ 剣・剣 ケン つるぎ

翡 [古] ↓ 勠 リク あわせる

〈刂部〉

剛 [同] ↓ 凧 カ えぐる

剈 [俗] ↓ 制 セイ

第4段（右→左）

剛 [本] ↓ 剛 ゴウ つよい

剴 [俗] ↓ 剛 ゴウ つよい

割 [俗] ↓ 割・割 カツ わる

咢 [同] ↓ 鍔 ガク つば

〈力部〉

卷 [同] ↓ 倦 ケン うむ

劵 [俗] ↓ 倦 ケン うむ

勘 [俗] ↓ 勘 カン かんがえる

動 [俗] ↓ 動 ドウ うごく

務 [俗] ↓ 務 ム つとめる

〈卜（卜）部〉

秊 [俗] ⇩ 年 ネン とし

區 [俗] ⇩ 区・區 ク さかい

堤 [同] ⇩ 匙 シ さじ

〈ヒ・匚・匸・十 部〉

雾 [俗] ⇩ 霧 ム きり

勧 [俗] ⇩ 勲・勳 クン いさお

勤 [俗] ⇩ 勤・勤 キン・ゴン つとめる

勤 [俗] ⇩ 勤・勤 キン・ゴン つとめる

勤 [俗] ⇩ 勤・勤 キン・ゴン つとめる

勤 [俗] ⇩ 勤・勤 キン・ゴン つとめる

虎 [古] ⇩ 克 コク かつ

〈卩（㔾）部〉

卿 [俗] ⇩ 卿 ケイ

卿 [俗] ⇩ 卿 ケイ

〈厂 部〉

厏 [古] ⇩ 段 ダン くぎり

厡 [本] ⇩ 原 ゲン はら

厊 [古] ⇩ 庶 ショ おおい

唇 [同] ⇩ 晨 シン あした・あさ

厭 [古] ⇩ 盗・盜 トウ ぬすむ

厠 [俗] ⇩ 廁 シ かわや

廂 [俗] ⇩ 廂 ショウ ひさし

屆 [本] ⇩ 厲 レイ・ライ といし

〈厶 部〉

畜 [俗] ⇩ 図・圖 ズ・ト はかる

叅 [同] ⇩ 参・參 サン まいる

叄 [俗] ⇩ 参・參 サン まいる

窐 [同] ⇩ 星 セイ・ショウ ほし

曇 [俗] ⇩ 雲 ウン くも

厽 [俗] ⇩ 儽 ソ あらい

〈又 部〉

叞 [本] ⇩ 尉 イ

叙 [本] ⇩ 敢 カン あえて

〈口 部〉

吥 [俗] ⇩ 号・號 ゴウ さけぶ

唅 [同] ⇩ 含 ガン ふくむ

哆 [古] ⇩ 吝 リン やぶさか

啚 [俗] ⇩ 図・圖 ズ・ト はかる

咯 [同] ⇩ 欧・歐 オウ はく

哲 [俗] ⇩ 哲 テツ あきらか

善 [古]⇒ 悟 さとる（ゴ）
咲 [俗]⇒ 笑 わらう（ショウ）
啞 [俗]⇒ 啞（ア）
啓 [同]⇒ 啓・啓 ひらく（ケイ）
啟 [俗]⇒ 啓・啓 ひらく（ケイ）
啓 [俗]⇒ 啓・啓 ひらく（ケイ）
唅 [同]⇒ 啖 くらう（タン）
捄 [俗]⇒ 救 すくう（キュウ）
喜 [俗]⇒ 喜 よろこぶ（キ）
善 [俗]⇒ 善 よい（ゼン）

喪 [俗]⇒ 喪 も（ソウ）
嗒 [同]⇒ 喋 しゃべる（チョウ）
嗜 [俗]⇒ 嗜 たしなむ（シ）
嘉 [俗]⇒ 嘉 よい（カ）
嗃 [同]⇒ 赫 あかい（カク）
唸 [同]⇒ 噴・噴 ふく（フン）
嘩 [同]⇒ 噴・噴 ふく（フン）
啁 [俗]⇒ 調・調 しらべる（チョウ）
獣 [俗]⇒ 獣・獣 けもの（ジュウ）
臨 [俗]⇒ 臨 のぞむ（リン）

周 [古]⇒ 讐 あだ（シュウ）
〔口部〕
圓 [同]⇒ 円・圓 まるい（エン）
圉 [俗]⇒ 月・月 つき（ゲツ・ガツ）
圄 [同]⇒ 圉 ひとや（ギョ・ゴ）
園 [同]⇒ 圊 ひとや（ギョ・ゴ）
園 [俗]⇒ 園 その（エン）
〔土部〕
臺 [俗]⇒ 台・臺 うてな（ダイ・タイ）
坶 [同]⇒ 坎 あな（カン）
塑 [同]⇒ 坤 ひつじさる（コン）

坤 [俗]⇒ 坤 ひつじさる（コン）
埡 [俗]⇒ 岸 きし（ガン）
埡 [俗]⇒ 泥 どろ（デイ）
埿 [俗]⇒ 泥 どろ（デイ）
型 [古]⇒ 型 かた（ケイ）
垔 [本]⇒ 重 おもい・かさねる（ジュウ・チョウ）
垼 [同]⇒ 域 くぎり（イキ）
塤 [俗]⇒ 塤 ク
埴 [同]⇒ 埴 はに（ショク）
埴 [同]⇒ 埴 はに（ショク）

培 [本]⇒培 バイ・つちかう
坿 [同]⇒埠 ホ・フ・はとば
堋 [同]⇒堋 ホウ
埽 [俗]⇒掃・掃 ソウ・はく
垼 [同]⇒淤 オ・どろ
墊 [古]⇒野 ヤ・の
塾 [俗]⇒陶 トウ・すえ
埞 [同]⇒堤 テイ・つつみ
堵 [俗]⇒堵 ト・かき
埦 [同]⇒椀 ワン

越 [俗]⇒越 エッ・こす・こえる
埶 [同]⇒勢 セイ・いきおい
勢 [俗]⇒勢 セイ・いきおい
㙙 [俗]⇒勢 セイ・いきおい
埦 [同]⇒碗 ワン

〈士 部〉

壺 [同]⇒壺 コ・つぼ
㒼 [俗]⇒殪 エイ・たおれる

〈夂・夊 部〉

㝩 [俗]⇒変・變 ヘン・かわる

夐 [同]⇒虔 ケン・つつしむ
灸 [古]⇒黄・黄 コウ・オウ・き

〈夕 部〉

殊 [古]⇒殊 シュ・こと
梦 [俗]⇒夢 ム・ゆめ

〈大 部〉

缺 [俗]⇒欠・缺 ケツ・かける
奄 [古]⇒奄 エン・たちまち
養 [同]⇒套 トウ
袞 [同]⇒衾 キン・ふすま

埶 [俗]⇒勢 セイ・いきおい
器 [俗]⇒器・器 キ・うつわ

〈女 部〉

娶 [同]⇒妃 ヒ・きさき
娛 [同]⇒妖 ヨウ・なまめく
妻 [俗]⇒妻 サイ・つま
威 [俗]⇒威 イ・おどす
娠 [俗]⇒娠 シン・はらむ
嫌 [俗]⇒娣 テイ・いもうと
娩 [俗]⇒娩 ベン・うむ

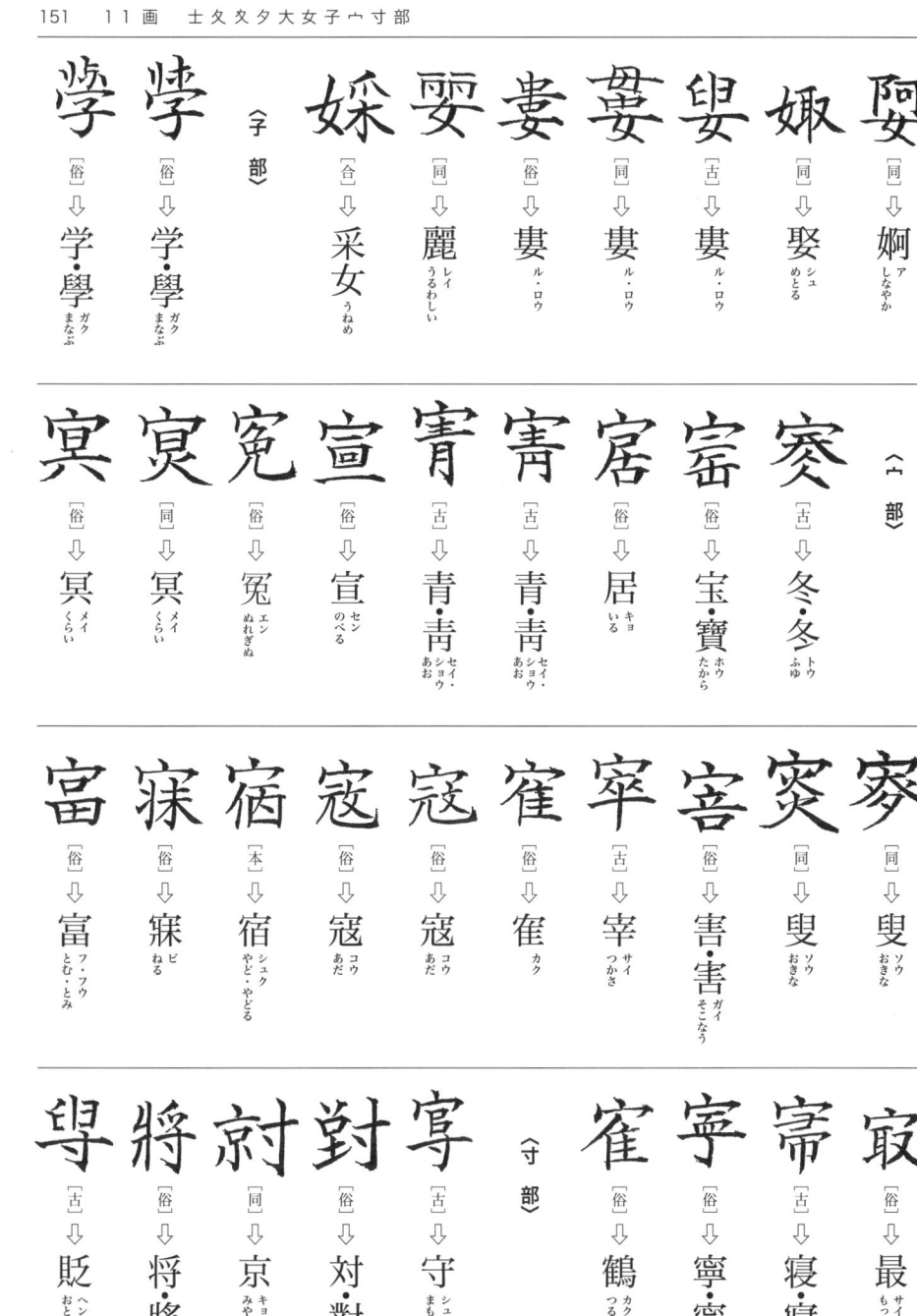

学
〔俗〕
⇒
学・學
ガク
まなぶ

斈
〔俗〕
⇒
学・學
ガク
まなぶ

〔子部〕

㛫
〔合〕
⇒
采女
うるわしい
レイ

娿
〔同〕
⇒
麗
うねめ

婁
〔俗〕
⇒
婁・ロウ
ル

婁
〔同〕
⇒
婁・ロウ
ル

娶
〔古〕
⇒
婁・ロウ
ル

娵
〔同〕
⇒
娶
めとる
シュ

婀
〔同〕
⇒
婀
しなやか
ア

冥
〔俗〕
⇒
冥
くらい
メイ

冥
〔同〕
⇒
冥
くらい
メイ

冤
〔俗〕
⇒
冤
ぬれぎぬ
エン

宣
〔俗〕
⇒
宣
のべる
セン

宵
〔古〕
⇒
青・青
あお
セイ・
ショウ

害
〔古〕
⇒
青・青
あお
セイ・
ショウ

宭
〔俗〕
⇒
居
いる
キョ

宝
〔古〕
⇒
宝・寶
たから
ホウ

裒
〔古〕
⇒
冬・冬
ふゆ
トウ

〔宀部〕

富
〔俗〕
⇒
富
とむ・とみ
フ・フウ

寐
〔俗〕
⇒
寐
ねる
ビ

宿
〔本〕
⇒
宿
やど・やどる
シュク

寇
〔俗〕
⇒
寇
あだ
コウ

寇
〔俗〕
⇒
寇
あだ
コウ

崔
〔俗〕
⇒
崔
カク

宰
〔古〕
⇒
宰
つかさ
サイ

害
〔俗〕
⇒
害・害
そこなう
ガイ

寠
〔同〕
⇒
叟
おきな
ソウ

麥
〔同〕
⇒
叟
おきな
ソウ

导
〔古〕
⇒
貶
おとしめる
ヘン

将
〔俗〕
⇒
将・將
ひきいる
ショウ

尉
〔同〕
⇒
京
みやこ
キョウ・ケイ

對
〔俗〕
⇒
対・對
こたえる
タイ・ツイ

寫
〔古〕
⇒
守
まもる・もり
シュ・ス

〔寸部〕

崔
〔俗〕
⇒
鶴
つる
カク

寧
〔古〕
⇒
寧・寧
やすい
ネイ

帬
〔俗〕
⇒
寝・寝
ねる
シン

寂
〔俗〕
⇒
最
もっとも
サイ

尋　尋
〔俗〕⇩ 尋・尋　ジン たずねる／ジン たずねる

〈小(⺍)部〉

峇〔古〕⇩ 省　セイ・ショウ かえりみる
省〔同〕⇩ 隙　ゲキ ひま・すき

〈ツ部〉

氣〔俗〕⇩ 気・氣　キ・ケ
戰〔俗〕⇩ 戦・戰　セン いくさ・たたかう

〈尸部〉

屍〔同〕⇩ 尼　ニ あま

   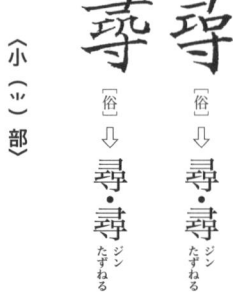

屄〔古〕⇩ 尿　ニョウ しと
屍〔同〕⇩ 尿　ニョウ しと
屓〔同〕⇩ 乳・乳　チ・ニュウ ちち
屈〔同〕⇩ 屈　クツ かがむ
屋〔本〕⇩ 屋　オク や
屎〔同〕⇩ 屎　シ くそ
屠〔俗〕⇩ 屠　ト ほふる
犀〔同〕⇩ 犀　サイ

〈屮(㞢)・山部〉

峇〔古〕⇩ 慎・愼　シン つつしむ

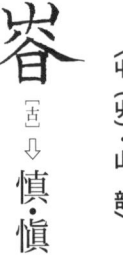 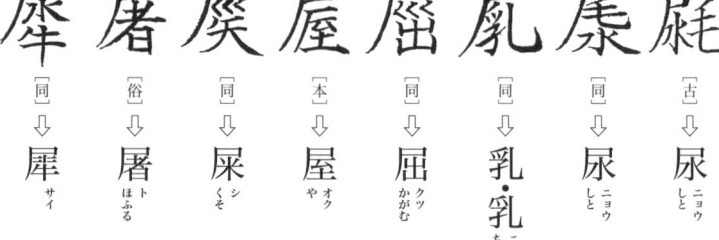

替〔古〕⇩ 岐　キ わかれる
埀〔俗〕⇩ 垂　スイ たれる
垂〔俗〕⇩ 垂　スイ たれる
崗〔同〕⇩ 岡　コウ おか
崗〔同〕⇩ 岡　コウ おか
峯〔俗〕⇩ 奏　ソウ かなでる
巻〔同〕⇩ 巷　コウ ちまた
嶋〔俗〕⇩ 島　トウ しま
焰〔同〕⇩ 陥・陷　カン おちいる
崋〔俗〕⇩ 堆　タイ うずたかい

崕〔同〕⇩ 崖　ガイ がけ
嵜〔同〕⇩ 崎　キ さき
崑〔同〕⇩ 崑　コン
崈〔俗〕⇩ 崇　スウ たかい
崇〔同〕⇩ 崇　スウ たかい
崇〔俗〕⇩ 崇　スウ たかい
峭〔同〕⇩ 崩・崩　ホウ くずれる
宻〔俗〕⇩ 密　ミツ ひそか
宓〔俗〕⇩ 密　ミツ ひそか
崘〔同〕⇩ 崙　ロン
惫〔古〕⇩ 情・情　ジョウ・セイ なさけ

崧 [同]⇒ 嵩 スウ たかい

嶢 [俗]⇒ 嶢 ギョウ

嶮 [俗]⇒ 嶮 ケン けわしい

《(川)・工・己(已・巳)部》

黿 [同]⇒ 竜・龍 リュウ たつ

叕 [古]⇒ 巫 フ みこ・かんなぎ

眞 [同]⇒ 祀 シ まつる

〈巾部〉

帽 [同]⇒ 冠 カン かんむり

帶 [同]⇒ 帯・帶 タイ おびる・おび

稀 [俗]⇒ 紙 シ かみ

帽 [俗]⇒ 帽・帽 ボウ

幗 [俗]⇒ 褌 コン ふんどし

常 [同]⇒ 裳 ショウ も

〈干・幺部〉

軒 [俗]⇒ 乾 カン かわく

幾 [俗]⇒ 幾 いく

〈广部〉

厰 [古]⇒ 或 ワク あるいは

厝 [俗]⇒ 斉・齊 セイ・サイ ひとしい

庸 [俗]⇒ 庸 ヨウ もちいる

庹 [俗]⇒ 庹 タ

庶 [俗]⇒ 庶 ショ おおい

庋 [同]⇒ 庶 ショ おおい

廢 [同]⇒ 庶 ショ おおい

座 [俗]⇒ 座 ザ すわる

座 [俗]⇒ 座 ザ すわる

原 [俗]⇒ 原 ゲン はら

廢 [俗]⇒ 度 ド・ト・タク たび

廃 [俗]⇒ 度 ド・ト・タク たび

弊 [古]⇒ 言 ゲン・ゴン いう・こと

〈廾・弋部〉

扄 [同]⇒ 牆 ショウ かき

庿 [古]⇒ 廩 リン くら

庿 [俗]⇒ 廟 ビョウ たまや

廈 [俗]⇒ 廈 ソウ かくす

庾 [俗]⇒ 庾 ユ くら

廃 [俗]⇒ 廃・廢 ハイ すたれる

鹿 [俗]⇒ 鹿 ロク しか

庵 [同]⇒ 菴 アン いおり

舜 [古] ⇒ 言 ゲン・ゴン いう・こと

掉 [俗] ⇒ 阜 フ おか

葬 [俗] ⇒ 葬 ソウ ほうむる

貳 [俗] ⇒ 弐・貳 ニ そえる

〈弓部〉

彌 [俗] ⇒ 弥・彌 ビ ひさしい

弬 [同] ⇒ 弭 ビ やめる

強 [俗] ⇒ 強・強 キョウ・ゴウ つよい

彌 [俗] ⇒ 彌 ホウ

弼 [俗] ⇒ 弼 ヒツ たすける

強 [俗] ⇒ 彊 キョウ つよい

〈彡部〉

彫 [同] ⇒ 琱 チョウ ほる

彭 [古] ⇒ 諸・諸 ショ もろもろ

〈彳部〉

衔 [同] ⇒ 正 セイ・ショウ ただしい

徠 [同] ⇒ 来・來 ライ くる

脩 [古] ⇒ 佾 イツ

徃 [本] ⇒ 往・往 オウ ゆく

徑 [俗] ⇒ 径・徑 ケイ こみち

役 [古] ⇒ 後 ゴ・コウ のち・うしろ

借 [俗] ⇒ 借 シャク かりる

修 [同] ⇒ 修 シュウ・シュ おさめる

從 [俗] ⇒ 従・從 ジュウ したがう

值 [同] ⇒ 陟 チョク のぼる

術 [俗] ⇒ 術・術 ジュツ すべ

徬 [本] ⇒ 傍 ボウ かたわら

御 [俗] ⇒ 御 ギョ・ゴ おん

御 [俗] ⇒ 御 ギョ・ゴ おん

御 [俗] ⇒ 御 ギョ・ゴ おん

循 [俗] ⇒ 循 ジュン したがう

循 [俗] ⇒ 循 ジュン したがう

〈忄部〉

恆 [古] ⇒ 恒・恆 コウ つね

惓 [同] ⇒ 倦 ケン うむ

惣 [俗] ⇒ 悩・惱 ノウ なやむ

惏 [同] ⇒ 婪 ラン むさぼる

悴 [同] ⇒ 躬 せがれ

悗 [同] ⇒ 悶 モン もだえる

悴 [同] ⇒ 瘁 スイ つかれる

慔
[俗]⇩
懼
ク
おそれる

惊
[俗]⇩
驚
キョウ
おどろく

〈扌部〉

控
[同]⇩
扣
コウ
ひかえる

把
[同]⇩
把
ハ
とる・つか

捻
[同]⇩
扮
フン
よそおう

掃
[同]⇩
帚
ソウ
ほうき

抵
[俗]⇩
抵
テイ
あたる

採
[同]⇩
采・采
サイ
とる

挫
[同]⇩
毟
むしる

捗
[俗]⇩
拵
ソン
こしらえる

挼
[同]⇩
毟
むしる

捬
[同]⇩
俵
ヒョウ
たわら

控
[俗]⇩
挫
ザ
くじく

振
[俗]⇩
振
シン
ふる

抄
[俗]⇩
抄
チョク
はかどる

挽
[俗]⇩
挽
バン
ひく

捞
[同]⇩
拳・拳
ケン
こぶし

搣
[俗]⇩
栽
サイ
うえる

捿
[俗]⇩
栖
セイ
すむ

描
[俗]⇩
描
ビョウ
えがく

援
[俗]⇩
援・援
エン
ひく

換
[俗]⇩
換
カン
かえる

揈
[俗]⇩
揈
ユウ

揃
[同]⇩
掣
セイ
ひく

捥
[同]⇩
腕
ワン
うで

捿
[同]⇩
棲
セイ
すむ

楠
[俗]⇩
摂・攝
セツ
とる

搔
[俗]⇩
掻
ソウ
かく

鵄
[俗]⇩
搗
トウ
つく・かてて

掴
[俗]⇩
摑
カク
つかむ

捴
[同]⇩
総・總
ソウ
すべる

捬
[同]⇩
撫
ブ
なでる

撿
[俗]⇩
撿
ケン
しらべる

捒
[俗]⇩
操
ソウ
みさお・あやつる

〈氵部〉

浃
[同]⇩
沃
ヨク
そそぐ

済
[同]⇩
奔・奔
ホン
はしる

滗
[俗]⇩
沱
タ・ダ

沱
[俗]⇩
沱
タ・ダ

涅	渁	渆	潄	浾	凄	渁	溙	淵	滷
〔俗〕	〔俗〕	〔同〕	〔同〕	〔同〕	〔俗〕	〔俗〕	〔俗〕	〔同〕	〔同〕
↓	↓	↓	↓	↓	↓	↓	↓	↓	↓
涅 デツ・ネ	涎 セン よだれ	涎 セン よだれ	涎 セン よだれ	浸・浸 シン ひたす	凄 セイ すさまじい	染 セン そめる・しみる	染 セン そめる・しみる	冽 レツ きよい	洒 サイ そそぐ

深	淽	濟	淫	淂	湮	酒	湑	滂	淚
〔俗〕	〔俗〕	〔古〕	〔俗〕	〔俗〕	〔同〕	〔俗〕	〔俗〕	〔俗〕	〔同〕
↓	↓	↓	↓	↓	↓	↓	↓	↓	↓
深 シン ふかい	渉・渉 ショウ わたる	済・濟 サイ すむ・すます	淫 イン みだら	得 トク える・うる	唾 ダ つば・つばき	酒 シュ さけ	酒 シュ さけ	涙・涙 ルイ なみだ	涙・涙 ルイ なみだ

淚	淁	渊	渕	渊	渊	潨	渆	淕	深
〔俗〕	〔俗〕	〔俗〕	〔俗〕	〔俗〕	〔俗〕	〔同〕	〔同〕	〔俗〕	〔俗〕
↓	↓	↓	↓	↓	↓	↓	↓	↓	↓
渠 キョ みぞ	渠 キョ みぞ	淵 エン ふち	淵 エン ふち	淵 エン ふち	淵 エン ふち	淵 エン ふち	淵 エン ふち	陸 リク・ロク おか	深 シン ふかい

漆	淶	混	淘	濟	淦	淦	渃	游	渫
〔俗〕	〔同〕	〔同〕	〔同〕	〔俗〕	〔俗〕	〔古〕	〔俗〕	〔俗〕	〔同〕
↓	↓	↓	↓	↓	↓	↓	↓	↓	↓
漆 シツ うるし	漆 シツ うるし	滾 コン たぎる	滂 ボウ	溝・溝 コウ みぞ	塗 ト ぬる	飲・飲 イン のむ	落 ラク おちる	游 ユウ およぐ	渫 セツ さらう

犭部

字		標準字体	音	訓
渗	[俗] ⇒	滲	シン	にじむ
漲	[俗] ⇒	漲	チョウ	みなぎる
淖	[本] ⇒	潮・潮	チョウ	しお
淫	[同] ⇒	霪	イン	ながあめ
㳺	[俗] ⇒	瀰	ビ	ひろい

〈犭部〉

字		標準字体	音	訓
猶	[同] ⇒	狗	コウ・ク	いぬ
猶	[俗] ⇒	狗	コウ・ク	いぬ
猜	[俗] ⇒	猜	サイ	そねむ
猨	[同] ⇒	猿	エン	さる

艸（艹）部

字		標準字体	音	訓
猿	[俗] ⇒	猿	エン	さる

〈艸（艹）部〉

字		標準字体	音	訓
㒼	[俗] ⇒	両・兩	リョウ	ふたつ
莊	[本] ⇒	庄	ショウ	むらざと
茢	[同] ⇒	芍	シャク	
荷	[俗] ⇒	何	カ	なに・なん
華	[同] ⇒	花・花	カ	はな
荳	[同] ⇒	豆	トウ・ズ	まめ
莓	[同] ⇒	苺	ボウ	いちご
莜	[俗] ⇒	茂	モ	しげる

字		標準字体	音	訓
釜	[俗] ⇒	金	キン・コン	かね・かな
發	[俗] ⇒	発・發	ハツ・ホツ	はなつ
華	[俗] ⇒	華・華	カ・ケ	はな・なし
草	[俗] ⇒	莫	ボ・バク	なかれ
莽	[俗] ⇒	莽	モウ	くさむら
菓	[俗] ⇒	菓	カ	くだもの
菜	[俗] ⇒	菜・菜	サイ	な
著	[俗] ⇒	著・著	チョ	あらわす
荓	[同] ⇒	萍	ヘイ	うきくさ
萌	[俗] ⇒	萌	ホウ	めぐむ・もえる

字		標準字体	音	訓
菱	[俗] ⇒	菱	リョウ	ひし
范	[俗] ⇒	范	ハ	やち
羌	[本] ⇒	羞	シュウ	すすめる・はじる
莟	[俗] ⇒	港・港	コウ	みなと
齒	[古] ⇒	滋・滋	ジ	しげる
葛	[俗] ⇒	葛	カツ	くず
蕾	[俗] ⇒	蕾	サイ	あれた
茵	[本] ⇒	葱	ソウ	ねぎ
蒽	[俗] ⇒	葱	ソウ	ねぎ
蕐	[俗] ⇒	棄	キ	すてる

幪 〔同〕⇒ 箒 ソウ ほうき

荻 〔俗〕⇒ 獲 カク える

蒅 〔俗〕⇒ 薬・藥 ヤク くすり

茱 〔俗〕⇒ 築・築 チク きずく

萊 〔俗〕⇒ 嚇 カク いかる

〈心(忄)部〉

嵩 〔同〕⇒ 狂 キョウ くるう

愚 〔同〕⇒ 勇・勇 ユウ いさむ

恳 〔古〕⇒ 姦 カン よこしま

悔 〔同〕⇒ 悔・悔 カイ くいる・くやむ

宛 〔俗〕⇒ 怨 エン・オン うらむ

悪 〔俗〕⇒ 怨 エン・オン うらむ

悉 〔俗〕⇒ 急・急 キュウ いそぐ

抵 〔同〕⇒ 哲 テツ あきらか

恭 〔俗〕⇒ 恭 キョウ うやうやしい

恐 〔俗〕⇒ 恐・恐 キョウ おそれる

愁 〔同〕⇒ 惕 テキ おそれる

惡 〔俗〕⇒ 悪・惡 アク・オ わるい

悶 〔古〕⇒ 悉 シツ つくす

悉 〔俗〕⇒ 悉 シツ つくす

慫 〔同〕⇒ 悠 ユウ はるか

悠 〔同〕⇒ 悠 ユウ はるか

慈 〔俗〕⇒ 慈・慈 ジ いつくしむ

慈 〔俗〕⇒ 慈・慈 ジ いつくしむ

慜 〔俗〕⇒ 愍 ビン あわれむ

憑 〔俗〕⇒ 徳・德 トク

恵 〔古〕⇒ 億 オク おしはかる

意 〔俗〕⇒ 懲・懲 チョウ こりる

嵩 〔俗〕⇒ 懸 ケン かける

懸

〈戈部〉

戡 〔同〕⇒ 勇・勇 ユウ いさむ

戦 〔俗〕⇒ 厭 エン あきる

〈戸(戸)部〉

睨 〔俗〕⇒ 院 イン かきね

庬 〔俗〕⇒ 扈 コ つきそう

扈 〔俗〕⇒ 扈 コ つきそう

〈支部〉

敕 〔俗〕⇒ 勅・敕 チョク いましめる

數 〔同〕⇒ 教・教 キョウ おしえる

〈支(攵)部〉

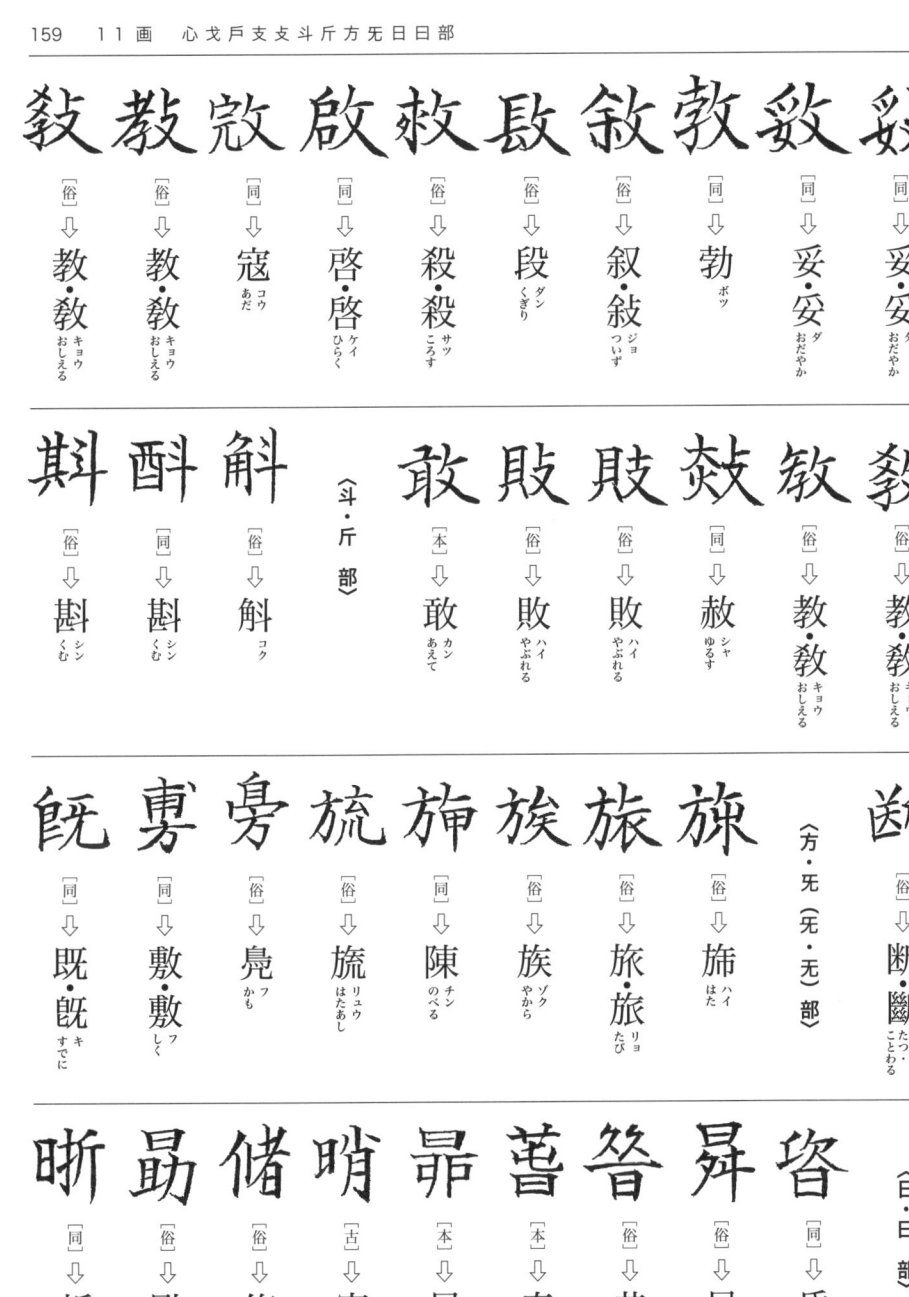

敆　〔俗〕⇩　教・敎　キョウ　おしえる
教　〔俗〕⇩　教・敎　キョウ　おしえる
宼　〔同〕⇩　寇　コウ　あだ
啟　〔同〕⇩　啓・啓　ケイ　ひらく
救　〔俗〕⇩　殺・殺　サツ　ころす
敃　〔俗〕⇩　段　ダン　くぎり
敘　〔俗〕⇩　叙・敍　ジョ　ついず
敦　〔同〕⇩　勃　ボツ
敫　〔同〕⇩　妥・安　ダ　おだやか
敍　〔同〕⇩　妥・安　ダン　おだやか

斞　〔俗〕⇩　斟　シン　くむ
酙　〔同〕⇩　斟　シン　くむ
斠　〔俗〕⇩　斛　コク

〈斗・斤部〉

敢　〔本〕⇩　敢　カン　あえて
敗　〔俗〕⇩　敗　ハイ　やぶれる
敗　〔俗〕⇩　敗　ハイ　やぶれる
尌　〔同〕⇩　赦　シャ　ゆるす
敎　〔俗〕⇩　教・敎　キョウ　おしえる
教　〔俗〕⇩　教・敎　キョウ　おしえる

旣　〔同〕⇩　既・旣　キ　すでに
敷　〔同〕⇩　敷・敷　フ　しく
髦　〔俗〕⇩　髦　かも
旒　〔俗〕⇩　旒　リュウ　はたあし
㫃　〔同〕⇩　陳　チン　のべる
族　〔俗〕⇩　族　ゾク　やから
旅　〔俗〕⇩　旅・旅　リョ　たび
旂　〔俗〕⇩　施　ハタ　はた

〈方・旡(旡)部〉

断　〔俗〕⇩　断・斷　ダン　たつ・ことわる

晰　〔同〕⇩　晢　セツ　あきらか
勗　〔俗〕⇩　勗　キョク　つとめる
儲　〔俗〕⇩　修　シュウ・シュ　おさめる
哨　〔古〕⇩　宵・宵　ショウ　よい
昴　〔本〕⇩　昴　ボウ　すばる
萅　〔本〕⇩　春　シュン　はる
昝　〔俗〕⇩　昔　セキ　むかし
昇　〔俗〕⇩　昇　ショウ　のぼる
昏　〔同〕⇩　昏　コン　くれ

〈日・曰部〉

〈月(月)部〉

曇 [俗] ⇩ 曇 ドン くもる	鼐 [同] ⇩ 鼎 テイ かなえ	晧 [同] ⇩ 皓・皓 コウ しろい	畳 [同] ⇩ 畳・疊 ジョウ たたむ・たたみ	勉 [同] ⇩ 晩・晩 バン くれ	曽 [俗] ⇩ 曾 ソウ すなわち	曾 [俗] ⇩ 曾 ソウ すなわち	卷 [俗] ⇩ 春 ショウ うすづく	曼 [本] ⇩ 曼 マン

脆 [俗] ⇩ 脆 ゼイ もろい	脂 [俗] ⇩ 脂 シ あぶら	胎 [俗] ⇩ 脂 シ あぶら	胎 [同] ⇩ 浩・浩 コウ ひろい	屑 [俗] ⇩ 唇 シン くちびる	屑 [俗] ⇩ 唇 シン くちびる	胅 [同] ⇩ 炙 シャ あぶる	㬎 [古] ⇩ 明 メイ あかるい	脈 [同] ⇩ 尿 ニョウ しと	脗 [俗] ⇩ 吻 フン くちびる

脾 [俗] ⇩ 脾 ヒ	尋 [同] ⇩ 尋・尋 ジン たずねる	腦 [俗] ⇩ 脳・脳 ノウ	胸 [同] ⇩ 脳・脳 ノウ	胭 [俗] ⇩ 腮 ジン	骨 [俗] ⇩ 骨 コツ ほね	腺 [古] ⇩ 朗・朗 ロウ ほがらか	骸 [俗] ⇩ 能 ノウ よく・あたう	骻 [俗] ⇩ 能 ノウ よく・あたう	骹 [俗] ⇩ 能 ノウ よく・あたう

桿 [俗] ⇩ 杆 カン てこ	楎 [同] ⇩ 匣 コウ はこ	栬 [同] ⇩ 杭 ハツ えぶり	奈 [古] ⇩ 七 シチ なな・ななつ	〈木部〉	脛 [同] ⇩ 髀 ヒ もも	胅 [同] ⇩ 磐 バン いわ	胳 [同] ⇩ 頰 キョウ ほお	膏 [同] ⇩ 膏 コウ あぶら	胏 [同] ⇩ 痣 シ あざ

桧 〔俗〕⇩ 格 カク・コウ／いたる

栁 〔本〕⇩ 柳 リュウ／やなぎ

桝 〔俗〕⇩ 枡 ます

梧 〔本〕⇩ 杯 ハイ／さかずき

梭 〔同〕⇩ 杼 チョ／ひ

椪 〔本〕⇩ 枉 オウ／まがる

楦 〔同〕⇩ 豆 トウ・ズ／まめ

槓 〔俗〕⇩ 皁 ソウ／どんぐり

桲 〔同〕⇩ 李 リ／すもも

桀 〔同〕⇩ 条・條 ジョウ／えだ・すじ

梅 〔同〕⇩ 梅 セン

椛 〔同〕⇩ 椛 セイ／もみじ

栽 〔本〕⇩ 栽 サイ／うえる

根 〔俗〕⇩ 根 コン／ね

根 〔俗〕⇩ 根 コン／ね

根 〔本〕⇩ 根 コン／ね

粜 〔俗〕⇩ 桀 ケツ／はりつけ

桀 〔俗〕⇩ 桀 ケツ／はりつけ

桓 〔本〕⇩ 桓 カン

梜 〔俗〕⇩ 核 カク／さね

検 〔俗〕⇩ 検・檢 ケン／しらべる

極 〔俗〕⇩ 樫 ア

椬 〔俗〕⇩ 揺・搖 ヨウ／ゆれる

椥 〔俗〕⇩ 提 テイ／さげる

梨 〔俗〕⇩ 梨 リ／なし

梸 〔同〕⇩ 梨 リ／なし

桌 〔俗〕⇩ 栗 リツ／くり

槑 〔同〕⇩ 梅・梅 バイ／うめ

槑 〔同〕⇩ 梅・梅 バイ／うめ

梌 〔俗〕⇩ 桃 トウ／もも

梹 〔俗〕⇩ 檳 ビン

梼 〔俗〕⇩ 檮 トウ

梧 〔古〕⇩ 檜 カイ／ひのき

樫 〔俗〕⇩ 樫 かし

栖 〔同〕⇩ 楢 ユウ

桼 〔同〕⇩ 漆 シツ／うるし

椰 〔同〕⇩ 椰 ヤ／やし

裕 〔俗〕⇩ 裕 ユウ／ゆたか

椬 〔俗〕⇩ 短 タン／みじかい

椒 〔俗〕⇩ 椒 ショウ／はじかみ

〈欠部〉

梺 [俗]⇒麓 ロク ふもと

㱿 [合]⇒我等 われら

〈止部〉

歀 [俗]⇒欲 ヨク ほっする・ほしい

歀 [同]⇒款 カン

歀 [俗]⇒款 カン

歨 [本]⇒渉・渉 ショウ わたる

岐 [古]⇒族 ゾク やから

戏 [古]⇒歳・歳 サイ・セイ とし

〈歹部〉

殁 [本]⇒歿 ボツ しぬ

残 [俗]⇒残・殘 ザン のこる

残 [俗]⇒残・殘 ザン のこる

残 [俗]⇒残・殘 ザン のこる

終 [俗]⇒終・終 シュウ おわる

郷 [俗]⇒郷・郷 キョウ・ゴウ さと

卿 [俗]⇒卿 ケイ

殖 [俗]⇒殖 ショク ふえる

〈歺部〉

殺 [同]⇒殺・殺 サツ ころす

殺 [同]⇒殺・殺 サツ ころす

殻 [古]⇒敢 カン あえて

毅 [同]⇒毅 つよい

〈毋・比部〉

毒 [俗]⇒毒 ドク

毚 [同]⇒次・次 ジ・シ つぐ・つぎ

〈毛部〉

耗 [同]⇒毬 キュウ まり

毨 [同]⇒睫 ショウ まつげ

〈氏・気部〉

毟 [同]⇒裟 サ

罠 [本]⇒罠 ビン あみ・わな

敯 [同]⇒婚 コン えんぐみ

氣 [俗]⇒気・氣 キ・ケ

〈水(氺)部〉

棄 [同]⇒海・海 カイ うみ

氼 [同]⇒浴 ヨク あびる

㳟 [俗]⇒恭 キョウ うやうやしい

㤗 [同]⇒泰 タイ やすらか

火部

字	種別	正字・読み
酋	[同]	⇒ 酒　シュ／さけ
夎	[古]	⇒ 万・萬　マン・バン／よろず
勞	[俗]	⇒ 労・勞　ロウ／つかれる
裁	[古]	⇒ 災　サイ／わざわい
坣	[古]	⇒ 赤　セキ・シャク／あか・あかい
炯	[俗]	⇒ 炯　ケイ／ひかり
烾	[同]	⇒ 烽　ホウ／のろし
㷖	[同]	⇒ 票　ヒョウ
臾	[俗]	⇒ 魚　ギョ／うお・さかな

灬部

字	種別	正字・読み
焰	[俗]	⇒ 焔　エン／ほのお
熒	[同]	⇒ 熒　ケイ／ひとり
烞	[俗]	⇒ 赫　カク／あかい
烺	[古]	⇒ 衝　ショウ／つく
㷉	[古]	⇒ 熙　キ／かわく・ひかる
焌	[同]	⇒ 燎　リョウ／かがりび
㷂	[俗]	⇒ 嚇　カク／いかる
烋	[同]	⇒ 亟　キョク／すみやか
䔖	[同]	⇒ 烽　ホウ／のろし

爪（爫・罒）部

字	種別	正字・読み
焉	[俗]	⇒ 焉　エン／いずくんぞ
然	[俗]	⇒ 然　ゼン・ネン／しかり
然	[俗]	⇒ 然　ゼン・ネン／しかり
焄	[俗]	⇒ 熏　クン／いぶす
焄	[同]	⇒ 薫・薫　クン／かおる

父部

字	種別	正字・読み
㸚	[古]	⇒ 礼・禮　レイ・ライ
爱	[俗]	⇒ 愛　アイ／めでる
夅	[古]	⇒ 万・萬　マン・バン／よろず

爿（丬）部

字	種別	正字・読み
爺	[同]	⇒ 爺　ヤ／ちち
族	[古]	⇒ 疾　シツ／やまい
族	[俗]	⇒ 疾　シツ／やまい
㳠	[同]	⇒ 檣　ショウ／ほばしら

片部

字	種別	正字・読み
牖	[同]	⇒ 向　コウ／むく
胤	[同]	⇒ 胤　イン／たね
牁	[同]	⇒ 新　シン／あたらしい
牕	[俗]	⇒ 牘　トク／ふだ

〈牛（牜）部〉

- 烷〔俗〕⇩ 牘 トク／ふだ
- 悚〔俗〕⇩ 束 ソク／たば
- 悟〔同〕⇩ 牾 ゴ
- 牽〔俗〕⇩ 牽 ケン／ひく
- 牽〔俗〕⇩ 牽 ケン／ひく
- 犁〔同〕⇩ 犂 レイ／すき
- 捔〔同〕⇩ 触・觸 ショク／ふれる・さわる
- 觕〔同〕⇩ 触・觸 ショク／ふれる・さわる
- 觕〔俗〕⇩ 触・觸 ショク／ふれる・さわる

〈犬・玉（王）部〉

- 犆〔俗〕⇩ 犢 トク／こうし
- 獃〔同〕⇩ 狂 キョウ／くるう
- 珤〔俗〕⇩ 宝・寶 ホウ／たから
- 珎〔俗〕⇩ 珍 チン／めずらしい
- 望〔俗〕⇩ 望・望 ボウ・モウ／のぞむ
- 望〔俗〕⇩ 望・望 ボウ・モウ／のぞむ
- 望〔俗〕⇩ 望・望 ボウ・モウ／のぞむ
- 琢〔俗〕⇩ 琢・琢 タク／みがく
- 琇〔同〕⇩ 陵 リョウ／みささぎ

〈甘・用部〉

- 珲〔俗〕⇩ 碑 シャ
- 琑〔俗〕⇩ 瑣 サ
- 琉〔同〕⇩ 瑠 ル
- 璇〔同〕⇩ 璇 セン
- 甜〔同〕⇩ 甜 テン／あまい
- 甫〔俗〕⇩ 庸 ヨウ／もちいる
- 葡〔古〕⇩ 備 ビ／そなえる

〈田部〉

- 當〔俗〕⇩ 当・當 トウ／あたる・あてる

- 畚〔同〕⇩ 畚 ホン／ふご・もっこ
- 畚〔俗〕⇩ 畚 ホン／ふご・もっこ
- 畱〔俗〕⇩ 留 リュウ・ル／とめる・とまる
- 畱〔俗〕⇩ 留 リュウ・ル／とめる・とまる
- 畱〔俗〕⇩ 留 リュウ・ル／とめる・とまる
- 衺〔俗〕⇩ 衰 スイ／おとろえる
- 異〔俗〕⇩ 異・異 イ／こと
- 畧〔同〕⇩ 略 リャク／おかす
- 魚〔俗〕⇩ 魚 ギョ／うお・さかな
- 番〔俗〕⇩ 番 バン／つがい

〔牛犬玉甘用田部〕

- 截〔俗〕↓ 載（のせる・のる）サイ
- 裒〔同〕↓ 魅（みいる）ミ

〈疒部〉

- 疾〔古〕↓ 疾（やまい）シツ
- 痕〔同〕↓ 装・裝（よそおう）ソウ・ショウ
- 瘵〔同〕↓ 瘠（やせる）セキ
- 疫〔同〕↓ 瘦（やせる）ソウ

〈白部〉

- 皐〔同〕↓ 岡（おか）コウ
- 臯〔同〕↓ 兜（かぶと）トウ

- 盍〔俗〕↓ 盔（かぶと）カイ
- 益〔俗〕↓ 益・益（ます）エキ・ヤク
- 盉〔同〕↓ 孟（かしら）モウ
- 盡〔俗〕↓ 尽・盡（つくす）ジン

〈皿部〉

- 皵〔俗〕↓ 皺（しわ）シュウ
- 皸〔同〕↓ 皺（しわ）シュウ

〈皮部〉

- 習〔俗〕↓ 習・習（ならう）シュウ
- 皐〔俗〕↓ 皐（きわ）コウ

- 眦〔同〕↓ 眥（まなじり）シ
- 眠〔俗〕↓ 眼（まなこ）ガン
- 配〔俗〕↓ 配（くばる）ハイ
- 眞〔俗〕↓ 真・眞（ま）シン
- 智〔古〕↓ 眉（まゆ）ビ
- 眚〔古〕↓ 姓（かばね）セイ・ショウ

〈目部〉

- 盍〔俗〕↓ 蓋（おおう・ふた）ガイ
- 塩〔俗〕↓ 塩・鹽（しお）エン
- 盌〔俗〕↓ 椀（ワン）

- 猍〔俗〕↓ 族（やから）ゾク
- 狢〔古〕↓ 族（やから）ゾク
- 疾〔古〕↓ 疾（やまい）シツ
- 矨〔古〕↓ 知（しる）チ
- 矜〔俗〕↓ 務（つとめる）ム

〈矛・矢部〉

- 鼎〔俗〕↓ 鼎（かなえ）テイ
- 睦〔俗〕↓ 睦（むつむ）ボク
- 酢〔俗〕↓ 酢（す）サク
- 睭〔同〕↓ 睇（テイ）

〈石部〉

- 碎 [俗] ⇩ 砕・砕 サイ くだく
- 磙 [同] ⇩ 瑙 ノウ
- 硪 [俗] ⇩ 硴 セン
- 碊 [俗] ⇩ 碑・碑 ヒ いしぶみ
- 碑 [俗] ⇩ 碡 トウ はたと
- 硲 [俗] ⇩ 碍
- 硋 [同] ⇩ 礙 ガイ さまたげる

〈示(ネ)部〉

- 袿 [俗] ⇩ 社・社 シャ やしろ
- 紫 [同] ⇩ 柴 サイ しば

- 祗 [同] ⇩ 祇 シ つつしむ
- 祟 [俗] ⇩ 祟 スイ たたる
- 奏 [俗] ⇩ 秦 シン はた
- 祖 [俗] ⇩ 旋 セン めぐる
- 祭 [俗] ⇩ 祭 サイ まつる・まつり
- 奈 [俗] ⇩ 奈 ケン
- 裎 [俗] ⇩ 程・程 テイ ほど
- 補 [俗] ⇩ 補 ホ おぎなう
- 票 [俗] ⇩ 粟 ゾク あわ
-  禍 [俗] ⇩ 禍・禍 カ わざわい

〈内(冂)・禾部〉

- 祷 [俗] ⇩ 禱 トウ いのる
- 离 [俗] ⇩ 離 リ はなれる
- 秖 [俗] ⇩ 耕・耕 コウ たがやす
- 稈 [俗] ⇩ 悸 キ おそれる
- 株 [俗] ⇩ 誅 シュ
- 税 [俗] ⇩ 税・税 ゼイ みつぎ
- 稜 [同] ⇩ 稚 チ おさない

〈穴部〉

- 窗 [同] ⇩ 向 コウ むく

- 穿 [同] ⇩ 汚 オ けがす・きたない
- 宰 [俗] ⇩ 牢 ロウ おり・ひとや
- 窐 [古] ⇩ 松 ショウ まつ
- 突 [俗] ⇩ 突・突 トツ つく
- 窅 [俗] ⇩ 垣 エン かき
- 宥 [俗] ⇩ 宥 ユウ ゆるす・なだめる
- 窀 [俗] ⇩ 穿 セン うがつ
- 窆 [俗] ⇩ 奚 ケイ なに・いずれ
- 窟 [俗] ⇩ 宦 カン
- 窋 [俗] ⇩ 窘 キン たしなめる

蜜〔同〕⇒蜜　ミツ

窑〔俗〕⇒窯　ヨウ　かま

〈立部〉

查〔同〕⇒在　ザイ　ある

詩〔同〕⇒待　タイ　まつ

唅〔同〕⇒吩　デシリットル

崎〔俗〕⇒崎　さき

章〔俗〕⇒章　ショウ　あや・あきらか

〈皿部〉

罗〔俗〕⇒曼　マン

眾〔本〕⇒衆　シュウ・シュ　おおい

罣〔同〕⇒罫　ケイ

罥〔俗〕⇒置　チ　おく

置〔俗〕⇒置　チ　おく

〈ネ部〉

衽〔同〕⇒衽　ジン　えり・おくみ

袴〔俗〕⇒袴　コ　はかま

衵〔同〕⇒裂　レツ　さく・さける

衶〔同〕⇒禍・禍　カ　わざわい

裪〔俗〕⇒襠　トウ　したばかま

〈竹部〉

箙〔俗〕⇒冊　サツ　ふみ

笈〔古〕⇒皮　ヒ　かわ

笶〔同〕⇒矢　シ　や

笋〔俗〕⇒筐　キョウ　かご・かたみ

笹〔同〕⇒筇　キョウ　つえ

筇〔俗〕⇒筍　ジュン　たけのこ

筴〔俗〕⇒箋　セン　はりふだ

笵〔同〕⇒範　ハン　のり

〈米部〉

料〔俗〕⇒料　リョウ　はかる

粛〔俗〕⇒粛・肅　シュク　つつしむ

粲〔俗〕⇒粲　サン

粘〔同〕⇒糊　コ　のり

籵〔俗〕⇒糊　コ　のり

粜〔俗〕⇒糶　チョウ　うりよね

粗〔同〕⇒麤　ソ　あらい

〈糸部〉

絈〔同〕⇒帕　バツ　はちまき

〔糸部〕

大字	区分	標準字	読み
絃	〔同〕	⇩ 弦	ゲン・つる
絽	〔同〕	⇩ 紀	キ・おさめる
絮	〔本〕	⇩ 索	サク・なわ
索	〔俗〕	⇩ 索	サク・なわ
紙	〔俗〕	⇩ 紙	シ・かみ
細	〔俗〕	⇩ 紐	チュウ・ひも
絟	〔同〕	⇩ 紹	ショウ
絁	〔同〕	⇩ 陶	トウ・すえ
紫	〔俗〕	⇩ 紫	シ・むらさき
組	〔同〕	⇩ 綻	タン・ほころびる

大字	区分	標準字	読み
綑	〔同〕	⇩ 網・網	モウ・あみ
細	〔俗〕	⇩ 綸	リン・いと
紺	〔同〕	⇩ 縛・縛	バク・しばる
紘	〔俗〕	⇩ 纊	コウ・わた

〔缶部〕

大字	区分	標準字	読み
缼	〔本〕	⇩ 欠・缺	ケツ・かける・かく
瓵	〔同〕	⇩ 缶・罐	カン
缻	〔古〕	⇩ 越	エツ・こす・こえる
鉢	〔俗〕	⇩ 鉢	ハチ・ハツ

〔羊（主・羊）部〕

〔羽（羽・丑）部〕

大字	区分	標準字	読み
翈	〔俗〕	⇩ 披	ヒ・ひらく
翍	〔同〕	⇩ 咫	シ・た
翌	〔俗〕	⇩ 翌・翊	ヨク・あくる

〔老（耂）部〕

大字	区分	標準字	読み
耆	〔同〕	⇩ 耇	コウ
耆	〔俗〕	⇩ 耆	キ・シ
耆	〔俗〕	⇩ 耆	キ・シ

大字	区分	標準字	読み
韋	〔俗〕	⇩ 辜	コ・つみ
舛	〔同〕	⇩ 痒	ヨウ・かゆい

〔耳部〕

大字	区分	標準字	読み
耽	〔俗〕	⇩ 耽	タン・ふける

〔耒部〕

大字	区分	標準字	読み
耜	〔俗〕	⇩ 耜	シ・すき
耛	〔同〕	⇩ 耜	シ・すき
耡	〔同〕	⇩ 枷	カ・かせ

〔而部〕

大字	区分	標準字	読み
煽	〔同〕	⇩ 懦	ダ・よわい
需	〔俗〕	⇩ 需	ジュ・もとめる
耄	〔俗〕	⇩ 耄	ボウ・モウ・ほうける

〈自部〉

畠　[古]　⇨　皇　きみ　コウ・オウ

〈聿部〉

肅　[俗]　⇨　粛・肅　つつしむ　シュク

畫　[俗]　⇨　昼・晝　ひる　チュウ

聃　[同]　⇨　聴・聰　きく　チョウ

駐　[古]　⇨　聴・聰　きく　チョウ

最　[俗]　⇨　最　もっとも　サイ

耷　[同]　⇨　婿・壻　むこ　セイ

聊　[俗]　⇨　聃　タン

〈舌部〉

舚　[同]　⇨　舐　なめる　シ

〈白(臼)部〉

鼡　[俗]　⇨　鼠　ねずみ　ソ

骨　[同]　⇨　鼠　ねずみ　ソ

與　[古]　⇨　坤　ひつじさる　コン

〈至部〉

奎　[古]　⇨　握　にぎる　アク

臺　[俗]　⇨　台・臺　うてな　ダイ・タイ

眞　[俗]　⇨　真・眞　ま　シン

〈虍部〉

虎　[同]　⇨　虐・虐　しいたげる　ギャク

虜　[俗]　⇨　処・處　おる　ショ

虖　[同]　⇨　乎　か・や・かな　コ

〈舟部〉

船　[俗]　⇨　般　めぐる　ハン

舵　[同]　⇨　舵　かじ　ダ

舶　[俗]　⇨　舶　ハク

舶　[俗]　⇨　舶　ハク

舐　[俗]　⇨　舐　なめる　シ

〈虫部〉

蛓　[同]　⇨　北　きた　ホク

蚎　[俗]　⇨　虹　にじ　コウ

蚜　[俗]　⇨　蚜　カ

蚤　[俗]　⇨　蚤　のみ　ソウ

蚤　[俗]　⇨　蚤　のみ　ソウ

螢　[俗]　⇨　蛍・螢　ほたる　ケイ

蛇　[俗]　⇨　蛇　へび　ジャ・ダ

虚　[同]　⇨　虚・虚　むなしい　キョ・コ

虐　[同]　⇨　虐・虐　しいたげる　ギャク

蛎 [俗] ⇒ 蠣 レイ かき

〈血部〉

衃 [同] ⇒ 脈・脉 ミャク

衆 [俗] ⇒ 衆 シュウ・シュ おおい

〈衣部〉

褻 [同] ⇒ 帙 チツ ふまき

袞 [同] ⇒ 育 イク そだつ・そだてる

裏 [同] ⇒ 袖 シュウ そで

袞 [俗] ⇒ 袞 コン

裔 [同] ⇒ 裔 エイ すそ

裔 [俗] ⇒ 裔 エイ すそ

〈両(襾)部〉

兀 [俗] ⇒ 乾 カン かわく

票 [俗] ⇒ 票 ヒョウ

栗 [古] ⇒ 粟 ゾク あわ

〈臣部〉

呈 [古] ⇒ 望・望 ボウ・モウ のぞむ

疧 [古] ⇒ 蔵・藏 ゾウ くら

〈見部〉

覓 [俗] ⇒ 覓 ベキ もとめる

覞 [同] ⇒ 覚・覺 カク おぼえる

皃 [俗] ⇒ 覚・覺 カク おぼえる

〈角部〉

舡 [同] ⇒ 觝 テイ ふれる

解 [俗] ⇒ 解 カイ・ゲ とく・とかす

觧 [俗] ⇒ 解 カイ・ゲ とく・とかす

觸 [同] ⇒ 触・觸 ショク ふれる・さわる

〈言部〉

訡 [同] ⇒ 吟 ギン うめく

訥 [俗] ⇒ 吶 トツ どもる

訨 [同] ⇒ 伹 ジク はじる

訫 [古] ⇒ 信 シン まこと

訰 [同] ⇒ 矧 シン

訖 [本] ⇒ 訖 キツ おわる

訐 [俗] ⇒ 訊 ジン とう・たずねる

訑 [同] ⇒ 訛 カ なまる

訴 [俗] ⇒ 訴 ソ うったえる

訽 [俗] ⇒ 詩 シ からうた

詧 [俗] ⇒ 誉・譽 ヨ ほまれ

註 [同] ⇒ 誑 キョウ たぶらかす

短斛〈豆部〉訧謳講詟詧敔託
[本]⇒短 みじかい
[俗]⇒斗 とます
[古]⇒識 しる
[俗]⇒謳 うたう
[俗]⇒講・講 コウ
[俗]⇒謡・謠 ヨウ うたう
[同]⇒謡・謠 ヨウ うたい
[同]⇒謡・謠 ヨウ うたい
[同]⇒諄 ジュン くどい

賍耽貫〈貝部〉豼豿豘豢〈豕・豸部〉豎
[同]⇒財 ザイ・サイ たから
[同]⇒耽 タン ふける
[同]⇒毌 カン つらぬく
[同]⇒貘 ヒ
[同]⇒熊 ユウ くま
[同]⇒豚 トン ぶた
[俗]⇒券・劵 ケン
[俗]⇒豎 ジュ たつ

賢賣賎貧黄𧷎貪責眛賊
[俗]⇒賢 ケン かしこい
[俗]⇒質 シツ・シチ たち
[俗]⇒賊・賊 ゾク そこなう
[俗]⇒貿 ボウ かえる
[同]⇒貰 セイ もらう
[同]⇒貶 ヘン おとしめる
[俗]⇒貧 ヒン・ビン まずしい
[俗]⇒責 セキ せめる
[同]⇒財 ザイ・サイ たから
[同]⇒財 ザイ・サイ たから

趾〈足(𧾷)部〉趖趕趏赳起〈走部〉具購
[同]⇒址 シ あと
[同]⇒鮮 セン あざやか
[同]⇒趣 シュ おもむき
[同]⇒遅・遲 チ おくれる
[俗]⇒赳・赳 キュウ
[同]⇒迄 キツ いたる・まで
[俗]⇒贔 ヒ
[俗]⇒購・購 コウ あがなう

変体字	区分	正字	音訓
跂	〔同〕	⇩ 歧	キ
踪	〔本〕	⇩ 踪	シュウ・ソウ／あと
跨	〔同〕	⇩ 躓	チン
跃	〔俗〕	⇩ 躍・躍	ヤク／おどる
〈身部〉			
戕	〔同〕	⇩ 我	ガ／われ・わ
躭	〔俗〕	⇩ 肢	シ／てあし
躶	〔俗〕	⇩ 服・服	フク／きもの
躴	〔同〕	⇩ 炉・爐	ロ／いろり
躳	〔同〕	⇩ 胆・膽	タン／きも
舲	〔俗〕	⇩ 倅	サイ・ソツ／せがれ
軙	〔同〕	⇩ 射	シャ／いる
軚	〔俗〕	⇩ 耽	タン／ふける
舤	〔俗〕	⇩ 耽	タン／ふける
舣	〔俗〕	⇩ 耽	タン／ふける
賀	〔俗〕	⇩ 賀	ガ／いわう
貿	〔俗〕	⇩ 貿	ボウ／かえる
躬	〔俗〕	⇩ 聘	ヘイ
軀	〔俗〕	⇩ 軀	ク／からだ
〈車部〉			
軏	〔古〕	⇩ 陳	チン／のべる
軑	〔古〕	⇩ 陳	チン／のべる
軝	〔同〕	⇩ 較	カク／くらべる
較	〔俗〕	⇩ 嫩	ドン／わかい
軟	〔俗〕	⇩ 轟	ゴウ／とどろき
裹	〔俗〕	⇩ 轟	ゴウ／とどろき
斬	〔俗〕	⇩ 轤	ロ
斳	〔俗〕	⇩ 轤	ロ
〈辵（辶・⻌）部〉			
逜	〔同〕	⇩ 辺・邊	ヘン／あたり・べ
边	〔俗〕	⇩ 辺・邊	ヘン／あたり・べ
遏	〔俗〕	⇩ 辺・邊	ヘン／あたり・べ
逞	〔同〕	⇩ 往・往	オウ／ゆく
逕	〔同〕	⇩ 径・徑	ケイ／こみち
返	〔古〕	⇩ 退・退	タイ／しりぞく
退	〔俗〕	⇩ 退・退	タイ／しりぞく
逃	〔俗〕	⇩ 逃・逃	トウ／にげる
遊	〔俗〕	⇩ 庭	テイ／にわ
迻	〔同〕	⇩ 従・從	ジョウ／したがう
逢	〔俗〕	⇩ 逢	ホウ

〔辵部〕

- 逋 〔同〕⇩ 通・通 ツウ とおる
- 逓 〔同〕⇩ 逓・遞 テイ かわる
- 逮 〔俗〕⇩ 逮・逮 タイ およぶ
- 逹 〔俗〕⇩ 達・達 タツ とおる
- 遊 〔古〕⇩ 遊・遊 ユウ・ユ あそぶ
- 遙 〔同〕⇩ 遥・遙 ヨウ はるか
- 逎 〔同〕⇩ 逎 シュウ
- 遁 〔俗〕⇩ 遁 トン のがれる
- 違 〔俗〕⇩ 違・違 イ ちがう
- 遣 〔俗〕⇩ 遣・遣 ケン つかわす

〔邑(阝)部〕

- 遒 〔同〕⇩ 貌 ボウ かたち・かお
- 遒 〔俗〕⇩ 遣・遣 ケン つかわす
- 岐 〔同〕⇩ 岐 キ わかれる
- 邔 〔同〕⇩ 邦 ホウ くに
- 邔 〔俗〕⇩ 邦 ホウ くに
- 鄉 〔同〕⇩ 巷 コウ ちまた
- 郷 〔俗〕⇩ 郷・郷 キョウ・ゴウ さと
- 郷 〔俗〕⇩ 郷・郷 キョウ・ゴウ さと
- 郵 〔俗〕⇩ 郵 ユウ しゅくば

〔酉部〕

- 粟 〔同〕⇩ 酒 シュ さけ
- 配 〔俗〕⇩ 配 ハイ くばる
- 酖 〔俗〕⇩ 酖 タン・チン ふける
- 酌 〔同〕⇩ 飲・飲 イン のむ
- 尌 〔同〕⇩ 尌 シン くむ
- 酖 〔同〕⇩ 醇 ジュン あつい
- 牆 〔本〕⇩ 醤 ショウ

〔釆・里部〕

- 釈 〔俗〕⇩ 釈・釋 シャク とく・ゆるす

〔金部〕

- 野 〔俗〕⇩ 野 ヤ の
- 量 〔古〕⇩ 量 リョウ はかる
- 釖 〔俗〕⇩ 剣・劍 ケン つるぎ
- 釖 〔俗〕⇩ 鉱・鑛 コウ あらがね
- 鈯 〔同〕⇩ 鉈 シャ なた
- 釖 〔俗〕⇩ 鋩 ボウ きっさき
- 錘 〔本〕⇩ 錘 スイ つむ・おもり

〔長・門部〕

- 髟 〔同〕⇩ 髪・髮 ハツ かみ

閇 [俗] ⇩ 閉 ヘイ とじる

閆 [同] ⇩ 閻 エン

〈阜（阝）部〉

陸 [同] ⇩ 六 ロク むっつ

⿰阝岡 [俗] ⇩ 岡 コウ おか

⿰阝迺 [俗] ⇩ 陋 ロウ せまい

⿰阝臽 [同] ⇩ 陥・陷 カン おちいる

⿰阝⿱从土 [俗] ⇩ 陞 ショウ のぼる

陳 [本] ⇩ 陣 ジン

⿰阝⿱比木 [同] ⇩ 陛 ヘイ きざはし

⿰阝或 [古] ⇩ 域 イキ くぎり

隂 [俗] ⇩ 陰 イン かげ・かげる

⿰阝⿱夂正 [同] ⇩ 隆・隆 リュウ たかい・さかん

⿰阝定 [古] ⇩ 堤 テイ つつみ

⿰阝卸 [俗] ⇩ 御 ギョ・ゴ おん

⿰阝果 [同] ⇩ 隅 グウ すみ

陽 [俗] ⇩ 陽 ヨウ ひ

陽 [俗] ⇩ 陽 ヨウ ひ

〈隹・雨（⻗）部〉

隻 [俗] ⇩ 隻 セキ

雇 [俗] ⇩ 雇・雇 コ やとう

⿱雨乇 [同] ⇩ 虐・虐 ギャク しいたげる

〈頁部〉

頃 [俗] ⇩ 頃 ケイ ころ

頂 [俗] ⇩ 頂 チョウ いただき

頑 [俗] ⇩ 頑 ガン かたくな

⿰歹頁 [俗] ⇩ 顴 カン

〈食（𩙿・飠）部〉

飡 [俗] ⇩ 飧 ソン めし

飤 [同] ⇩ 飼・飼 シ かう

飡 [同] ⇩ 餐 サン

⿰食几 [同] ⇩ 饑 キ うえる

⿰食刀 [同] ⇩ 饕 トウ むさぼる

〈首部〉

⿰首力 [同] ⇩ 勖 キョク つとめる

馗 [同] ⇩ 逵 キ

〈高・鹵部〉

高 [俗] ⇩ 高 コウ たかい

鹵 [俗] ⇩ 鹵 ロ しおつち

〈麥（麦）・鼎部〉

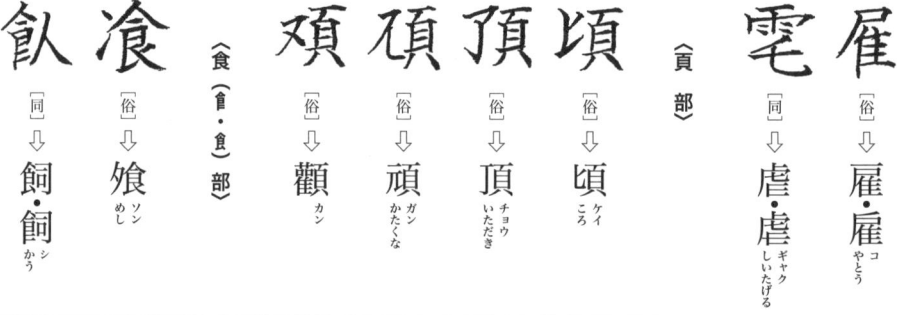

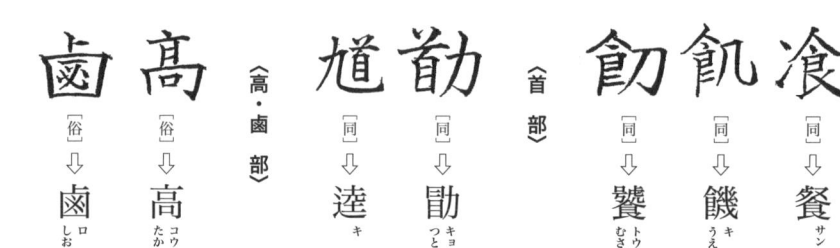

麥
[俗]
⇩
麦・麥
バク
むぎ

麩
[俗]
⇩
麸
フ
ふすま

麵
[俗]
⇩
麺
メン
むぎこ

鼎
[俗]
⇩
鼎
テイ
かなえ

十二画

〔一 部〕

辱 [同] ⇒ 乎 コ・や・かな

拜 [俗] ⇒ 弁・辨 わきまえる ベン

肅 [俗] ⇒ 粛・肅 つつしむ シュク

肅 [俗] ⇒ 粛・肅 つつしむ シュク

虛 [俗] ⇒ 虚・虚 むなしい キョ・コ

〔一・乙〔乚〕・亅 部〕

豫 [古] ⇒ 予・豫 あらかじめ ヨ

電 [古] ⇒ 亀・龜 かめ キ

單 [古] ⇒ 亀・龜 かめ キ

乾 [俗] ⇒ 乾 かわく カン

憂 [俗] ⇒ 憂 うれえる ユウ

極 [俗] ⇒ 極 きわめる キョク

禪 [俗] ⇒ 弾・彈 たま ダン

豐 [俗] ⇒ 壺 つぼ コ

豐 [俗] ⇒ 壺 つぼ コ

〔二・亠 部〕

舂 [俗] ⇒ 春 うすづく ショウ

㒸 [俗] ⇒ 衰 おとろえる スイ

凉 [同] ⇒ 涼 すずしい リョウ

率 [俗] ⇒ 爽 さわやか ソウ

〔人〔亻・𠆢〕部〕

會 [俗] ⇒ 会・會 あう カイ・エ

會 [俗] ⇒ 会・會 あう カイ・エ

會 [俗] ⇒ 会・會 あう カイ・エ

僉 [古] ⇒ 全・全 まったく ゼン

傅 [俗] ⇒ 伝・傳 つたわる デン

倂 [同] ⇒ 並・竝 なみ・ならぶ ヘイ

傌 [同] ⇒ 凭 よる・もたれる ヒョウ

個 [同] ⇒ 候 グ

儵 [同] ⇒ 侵・侵 おかす シン

傜 [古] ⇒ 保 たもつ ホ

傱 [同] ⇒ 送・送 おくる ソウ

倓 [同] ⇒ 倓 しずか タン

傍 [同] ⇒ 倍 ます バイ

倣 [同] ⇒ 倣 ならう ホウ

舒
[俗]⇩舒
ジョ
のべる

偏
[俗]⇩偏・偏
ヘン
かたよる

停
[俗]⇩停
テイ
とどまる

健
[俗]⇩健
ケン
すこやか

偓
[俗]⇩偃
エン
ふす

偃
[俗]⇩偃
エン
ふす

傈
[俗]⇩涎
セン
よだれ

優
[同]⇩夏・夏
カ
なつ

淩
[同]⇩凌
リョウ
しのぐ

淩
[古]⇩凌
リョウ
しのぐ

倚
[俗]⇩儔
チュウ
ともがら

傌
[本]⇩罵
バ
ののしる

偽
[俗]⇩像
ゾウ
かたどる

傜
[同]⇩徭
ヨウ
えだち

傒
[俗]⇩嫉
シツ
ねたむ

傷
[俗]⇩傷
ショウ
きず

傑
[俗]⇩傑・傑
ケツ
すぐれる

傑
[俗]⇩傑・傑
ケツ
すぐれる

傾
[俗]⇩傾
ケイ
かたむく

僅
[俗]⇩僅
キン
わずか

羹
[俗]⇩兼・兼
ケン
かねる

眞
[俗]⇩坤
コン
ひつじさる

〈八（丷）部〉

桼
[同]⇩乗・乘
ジョウ
のる

㲋
[俗]⇩兜
トウ
かぶと

冕
[同]⇩兜
トウ
かぶと

〈儿・入部〉

儻
[俗]⇩儻
トウ
あるいは

銃
[俗]⇩鎮・鎭
チン
しずめる

錠
[俗]⇩錠
ジョウ

閼
[古]⇩友
ユウ
とも

〈冂・冖部〉

興
[俗]⇩興
コウ・キョウ
おこる・おこす

落
[俗]⇩落
ラク
おちる

萩
[俗]⇩萩
シュウ
はぎ

葛
[俗]⇩葛
カツ
くず

奠
[俗]⇩奠
テン
まつる

異
[俗]⇩異・異
イ
こと

著
[俗]⇩著・著
チョ
あらわす

兼
[俗]⇩兼・兼
ケン
かねる

冏 〔同〕⇒明 メイ あかるい

冡 〔古〕⇒家 カ・ケ いえ・や

管 〔俗〕⇒営・營 エイ いとなむ

幂 〔同〕⇒幎 ベキ おおう

〈冖 部〉

隻 〔俗〕⇒双・雙 ソウ ふた

準 〔俗〕⇒準 ジュン みずもり

减 〔俗〕⇒滅 メツ ほろびる

凱 〔同〕⇒豈 ガイ あに

〈几・几・刀 部〉

兙 〔俗〕⇒兜 トウ かぶと

冢 〔古〕⇒兒 ジ

募 〔俗〕⇒勇・勇 ユウ いさむ

〈刂 部〉

刎 〔古〕⇒吻 フン くちびる

型 〔本〕⇒剉 ザ

劃 〔同〕⇒前・前 ゼン まえ

刵 〔古〕⇒則 ソク のり

剮 〔俗〕⇒剛 ゴウ つよい

剕 〔古〕⇒剖 ボウ さく

副 〔俗〕⇒副 フク そう・そえる

割 〔本〕⇒割・割 カツ わる

割 〔俗〕⇒割・割 カツ わる

剳 〔俗〕⇒剳 トウ・サツ さす

〈力・勹 部〉

勤 〔俗〕⇒勤・勤 キン・ゴン つとめる

勛 〔古〕⇒勲・勲 クン いさお

劤 〔古〕⇒我 ガ われ・わ

〈匕・匚・匸 部〉

眞 〔古〕⇒真・眞 シン ま

匲 〔古〕⇒帷 イ とばり

〈十・卩（㔾） 部〉

羍 〔俗〕⇒年 ネン とし

擧 〔俗〕⇒挙・擧 キョ あげる

斯 〔俗〕⇒斯 シ この

卿 〔本〕⇒卿 ケイ

〈厂 部〉

厚 〔本〕⇒厚 コウ あつい

厵 〔俗〕⇒原 ゲン はら

屟 〔同〕⇒嵯 サ

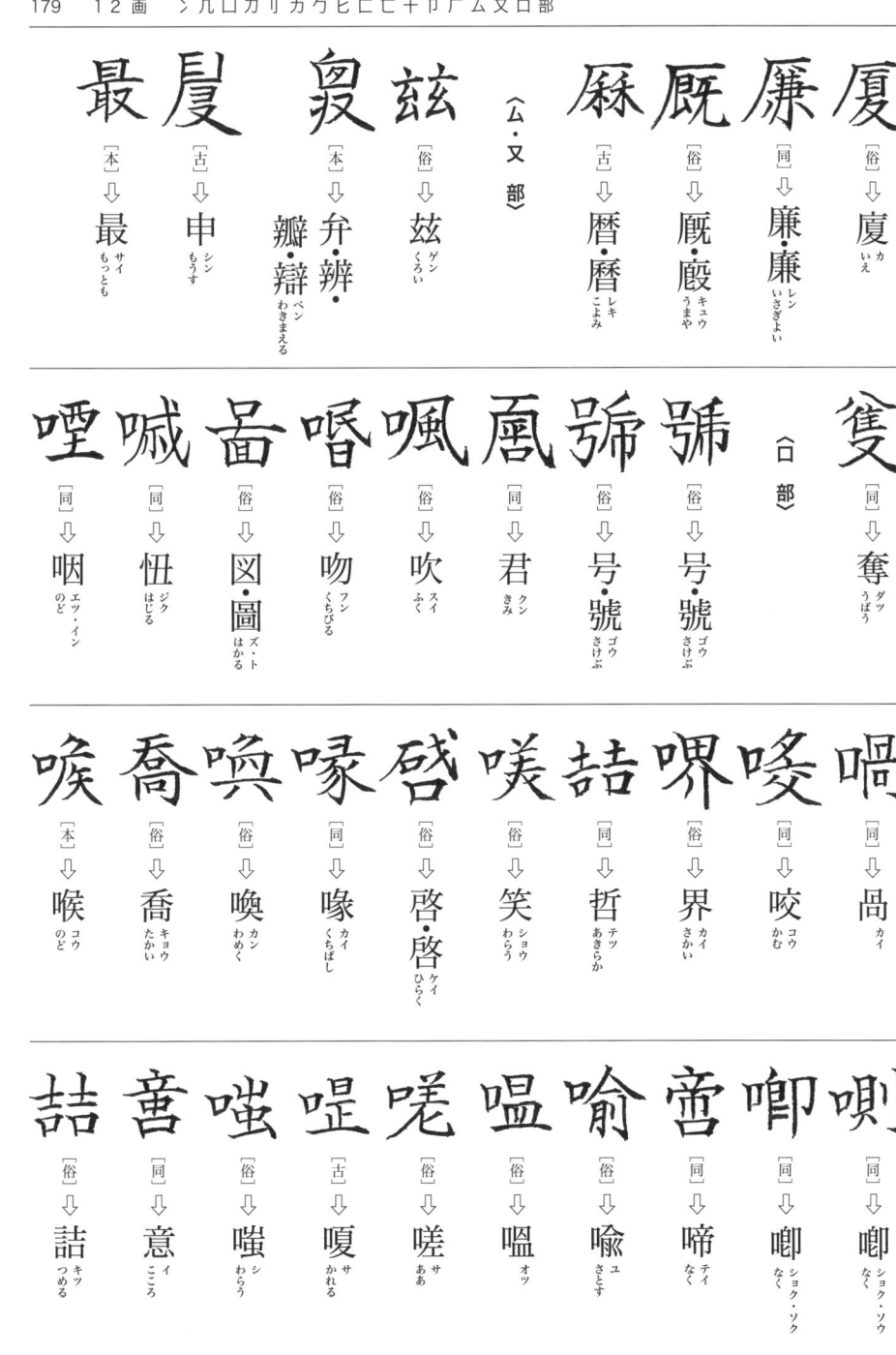

最
〔本〕
⇩
最
サイ
もっとも

厡
〔古〕
⇩
申
シン
もうす

曻
〔本〕
⇩
弁・辨・
瓣・辯
ベン
わきまえる

兹
〔俗〕
⇩
兹
ゲン
くろい

〔ム・又 部〕

厤
〔古〕
⇩
暦・曆
レキ
こよみ

厩
〔俗〕
⇩
厩・廏
キュウ
うまや

廉
〔同〕
⇩
廉・廉
レン
いさぎよい

廈
〔俗〕
⇩
廈
カ
いえ

噎
〔同〕
⇩
咽
エツ・イン
のど

恧
〔同〕
⇩
忸
ジク
はじる

畾
〔俗〕
⇩
図・圖
ズ・ト
はかる

唇
〔俗〕
⇩
吻
フン
くちびる

颯
〔俗〕
⇩
吹
スイ
ふく

君
〔同〕
⇩
君
クン
きみ

號
〔俗〕
⇩
号・號
ゴウ
さけぶ

號
〔俗〕
⇩
号・號
ゴウ
さけぶ

〔口 部〕

隻
〔同〕
⇩
奪
ダツ
うばう

喉
〔本〕
⇩
喉
コウ
のど

喬
〔俗〕
⇩
喬
キョウ
たかい

喚
〔俗〕
⇩
喚
カン
わめく

喙
〔俗〕
⇩
喙
カイ
くちばし

啓
〔同〕
⇩
啓・啓
ケイ
ひらく

咲
〔俗〕
⇩
笑
ショウ
わらう

喆
〔同〕
⇩
哲
テツ
あきらか

堺
〔俗〕
⇩
界
カイ
さかい

咬
〔同〕
⇩
咬
コウ
かむ

喎
〔同〕
⇩
咼
カイ

喆
〔俗〕
⇩
詰
キツ
つめる

意
〔同〕
⇩
意
イ
こころ

嗤
〔俗〕
⇩
嗤
シ
わらう

啞
〔古〕
⇩
嗄
かれる

咥
〔俗〕
⇩
嗟
ああ

嗢
〔俗〕
⇩
嗢
オツ

喩
〔俗〕
⇩
喩
ユ
さとす

啻
〔同〕
⇩
啼
テイ
なく

喞
〔同〕
⇩
喞
ショク・ソク
なく

唧
〔同〕
⇩
喞
ショク・ソウ
なく

〔口部〕

- 品 〔古〕⇩ 雷 ライ／かみなり
- 唧 〔俗〕⇩ 銜 カン／くつわ
- 喔 〔俗〕⇩ 嘱・囑 ショク／たのむ
- 嗒 〔同〕⇩ 諾 ダク／うべなう
- 喜 〔俗〕⇩ 憙 キ／よろこぶ
- 喧 〔同〕⇩ 誼 ケン／わすれる
- 喋 〔同〕⇩ 謀 ボウ・ム／はかる
- 唠 〔俗〕⇩ 謾 マン／あざむく
- 品 〔古〕⇩ 囂 ゴウ／かまびすしい

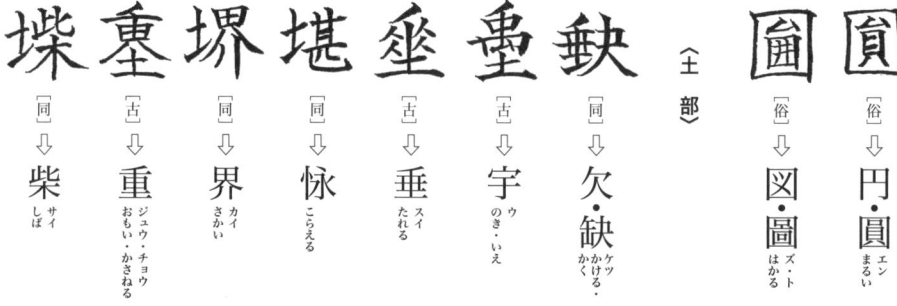

〔土部〕

- 圓 〔俗〕⇩ 円・圓 エン／まるい
- 圖 〔俗〕⇩ 図・圖 ズ・ト／はかる
- 缺 〔同〕⇩ 欠・缺 ケツ／かける
- 坴 〔古〕⇩ 宇 ウ／のき・いえ
- 壨 〔古〕⇩ 垂 スイ／たれる
- 堪 〔同〕⇩ 怜 こらえる
- 塄 〔同〕⇩ 界 カイ／さかい
- 壼 〔古〕⇩ 重 ジュウ・チョウ／おもい・かさねる
- 堞 〔同〕⇩ 柴 サイ／しば

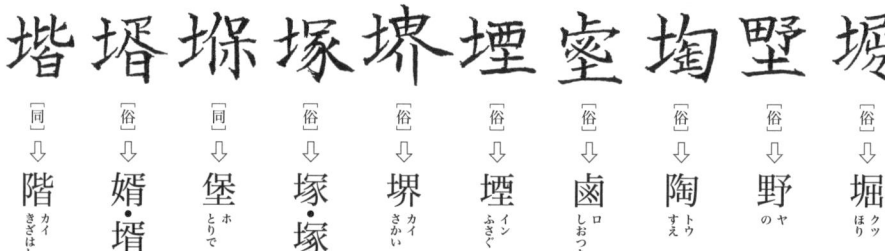

- 堰 〔俗〕⇩ 堀 クツ／ほり
- 堅 〔俗〕⇩ 野 ヤ／の
- 塒 〔俗〕⇩ 陶 トウ／すえ
- 塪 〔俗〕⇩ 鹵 ロ／しおつち
- 窒 〔俗〕⇩ 堙 イン／ふさぐ
- 塆 〔俗〕⇩ 堺 カイ／さかい
- 塚 〔俗〕⇩ 塚・塚 チョウ／つか
- 塪 〔同〕⇩ 堡 ホ／とりで
- 塔 〔俗〕⇩ 婿・壻 セイ／むこ
- 堦 〔同〕⇩ 階 カイ／きざはし

〔夂・夂・夕部〕

- 喜 〔同〕⇩ 喜 キ／よろこぶ
- 壹 〔同〕⇩ 一 イチ・イツ／ひと・ひとつ

〔士部〕

- 堌 〔同〕⇩ 蟻 ギ／あり
- 赫 〔俗〕⇩ 嚇 カク／いかる
- 墾 〔俗〕⇩ 墾 コン／たがやす
- 畜 〔古〕⇩ 睦 ボク／むつむ
- 塗 〔俗〕⇩ 塗 ト／ぬる
- 堉 〔同〕⇩ 塊 カイ／かたまり

〈大部〉

夒 〔俗〕⇩ 変・變　ヘン・かわる

夥 〔同〕⇩ 多　タ・おおい

夣 〔俗〕⇩ 夢　ム・ゆめ

執 〔同〕⇩ 執　シツ・とる

猋 〔同〕⇩ 皎　コウ・しろい

報 〔本〕⇩ 報　ホウ・むくいる

奐 〔俗〕⇩ 照　ショウ・てる

虞 〔俗〕⇩ 虞・虞　グ・おそれ

〈女部〉

媪 〔同〕⇩ 媼　オウ・おうな

婾 〔同〕⇩ 欲　ヨク・ほっする・ほしい

嬪 〔同〕⇩ 婦・婦　フ

嫓 〔同〕⇩ 婦・婦　フ

婆 〔同〕⇩ 婆　バ・ばば

婚 〔同〕⇩ 婚　コン・えんぐみ

嬈 〔同〕⇩ 悩・悩　ノウ・なやむ

婄 〔俗〕⇩ 姫・姫　キ・ひめ

嫺 〔古〕⇩ 姻　イン・みうち

婼 〔同〕⇩ 姐　ソ・あねご

孴 〔俗〕⇩ 孳　シ・うむ

乿 〔古〕⇩ 純　ジュン・いと

〈子部〉

媿 〔俗〕⇩ 醜　シュウ・みにくい

嫙 〔同〕⇩ 親　シン・おや・したしい

嫐 〔俗〕⇩ 嫩　ドン・わかい

婑 〔同〕⇩ 嫩　ドン・わかい

嫂 〔俗〕⇩ 嫂　ソウ・あによめ

媛 〔同〕⇩ 嫂　ソウ・あによめ

嫒 〔本〕⇩ 嫂　ソウ・あによめ

家 〔同〕⇩ 家　カ・ケ・いえ・や

寀 〔古〕⇩ 家　カ・ケ・いえ・や

寃 〔俗〕⇩ 冤　エン・ぬれぎぬ

冤 〔俗〕⇩ 冤　エン・ぬれぎぬ

窅 〔俗〕⇩ 省　セイ・ショウ・かえりみる

宥 〔俗〕⇩ 宥　ユウ・ゆるす・なだめる

宲 〔古〕⇩ 苗　ビョウ・なえ

寔 〔俗〕⇩ 実・實　ジツ・み・みのる

寓 〔古〕⇩ 宇　ウ・のき・いえ

〈宀部〉

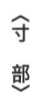

〈宀部〉

- 寄 〔俗〕⇒寄 キ／よる
- 宻 〔同〕⇒密 ミツ／ひそか
- 冣 〔同〕⇒最 サイ／もっとも
- 寢 〔俗〕⇒寛・寬 カン／くつろぐ
- 寬 〔古〕⇒寝・寢 シン／ねる
- 寜 〔古〕⇒寧・寍 ネイ／やすい
- 寧 〔俗〕⇒寧・寍 ネイ／やすい
- 宷 〔古〕⇒親 シン／おや・したしい
- 宣 〔同〕⇒嚮 キョウ／むかう

- 寽 〔古〕⇒守 シュ・ス／まもる・もり
- 對 〔俗〕⇒対・對 タイ・ツイ／こたえる
- 對 〔俗〕⇒対・對 タイ・ツイ／こたえる
- 尋 〔俗〕⇒受 ジュ／うける
- 酎 〔俗〕⇒耐 タイ／たえる
- 尃 〔俗〕⇒剛 ゴウ／つよい
- 尉 〔古〕⇒尉 イ

〈小(⺍)・⺌ 部〉

- 淼 〔同〕⇒小 ショウ／ちいさい・こ・お
- 宵 〔俗〕⇒宵・宵 ショウ／よい

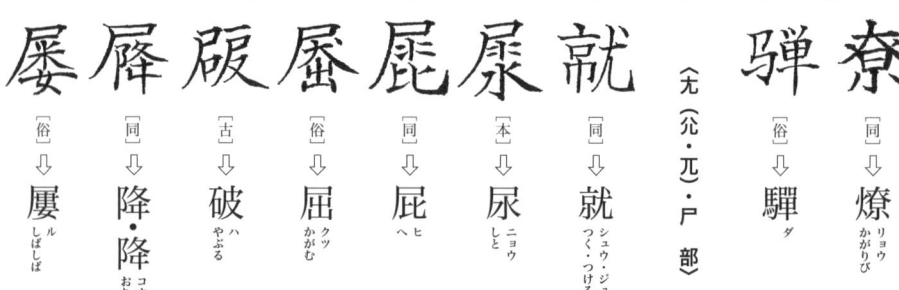

- 奈 〔同〕⇒燎 リョウ／かがりび
- 驒 〔俗〕⇒驒 ダ

〈尣(尢・尢)・尸 部〉

- 就 〔同〕⇒就 シュウ・ジュ／つく・つける
- 尿 〔本〕⇒尿 ニョウ／しと
- 屍 〔同〕⇒屁 ヘ
- 屓 〔俗〕⇒屈 クツ／かがむ
- 䃀 〔古〕⇒破 ハ／やぶる
- 屛 〔同〕⇒降・降 コウ／おりる
- 屢 〔俗〕⇒屢 ル／しばしば

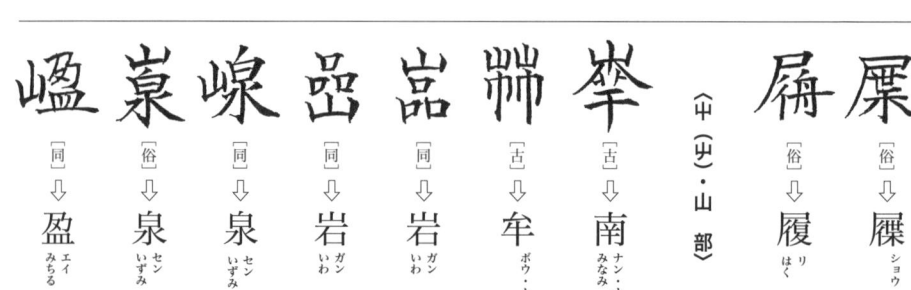

- 屎 〔俗〕⇒屎 ショウ
- 屏 〔俗〕⇒履 リ／はく

〈屮(㞣)・山 部〉

- 摯 〔古〕⇒南 ナン・ナ／みなみ
- 崋 〔古〕⇒牟 ボウ・ム
- 岊 〔同〕⇒岩 ガン／いわ
- 岊 〔同〕⇒岩 ガン／いわ
- 峻 〔同〕⇒泉 セン／いずみ
- 崋 〔俗〕⇒泉 セン／いずみ
- 嵓 〔同〕⇒盈 エイ／みちる

一段目（右から）

親字	区分	対応字	音・訓
峇	〔俗〕⇒	省	セイ・ショウ／かえりみる
﨑	〔俗〕⇒	崎	さき
嵜	〔俗〕⇒	崎	さき
嵒	〔同〕⇒	品	ガン／いわお
稭	〔同〕⇒	秸	ケイ
嵗	〔俗〕⇒	歳・歳	サイ・セイ／とし
歲	〔俗〕⇒	歳・歳	サイ・セイ／とし
嵓	〔同〕⇒	憂	ユウ／うれえる
嵒	〔同〕⇒	巌・巖	ガン／いわお
嵒	〔同〕⇒	巌・巖	ガン／いわお

二段目

親字	区分	対応字	音・訓
幈	〔同〕⇒	囁	ショウ／ささやく
《川部》			
臯	〔古〕⇒	貞	テイ／ただしい
壣	〔同〕⇒	脳・腦	ノウ
脈	〔同〕⇒	愈	ユ／まさる
《己（巳・巳）部》			
巺	〔古〕⇒	巽・異	ソン／たつみ
巽	〔俗〕⇒	巽・異	ソン／たつみ
《巾部》			
幊	〔同〕⇒	央	オウ／なかば

三段目

親字	区分	対応字	音・訓
帯	〔俗〕⇒	帯・帶	タイ／おびる・おび
幒	〔同〕⇒	耄	ボウ・モウ／ほうける
幨	〔同〕⇒	屏	ヘイ・ビョウ／しりぞく
惰	〔俗〕⇒	惰	ダ／おこたる
《幺部》			
幾	〔同〕⇒	幾	キ／いく
〔广部〕			
庽	〔古〕⇒	宇	ウ／のき・いえ
厡	〔俗〕⇒	原	ゲン／はら
爽	〔俗〕⇒	爽	ソウ／さわやか

四段目

親字	区分	対応字	音・訓
厲	〔同〕⇒	寓	グウ／よる
廃	〔俗〕⇒	廃・廢	ハイ／すたれる
庶	〔本〕⇒	廉・廉	レン／いさぎよい
厱	〔同〕⇒	傴	ウ／かがむ
庽	〔同〕⇒	腐	フ／くさる
廋	〔同〕⇒	腐	フ／くさる
廞	〔俗〕⇒	腐	フ／くさる
廟	〔古〕⇒	廟	ビョウ／たまや
廟	〔俗〕⇒	廟	ビョウ／たまや
〔廾部〕			

〈厶部〉

舁　[同]⇒　冬・冬　トウ　ふゆ

埶　[同]⇒　契・契　ケイ　ちぎる

筭　[本]⇒　尊・尊　ソン　たっとい・とうとい

葬　[俗]⇒　葬　ソウ　ほうむる

〈弋部〉

貳　[同]⇒　二　ニ　ふた・ふたつ

貮　[俗]⇒　弐・貳　ニ　そえる

〈弓部〉

酉　[古]⇒　乃　ダイ・ナイ　すなわち

𤔍　[古]⇒　寿・壽　ジュ　ことぶき

粥　[俗]⇒　弦　ゲン　つる

癹　[俗]⇒　発・發　ハツ・ホツ　はなつ

弱　[本]⇒　弱・弱　ジャク　よわい

彌　[同]⇒　弼　ヒツ　たすける

弼　[同]⇒　弼　ヒツ　たすける

弻　[同]⇒　弼　ヒツ　たすける

粥　[同]⇒　餌　ジ　え・えさ

強　[同]⇒　彊　キョウ　つよい

〈彐部〉

彙　[同]⇒　彙　イ　はりねずみ

景　[俗]⇒　彙　イ　はりねずみ

〈彡部〉

彫　[古]⇒　馬　バ　うま・ま

移　[同]⇒　移　イ　うつる・うつす

彰　[古]⇒　静・静　セイ　しずか

〈彳部〉

彶　[本]⇒　彼　ヒ　かれ・かの

衕　[同]⇒　巷　コウ　ちまた

胤　[俗]⇒　胤　イン　たね

循　[俗]⇒　修　シュウ・シュ　おさめる

健　[俗]⇒　健　ケン　すこやか

術　[俗]⇒　術・術　ジュツ　すべ

悠　[俗]⇒　悠　ユウ　はるか

徧　[同]⇒　遍・遍　ヘン　あまねく

御　[俗]⇒　馭　ギョ

衙　[俗]⇒　衙　ガ

微　[同]⇒　微・微　ビ　かすか

衛　[俗]⇒　衛　カン　くつわ

〈忄部〉

懷　[同]⇒　哀　アイ　あわれ・あわれむ

〈忄部〉

- 慶　〔俗〕⇒ 度　たび　ド・ト・タク
- 偲　〔同〕⇒ 偲　しのぶ　シ
- 惛　〔同〕⇒ 惛　くらい　コン
- 悖　〔俗〕⇒ 惇　あつい　トン
- 愉　〔俗〕⇒ 愉・愉　たのしむ　ユ
- 愉　〔俗〕⇒ 愉・愉　たのしむ　ユ
- 惹　〔同〕⇒ 惹　ひく　ジャク
- 愼　〔俗〕⇒ 順　したがう　ジュン
- 憤　〔俗〕⇒ 順　したがう　ジュン
- 愠　〔俗〕⇒ 慍　うらむ　ウン

〈扌部〉

- 憚　〔俗〕⇒ 憚　はばかる　タン
- 愒　〔同〕⇒ 憩　いこい　ケイ
- 愞　〔同〕⇒ 懦　よわい　ダ
- 挧　〔俗〕⇒ 昇　かく・かつぐ　ヨ
- 振　〔俗〕⇒ 振　ふる　シン
- 搜　〔古〕⇒ 捜・捜　さがす　ソウ
- 捘　〔同〕⇒ 捜・捜　さがす　ソウ
- 搜　〔俗〕⇒ 捜・捜　さがす　ソウ
- 插　〔同〕⇒ 挿・插　さす　ソウ

- 挿　〔俗〕⇒ 挿・插　さす　ソウ
- 捏　〔俗〕⇒ 捏　こねる　ネツ
- 捏　〔俗〕⇒ 捏　こねる　ネツ
- 挽　〔俗〕⇒ 挽　ひく　バン
- 拵　〔俗〕⇒ 旅・旅　たび　リョ
- 掩　〔同〕⇒ 掩　おおう　エン
- 掎　〔俗〕⇒ 掎　キ
- 捲　〔俗〕⇒ 捲　まく　ケン
- 授　〔俗〕⇒ 授　さずける　ジュ
- 捺　〔俗〕⇒ 捺　おす　ナツ・ナ

- 捻　〔俗〕⇒ 捻　ひねる　ネン
- 換　〔俗〕⇒ 換　かえる　カン
- 揮　〔同〕⇒ 揮　ふるう　キ
- 揃　〔俗〕⇒ 揃　そろう　セン
- 搭　〔俗〕⇒ 搭　トウ
- 損　〔俗〕⇒ 損　そこなう　ソン
- 搃　〔俗〕⇒ 総・總　すべる　ソウ
- 撰　〔本〕⇒ 撰　えらぶ　セン
- 撰　〔同〕⇒ 撰　えらぶ　セン
- 撈　〔俗〕⇒ 撈　ロウ

撤 [俗] ⇒ 趣 シュ おもむき

搣 [同] ⇒ 撼 カン うごかす

〔氵部〕

潼 [本] ⇒ 乳・乳 ニュウ ちち

渃 [俗] ⇒ 岡 コウ おか

游 [同] ⇒ 泳 エイ およぐ

渥 [俗] ⇒ 泥 デイ どろ

湏 [同] ⇒ 沫 マツ あわ・しぶき

津 [本] ⇒ 津 シン つ

涑 [同] ⇒ 泉 セン いずみ

浚 [俗] ⇒ 浚 シュン さらう

渡 [同] ⇒ 浸・浸 シン ひたす

湼 [俗] ⇒ 涅 デツ・ネ

滛 [俗] ⇒ 淫 イン みだら

涵 [俗] ⇒ 涵 カン ひたす

溪 [俗] ⇒ 渓・溪 ケイ たに

湣 [同] ⇒ 溷 コン

湤 [俗] ⇒ 済・濟 サイ すむ・すます

湥 [俗] ⇒ 済・濟 サイ すむ・すます

澯 [本] ⇒ 淄 シ くろ

淊 [同] ⇒ 淳 ジュン あつい

潹 [俗] ⇒ 深 シン ふかい

淾 [俗] ⇒ 深 シン ふかい

深 [俗] ⇒ 深 シン ふかい

溁 [俗] ⇒ 添 テン そえる

淁 [俗] ⇒ 涼 リョウ すずしい

渠 [古] ⇒ 梁 リョウ はり

測 [俗] ⇒ 淵 エン ふち

溫 [俗] ⇒ 温・温 オン あたたか

渦 [俗] ⇒ 渦 カ うず

港 [俗] ⇒ 港・港 コウ みなと

渝 [俗] ⇒ 渝 ユ かわる

徧 [同] ⇒ 遍・遍 ヘン あまねく

湏 [俗] ⇒ 須 ス・シュ まつ

浪 [同] ⇒ 飧 ソン めし

淦 [本] ⇒ 塗 ト ぬる

浚 [俗] ⇒ 溲 シュウ

滯 [俗] ⇒ 滞・滯 タイ とどこおる

滔 [俗] ⇒ 滔 トウ はびこる

滔 [俗] ⇒ 滔 トウ はびこる

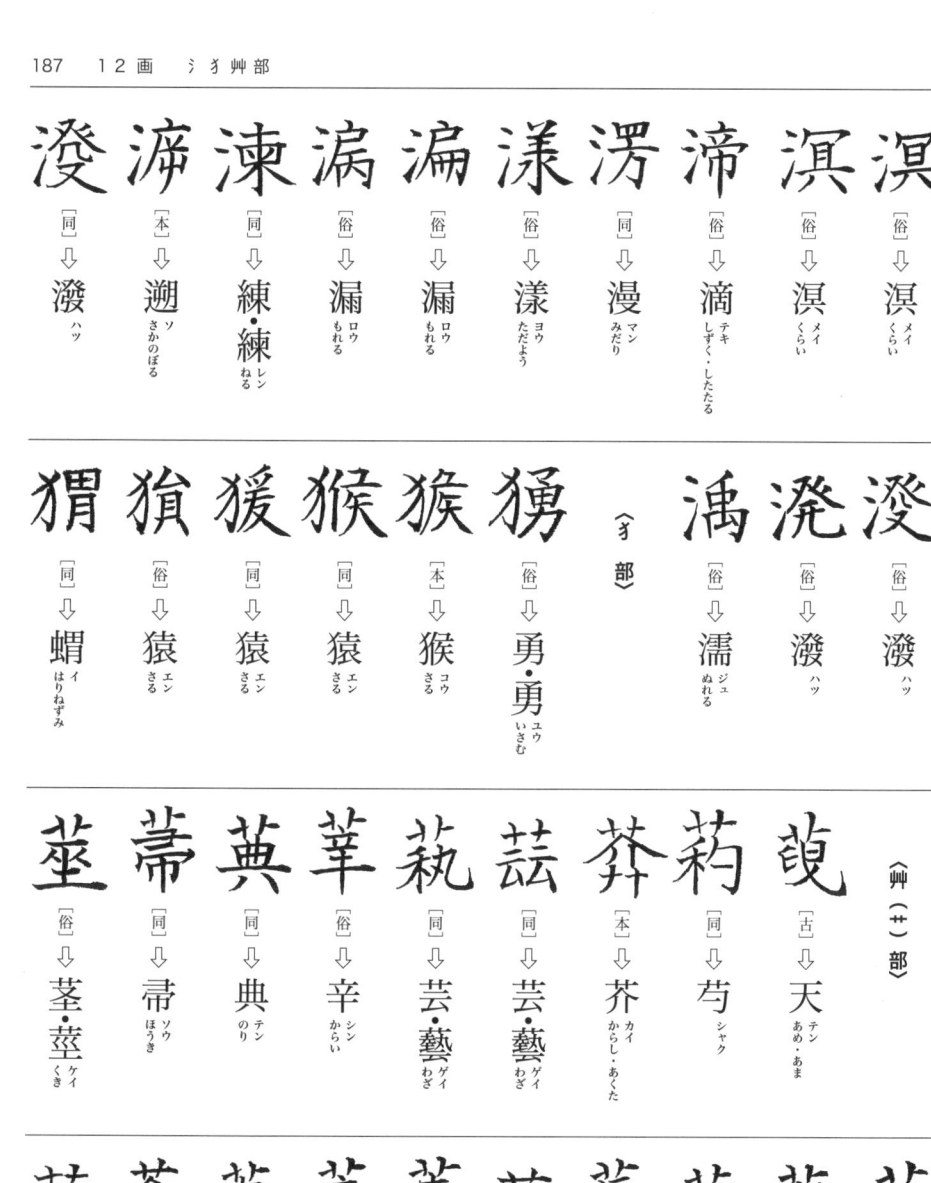

〈氵部〉

溟 〔俗〕↓溟 メイ くらい
溟 〔俗〕↓溟 メイ くらい
渧 〔俗〕↓滴 テキ しずく・したたる
湡 〔同〕↓漫 マン みだり
漾 〔俗〕↓漾 ヨウ ただよう
漏 〔俗〕↓漏 ロウ もれる
漏 〔俗〕↓漏 ロウ もれる
涷 〔同〕↓練・練 レン ねる
㳷 〔本〕↓遡 ソ さかのぼる
潑 〔同〕↓潑 ハツ

潑 〔俗〕↓潑 ハツ
潑 〔俗〕↓潑 ハツ
溤 〔俗〕↓濡 ジュ ぬれる

〈犭部〉

猲 〔俗〕↓勇・勇 ユウ いさむ
猴 〔本〕↓猴 コウ さる
猴 〔同〕↓猿 エン さる
猨 〔同〕↓猿 エン さる
猵 〔俗〕↓猿 エン さる
猾 〔同〕↓蝟 イ はりねずみ

〈艸（艹）部〉

莧 〔古〕↓天 テン あめ・あま
芍 〔同〕↓芍 シャク
莉 〔本〕↓芥 カイ からし・あくた
芥 〔同〕↓芸 ゲイ わざ
蒜 〔同〕↓芸・藝 ゲイ わざ
萩 〔俗〕↓辛 シン からい
萛 〔同〕↓典 テン のり
帚 〔同〕↓帚 ソウ ほうき
莁 〔俗〕↓茎・莖 ケイ くき

菇 〔同〕↓菰 コ まこも
莽 〔俗〕↓庵 アン いおり
菴 〔同〕↓庵 アン いおり
苹 〔俗〕↓華・華 カ・ケ はな
荸 〔俗〕↓華・華 カ・ケ はな
薑 〔同〕↓茵 イン しとね
萇 〔同〕↓長 チョウ ながい
菓 〔俗〕↓果 カ はたす
莓 〔同〕↓苺 ボウ いちご
苔 〔同〕↓苔 タイ こけ

菁 [俗]⇓葺 シュウ ふく

萵 [同]⇓葺 シュウ ふく

蕚 [俗]⇓萼 ガク うてな

営 [俗]⇓営・營 エイ いとなむ

菩 [俗]⇓善 ゼン よい

蒜 [同]⇓麻・麻 マ あさ

著 [俗]⇓羞 シュウ すすめる・はじる

莵 [俗]⇓菟 ト

葅 [俗]⇓菹 ソ つけもの

菹 [同]⇓菹 ソ つけもの

莳 [同]⇓蒔 ジ まく

華 [俗]⇓筆 ヒツ ふで

莇 [俗]⇓筋 キン すじ

著 [本]⇓着 チャク きる

葉 [俗]⇓葉 ヨウ は

菜 [俗]⇓葉 ヨウ は

葒 [俗]⇓葉 ヨウ は

董 [古]⇓董 トウ ただす

莖 [俗]⇓葬 ソウ ほうむる

莖 [俗]⇓葬 ソウ ほうむる

〈心(小)部〉

菁 [俗]⇓薺 セイ なずな

莑 [俗]⇓薩 サツ

薊 [俗]⇓薊 ケイ あざみ

葙 [俗]⇓箱 ショウ はこ

莫 [同]⇓薔 ボウ くらい

蒂 [同]⇓蔕 テイ へた

葉 [俗]⇓業 ギョウ・ゴウ わざ

蒙 [俗]⇓蒙 モウ こうむる

菩 [同]⇓蒔 ジ まく

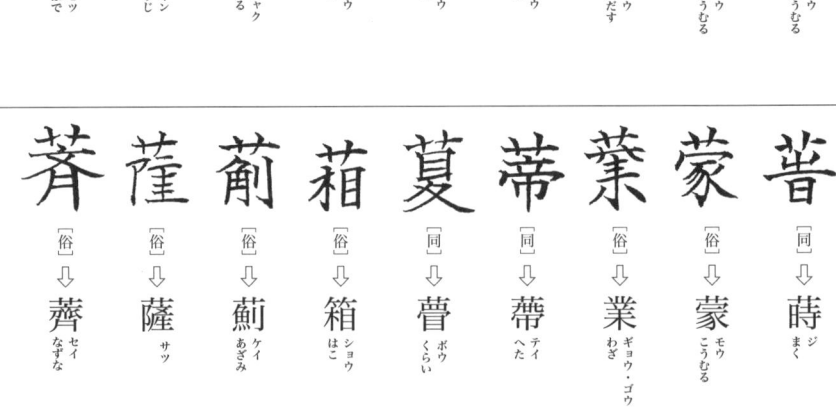

悪 [同]⇓悪・惡 アク・オ わるい

息 [同]⇓悼 トウ いたむ

焦 [古]⇓惟 イ ただ・これ

慈 [同]⇓嫠 ラン むさぼる

愻 [古]⇓悟 ゴ さとる

惌 [俗]⇓怨 エン・オン うらむ

念 [古]⇓怨 エン・オン うらむ

惌 [古]⇓宛 エン あて

惢 [俗]⇓和 ワ やわらぐ

叅 [俗]⇓参・參 サン まいる

心部（承前）

慭　惣　悳　惪　悳　恖　憑　悳　惑　惡

悪　[俗]⇒悪・惡　アク・オ　わるい

惑　[俗]⇒惑　ワク　まどう

悳　[俗]⇒惑　ワク

憑　[俗]⇒嗔　シン　いかる

悳　[同]⇒滅　メツ　ほろびる

恖　[俗]⇒瑙　ノウ

悳　[本]⇒徳・德　トク

惪　[同]⇒徳・德　トク

悳　[俗]⇒徳・德　トク

惣　[俗]⇒総・總　ソウ　すべる

慭　[俗]⇒憐・憐　レン　あわれむ

〈戈部〉

戠　[俗]⇒哉　サイ　や・かな

戞　[俗]⇒夏　カツ　する

戍　[俗]⇒盛・盛　セイ　もる

戟　[俗]⇒戟　ゲキ　ほこ

戉　[古]⇒越　エツ　こす・こえる

感　[俗]⇒感　カン

晉　[古]⇒蠢　シュン　うごめく

〈手部〉

挈　[古]⇒拝・拜　ハイ　おがむ

〈攴（攵）部〉

掘　[俗]⇒掘　クツ　ほる

腕　[同]⇒腕　ワン　うで

觟　[俗]⇒解　カイ・ゲ　とく・とかす

敟　[同]⇒典　テン　のり

敡　[俗]⇒易　エキ・イ　やさしい

敕　[俗]⇒勅・敕　チョク　いましめる

㲉　[俗]⇒殺・殺　サツ　ころす

敠　[俗]⇒殺・殺　サツ　ころす

敆　[俗]⇒殺・殺　サツ　ころす

敇　[古]⇒婦・婦　フ

〈文部〉

斌　[同]⇒彬　ヒン

斁　[俗]⇒捻　ネン　ひねる

敲　[同]⇒敲　キ　かたむく

敢　[古]⇒敢　カン　あえて

斑　[俗]⇒斑　ハン　まだら

数　[俗]⇒数・數　スウ　かず

斀　[古]⇒徴・徵　チョウ　めす・しるし

斀　[俗]⇒撻　タツ　むちうつ

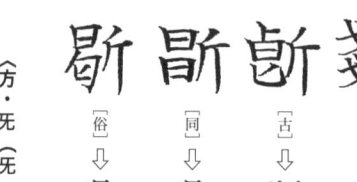

〈斤部〉

琹 〔俗〕⇩ 斑 ハン まだら

彥 〔古〕⇩ 諺 ゲン ことわざ

斮 〔同〕⇩ 折 セツ おる・おり

斳 〔同〕⇩ 剞 キ ほる

斳 〔同〕⇩ 剗 サン けずる

斷 〔古〕⇩ 断・斷 ダン たつ・ことわる

斷 〔同〕⇩ 鼎 テイ かなえ

斷 〔俗〕⇩ 鼎 テイ かなえ

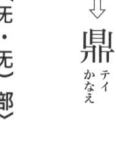
〈方・旡（旡・旡）部〉

〈日・曰部〉

旣 〔俗〕⇩ 既・旣 キ すでに

旗 〔俗〕⇩ 旗 キ はた

旅 〔俗〕⇩ 旅・旅 リョ たび

𢿘 〔同〕⇩ 受 ジュ うける

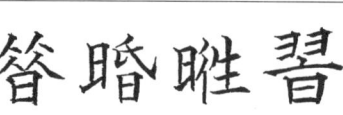

晉 〔古〕⇩ 友 ユウ とも

睅 〔同〕⇩ 旺 オウ さかん

暗 〔同〕⇩ 昏 コン くれ

昝 〔本〕⇩ 昔 セキ むかし

晉 〔同〕⇩ 春 シュン はる

星 〔俗〕⇩ 星 セイ・ショウ ほし

昴 〔同〕⇩ 昴 ボウ すばる

冤 〔同〕⇩ 冤 エン ぬれぎぬ

晉 〔俗〕⇩ 晋・晉 シン すすむ

婚 〔同〕⇩ 婚 コン えんぐみ

婚 〔俗〕⇩ 婚 コン えんぐみ

孰 〔同〕⇩ 孰 ジュク たれ

曹 〔同〕⇩ 曹 ソウ つかさ

揚 〔同〕⇩ 揚 ヨウ あげる・あがる

晷 〔同〕⇩ 晷 キ ひかげ

唽 〔同〕⇩ 晰 セキ あきらか

晢 〔同〕⇩ 晰 セキ あきらか

曾 〔俗〕⇩ 曾 ソウ すなわち

曽 〔俗〕⇩ 曾 ソウ すなわち

勉 〔俗〕⇩ 晩・晩 バン くれ

晥 〔俗〕⇩ 晩・晩 バン くれ

暮 〔同〕⇩ 期 キ・ゴ あう

督 〔俗〕⇩ 督 トク ただす

〈月（月）部〉

胒 〔同〕⇩ 乳・乳 ニュウ ちち

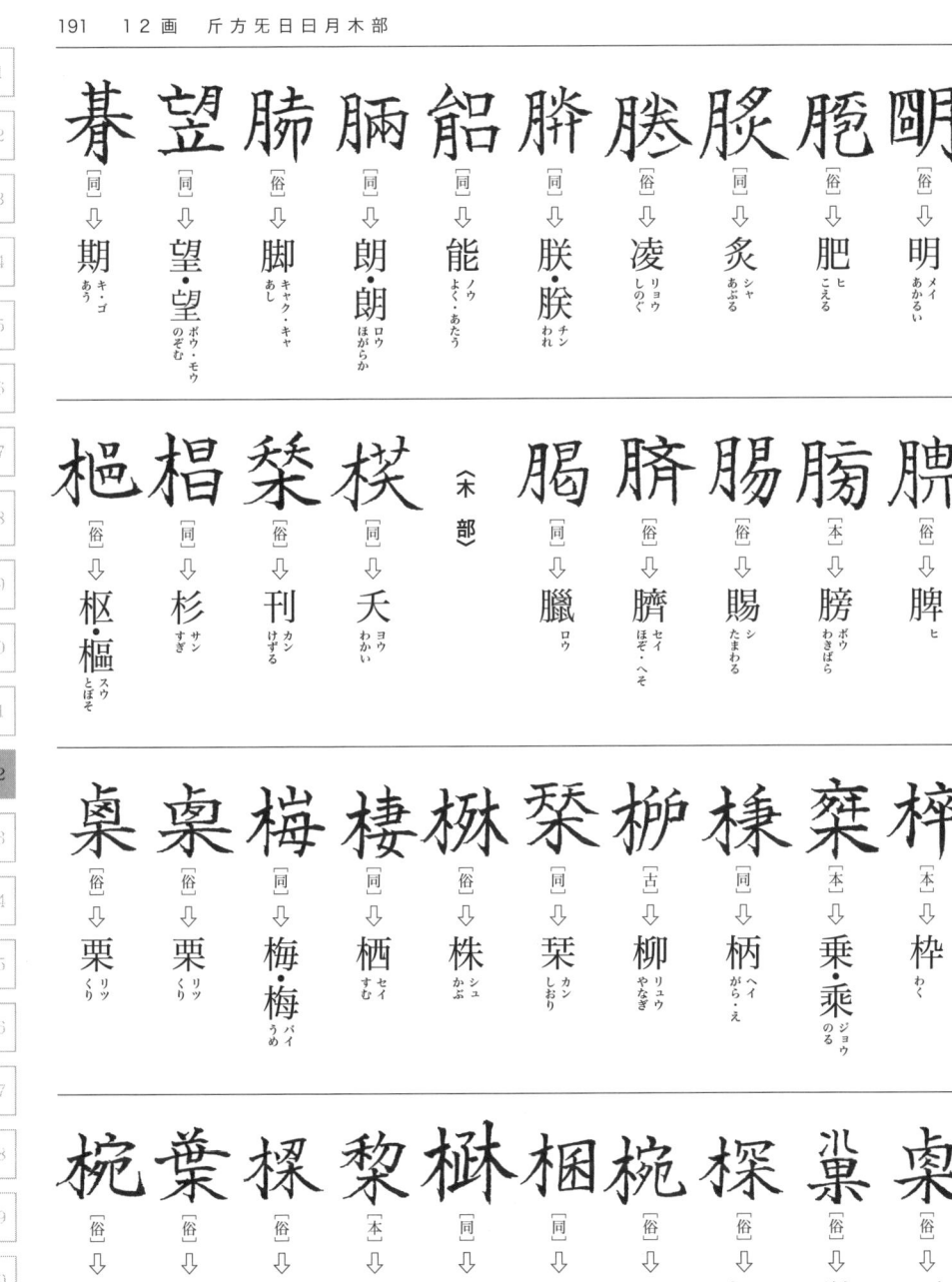

〈木部〉

12画の漢字（異体字・俗字一覧）

- 朙 [俗] ⇩ 明（メイ／あかるい）
- 脆 [俗] ⇩ 肥（ヒ／こえる）
- 朓 [同] ⇩ 炙（シャ／あぶる）
- 膝 [同] ⇩ 凌（リョウ／しのぐ）
- 脺 [俗] ⇩ 朕・朕（チン／われ）
- 舶 [同] ⇩ 能（ノウ／よく・あたう）
- 朐 [同] ⇩ 朗・朗（ロウ／ほがらか）
- 肺 [俗] ⇩ 脚（キャク・キャ／あし）
- 翌 [同] ⇩ 望・望（ボウ・モウ／のぞむ）
- 暮 [同] ⇩ 期（キ・ゴ／あう）

- 脾 [俗] ⇩ 脾（ヒ）
- 膀 [本] ⇩ 膀（ボウ／わきばら）
- 賜 [俗] ⇩ 賜（シ／たまわる）
- 臍 [俗] ⇩ 臍（セイ／ほぞ・へそ）
- 臘 [同] ⇩ 臘（ロウ）
- 椻 [同] ⇩ 夭（ヨウ／わかい）
- 桼 [俗] ⇩ 刊（カン／けずる）
- 椙 [同] ⇩ 杉（サン／すぎ）
- 柩 [俗] ⇩ 枢・柩（スウ／とぼそ）

- 梓 [本] ⇩ 枠（わく）
- 窠 [本] ⇩ 乗・乘（ジョウ／のる）
- 棟 [同] ⇩ 柄（ヘイ／がら・え）
- 柳 [古] ⇩ 柳（リュウ／やなぎ）
- 桼 [同] ⇩ 栞（カン／しおり）
- 株 [俗] ⇩ 株（シュ／かぶ）
- 栖 [同] ⇩ 栖（セイ／すむ）
- 梅 [同] ⇩ 梅・梅（バイ／うめ）
- 栗 [俗] ⇩ 栗（リツ／くり）
- 栗 [俗] ⇩ 栗（リツ／くり）

- 椀 [俗] ⇩ 腕（ワン／うで）
- 椊 [俗] ⇩ 葉（ヨウ／は）
- 楪 [俗] ⇩ 梁（リョウ／はり）
- 黎 [本] ⇩ 梨（リ／なし）
- 梠 [同] ⇩ 梳（ソ／くし）
- 梱 [同] ⇩ 梱（コン／しきみ）
- 椀 [俗] ⇩ 椀（カン／たきぎ）
- 探 [俗] ⇩ 探（タン／さぐる・さがす）
- 巣 [俗] ⇩ 巣・巢（ソウ／す）
- 栗 [俗] ⇩ 栗（リツ／くり）

碁	樓	楠	檞	栫	棓	梂	植	植	盉
[同]	[俗]	[同]	[古]	[同]	[同]	[同]	[俗]	[俗]	[俗]
⇓	⇓	⇓	⇓	⇓	⇓	⇓	⇓	⇓	⇓
碁 ゴ	楼・樓 ロウ たかどの	楠 ナン くすのき	楷 カイ	栴 たぶ	棒 ボウ	棠 トウ からなし	植 ショク うえる	植 ショク うえる	極 キョク きわめる

棹	橈	橇	椁	梱	棺	榜	禁	椀	椗
[同]	[俗]	[俗]	[同]	[俗]	[古]	[本]	[俗]	[同]	[俗]
⇓	⇓	⇓	⇓	⇓	⇓	⇓	⇓	⇓	⇓
櫂 トウ かい	橈 ドウ しなやか	機 キ はた	槨 カク ひつぎ	楓 カイ くぬぎ	綱 コウ つな	榜 ボウ	禁 キン	碗 ワン	碇 テイ いかり

歸	歸	歬	㿟	〈止部〉	歇	欼	欸	灸	〈欠部〉
[古]	[古]	[古]	[古]		[俗]	[俗]	[同]	[古]	
⇓	⇓	⇓	⇓		⇓	⇓	⇓	⇓	
帰・歸 キ かえる	帰・歸 キ かえる	前・前 ゼン まえ	光 コウ ひかり		歇 ケツ やすむ	款 カン	款 カン	欠・缺 ケツ かける・かく	

毀	毀	毀	〈殳・母部〉	殍	殊	〈歹部〉	𣲷	歮	祟
[俗]	[俗]	[俗]		[俗]	[同]		[同]	[同]	[同]
⇓	⇓	⇓		⇓	⇓		⇓	⇓	⇓
毀 キ こわす	毀 キ こわす	毀 キ こわす		卒 ソツ しもべ	夭 ヨウ わかい		諸・諸 ショ もろもろ	渋・澁 ジュウ しぶ・しぶい	祟 スイ たたる

〈毛部〉

毇　[俗]⇒毀　キ・こわす

𣫭　[本]⇒毒　ドク

毫　[俗]⇒毫　ゴウ・わずか

毽　[同]⇒睫　ショウ・まつげ

趤　[同]⇒睫　ショウ・まつげ

毺　[同]⇒睫　ショウ・まつげ

毨　[同]⇒鞠　キク・まり・けまり

毸　[同]⇒鞠　キク・まり・けまり

〈水(氷)部〉

〈火部〉

焰　[同]⇒炎　エン・ほのお

魚　[古]⇒魚　ギョ・うお・さかな

焚　[俗]⇒焚　フン・やく・たく

煮　[同]⇒煮・煮　シャ・にる・にえる

隼　[俗]⇒焦　ショウ・こげる

沓　[古]⇒消・消　ショウ・きえる・けす

楸　[古]⇒渉・渉　ショウ・わたる

淼　[同]⇒渺　ビョウ

漿　[本]⇒漿　ショウ

〈灬部〉

無　[同]⇒毋　ブ・ム・なかれ

烝　[俗]⇒丞　ジョウ・たすける

蕪　[俗]⇒兼・兼　ケン・かねる

烈　[本]⇒烈　レツ・はげしい

煉　[俗]⇒煉　レン・ねる

熒　[同]⇒熒　ケイ・ひとり

燢　[同]⇒煙・煙　エン・けむり

烝　[俗]⇒蒸　ジョウ・むす

橆　[俗]⇒無　ム・ブ・ない

〈爪(爫爪)父部〉

然　[本]⇒燃　ネン・もえる

熏　[俗]⇒薫・薫　クン・かおる

焣　[俗]⇒聚　シュウ・あつまる

爲　[同]⇒象　ショウ・ゾウ・かたち

然　[俗]⇒然　ゼン・ネン・しかり

焚　[俗]⇒焚　フン・やく・たく

〈爿(丬)部〉

爺　[同]⇒爺　ヤ・ちや

経　[古]⇒経・經　ケイ・キョウ・へる

悚 [同]⇩ 病 ビョウ・やまい

獎 [同]⇩ 奨・奨 ショウ・すすめる

牏 [俗]⇩ 漿 ショウ

〈片・牙(牙)部〉

惣 [俗]⇩ 窓 ソウ・まど

梀 [同]⇩ 棟 トウ・むね

牌 [同]⇩ 牌 ハイ・ふだ

牒 [同]⇩ 牒 チョウ・ふだ

牒 [俗]⇩ 牒 チョウ・ふだ

牋 [同]⇩ 箋 セン・はりふだ

吾 [俗]⇩ 牙 ガ・きば

〈牛(牛)部〉

犇 [古]⇩ 奔・奔 ホン・はしる

牰 [同]⇩ 特 トク・ひとり

特 [同]⇩ 特 トク・ひとり

犢 [俗]⇩ 犢 トク・こうし

〈犬部〉

倏 [同]⇩ 倏 シュク・たちまち

猒 [同]⇩ 然 ゼン・ネン・しかり

獎 [俗]⇩ 奨・奨 ショウ・すすめる

器 [俗]⇩ 器・器 キ・うつわ

〈玉(王)・瓦部〉

斑 [俗]⇩ 班 ハン・わける

琹 [俗]⇩ 琴 キン・こと

瑦 [俗]⇩ 琥 コ

瑕 [俗]⇩ 瑕 カ・きず

珱 [同]⇩ 盞 サン・さかずき

瓲 [同]⇩ 薨 ボウ・いらか

〈生部〉

甤 [同]⇩ 甥 セイ・おい

墊 [俗]⇩ 嫩 ドン・わかい

〈用部〉

甮 [俗]⇩ 庸 ヨウ・もちいる

宵 [同]⇩ 寧・寧 ネイ・やすい

〈田部〉

畗 [俗]⇩ 畜 チク・たくわえる

畮 [同]⇩ 畝 ホ・せ・うね

畬 [俗]⇩ 畚 ホン・ふごもっこ

畱 [本]⇩ 留 リュウ・ル・とめる・とまる

異 [本]⇩ 異・異 イ・こと

〔疋(正)部〕

畭 〔同〕⇒ 畬（ヨ・あらた）
畬 〔同〕⇒ 畬（ヨ・あらた）
舅 〔俗〕⇒ 舅（キュウ・しゅうと）
魃 〔俗〕⇒ 魅（ミ・みいる）
睭 〔古〕⇒ 疇（チュウ・たぐい）
畴 〔同〕⇒ 疇（チュウ・たぐい）
疏 〔同〕⇒ 疏（ソ・しるす）
疎 〔本〕⇒ 疎（ソ・うとい）

〔癶・白部〕

瘂 〔俗〕⇒ 呷（コウ・すう・あおる）
痠 〔同〕⇒ 疫（エキ・ヤク・えやみ）
痵 〔古〕⇒ 疾（シツ・やまい）
痒 〔本〕⇒ 痒（ヨウ・かゆい）
瘏 〔俗〕⇒ 瘃（トク）
痟 〔俗〕⇒ 痴・癡（チ・おろか）
瘡 〔同〕⇒ 瘡（ソウ・かさ）
瘦 〔俗〕⇒ 痩（ソウ・やせる）
發 〔俗〕⇒ 発・發（ハツ・ホツ・はなつ）

〔皮部〕／〔皿部〕

發 〔俗〕⇒ 発・發（ハツ・ホツ・はなつ）
鼻 〔俗〕⇒ 鼻・鼻（ビ・はな）
皕 〔合〕⇒ 二百（にひゃく）
皺 〔同〕⇒ 毬（キュウ・まり）
皴 〔古〕⇒ 皺（シュウ・しわ）
皲 〔俗〕⇒ 皺（シュウ・しわ）
盉 〔同〕⇒ 盍（コウ・なんぞ）
塩 〔俗〕⇒ 塩・鹽（エン・しお）

〔目部〕

盬 〔本〕⇒ 籃（ホ）
睂 〔本〕⇒ 眉（ビ・まゆ）
着 〔俗〕⇒ 著・著（チョ・あらわす）
眼 〔本〕⇒ 眼（ガン・まなこ）
睍 〔俗〕⇒ 睨（ゲイ・にらむ）
睫 〔同〕⇒ 睫（ショウ・まつげ）
督 〔同〕⇒ 督（トク・ただす）
鼎 〔俗〕⇒ 鼎（テイ・かなえ）
膏 〔同〕⇒ 膏（コウ・あぶら）

〈石 部〉

字		標準字・読み
眽	[俗]⇒	賑 シン にぎわう
賑	[俗]⇒	賑 シン にぎわう
硯	[同]⇒	研・研 ケン とぐ
磬	[俗]⇒	啓・啓 ケイ ひらく
碱	[俗]⇒	啓・啓 ケイ ひらく
碑	[俗]⇒	碑・碑 ヒ いしぶみ

〈示(礻)部〉

字		標準字・読み
祉	[古]⇒	社・社 シャ やしろ
祉	[俗]⇒	社・社 シャ やしろ
神	[俗]⇒	神・神 シン・ジン かみ
祥	[同]⇒	祥・祥 ショウ さいわい
禩	[俗]⇒	旋 セン めぐる
禅	[俗]⇒	禅・禪 ゼン ゆずる
袔	[俗]⇒	稲・稲 トウ いね
禥	[俗]⇒	積 セキ つむ
祷	[俗]⇒	禱 トウ いのる

〈内(内)・禾 部〉

字		標準字・読み
萬	[俗]⇒	万・萬 マン・バン よろず
秅	[同]⇒	芒 ボウ のぎ・すすき
秙	[俗]⇒	秙 コク
稇	[同]⇒	稇 コン
稜	[俗]⇒	稜 リョウ かど
稉	[俗]⇒	粳 コウ うるち
梁	[同]⇒	梁 リョウ あわ
稾	[同]⇒	稿 コウ わら
稅	[俗]⇒	稷 ショク きび

〈穴 部〉

字		標準字・読み
窌	[同]⇒	究 キュウ きわめる
窑	[俗]⇒	宗 シュウ・ソウ みたまや
穿	[俗]⇒	穿 セン うがつ
窂	[俗]⇒	寂 ジャク・セキ さびしい
窗	[本]⇒	窓 ソウ まど
窗	[本]⇒	窓 ソウ まど
窗	[同]⇒	窓 ソウ まど
寬	[俗]⇒	寛・寛 カン くつろぐ
家	[同]⇒	賓・賓 ヒン まろうど
窗	[古]⇒	爵・爵 シャク さかずき

〈立 部〉

字		標準字・読み
竢	[古]⇒	俟 シ まつ
童	[俗]⇒	童 ドウ わらべ

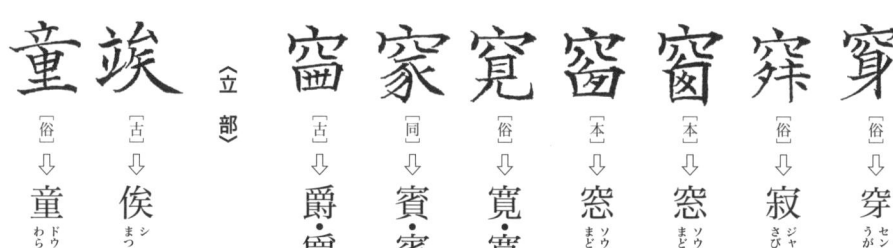

端 [俗] ⇩ 端 タン はし

竦 [同] ⇩ 聳 ショウ そびえる

〈罒部〉

罫 [俗] ⇩ 罫 ケイ

置 [俗] ⇩ 置 チ おく

〈ネ部〉

袳 [同] ⇩ 移 イ うつる・うつす

裌 [同] ⇩ 袷 コウ あわせ

衹 [俗] ⇩ 褄 つま

裡 [同] ⇩ 裏 リ うら

⿰衤希 [同] ⇩ 褫 チ はぐ

⿰衤尨 [俗] ⇩ 襲 シュウ おそう

〈竹部〉

笧 [俗] ⇩ 冊 サツ ふみ

筐 [同] ⇩ 匡 キョウ ただす

等 [俗] ⇩ 抔 ホウ すくう

⿱𥫗舟几 [同] ⇩ 筑・筑 チク

⿱𥫗氿 [俗] ⇩ 筑・筑 チク

筬 [俗] ⇩ 筬 セイ おさ

⿱𥫗⿶凵乂 [古] ⇩ 箕 キ み

笺 [俗] ⇩ 箋 セン はりふだ

筝 [俗] ⇩ 箏 ソウ こと

筅 [同] ⇩ 簓 ささら

〈米部〉

粟 [俗] ⇩ 粟 ゾク あわ

粲 [俗] ⇩ 粲 サン

粱 [俗] ⇩ 粱 リョウ あわ

𦖞 [古] ⇩ 聞 ブン・モン きく・きこえる

⿰米向 [同] ⇩ 餉 ショウ かれい

⿰米当 [俗] ⇩ 糖・糖 トウ あめ

粦 [同] ⇩ 燐 リン

〈糸部〉

⿰糸必 [俗] ⇩ 秘・祕 ヒ ひめる

索 [俗] ⇩ 索 サク なわ

絍 [同] ⇩ 紝 ジン はたいと

絝 [同] ⇩ 袴 コ はかま

經 [俗] ⇩ 経・經 ケイ・キョウ へる

⿰糸囟 [本] ⇩ 細 サイ ほそい

絏 [同] ⇩ 紲 セツ きずな

絫 [本] ⇩ 累 ルイ かさなる

結 [俗] ⇩ 結 ケツ むすぶ・ゆう

紫 [俗] ⇩ 紫 シ むらさき

絨 [俗] ⇩ 絨 ジュウ

絹 [俗] ⇩ 絹 ケン きぬ

絣 [同] ⇩ 絣 かすり

紲 [同] ⇩ 縷 セイ

絎 [同] ⇩ 絎 コウ

線 [同] ⇩ 線 セン いと

縋 [同] ⇩ 縋 ツイ すがる

繇 [俗] ⇩ 繁・繁 ハン しげる

綴 [同] ⇩ 翼・翼 ヨク つばさ

紙 [古] ⇩ 織 ショク・シキ おる

繕 [俗] ⇩ 繕 ゼン つくろう

紱 [同] ⇩ 韛 フク

綏 [俗] ⇩ 纓 エイ

〈缶 部〉

缾 [俗] ⇩ 瓶・瓶 ピン かめ

罌 [古] ⇩ 器・器 キ うつわ

〈羊(主・羊)・羽(羽・田)部〉

羨 [俗] ⇩ 羨 セン うらやむ

飛 [古] ⇩ 飛 ヒ とぶ

翼 [古] ⇩ 翼・翼 ヨク つばさ

〈老(耂)・而・耒(耒)部〉

耆 [同] ⇩ 耆 キ・シ

需 [同] ⇩ 需 ジュ もとめる

耕 [俗] ⇩ 耕・耕 コウ たがやす

耕 [俗] ⇩ 耕・耕 コウ たがやす

〈耳 部〉

恥 [同] ⇩ 忸 ジク はじる

壻 [俗] ⇩ 婿・壻 セイ むこ

聚 [俗] ⇩ 聚 シュウ あつまる

聚 [俗] ⇩ 聚 シュウ あつまる

聚 [俗] ⇩ 聚 シュウ あつまる

聯 [同] ⇩ 聯 レン つらなる

〈肉 部〉

胃 [同] ⇩ 胃 イ

胸 [同] ⇩ 胸 キョウ むね・むな

臭 [俗] ⇩ 臭・臭 シュウ くさい・い

皐 [俗] ⇩ 皐 コウ さわ

舺 〔古〕⇒ 津 シン つ

〈舟部〉

舄 〔俗〕⇒ 鳥 セキ くつ

舂 〔俗〕⇒ 舂 ショウ うすづく

〈臼〔臼〕部〉

臺 〔古〕⇒ 屋 オク や

臺 〔俗〕⇒ 台・臺 ダイ・タイ うてな

〈至部〉

䀭 〔俗〕⇒ 憩 ケイ いこい

參 〔同〕⇒ 終・終 シュウ おわる・おえる

衾 〔同〕⇒ 蛤 コウ はまぐり

蚩 〔本〕⇒ 蛙 ア かえる

〈虫部〉

虛 〔本〕⇒ 虚・虚 キョ・コ むなしい

虝 〔古〕⇒ 虎 コ とら

〈虍部〉

舼 〔同〕⇒ 艟 ドウ

舷 〔俗〕⇒ 筏 バツ いかだ

舶 〔俗〕⇒ 舶 ハク

艅 〔同〕⇒ 朕・朕 チン われ

裛 〔俗〕⇒ 覆・覆 フク くつがえす

裛 〔俗〕⇒ 覆・覆 フク くつがえす

裂 〔同〕⇒ 裂 レツ さく・さける

䘑 〔古〕⇒ 脈・脈 ミャク

〈血・衣・西〔西〕部〉

蜗 〔俗〕⇒ 蝐 モウ

蜗 〔本〕⇒ 蝐 モウ

蛸 〔同〕⇒ 蝐 チョウ せみ

蜥 〔俗〕⇒ 蝎 エキ とかげ

蝉 〔同〕⇒ 蜂 ホウ はち

舳 〔俗〕⇒ 解 カイ・ゲ とく・とかす

觧 〔俗〕⇒ 解 カイ・ゲ とく・とかす

觧 〔俗〕⇒ 解 カイ・ゲ とく・とかす

舳 〔俗〕⇒ 觝 テイ ふれる

〈角部〉

覧 〔俗〕⇒ 覧・覽 ラン みる

覎 〔同〕⇒ 瞥 ベツ

規 〔俗〕⇒ 規 キ のり

規 〔本〕⇒ 規 キ のり

〈見部〉

〈言部〉

- 誓 [俗] ⇒ 弁・辨 ベン わきまえる
- 誓 [俗] ⇒ 瓣・辯 ベン わきまえる
- 呻 [同] ⇒ 伸 シン のびる・のばす
- 詼 [俗] ⇒ 佞 ネイ へつらう
- 訶 [同] ⇒ 呵 カ しかる
- 諤 [俗] ⇒ 呼 コ よぶ
- 說 [同] ⇒ 呪 ジュ のろう
- 訝 [俗] ⇒ 訝 ガ いぶかる

- 設 [本] ⇒ 訣 ケツ わかれる
- 詒 [同] ⇒ 詒 イ・タイ おくる
- 詠 [同] ⇒ 詠 エイ よむ
- 註 [俗] ⇒ 詐 サ いつわる
- 詈 [同] ⇒ 詞 シ ことば
- 詔 [俗] ⇒ 詔 ショウ みことのり
- 診 [同] ⇒ 診 シン みる
- 診 [俗] ⇒ 診 シン みる
- 訴 [本] ⇒ 訴 ソ うったえる
- 訩 [俗] ⇒ 訴 ソ うったえる

- 詑 [同] ⇒ 詫 タ あざむく
- 謳 [俗] ⇒ 詫 タ あざむく
- 訣 [俗] ⇒ 該 ガイ かねる
- 詢 [同] ⇒ 詬 コウ はずかしめる
- 詆 [同] ⇒ 詩 シ うた
- 誂 [本] ⇒ 誂 チョウ いどむ・あつらえる
- 訴 [同] ⇒ 愬 ソ うったえる
- 說 [俗] ⇒ 説・説 セツ・ゼイ とく
- 誓 [同] ⇒ 謀 ボウ・ム はかる
- 諡 [俗] ⇒ 謐 ヒツ しずか

〈谷部〉

- 谽 [俗] ⇒ 谺 カ こだま
- 唇 [俗] ⇒ 叡 エイ あきらか

〈豆・豕部〉

- 登 [同] ⇒ 豌 エン
- 象 [俗] ⇒ 象 ショウ・ゾウ かたち
- 蒙 [俗] ⇒ 蒙 モウ こうむる

〈豸部〉

- 狐 [同] ⇒ 狐 コ きつね
- 黏 [俗] ⇒ 貂 チョウ てん

〈貝部〉

貊 〔同〕⇒貊 バク

貶 〔同〕⇒衒 ゲン・てらう

貫 〔同〕⇒貫 カン・つらぬく

貪 〔俗〕⇒貪 タン・ドン・むさぼる

貟 〔俗〕⇒奠 テン・まつる

買 〔俗〕⇒買 バイ・かう

賀 〔俗〕⇒貿 ボウ・かえる

貿 〔俗〕⇒貿 ボウ・かえる

賈 〔俗〕⇒賈 コ・あきなう

賊 〔本〕⇒賊・賊 ゾク・そこなう

賁 〔本〕⇒貢 ヒ

賝 〔俗〕⇒賑 シン・にぎわう

賝 〔同〕⇒賑 シン・にぎわう

賛 〔俗〕⇒賞 ショウ・ほめる

賦 〔同〕⇒賦 フ・ぶやく

貯 〔同〕⇒儲 チョ・もうけ

〈走部〉

趙 〔同〕⇒迫・迫 ハク・せまる

戙 〔俗〕⇒越 エツ・こす・こえる

越 〔俗〕⇒越 エツ・こす・こえる

超 〔俗〕⇒超 チョウ・こえる

趒 〔俗〕⇒超 チョウ・こえる

趁 〔同〕⇒趁 チン・おう

趣 〔同〕⇒趣 シュ・おもむき

趨 〔俗〕⇒趨 スウ・はしる

〈足（⻊）部〉

跎 〔同〕⇒跎 タ

跋 〔本〕⇒跋 バツ・つまずく

跋 〔俗〕⇒跋 バツ・つまずく

跛 〔俗〕⇒跡 セキ・あと

跳 〔俗〕⇒跳 チョウ・はねる・とぶ

〈身部〉

躰 〔俗〕⇒体・體 タイ・テイ・からだ

軆 〔俗〕⇒体・體 タイ・テイ・からだ

躳 〔俗〕⇒肢 シ・てあし

躲 〔本〕⇒射 シャ・いる

躭 〔俗〕⇒耽 タン・ふける

躭 〔俗〕⇒耽 タン・ふける

躬 〔同〕⇒躬 キュウ・み

躯　[俗]⇒軀　ク　からだ

〈車部〉

軭　[同]⇒払・拂　フツ　はらう

軶　[本]⇒軶　ヤク　くびき

軝　[同]⇒硨　シャ

輋　[俗]⇒輩　ハイ　やから

轢　[俗]⇒轢　レキ　ひく

轉　[合]⇒電車　でんしゃ

轉　[合]⇒電車　でんしゃ

〈辛・辵（辶・辶）部〉

辝　[古]⇒辞・辭　ジ　やめる

逌　[古]⇒由　ユ・ユウ　よし

逸　[同]⇒佚　イツ　たのしむ

迠　[本]⇒跕　ショウ

遧　[同]⇒送・送　ソウ　おくる

遫　[俗]⇒退・退　タイ　しりぞく

遺　[本]⇒逐・逐　チク　おう

遞　[同]⇒逓・遞　テイ　かわるがわる

淸　[同]⇒清・清　セイ・ショウ　きよい

遏　[古]⇒逖　テキ

逸　[同]⇒逸・逸　イツ　それる

逮　[古]⇒逮・逮　タイ　およぶ

逮　[古]⇒逮・逮　タイ　およぶ

輕　[古]⇒軽・輕　ケイ　かるい・かろやか

遷　[俗]⇒過・過　カ　すぎる

遂　[古]⇒遂・遂　スイ　とげる

達　[俗]⇒達・達　タツ　とおる

遍　[俗]⇒遍・遍　ヘン　あまねく

遊　[俗]⇒遊・遊　ユウ・ユ　あそぶ

遊　[俗]⇒遊・遊　ユウ・ユ　あそぶ

遁　[俗]⇒遁　トン　のがれる

逼　[俗]⇒逼　ヒョク・ヒツ　せまる

逩　[俗]⇒逩　ホン

遼　[俗]⇒遠・遠　エン・オン　とおい

遠　[俗]⇒遠・遠　エン・オン　とおい

適　[俗]⇒適・適　テキ　ゆく

遇　[俗]⇒邇　ジ　ちかい

〈邑（阝）部〉

郷　[俗]⇒郷・郷　キョウ・ゴウ　さと

郷 [俗]⇓ 郷・鄕 キョウ・ゴウ さと
鄕 [同]⇓ 卿 ケイ
〈酉部〉
醬 [俗]⇓ 医・醫 イ いやす
粕 [同]⇓ 粕 ハク かす
酔 [同]⇓ 酔・醉 スイ よう
醉 [俗]⇓ 酔・醉 スイ よう
酖 [俗]⇓ 酖 タン・チン ふける
酢 [俗]⇓ 酢 サク す
酬 [俗]⇓ 酬 シュウ むくいる

醍 [同]⇓ 醍 ダイ
〈釆部〉
番 [本]⇓ 巻・卷 カン まく・まき
奔 [本]⇓ 倦 ケン うむ
〈里部〉
眎 [古]⇓ 目 メ モク・ボク
野 [俗]⇓ 野 ヤ の
量 [古]⇓ 量 リョウ はかる
量 [俗]⇓ 量 リョウ はかる
〈金部〉

鈍 [俗]⇓ 鈍 ドン にぶい
釡 [同]⇓ 鈞 キン
鉌 [同]⇓ 釣・鈞 チョウ つる
斜 [俗]⇓ 斜 シャ ななめ
斜 [俗]⇓ 斜 シャ ななめ
釜 [俗]⇓ 釜 フ かま
釹 [俗]⇓ 釜 フ かま
釜 [同]⇓ 釜 フ かま
鈔 [同]⇓ 抄 ショウ かすめる
鈞 [同]⇓ 均 キン ひとしい

鑪 [俗]⇓ 鑪 ロ
鑪 [俗]⇓ 鑪 ロ
鈬 [俗]⇓ 鐸 タク
鈗 [同]⇓ 鉬 はばき
銭 [同]⇓ 鍋 カ なべ
鈖 [俗]⇓ 鉈 シャ なた
鈞 [俗]⇓ 鈞 コウ かぎ
銂 [同]⇓ 鉱・鑛 コウ あらがね
鉱 [俗]⇓ 鉛 エン なまり
粂 [古]⇓ 飲・飮 イン のむ

〈長・門 部〉

親字	区分		標準字体・読み
髟	[俗]	⇒	髮・髪（かみ・ハツ）
閉	[俗]	⇒	閉（とじる・ヘイ）
閇	[俗]	⇒	閉（とじる・ヘイ）
悶	[同]	⇒	悶（もだえる・モン）
開	[俗]	⇒	開（ひらく・あける・カイ）
閒	[古]	⇒	間・閒（あいだ・ま・カン・ケン）
間	[俗]	⇒	間・閒（あいだ・ま・カン・ケン）
閑	[俗]	⇒	閑（のどか・ひま・カン）
閏	[俗]	⇒	閏（うるう・ジュン）

〈阜（阝）部〉

親字	区分		標準字体・読み
閔	[同]	⇒	憫（あわれむ・ビン）
隍	[同]	⇒	界（さかい・カイ）
阮	[俗]	⇒	院（かきね・イン）
陿	[同]	⇒	陝（せまい・キョウ）
健	[同]	⇒	乾（かわく・カン）
陼	[同]	⇒	渚・渚（なぎさ・ショ）
陰	[俗]	⇒	陰（かげ・かげる・イン）
陶	[俗]	⇒	陶（すえ・トウ）
隆	[俗]	⇒	隆・隆（たかい・さかん・リュウ）

親字	区分		標準字体・読み
隆	[俗]	⇒	隆・隆（たかい・さかん・リュウ）
隆	[俗]	⇒	隆・隆（たかい・さかん・リュウ）
隆	[俗]	⇒	隆・隆（たかい・さかん・リュウ）
隆	[俗]	⇒	隆・隆（たかい・さかん・リュウ）
際	[古]	⇒	陵（みささぎ・リョウ）
陻	[同]	⇒	堰（せき・エン）
隄	[同]	⇒	堺（さかい・カイ）
堤	[同]	⇒	堤（つつみ・テイ）
陻	[同]	⇒	湮（イン）
陽	[俗]	⇒	陽（ひ・ヨウ）

〈隹 部〉

親字	区分		標準字体・読み
隱	[同]	⇒	隈（くま・ワイ）
隱	[俗]	⇒	隱・隠（かくす・かくれる・イン）
雋	[俗]	⇒	俊（すぐれる・シュン）
雇	[俗]	⇒	雇・雇（やとう・コ）
集	[俗]	⇒	集（あつまる・シュウ）
雌	[古]	⇒	雌（め・めす・シ）
雅	[同]	⇒	鴉（からす・ア）
雁	[同]	⇒	鴈（かり・ガン）
雇	[俗]	⇒	顧・顧（かえりみる・コ）

〈雨(雫)部〉

霄 [俗] ⇨ 宵・宵　ショウ　よい

雰 [俗] ⇨ 雪・雪　ゆき　セツ

雯 [本] ⇨ 需　ジュ　もとめる

〈靑(青)・非部〉

靘 [同] ⇨ 天　テン　あめ・あま

斐 [俗] ⇨ 斐　ヒ

斐 [俗] ⇨ 斐　ヒ

〈革部〉

靭 [同] ⇨ 靫　サイ　うつぼ

靱 [俗] ⇨ 靭　ジン　しなやか・うつぼ

〈頁部〉

頑 [俗] ⇨ 頑　ガン　かたくな

頑 [俗] ⇨ 髠　コン　そる

須 [同] ⇨ 鬚　シュ　ひげ・あごひげ

〈食(飠・食)・首部〉

彭 [俗] ⇨ 飢・飢　キ　うえる

飿 [同] ⇨ 飯・飯　ハン　めし

飥 [俗] ⇨ 飩　トン

飫 [俗] ⇨ 飫　ヨ　あきる

飾 [俗] ⇨ 飾・飾　ショク　かざる

飭 [俗] ⇨ 飾・飾　ショク　かざる

餝 [俗] ⇨ 飾・飾　ショク　かざる

養 [古] ⇨ 噎　エツ・イツ　むせぶ

湌 [同] ⇨ 餐　サン

餐 [古] ⇨ 饐　イ　すえる・むせぶ

饗 [俗] ⇨ 饕　トウ　むさぼる

僓 [同] ⇨ 頂　チョウ　いただき

〈馬・骨部〉

駅 [古] ⇨ 馬　バ　うま・ま

〈髟・鬼部〉

肌 [同] ⇨ 肌　キ　はだ

髠 [俗] ⇨ 髠　コン　そる

勉 [俗] ⇨ 魍　チ　すだま

〈鳥・麥(麦)部〉

鳹 [同] ⇨ 焉　エン　いずくんぞ

鳥 [同] ⇨ 鳥　チョウ　とり

越 [俗] ⇨ 越　エツ　こす・こえる

鵒 [同] ⇨ 隣・隣　リン　となり

＊　＊　＊

[古] ⇩

コウ
やすい

〈八(丷)部〉

龠 [古]⇩ 禽 キン・とり

儀 [古]⇩ 義 ギ・よい

債 [俗]⇩ 賃 チン・やとう

僇 [同]⇩ 戮 リク・ころす

儘 [俗]⇩ 儘 ジン・まま

僊 [同]⇩ 躍 ヒツ

儳 [俗]⇩ 儳 ザン・さしむ

僻 [俗]⇩ 警 ケイ・いましめる

儮 [同]⇩ 儷 レイ・ならぶ

奧 [俗]⇩ 奥・奥 オウ・おく

㒼 [俗]⇩ 満・滿 マン・みちる

蒲 [俗]⇩ 蒲 ホ・がま

養 [俗]⇩ 養・養 ヨウ・やしなう

冀 [同]⇩ 冀 キ・こいねがう

〈冖・宀部〉

寫 [俗]⇩ 写・寫 シャ・うつす

減 [俗]⇩ 滅 メツ・ほろびる

〈几・凵部〉

憑 [同]⇩ 凭 ヒョウ・よる・もたれる

畫 [俗]⇩ 画・畫 ガ・カク・かぎる・えがく

剪 [同]⇩ 剪 セン・きる・たつ

劊 [同]⇩ 創 ソウ・きずつける

勡 [同]⇩ 剿 ソウ

〈刀部〉

剭 [古]⇩ 刻 コク・きざむ

唧 [同]⇩ 則 ソク・のり

劔 [俗]⇩ 剣・劍 ケン・つるぎ

劃 [古]⇩ 劃 カク

〈刂部〉

劇 [俗]⇩ 劇 ゲキ・はげしい

劇 [俗]⇩ 劇 ゲキ・はげしい

劉 [同]⇩ 戮 リク・ころす

剹 [俗]⇩ 戮 リク・ころす

〈力部〉

劼 [同]⇩ 勉・勉 ベン・つとめる

勝 [俗]⇩ 勝・勝 ショウ・かつ・まさる

勡 [同]⇩ 剽 ヒョウ・おびやかす

勢 [俗]⇩ 勢 セイ・いきおい

勢 [俗]⇩ 勢 セイ・いきおい

播	幹	幹	舉	革	霙	〈十部〉	勣	勪	勠
〔俗〕	〔俗〕	〔俗〕	〔俗〕	〔同〕	〔俗〕		〔同〕	〔同〕	〔同〕
⇩	⇩	⇩	⇩	⇩	⇩		⇩	⇩	⇩
幡 のぼり・はた ハン	幹 みき カン	幹 みき カン	挙・舉 あげる キョ	革 かわ カク	双・雙 ふた ソウ		績 つむぐ セキ	敵 かたき テキ	戮 ころす リク

叠	〈又部〉	廣	厰	厪	厩	〈厂部〉	桼	隘	〈卩(巳)部〉
〔俗〕		〔俗〕	〔俗〕	〔俗〕	〔俗〕		〔古〕	〔俗〕	
⇩		⇩	⇩	⇩	⇩		⇩	⇩	
畳・疊 たたみ・たたむ ジョウ		廟 たまや ビョウ	廄 ゴウ	廑 キン	厩・廏 うまや キュウ		膝 ひざ シツ	隘 せまい アイ	

晢	嗌	貈	號	處	〈口部〉	鶏	尌	戮	叠
〔本〕	〔同〕	〔同〕	〔俗〕	〔俗〕		〔俗〕	〔古〕	〔古〕	〔俗〕
⇩	⇩	⇩	⇩	⇩		⇩	⇩	⇩	⇩
哲 あきらか テツ	咳 せき ガイ	狗 いぬ コウ	号・號 さけぶ ゴウ	処・處 おる ショ		鶏・鷄 にわとり ケイ	樹 き ジュ	劉 リュウ	畳・疊 たたみ・たたむ ジョウ

嗟	嗃	橐	嘘	喪	琴	嗰	喜	喚	唉
〔俗〕	〔俗〕	〔俗〕	〔同〕	〔俗〕	〔本〕	〔同〕	〔俗〕	〔俗〕	〔俗〕
⇩	⇩	⇩	⇩	⇩	⇩	⇩	⇩	⇩	⇩
嗟 ああ サ	嗃 カク	壺 つぼ コ	啼 なく テイ	喪 も ソウ	喪 も ソウ	啻 ただ シ	喜 よろこぶ キ	喚 わめく カン	笑 わらう ショウ

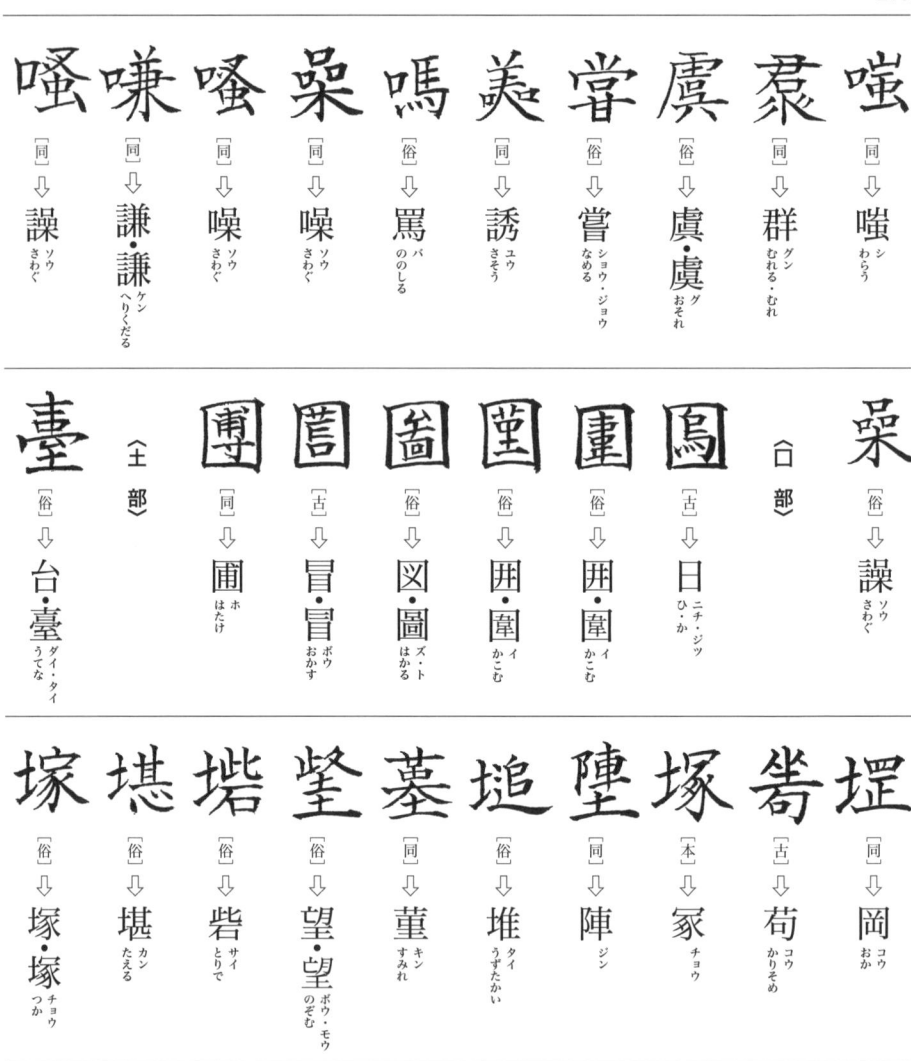

噝 〔同〕⇒ 嗤 シ わらう
㲚 〔同〕⇒ 群 グン むれる・むれ
虞 〔俗〕⇒ 虞・虞 グ おそれ
嘗 〔俗〕⇒ 嘗 ショウ・ジョウ なめる
羡 〔同〕⇒ 誘 ユウ さそう
嗎 〔俗〕⇒ 罵 バ ののしる
槀 〔同〕⇒ 噪 ソウ さわぐ
嗃 〔同〕⇒ 噪 ソウ さわぐ
嗛 〔同〕⇒ 謙・謙 ケン へりくだる
噝 〔同〕⇒ 譟 ソウ さわぐ

槀 〔俗〕⇒ 譟 ソウ さわぐ

〔口部〕
鳳 〔古〕⇒ 日 ニチ・ジツ ひ・か
圍 〔俗〕⇒ 囲・圍 イ かこむ
圍 〔俗〕⇒ 囲・圍 イ かこむ
圖 〔俗〕⇒ 図・圖 ズ・ト はかる
圖 〔古〕⇒ 冒・冒 ボウ おかす
團 〔同〕⇒ 圃 ホ はたけ

〔土部〕
臺 〔俗〕⇒ 台・臺 ダイ・タイ うてな

塦 〔同〕⇒ 岡 コウ おか
耇 〔古〕⇒ 苟 コウ かりそめ
塚 〔本〕⇒ 冢 チョウ
堕 〔同〕⇒ 陣 ジン
塠 〔俗〕⇒ 堆 タイ うずたかい
菫 〔同〕⇒ 菫 キン すみれ
望 〔俗〕⇒ 望・望 ボウ・モウ のぞむ
塞 〔俗〕⇒ 砦 サイ とりで
堪 〔俗〕⇒ 堪 カン たえる
塚 〔俗〕⇒ 塚・塚 チョウ つか

塚 〔俗〕⇒ 塚・塚 チョウ つか
塩 〔俗〕⇒ 塩・鹽 エン しお
塩 〔俗〕⇒ 塩・鹽 エン しお
壜 〔同〕⇒ 塑 ソ
填 〔俗〕⇒ 塡 テン うずめる
塘 〔俗〕⇒ 塘 トウ つつみ
塘 〔俗〕⇒ 塘 トウ つつみ
壜 〔俗〕⇒ 溝・溝 コウ みぞ
㮣 〔同〕⇒ 棄 キ すてる
墨 〔俗〕⇒ 墨・墨 ボク すみ

［一段目］

- 墨　〔俗〕↓ 墨・墨　ボク／すみ
- 坃　〔俗〕↓ 壊・壞　カイ／こわす
- 塡　〔同〕↓ 壎　ケン
- 𡐔　〔俗〕↓ 糞　フン／くそ
- 〔土 部〕
- 壷　〔同〕↓ 壺　コ／つぼ
- 槀　〔同〕↓ 彙　イ／はりねずみ
- 〔夂・夊・夕 部〕
- 夒　〔同〕↓ 要・要　ヨウ／いる
- 盈　〔俗〕↓ 猛　モウ／たけし

［二段目］

- 〔大 部〕
- 奥　〔俗〕↓ 奥・奥　オウ／おく
- 替　〔俗〕↓ 替　タイ／かえる
- 虞　〔俗〕↓ 虞・虞　グ／おそれ
- 猒　〔俗〕↓ 厭　エン／あきる
- 奞　〔本〕↓ 奪　ダツ／うばう
- 奠　〔古〕↓ 敲　コウ／たたく
- 奠　〔同〕↓ 殻　カク
- 〔女 部〕
- 媽　〔同〕↓ 姥　ボ／うば

［三段目］

- 媱　〔俗〕↓ 婬　イン／みだら
- 媻　〔同〕↓ 婆　バ／ばば
- 婆　〔同〕↓ 婆　バ／ばば
- 㜐　〔俗〕↓ 嬶　コウ
- 嫐　〔同〕↓ 嫐　ドウ／たわむれる
- 嬲　〔同〕↓ 嫫　ボ
- 蟇　〔同〕↓ 愧　キ／はじる
- 媿　〔俗〕↓ 嬰　エイ／みどりご
- 〔宀 部〕
- 寢　〔同〕↓ 万・萬　マン・バン／よろず

［四段目］

- 富　〔俗〕↓ 富　フ・フウ／とむ・とみ
- 宻　〔俗〕↓ 密　ミツ／ひそか
- 寅　〔本〕↓ 寅　イン／とら
- 賓　〔俗〕↓ 浜・濱　ヒン／はま
- 家　〔俗〕↓ 家　カ・ケ／いえ・や
- 宴　〔同〕↓ 宴　エン／うたげ
- 冥　〔古〕↓ 冥　メイ／くらい
- 宣　〔古〕↓ 宣　セン／のべる
- 窕　〔同〕↓ 宝・寶　ホウ／たから
- 寠　〔古〕↓ 宝・寶　ホウ／たから

〈宀部〉

寁〔同〕⇒審 シン つまびらか

寧〔俗〕⇒寧・寧 ネイ やすい

審〔同〕⇒寧・寧 ネイ やすい

寀〔俗〕⇒寡 カ すくない

寊〔同〕⇒寡 カ すくない

寢〔俗〕⇒寝・寝 シン ねる

寰〔古〕⇒寝・寝 シン ねる

塞〔俗〕⇒塞 サイ・ソク ふさぐ

寍〔俗〕⇒宵 ネイ やすい

宬〔俗〕⇒最 サイ もっとも

寮〔俗〕⇒寮 リョウ

窮〔俗〕⇒窮 キュウ きわまる

窒〔同〕⇒穏・穏 オン おだやか

寨〔同〕⇒謇 ケン

〈寸部〉

對〔俗〕⇒封 フウ・ホウ

對〔俗〕⇒剛 ゴウ つよい

尊〔俗〕⇒尊・尊 ソン たっとい・とうとい

尊〔俗〕⇒尊・尊 ソン たっとい・とうとい

〈小(ソ)部〉

〈尢(尣・尤)部〉

尟〔本〕⇒尠 セン すくない

尠〔同〕⇒鮮 セン あざやか

就〔俗〕⇒就 シュウ・ジュ つく・つける

就〔俗〕⇒就 シュウ・ジュ つく・つける

〈尸部〉

扇〔俗〕⇒尿 ニョウ しと

屚〔俗〕⇒溺 デキ おぼれる

屈〔俗〕⇒屈 クツ かがむ

屈〔古〕⇒屈 クツ かがむ

屈〔古〕⇒屈 クツ かがむ

屛〔同〕⇒屈 クツ かがむ

扇〔同〕⇒奏 ソウ かなでる

屚〔同〕⇒群 グン むれる・むれ

屚〔俗〕⇒漏 ロウ もれる

〈山部〉

峇〔同〕⇒本 ホン もと

崀〔同〕⇒民 ミン たみ

崗〔俗〕⇒岡 コウ おか

戢〔同〕⇒峨 ガ

崚〔同〕⇒峻 シュン たかい

〔山部〕

巓　[俗]⇒嶺　テン・いただき
崛　[同]⇒窟　クツ・いわや
崶　[古]⇒睦　ボク・むつむ
歲　[俗]⇒歳・歲　サイ・セイ・とし
歳　[俗]⇒歳・歲　サイ・セイ・とし
嵳　[同]⇒嵯　サ
嵿　[同]⇒塡　テン・うずめる
嶸　[同]⇒渓・溪　ケイ・たに
嶋　[同]⇒島　トウ・しま
島　[本]⇒島　トウ・しま

《川・己(已・巳)部》

順　[俗]⇒慎・愼　シン・つつしむ
騰　[俗]⇒勝・勝　ショウ・かつ・まさる

〈巾・干 部〉

歸　[俗]⇒帰・歸　キ・かえる
蓆　[俗]⇒席　セキ・むしろ
逐　[古]⇒逐・逐　チク・おう
渺　[同]⇒漫　マン・みだり

〈广 部〉

庵　[俗]⇒庵　アン・いおり

〈廾・弋・弓 部〉

厨　[俗]⇒厨・廚　チュウ・くりや
庾　[同]⇒瑟　シツ・おおごと
厩　[俗]⇒厩・廄　キュウ・うまや
麻　[同]⇒歴・歷　レキ・へる
靡　[同]⇒靡　ビ・なびく
雁　[同]⇒鷹　ヨウ・たか
鼻　[本]⇒奥・奧　オウ・おく
弑　[俗]⇒弑　シ
虢　[同]⇒弛　シ・ゆるめる

〈彑(彐)部〉

彙　[同]⇒彙　イ・はりねずみ
蝟　[同]⇒蝟　イ・はりねずみ

〈亻 部〉

傅　[俗]⇒伝・傳　デン・つたわる
徎　[古]⇒征　セイ・ゆく
從　[俗]⇒従・從　ジュウ・したがう
衒　[本]⇒街　ガイ・てらう
術　[俗]⇒術・術　ジュツ・すべ
得　[本]⇒得　トク・える・うる

〈忄部〉

傍 〔同〕⇩ 傍　ボウ　かたわら

衞 〔同〕⇩ 割・割　カツ　わる

憸 〔俗〕⇩ 惨・惨　サン　みじめ

愽 〔俗〕⇩ 博・博　ハク　ひろい

博 〔俗〕⇩ 博・博　ハク　ひろい

愇 〔俗〕⇩ 愇　イ

惰 〔俗〕⇩ 惰　ダ　おこたる

慎 〔俗〕⇩ 幕　マク・バク　とばり

恖 〔同〕⇩ 慨・慨　ガイ　いきどおる

愫 〔俗〕⇩ 慥　ゾウ　たしか

憹 〔同〕⇩ 憊　ハイ　つかれる

〈扌部〉

捗 〔同〕⇩ 批　ヒ　うつ

搞 〔古〕⇩ 扶　フ　たすける

揎 〔同〕⇩ 扼　ヤク　おさえる

捌 〔俗〕⇩ 制　セイ

摺 〔同〕⇩ 抽　チュウ　ひく・ぬく

搏 〔同〕⇩ 拍　ハク・ヒョウ　うつ

揳 〔同〕⇩ 拋　ホウ　なげうつ

捜 〔同〕⇩ 捜・捜　ソウ　さがす

攪 〔同〕⇩ 捜・捜　ソウ　さがす

摖 〔俗〕⇩ 捜・捜　ソウ　さがす

搏 〔同〕⇩ 捕　ホ　とらえる

捲 〔同〕⇩ 拳・拳　ケン　こぶし

揜 〔本〕⇩ 掩　エン　おおう

掩 〔俗〕⇩ 掩　エン　おおう

捷 〔俗〕⇩ 捷　ショウ　はやい

攪 〔同〕⇩ 掃・掃　ソウ　はく

摘 〔俗〕⇩ 掃・掃　ソウ　はく

探 〔同〕⇩ 探　タン　さぐる・さがす

撩 〔俗〕⇩ 掠　リャク　かすめる

揆 〔本〕⇩ 揆　キ　はかる

撥 〔俗〕⇩ 揆　キ　はかる

揵 〔同〕⇩ 揖　ユウ

敪 〔古〕⇩ 揚　ヨウ　あげる・あがる

構 〔俗〕⇩ 構　コウ　かまえる

攝 〔俗〕⇩ 摂・攝　セツ　とる

搞 〔俗〕⇩ 摂・攝　セツ　とる

摁 〔俗〕⇩ 想　ソウ・ソ　おもう

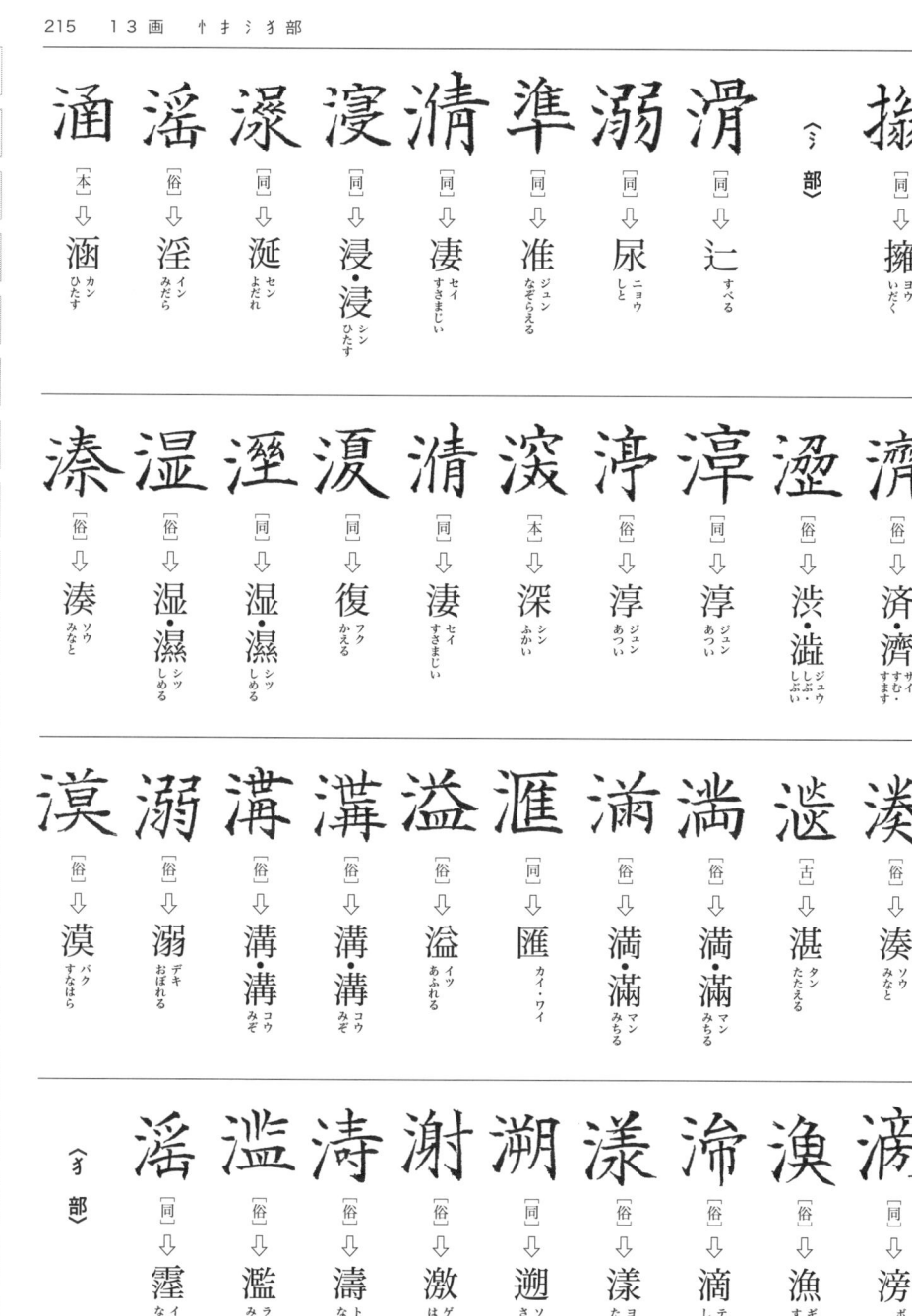

〈氵部〉

大字	区分	→	標準字・読み
搊	〔同〕	⇩	擁　ヨウ　いだく
滑	〔同〕	⇩	辷　すべる
溺	〔同〕	⇩	尿　ニョウ　しと
凖	〔同〕	⇩	准　ジュン　なぞらえる
凊	〔同〕	⇩	凄　セイ　すさまじい
浸	〔同〕	⇩	浸・浸　シン　ひたす
渷	〔同〕	⇩	涎　セン　よだれ
滛	〔俗〕	⇩	淫　イン　みだら
涌	〔本〕	⇩	涵　カン　ひたす

大字	区分	→	標準字・読み
濟	〔俗〕	⇩	済・濟　サイ　すむ・すます
澀	〔俗〕	⇩	渋・澁　ジュウ　しぶ・しぶい
漳	〔同〕	⇩	淳　ジュン　あつい
湻	〔俗〕	⇩	淳　ジュン　あつい
滾	〔本〕	⇩	深　シン　ふかい
凊	〔同〕	⇩	凄　セイ　すさまじい
湏	〔同〕	⇩	復　フク　かえる
湮	〔同〕	⇩	湿・濕　シツ　しめる
湿	〔俗〕	⇩	湿・濕　シツ　しめる
溱	〔俗〕	⇩	湊　ソウ　みなと

大字	区分	→	標準字・読み
湊	〔俗〕	⇩	湊　ソウ　みなと
遜	〔古〕	⇩	湛　タン　たたえる
滿	〔俗〕	⇩	満・滿　マン　みちる
滿	〔俗〕	⇩	満・滿　マン　みちる
滙	〔同〕	⇩	匯　カイ・ワイ
溢	〔俗〕	⇩	溢　イツ　あふれる
溝	〔俗〕	⇩	溝・溝　コウ　みぞ
溝	〔俗〕	⇩	溝・溝　コウ　みぞ
溺	〔俗〕	⇩	溺　デキ　おぼれる
漠	〔俗〕	⇩	漠　バク　すなはら

〈犭部〉

大字	区分	→	標準字・読み
滴	〔同〕	⇩	滂　ボウ
漢	〔俗〕	⇩	漁　ギョ・リョウ　すなどる
泲	〔俗〕	⇩	滴　テキ　しずく・したたる
漾	〔俗〕	⇩	漾　ヨウ　ただよう
溯	〔同〕	⇩	遡　ソ　さかのぼる
瀬	〔俗〕	⇩	激　ゲキ　はげしい
涛	〔俗〕	⇩	濤　トウ　なみ
濫	〔同〕	⇩	濫　ラン　みだれる
滛	〔同〕	⇩	霪　イン　ながあめ

〈艸(艹)部〉

| 猶 [俗] ⇩ 猶・猶 なお ユウ |
| 猨 [俗] ⇩ 猿 さる エン |
| 獀 [同] ⇩ 蒐 あつめる シュウ |
| 獉 [同] ⇩ 榛 はしばみ シン |
| 獂 [同] ⇩ 熊 くま ユウ |
| 獏 [同] ⇩ 貘 バク |

萬 [古] ⇩ 万・萬 よろず マン・バン
埶 [俗] ⇩ 芸・藝 わざ ゲイ
菩 [同] ⇩ 享 うける キョウ

菀 [俗] ⇩ 苑 その エン
蓍 [同] ⇩ 苟 かりそめ コウ
蔔 [同] ⇩ 茜 あかね セン
菎 [古] ⇩ 草 くさ ソウ
韮 [古] ⇩ 韭 にら キュウ
蕐 [俗] ⇩ 華・華 はな カ・ケ
蒞 [俗] ⇩ 莅 リ
萭 [同] ⇩ 矩・矩 さしがね ク
莽 [古] ⇩ 菴 いおり アン
罃 [同] ⇩ 萱 かや ケン

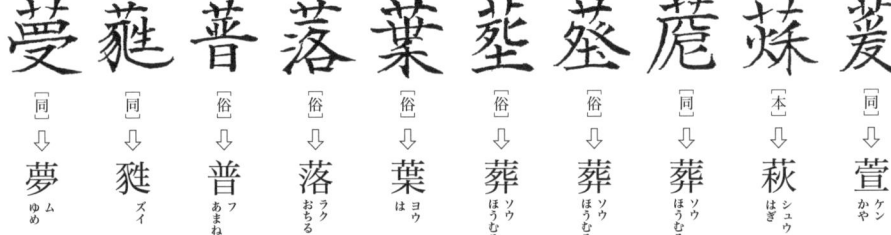

葋 [同] ⇩ 萱 かや ケン
蘇 [本] ⇩ 萩 はぎ シュウ
蔴 [同] ⇩ 葬 ほうむる ソウ
蒸 [俗] ⇩ 葬 ほうむる ソウ
莚 [俗] ⇩ 葬 ほうむる ソウ
葉 [俗] ⇩ 葉 は ヨウ
落 [俗] ⇩ 落 おちる ラク
普 [俗] ⇩ 普 あまねし フ
虁 [同] ⇩ 夔 ズイ
夢 [同] ⇩ 夢 ゆめ ム

蔑 [俗] ⇩ 夢 ゆめ ム
葢 [同] ⇩ 蓋 おおう・ふた ガイ
甚 [同] ⇩ 椹 さわら チン
萉 [同] ⇩ 蓴 じゅんさい ジュン
蔣 [俗] ⇩ 蔣 ショウ
薎 [俗] ⇩ 蔑 さげすむ ベツ
蔑 [俗] ⇩ 蔑 さげすむ ベツ
蓬 [俗] ⇩ 蓬 よもぎ ホウ
鞠 [俗] ⇩ 鞦 とも
蕩 [俗] ⇩ 蕩 とろける トウ

篇 [俗]⇩篇（ヘン／ふみ）
薑 [俗]⇩薑（キョウ／しょうが）
蒒 [俗]⇩篩（シ／ふるい）
萎 [同]⇩錦（キン／にしき）
藍 [俗]⇩藍（ラン／あい）

〈心(小)部〉

窋 [本]⇩恪（カク／つつしむ）
嗜 [同]⇩悥（イ／いかる）
悳 [俗]⇩恵・惠（ケイ・エ／めぐむ）
蕙 [俗]⇩悪・惡（アク・オ／わるい）

愿 [同]⇩悏（キョウ／こころよい）
愛 [俗]⇩愛（アイ／めでる）
慫 [同]⇩愁（シュウ／うれえる）
恕 [同]⇩想（ソウ・ソ／おもう）
愈 [俗]⇩愈（ユ／まさる）
愈 [俗]⇩愈（ユ／まさる）
蒍 [俗]⇩煎（セン／いる）
慂 [俗]⇩漉（ヨウ／すすめる）
慈 [同]⇩慶（ケイ／よろこぶ）
慶 [俗]⇩慶（ケイ／よろこぶ）

焉 [本]⇩憂（ユウ／うれえる）
感 [同]⇩憾（カン／うらむ）
罦 [俗]⇩憲・憲（ケン／のり）
罥 [同]⇩憲・憲（ケン／のり）
葚 [同]⇩謀（ボウ・ム／はかる）
葚 [古]⇩謨（ボ／はかる）

〈戈部〉

戱 [同]⇩盾（ジュン／たて）
残 [本]⇩残・殘（ザン／のこる）
威 [俗]⇩盛・盛（セイ／もる）

威 [古]⇩盗・盗（トウ／ぬすむ）
歳 [俗]⇩歳・歳（サイ・セイ／とし）
咸 [同]⇩鍋（カ／なべ）
戕 [俗]⇩殲（セン／つくす・ほろぼす）
蠚 [同]⇩蠢（シュン／うごめく）

〈手・支部〉

拳 [俗]⇩挙・舉（キョ／あげる）
掣 [俗]⇩掣（セイ／ひく）
敲 [俗]⇩敵（テキ／かたき）

〈攴(攵)部〉

〔同〕⇩ 挌 カク／うつ
〔俗〕⇩ 発・發 ハツ・ホツ／はなつ
〔古〕⇩ 窃・竊 セツ／ぬすむ
〔古〕⇩ 敢 カン／あえて
〔本〕⇩ 敬 ケイ／うやまう
〔同〕⇩ 敦 トン／あつい
〔同〕⇩ 愛 アイ／めでる
〔俗〕⇩ 毀 キ／こわす
〔同〕⇩ 鼓 コ／つづみ
〔俗〕⇩ 敲 コウ／たたく

〔俗〕⇩ 敷・敷 フ／しく
〔俗〕⇩ 敷・敷 フ／しく

〈文・斗部〉
〔俗〕⇩ 毅 キ／つよい
〔俗〕⇩ 斠 シン／くむ

〈斤部〉
〔同〕⇩ 折 セツ／おる・おり
〔俗〕⇩ 新 シン／あたらしい
〔古〕⇩ 誓 セイ／ちかう
〔同〕⇩ 薪 シン／たきぎ

〈方部〉
〔俗〕⇩ 旋 セン／めぐる
〔俗〕⇩ 鳧 フ／かも

〈日・日部〉
〔俗〕⇩ 映 エイ／うつる
〔古〕⇩ 昼・晝 チュウ／ひる
〔俗〕⇩ 時 ジ／とき
〔俗〕⇩ 曼 マン
〔俗〕⇩ 景 ケイ／かげ
〔同〕⇩ 晴・晴 セイ／はれる

〔俗〕⇩ 暇 カ／ひま
〔同〕⇩ 暖・暖 ダン／あたたかい
〔俗〕⇩ 腹 フク／はら
〔同〕⇩ 煖 ダン／あたたかい
〔同〕⇩ 煖 ダン／あたたかい
〔本〕⇩ 照 ショウ／てる
〔俗〕⇩ 嘗 ショウ・ジョウ／なめる
〔俗〕⇩ 暮 ボ／くれる
〔俗〕⇩ 暴 ボウ／あばく・あばれる
〔同〕⇩ 曙・曙 ショ／あけぼの

〈月(月)部〉

- 曽 ［同］⇩ 類・類（ルイ・たぐい）
- 胃 ［古］⇩ 胃（イ）
- 胃 ［俗］⇩ 胃（イ）
- 朕 ［俗］⇩ 朕・朕（チン・われ）
- 膳 ［同］⇩ 猪・猪（チョ・い・いのこ）
- 腦 ［俗］⇩ 脳・脳（ノウ）
- 勝 ［俗］⇩ 勝・勝（ショウ・かつ・まさる）
- 喉 ［同］⇩ 喉（コウ・のど）
- 渥 ［同］⇩ 渥（アク・あつい）

〈木部〉

- 腕 ［俗］⇩ 腕（ワン・うで）
- 腕 ［俗］⇩ 腕（ワン・うで）
- 腹 ［俗］⇩ 腹（フク・はら）
- 膂 ［同］⇩ 腰・腰（ヨウ・こし）
- 腿 ［俗］⇩ 腿（タイ・もも）
- 腟 ［同］⇩ 腟（チツ）
- 臘 ［俗］⇩ 臘（ロウ）
- 腭 ［同］⇩ 齶（ガク・はぐき）
- 梥 ［古］⇩ 子（シ・こ）

- 本 ［同］⇩ 本（ホン・もと）
- 奈 ［俗］⇩ 奈（ナ・いかん）
- 杯 ［同］⇩ 杯（ハイ・さかずき）
- 直 ［古］⇩ 直（チョク・ただちに・なおす）
- 盾 ［同］⇩ 盾（ジュン・たて）
- 柝 ［同］⇩ 柝（タク）
- 矜 ［俗］⇩ 矜（キョウ・あわれむ）
- 桂 ［同］⇩ 桂（ケイ・かつら）
- 棧 ［俗］⇩ 桟・棧（サン・かけはし）
- 棧 ［俗］⇩ 桟・棧（サン・かけはし）

- 楓 ［同］⇩ 梍（セイ・もみじ）
- 楳 ［同］⇩ 梅・梅（バイ・うめ）
- 桌 ［本］⇩ 栗（リツ・くり）
- 椹 ［同］⇩ 砧（チン・きぬた）
- 榎 ［本］⇩ 梗（コウ・やまにれ）
- 棃 ［同］⇩ 梨（リ・なし）
- 椢 ［同］⇩ 堰（エン・せき）
- 揉 ［同］⇩ 揉（ジュウ・もむ）
- 椅 ［俗］⇩ 椅（イ）
- 棗 ［同］⇩ 棗（ソウ・なつめ）

楴 [同] ↓ 棉 メン／わた

楃 [同] ↓ 棱 リョウ／かど

彙 [同] ↓ 彙 イ／はりねずみ

彚 [俗] ↓ 棄 キ／すてる

棄 [俗] ↓ 棄 キ／すてる

業 [俗] ↓ 業 ギョウ・ゴウ／わざ

業 [俗] ↓ 業 ギョウ・ゴウ／わざ

檀 [俗] ↓ 楥 ケン

楮 [俗] ↓ 楯 ジュン／たて

楮 [俗] ↓ 楯 ジュン／たて

穀 [俗] ↓ 穀・穀 コク／もみ

楳 [同] ↓ 甋 はんぞう

榊 [俗] ↓ 榊 さかき

榔 [俗] ↓ 榔 ロウ

様 [俗] ↓ 様・様 ヨウ／さま

槌 [俗] ↓ 槌 ツイ／つち

禁 [俗] ↓ 禁 キン

楎 [俗] ↓ 楎 ヨウ

楢 [俗] ↓ 楢 ユウ／なら

楚 [俗] ↓ 楚 ソ／いばら

歆 [古] ↓ 資・資 シ／もと

款 [同] ↓ 款 カン

歘 [同] ↓ 喘 ゼン／あえぐ

欲 [俗] ↓ 欲 ヨク／ほっする・ほしい

欧 [俗] ↓ 欧・欧 オウ／はく

〈欠部〉

榔 [俗] ↓ 櫛・櫛 シツ／くし

榔 [俗] ↓ 櫛・櫛 シツ／くし

檪 [同] ↓ 縁・縁 エン／ふち

揃 [古] ↓ 箋 セン／はりふだ

殫 [俗] ↓ 殫 タン／つきる

殢 [同] ↓ 禍・禍 カ／わざわい

殖 [俗] ↓ 殖 ショク／ふえる

〈歹部〉

嵥 [同] ↓ 躇 チョ／ふむ

暉 [同] ↓ 踵 ショウ／かかと

歳 [俗] ↓ 歳・歳 サイ・セイ／とし

嶝 [俗] ↓ 喪 ソウ／も

〈止部〉

〈殳部〉

毬 〔同〕⇨鞠 まり・けまり（キク）
毳 〔同〕⇨毯 ケ
厖 〔同〕⇨眉 まゆ（ビ）
〈毛部〉
毅 〔俗〕⇨毅 つよい（キ）
毅 〔同〕⇨毅 つよい（キ）
殿 〔同〕⇨殿 との・どの（デン）
毀 〔俗〕⇨毀 こわす（キ）
殺 〔古〕⇨殺・殺 ころす（サツ）

〈氏・水（氷）部〉

燥 〔同〕⇨揉 もむ（ジュウ）
奐 〔同〕⇨魚 うお・さかな（ギョ）
燮 〔同〕⇨於 おいて（オ）
玷 〔俗〕⇨杉 すぎ（サン）
燮 〔俗〕⇨労・勞 つかれる（ロウ）
〈火部〉
蒙 〔同〕⇨水 みず（スイ）
雌 〔同〕⇨鴟 とび（シ）
昭 〔同〕⇨昏 くれ（コン）
黎 〔古〕⇨於 おいて（オ）

熖 〔同〕⇨煎 いる（セン）
煊 〔同〕⇨煖 あたたかい（ダン）
熯 〔同〕⇨煙・煙 けむり（エン）
煖 〔同〕⇨暖・暖 あたたかい（ダン）
煥 〔同〕⇨暄 あたたかい（ケン）
羹 〔同〕⇨煮・煮 にる・にえる（シャ）
焗 〔俗〕⇨焔 ほのお（エン）
焰 〔俗〕⇨焔 ほのお（エン）
焗 〔古〕⇨焔 ほのお（エン）
熅 〔俗〕⇨温・溫 あたたか（オン）

剪 〔同〕⇨煎 いる（セン）
熅 〔俗〕⇨熅 うずみび（ウン）
輝 〔同〕⇨輝 かがやく（キ）
燧 〔同〕⇨燧 ひうち（スイ）
煅 〔同〕⇨鍛 きたえる（タン）
爆 〔同〕⇨爆 やく（バク）
〈灬部〉
黙 〔同〕⇨助 たすける（ジョ）
煞 〔俗〕⇨殺・殺 ころす（サツ）
烈 〔古〕⇨烈 はげしい（レツ）

賑 [古]⇒視・視 シ みる
煮 [同]⇒煮・煮 シャ にる・にえる
羔 [同]⇒無 ム・ブ ない
蒸 [同]⇒蒸 ジョウ むす
熖 [俗]⇒照 ショウ てる
照 [俗]⇒照 ショウ てる
煎 [俗]⇒煎 セン いる
熏 [俗]⇒熏 クン いぶす
〈爪(爫・爫)部〉
愛 [俗]⇒愛 アイ めでる

偏 [同]⇒福・福 フク さいわい
貉 [同]⇒酪 ラク
〈爻(爻)・片 部〉
爽 [俗]⇒爽 ソウ さわやか
牕 [同]⇒窓 ソウ まど
斯 [俗]⇒斯 シ この
牌 [俗]⇒牌 ハイ ふだ
〈牛(牜)部〉
犖 [古]⇒烏 オ からす
惣 [俗]⇒総・總 ソウ すべる

〈犬 部〉
獻 [同]⇒戻・戻 レイ もどす・もどる
獨 [俗]⇒独・獨 ドク ひとり
猶 [同]⇒猶・猶 ユウ なお
獻 [同]⇒献・獻 ケン・コン たてまつる
猷 [俗]⇒猷 ユウ
猒 [俗]⇒厭 エン あきる
〈玉(王)部〉
琂 [古]⇒和 ワ やわらぐ
瑇 [同]⇒玳 タイ

琴 [俗]⇒琴 キン こと
瑕 [俗]⇒瑕 カ きず
瑙 [俗]⇒瑙 ノウ
璃 [俗]⇒璃 リ
環 [同]⇒環・環 カン たまき
〈瓦 部〉
砕 [同]⇒砕・砕 サイ くだく
瓶 [本]⇒瓶・瓶 ビン かめ
甍 [俗]⇒甍 ボウ いらか
甍 [俗]⇒甍 ボウ いらか

〈甘・生部〉

勘 [俗] ⇒ 勘　シン・くむ
啇 [同] ⇒ 姓　セイ・ショウ・かばね
垩 [同] ⇒ 嫩　ドン・わかい

〈用・田部〉

輔 [俗] ⇒ 輔　ホ・たすける・すけ
畞 [同] ⇒ 畝　ホ・せ・うね
畚 [同] ⇒ 畚　ホン・ふご・もっこ
畚 [同] ⇒ 畚　ホン・ふご・もっこ
畱 [同] ⇒ 留　リュウ・ル・とめる・とまる

〈疒部〉

瘠 [俗] ⇒ 盲・肓　モウ
瘂 [同] ⇒ 啞　ア
瘈 [同] ⇒ 悸　キ・おそれる
瘁 [同] ⇒ 悴　スイ・やつれる

畺 [同] ⇒ 疆　キョウ・さかい
暢 [俗] ⇒ 暢　チョウ・のびる
畷 [俗] ⇒ 畷　テツ・なわて
畢 [同] ⇒ 畢　ヒツ・おわる
畍 [古] ⇒ 域　イキ・くぎり

〈皮部〉

皺 [俗] ⇒ 皺　シュウ・しわ
皺 [同] ⇒ 皺　シュウ・しわ

習 [同] ⇒ 耀・燿　ヨウ・かがやく
鼻 [俗] ⇒ 鼻・鼻　ビ・はな

〈白部〉

瘦 [俗] ⇒ 痩　ソウ・やせる
瘦 [同] ⇒ 痩　ソウ・やせる
痺 [本] ⇒ 痺　ヒ・しびれる
痛 [俗] ⇒ 痛　ツウ・いたい

〈皿部〉

鼎 [俗] ⇒ 鼎　テイ・かなえ
睭 [同] ⇒ 睥　ヘイ
聰 [同] ⇒ 眷　ケン・かえりみる
眥 [俗] ⇒ 眉　ビ・まゆ
暗 [俗] ⇒ 盲・肓　モウ

〈目部〉

盟 [俗] ⇒ 盟　メイ・ちかう
盟 [俗] ⇒ 盟　メイ・ちかう
盡 [俗] ⇒ 尽・盡　ジン・つくす

〈石部〉

- 睿 ［俗］⇩ 叡（エイ／あきらか）
- 睿 ［俗］⇩ 叡（エイ／あきらか）
- 睆 ［俗］⇩ 瞼（ケン／まぶた）

石部

- 碕 ［同］⇩ 埼（きし・さき）
- 碁 ［同］⇩ 棋（キ）
- 硯 ［俗］⇩ 硯（ケン／すずり）
- 硼 ［俗］⇩ 硼（ホウ）
- 碍 ［俗］⇩ 礙（ガイ／さまたげる）
- 碍 ［俗］⇩ 礙（ガイ／さまたげる）

〈示（ネ）部〉

- 禄 ［本］⇩ 禄・禄（ロク）
- 禄 ［同］⇩ 禄・禄（ロク）
- 禄 ［俗］⇩ 禄・禄（ロク）
- 禍 ［俗］⇩ 禍・禍（カ／わざわい）
- 禍 ［俗］⇩ 禍・禍（カ／わざわい）
- 福 ［俗］⇩ 福・福（フク／さいわい）
- 稔 ［同］⇩ 稔（ジン・ネン／みのる）
- 禀 ［俗］⇩ 稟（ヒン・リン／うける）
- 袷 ［俗］⇩ 稲・稲（いね／トウ）

〈禾部〉（示部つづき）

- 福 ［俗］⇩ 稲・稲（いね／トウ）
- 裀 ［俗］⇩ 謂（イ／いう）
- 禑 ［同］⇩ 禱（トウ／いのる）
- 禂 ［同］⇩ 禱（トウ／いのる）

禾部

- 稔 ［同］⇩ 年（ネン／とし）
- 香 ［俗］⇩ 香（コウ／か・かおり）
- 稱 ［俗］⇩ 称・稱（ショウ／たたえる）
- 稱 ［俗］⇩ 称・稱（ショウ／たたえる）
- 稀 ［俗］⇩ 授（ジュ／さずける）

〈穴部〉

- 稡 ［同］⇩ 萃（スイ／あつまる）
- 秠 ［俗］⇩ 稗（ハイ／ひえ）
- 稷 ［同］⇩ 稷（ショク／きび）

穴部

- 寃 ［同］⇩ 究（キュウ／きわめる）
- 窰 ［同］⇩ 松（ショウ／まつ）
- 竈 ［俗］⇩ 掩（エン／おおう）
- 窊 ［俗］⇩ 寐（ビ／ねる）
- 寃 ［同］⇩ 最（サイ／もっとも）
- 窪 ［俗］⇩ 窪（ワ／くぼ）

〈穴部〉

寠	窪
〔俗〕⇒ 霖 リン／ながあめ	〔俗〕⇒ 窪 ワ／くぼ

〈立部〉

竩	竴	廉	商
〔古〕⇒ 誼 ケン／わすれる	〔同〕⇒ 靖・靖 セイ／やすい	〔俗〕⇒ 廉・廉 レン／いさぎよい	〔古〕⇒ 商・商 ショウ／あきなう

〈皿部〉

罷	眾
〔俗〕⇒ 罫 ケイ	〔俗〕⇒ 最 サイ／もっとも

〈ネ部〉

袡	裍	褋	綻	裩	袴	袵	異	罚
〔同〕⇒ 襖 キョウ	〔俗〕⇒ 褥 チ／はぐ	〔同〕⇒ 製 セイ／たつ	〔同〕⇒ 綻 タン／ほころびる	〔同〕⇒ 褌 コン／ふんどし	〔俗〕⇒ 袴 コ／はかま	〔本〕⇒ 衿 キン／えり	〔俗〕⇒ 罫 ケイ	〔同〕⇒ 箕 キ／み

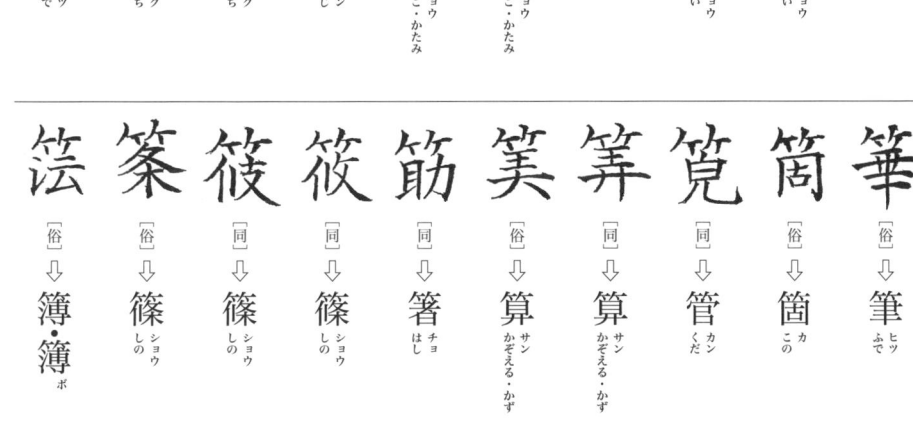

〈竹部〉

筆	策	筞	筋	筺	筐	箋	筤	筃
〔俗〕⇒ 筆 ヒツ／ふで	〔俗〕⇒ 策 サク／むち	〔同〕⇒ 策 サク／むち	〔俗〕⇒ 筋 キン／すじ	〔俗〕⇒ 筐 キョウ／かご・かたみ	〔同〕⇒ 筐 キョウ／かご・かたみ	〔同〕⇒ 梭 サ／ひ	〔古〕⇒ 良 リョウ／よい	〔古〕⇒ 良 リョウ／よい

笿	篆	筱	筿	筯	筸	筭	筧	筒	筆
〔俗〕⇒ 簿・簿 ボ	〔俗〕⇒ 篠 しの ショウ	〔同〕⇒ 篠 しの ショウ	〔同〕⇒ 篠 しの ショウ	〔同〕⇒ 箸 はし チョ	〔俗〕⇒ 算 サン／かぞえる・かず	〔同〕⇒ 算 サン／かぞえる・かず	〔同〕⇒ 管 カン／くだ	〔俗〕⇒ 箇 カ／この	〔俗〕⇒ 筆 ヒツ／ふで

〈米部〉

籌 〔俗〕⇒ 籌 チュウ かずとり

粰 〔同〕⇒ 稃 フ

舛 〔俗〕⇒ 舛 リン おにび

垫 〔古〕⇒ 閏 ジュン うるう

梁 〔同〕⇒ 梁 リョウ あわ

粷 〔同〕⇒ 餔 ホ めし

䒦 〔俗〕⇒ 糞 フン くそ

粮 〔同〕⇒ 糧 リョウ・ロウ かて

巤 〔俗〕⇒ 糴 チョウ うりよね

〈糸部〉

絃 〔俗〕⇒ 紘 コウ つな

潔 〔俗〕⇒ 紗 サ・シャ うすぎぬ

索 〔同〕⇒ 索 サク なわ

絲 〔俗〕⇒ 紙 シ かみ

網 〔俗〕⇒ 絅 ケイ

綤 〔同〕⇒ 紹 ショウ

細 〔俗〕⇒ 細 サイ ほそい

補 〔同〕⇒ 補 ホ おぎなう

統 〔俗〕⇒ 統 トウ すべる

綌 〔俗〕⇒ 絣 かすり

緷 〔本〕⇒ 総・總 ソウ すべる

綾 〔俗〕⇒ 綾 リョウ あや

綟 〔俗〕⇒ 綟 レイ

絜 〔俗〕⇒ 潔・潔 ケツ いさぎよい

絳 〔俗〕⇒ 縫・縫 ホウ ぬう

親 〔古〕⇒ 繭 ケン まゆ

結 〔古〕⇒ 織 ショク・シキ おる

絑 〔同〕⇒ 織 ショク・シキ おる

綉 〔同〕⇒ 繡 シュウ ぬいとり

綌 〔同〕⇒ 繢 かすり

〈缶・羊〈羋・羊〉部〉

舔 〔俗〕⇒ 杯 ハイ さかずき

解 〔同〕⇒ 解 カイ・ゲ とく・とかす

羘 〔俗〕⇒ 養・養 ヨウ やしなう

鮮 〔俗〕⇒ 鮮 セン あざやか

〈老(耂)・耳部〉

耆 〔同〕⇒ 耆 キ・シ

聊 〔本〕⇒ 聊 リョウ いささか

牸 〔同〕⇒ 聊 リョウ いささか

春
〔俗〕
⇩
春
シュン
はる

臺
〔俗〕
⇩
台・臺
ダイ・タイ
うてな

《至・臼〔臼〕部》

鼑
〔俗〕
⇩
鼎
テイ
かなえ

脚
〔同〕
⇩
脚
キャク・キャ
あし

肅
〔俗〕
⇩
粛・肅
シュク
つつしむ

《聿・肉・自部》

聟
〔古〕
⇩
聞
ブン・モン
きく・きこえる

朡
〔同〕
⇩
聡・聰
ソウ
さとい

聰
〔同〕
⇩
聡・聰
ソウ
さとい

虗
〔俗〕
⇩
虚・虛
キョ・コ
むなしい

羮
〔俗〕
⇩
養・養
ヨウ
やしなう

《艮・虍部》

艦
〔俗〕
⇩
艦
カン
いくさぶね

艛
〔俗〕
⇩
艘
ソウ
ふね

艛
〔俗〕
⇩
艘
ソウ
ふね

艇
〔古〕
⇩
艇
テイ

艁
〔古〕
⇩
造・造
ゾウ
つくる

《舟部》

甥
〔同〕
⇩
舅
キュウ
しゅうと

蜜
〔俗〕
⇩
蜜
ミツ

蝍
〔同〕
⇩
蜊
リ
あさり

蜂
〔俗〕
⇩
蜂
ホウ
はち

蛸
〔俗〕
⇩
蛸
ショウ
たこ

蝥
〔俗〕
⇩
蛾
ガ

蝥
〔同〕
⇩
蛾
ガ

蝏
〔俗〕
⇩
游
ユウ
およぐ

蛒
〔俗〕
⇩
蚤
ソウ
のみ

蝢
〔俗〕
⇩
貝
バイ
かい

《虫部》

褏
〔俗〕
⇩
斎・齋
サイ
ものいみ

襃
〔俗〕
⇩
衷
チュウ

《衣部》

壷
〔同〕
⇩
蠱
ト

蛾
〔同〕
⇩
蟻
ギ
あり

蝍
〔同〕
⇩
鮸
あさり

蝍
〔同〕
⇩
鮸
あさり

蝍
〔同〕
⇩
螂
ロウ

蝶
〔同〕
⇩
蝶
チョウ

蝶
〔同〕
⇩
蝶
チョウ

襄
[俗] ⇒ 襄 ジョウ のぼる

褒
[俗] ⇒ 褒・襃 ホウ ほめる

裏
[俗] ⇒ 裏 リ うら

裒
[同] ⇒ 装・裝 ソウ・ショウ よそおう

裁
[本] ⇒ 裁 サイ たつ・さばく

袠
[同] ⇒ 裕 ユウ ゆたか

裗
[俗] ⇒ 裙 クン も

褱
[同] ⇒ 裙 クン も

喪
[俗] ⇒ 喪 ソウ

褱
[俗] ⇒ 喪 も ソウ

〈両(襾)・見部〉

震
[古] ⇒ 農 ノウ

覔
[俗] ⇒ 斉・齊 セイ・サイ ひとしい

覎
[同] ⇒ 眺 チョウ ながめる

晶
[同] ⇒ 喚 カン わめく

覤
[同] ⇒ 覚・覺 カク おぼえる

〈角部〉

解
[俗] ⇒ 解 カイ・ゲ とく・とかす

解
[俗] ⇒ 解 カイ・ゲ とく・とかす

解
[俗] ⇒ 解 カイ・ゲ とく・とかす

〈言部〉

訓
[俗] ⇒ 訓 クン おしえる

善
[古] ⇒ 善 ゼン よい

詫
[俗] ⇒ 詫 タ あざむく

誶
[同] ⇒ 誇 コ ほこる

誇
[俗] ⇒ 誇 コ ほこる

訛
[同] ⇒ 訾 シ そしる

誉
[古] ⇒ 察 サツ

説
[俗] ⇒ 説・説 セツ・ゼイ とく

諍
[俗] ⇒ 諍 ソウ いさめる

〈豕・豸部〉

詁
[俗] ⇒ 詁 テン へつらう

話
[同] ⇒ 噺 はなし

謊
[本] ⇒ 謊 コウ

諫
[俗] ⇒ 諛 ユ へつらう

諰
[同] ⇒ 録・錄 ロク しるす

誉
[俗] ⇒ 謄・謄 トウ うつす

謎
[同] ⇒ 謎 メイ なぞ

蒙
[俗] ⇒ 蒙 モウ こうむる

狠
[俗] ⇒ 懇 コン ねんごろ

〈貝部〉

字	区分		標準字	音訓
賽	[古]	⇩	責	セキ／せめる
賣	[本]	⇩	責	セキ／せめる
皎	[同]	⇩	皎	コウ／しろい
財	[同]	⇩	財	ザイ・サイ／たから
貨	[俗]	⇩	脅	キョウ／おびやかす
賉	[同]	⇩	恤	ジュツ／うれえる
賅	[俗]	⇩	咳	ガイ／せき
賅	[俗]	⇩	咳	ガイ／せき
狼	[同]	⇩	狼	コン

字	区分		標準字	音訓
賞	[俗]	⇩	賞	ショウ／ほめる
賀	[俗]	⇩	貿	ボウ／かえる
質	[同]	⇩	貿	ボウ／かえる
貴	[俗]	⇩	費	ヒ／ついやす
買	[古]	⇩	買	バイ／かう
貯	[俗]	⇩	貯	チョ／たくわえる
貯	[俗]	⇩	貯	チョ／たくわえる
賷	[同]	⇩	貰	セイ／もらう
眺	[同]	⇩	眺	キョウ／たまう
責	[俗]	⇩	責	セキ／せめる

〈足(𧾷)部〉 〈走部〉

字	区分		標準字	音訓
趍	[俗]	⇩	趨	スウ／はしる
超	[同]	⇩	趨	スウ／はしる
趂	[同]	⇩	超	チョウ／こえる
越	[同]	⇩	越	エツ／こす・こえる
越	[俗]	⇩	越	エツ／こす・こえる
趐	[俗]	⇩	翅	シ／つばさ・はね
贓	[俗]	⇩	贓	ゾウ
賤	[俗]	⇩	賤	セン／いやしい

〈身部〉

字	区分		標準字	音訓
舳	[同]	⇩	自	ジ・シ／みずから
躲	[同]	⇩	孕	ヨウ／はらむ
跊	[同]	⇩	蹲	ソン／うずくまる
跡	[同]	⇩	蹙	シュク／せまる
跰	[俗]	⇩	跡	セキ／あと
疎	[同]	⇩	跡	セキ／あと
跡	[同]	⇩	迹	セキ・ジャク／あと
踹	[俗]	⇩	拝・拜	ハイ／おがむ
跬	[同]	⇩	企	キ／くわだてる

〈車部〉

鞫 [同] ↓ 轟 ゴウ とどろき

輌 [俗] ↓ 輛 リョウ

輕 [俗] ↓ 軽・輕 ケイ かるい・かろやか

輕 [俗] ↓ 軽・輕 ケイ かるい・かろやか

軟 [同] ↓ 軟 ナン やわらか

躬 [俗] ↓ 骸 ガイ なきがら・むくろ

躯 [俗] ↓ 聘 ヘイ

躾 [俗] ↓ 射 シャ いる

賃 [同] ↓ 妊 ニン はらむ

〈辛・走(辶・辶)部〉

轜 [同] ↓ 轜 ジ

皐 [同] ↓ 罪 ザイ つみ

導 [俗] ↓ 辺・邊 ヘン あたり・べ

邉 [俗] ↓ 辺・邊 ヘン あたり・べ

津 [古] ↓ 津 シン つ

赴 [同] ↓ 赴 フ おもむく

退 [古] ↓ 退・退 タイ しりぞく

迴 [俗] ↓ 勉・勉 ベン つとめる

遞 [同] ↓ 遞・遞 テイ かわる・がわる

運 [古] ↓ 動 ドウ うごく

斷 [俗] ↓ 断・斷 ダン たつ・ことわる

迸 [俗] ↓ 迸 ホウ ほとばしる

運 [古] ↓ 運・運 ウン はこぶ

遒 [古] ↓ 遂・遂 スイ とげる

逢 [古] ↓ 遂・遂 スイ とげる

逹 [本] ↓ 達・達 タツ とおる

逢 [同] ↓ 達・達 タツ とおる

遅 [俗] ↓ 遅・遅 チ おくれる

遥 [俗] ↓ 遥・遙 ヨウ はるか

遥 [俗] ↓ 遥・遙 ヨウ はるか

遀 [古] ↓ 随・隨 ズイ したがう

遯 [同] ↓ 遁 トン のがれる

遁 [俗] ↓ 遁 トン のがれる

違 [俗] ↓ 違・違 イ ちがう

遣 [俗] ↓ 遣・遣 ケン つかわす

遡 [俗] ↓ 遡 ソ さかのぼる

遜 [俗] ↓ 遜 ソン ゆずる

遭 [俗] ↓ 遭・遭 ソウ あう

遷 [俗] ↓ 遷・遷 セン うつる

〈邑（阝）部〉

隋 [古] ↓ 都・都 みやこ ト・ツ

鄉 [俗] ↓ 郷・郷 さと キョウ・ゴウ

鄕 [俗] ↓ 郷・郷 さと キョウ・ゴウ

鄓 [同] ↓ 郎・郎 おとこ ロウ

邽 [同] ↓ 邽 ケイ

郇 [同] ↓ 郁 かぐわしい イク

遷 [同] ↓ 遷 ガク

遶 [俗] ↓ 遶 めぐる ジョウ

還 [同] ↓ 還・還 かえる カン

〈里部〉

量 [俗] ↓ 量 はかる リョウ

堂 [俗] ↓ 党・黨 むら トウ

〈酉部〉

醉 [俗] ↓ 酬 むくいる シュウ

酬 [俗] ↓ 酬 むくいる シュウ

醉 [俗] ↓ 酔・酔 よう スイ

郳 [俗] ↓ 鄙 ひな ヒ

鄉 [同] ↓ 卿 ケイ

郵 [俗] ↓ 郵 しゅくば ユウ

〈金部〉

鉄 [俗] ↓ 鉄・鐵 くろがね テツ

鈮 [同] ↓ 鈙 ディ

鉋 [同] ↓ 鉈 なた シャ

釛 [同] ↓ 鉱・鑛 あらがね コウ

鉛 [俗] ↓ 鉛 なまり エン

鈴 [同] ↓ 珍 チン めずらしい

鈾 [古] ↓ 宙 そら チュウ

鈙 [同] ↓ 矛 ほこ ム

單 [同] ↓ 儺 おにやらい ダ・ナ

〈長・門部〉

閜 [古] ↓ 祐・祐 たすける ユウ

詻 [同] ↓ 路 じ ロ

鑒 [俗] ↓ 鑑 かがみ カン

鈴 [俗] ↓ 鑼 ジョウ

銃 [古] ↓ 鎮・鎮 しずめる チン

鉏 [同] ↓ 鋤 すき ジョ

鈴 [俗] ↓ 鈴 すず レイ・リン

鑿 [俗] ↓ 釗 リュウ

鉋 [同] ↓ 鉋 かんな ホウ

〈阜(阝)部〉

字	区分	正字	音訓
開	[俗] ⇓	棚・棚	ホウ たな
開	[古] ⇓	開	カイ ひらく・あける
閏	[同] ⇓	閏	ジュン うるう
聞	[俗] ⇓	聞	ブン・モン きく・きこえる
閤	[俗] ⇓	閣	カク たかどの
開	[俗] ⇓	関・關	カン せき
闖	[俗] ⇓	関・關	カン せき
鬧	[俗] ⇓	鬧	ドウ さわぐ
闇	[同] ⇓	闇	エン

字	区分	正字	音訓
陸	[同] ⇓	六	ロク むっつ
陸	[古] ⇓	地	チ・ジ つち
陷	[俗] ⇓	陥・陷	カン おちいる
陛	[同] ⇓	陛	ヘイ きざはし
陰	[同] ⇓	陰	イン かげ・かげる
陪	[同] ⇓	陪	バイ ます
陸	[俗] ⇓	陸	リク・ロク おか
隆	[同] ⇓	隆・隆	リュウ たかい・さかん
隆	[俗] ⇓	隆・隆	リュウ たかい・さかん
塢	[同] ⇓	塢	オ

字	区分	正字	音訓
隘	[俗] ⇓	隘	アイ せまい
隱	[俗] ⇓	隠・隱	イン かくす・かくれる
隠	[俗] ⇓	隠・隱	イン かくす・かくれる
隴	[俗] ⇓	隴	ロウ おか

〈隹部〉

字	区分	正字	音訓
雄	[俗] ⇓	雄	ユウ お・おす
雅	[本] ⇓	雅・雅	ガ みやび
雉	[俗] ⇓	雉	チ きじ
雛	[俗] ⇓	雛	スウ ひな
離	[同] ⇓	離	リ はなれる

〈雨(雨)部〉

字	区分	正字	音訓
霾	[古] ⇓	狭・狭	キョウ せまい
零	[俗] ⇓	零	レイ おちる・こぼれる
霧	[古] ⇓	霧	ム きり

〈非・革部〉

字	区分	正字	音訓
斐	[同] ⇓	苦	ク くるしい
鞄	[同] ⇓	紐	チュウ ひも
靸	[同] ⇓	鼓	コ つづみ
靸	[同] ⇓	鼓	コ つづみ
靸	[同] ⇓	鼓	コ つづみ

頑
〔俗〕
⇒
傾
かたむく
ケイ

〈頁部〉

韵
〔同〕
⇒
韻
ひびき
イン

矜
〔俗〕
⇒
吟
うめく
ギン

〈音部〉

靭
〔同〕
⇒
靱
しなやか
ジン

靭
〔同〕
⇒
靱
しなやか
ジン

〈韋（韋）部〉

鞌
〔俗〕
⇒
鞍
くら
アン

鞍
〔俗〕
⇒
鞍
くら
アン

飲
〔古〕
⇒
飲・飮
のむ
イン

飧
〔俗〕
⇒
飧
めし
ソン

養
〔同〕
⇒
斎・齋
ものいみ
サイ

〈食（飠・𩙿）部〉

顥
〔俗〕
⇒
顥
ロ・ル

顧
〔俗〕
⇒
顧・顧
かえりみる
コ

頤
〔同〕
⇒
頤
あご・おとがい
イ

頯
〔同〕
⇒
髯
ひげ
ゼン

頾
〔古〕
⇒
髪・髮
かみ
ハツ

頓
〔俗〕
⇒
頓
ぬかずく
トン

薦
〔同〕
⇒
篤
あつい
トク

駡
〔同〕
⇒
罵
ののしる
バ

〈馬部〉

飧
〔俗〕
⇒
餐
サン

養
〔俗〕
⇒
養・養
やしなう
ヨウ

飴
〔同〕
⇒
飴
あめ
イ

飽
〔俗〕
⇒
飽・飽
あきる
ホウ

飾
〔俗〕
⇒
飾・飾
かざる
ショク

飲
〔同〕
⇒
飲・飮
のむ
イン

飲
〔同〕
⇒
飲・飮
のむ
イン

魁
〔俗〕
⇒
魅
みいる
ミ

魋
〔同〕
⇒
魅
みいる
ミ

寇
〔同〕
⇒
魅
みいる
ミ

〈鬼部〉

訊
〔同〕
⇒
孰
たれ
ジュク

𩩲
〔俗〕
⇒
骩
イ

〈高部〉

骩
〔骨部〉

馯
〔同〕
⇒
騂
カン

駭
〔俗〕
⇒
駭
おどろく
ガイ

〈鳥 部〉

鳫 [同]⇒ 雁 ガン・かり

鴈 [俗]⇒ 雁 ガン・かり

鴂 [俗]⇒ 雉 チ・きじ

鳲 [同]⇒ 鳩 キュウ・はと

鳩 [俗]⇒ 鳩 キュウ・はと

鳩 [俗]⇒ 鳩 キュウ・はと

鳬 [同]⇒ 鳧 フ・かも

鳴 [俗]⇒ 鳰 にお

鳳 [俗]⇒ 鳳 ホウ・おおとり

鴈 [同]⇒ 鴈 ガン・かり

〈鹵・鹿 部〉

塋 [俗]⇒ 鹵 ロ・しおつち

麁 [俗]⇒ 麤 ソ・あらい

〈麥(麦)部〉

麳 [俗]⇒ 麴 こうじ

麬 [俗]⇒ 麴 キク・こうじ

〈黄(黄)・鼓 部〉

黆 [古]⇒ 黄・黄 コウ・オウ・き

鼓 [同]⇒ 鼓 コ・つづみ

十四画

〔一 部〕

贙 [俗] ⇩ 肅・肅 シュク つつしむ

頂 [同] ⇩ 頂 チョウ いただき

嗣 [俗] ⇩ 嗣 シ つぐ

霜 [俗] ⇩ 霜 ソウ しも

〔ノ 部〕

喬 [同] ⇩ 乱・亂 ラン みだれる

〔乙(乚) 部〕

趨 [同] ⇩ 趨 スウ はしる

乿 [俗] ⇩ 乱・亂 ラン みだれる

亀 [俗] ⇩ 亀・龜 カメ キ

龞 [同] ⇩ 酪 ラク

〔二 部〕

齊 [本] ⇩ 斉・齊 セイ・サイ ひとしい

齊 [俗] ⇩ 斉・齊 セイ・サイ ひとしい

齍 [俗] ⇩ 衰 スイ おとろえる

慈 [同] ⇩ 涼 リョウ すずしい

齊 [俗] ⇩ 斎・齋 サイ ものいみ

稟 [俗] ⇩ 稟 ヒン・リン うける

褒 [俗] ⇩ 褒・襃 ホウ ほめる

〔人(イ・へ) 部〕

儮 [俗] ⇩ 仙 セン

僊 [俗] ⇩ 仙 セン

貮 [俗] ⇩ 弐・貳 ニ そえる

倦 [古] ⇩ 倦 ケン うむ

借 [古] ⇩ 借 シャク かりる

傳 [俗] ⇩ 恵・惠 ケイ・エ めぐむ

偆 [本] ⇩ 偆 シュン

僫 [俗] ⇩ 悪・惡 アク・オ わるい

爽 [同] ⇩ 爽 ソウ さわやか

傘 [俗] ⇩ 傘 サン かさ

朝 [同] ⇩ 朝・朝 チョウ あさ

燄 [俗] ⇩ 焔 エン

番 [同] ⇩ 番 バン つがい

裁 [俗] ⇩ 裁 サイ たつ・さばく

貸 [俗] ⇩ 貸 タイ かす

雇 [俗] ⇩ 雇・雇 コ やとう

儵 [同]↓ 集 シュウ あつまる
傾 [俗]↓ 傾 ケイ かたむく
傾 [俗]↓ 傾 ケイ かたむく
傑 [俗]↓ 傑・傑 ケツ すぐれる
閒 [俗]↓ 間 カン
僣 [俗]↓ 僣 セン おごる
像 [同]↓ 像 ゾウ かたどる
僚 [同]↓ 寮 リョウ
儛 [俗]↓ 憮 ブ いつくしむ
儒 [俗]↓ 儒 ジュ うるおす

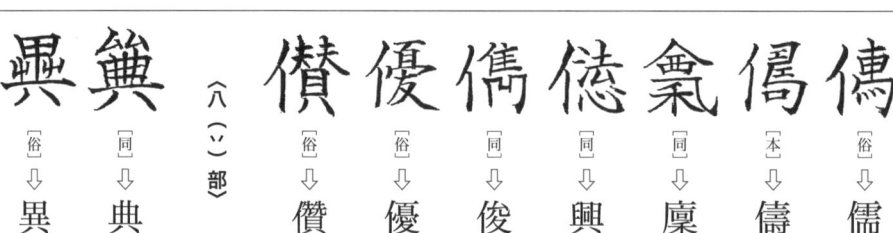

興 [俗]↓ 異・異 イ こと
奠 [同]↓ 典 テン のり

〈八(丷)部〉

儹 [俗]↓ 儹 サン
優 [俗]↓ 優 ユウ やさしい
儁 [同]↓ 俊 シュン すぐれる
悳 [同]↓ 興 コウ・キョウ おこる・おこす
龡 [同]↓ 廩 リン くら
偁 [本]↓ 儔 チュウ ともがら
傳 [俗]↓ 儒 ジュ うるおす

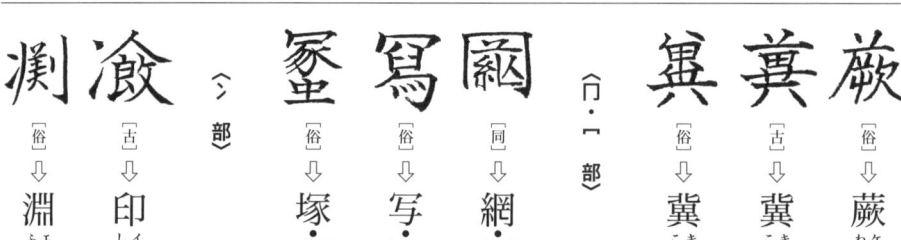

潣 [俗]↓ 淵 エン ふち
澂 [古]↓ 印 イン しるし

〈冫部〉

窒 [俗]↓ 塚・塚 チョウ つか
寫 [俗]↓ 写・寫 シャ うつす
网 [同]↓ 網・網 モウ あみ

〈冂・冖部〉

異 [俗]↓ 冀 キ こいねがう
冀 [古]↓ 冀 キ こいねがう
厥 [俗]↓ 蕨 ケツ わらび

剆 [古]↓ 則 ソク のり

〈刂部〉

勝 [俗]↓ 勝・勝 ショウ かつ・まさる
剙 [同]↓ 創 ソウ きずつける

〈刀部〉

凴 [俗]↓ 憑 ヒョウ よる
颷 [同]↓ 颯 サツ
凭 [同]↓ 凭 ヒョウ よる・もたれる

〈几部〉

潔 [俗]↓ 潔・潔 ケツ いさぎよい

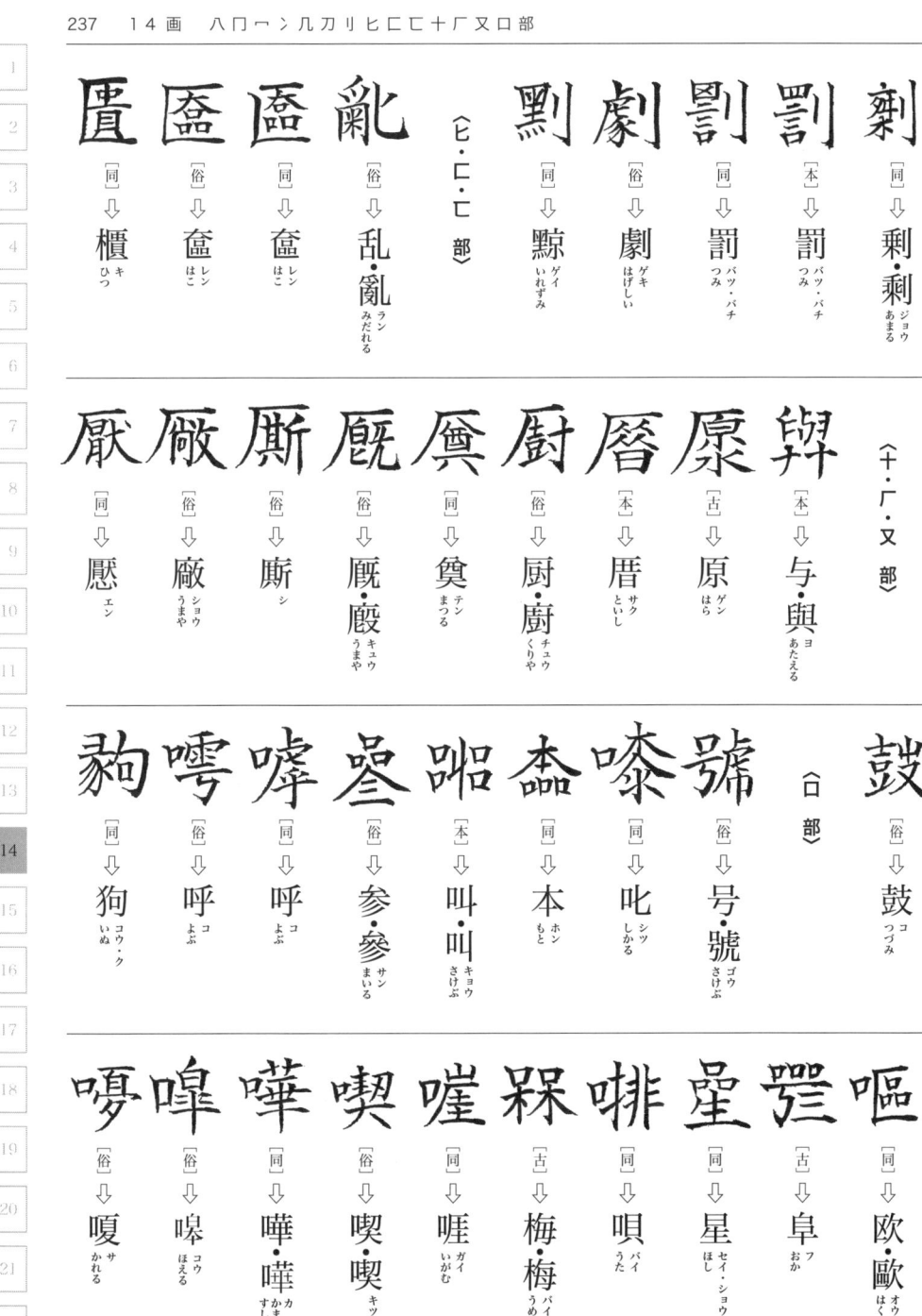

〈匕・匚・匸 部〉

- 匱 [同]⇒ 櫃 ヒツ
- 匲 [俗]⇒ 匲 レン はこ
- 匳 [同]⇒ 匳 レン はこ
- 亂 [俗]⇒ 乱・亂 ラン みだれる
- 黥 [同]⇒ 黥 ゲイ いれずみ
- 劇 [俗]⇒ 劇 ゲキ はげしい
- 罰 [同]⇒ 罰 バツ・バチ つみ
- 罰 [本]⇒ 罰 バツ・バチ つみ
- 剰 [同]⇒ 剰・剩 ジョウ あまる

〈十・厂・又 部〉

- 厭 [同]⇒ 厭 エン
- 厰 [俗]⇒ 廠 ショウ うまや
- 厮 [俗]⇒ 厮 シ
- 廐 [俗]⇒ 厩・廄 キュウ うまや
- 奠 [同]⇒ 奠 テン まつる
- 厨 [俗]⇒ 厨・廚 チュウ くりや
- 厝 [本]⇒ 厝 サク といし
- 厵 [古]⇒ 原 ゲン はら
- 舁 [本]⇒ 与・與 ヨ あたえる

〔口 部〕

- 鼓 [俗]⇒ 鼓 コ つづみ
- 號 [俗]⇒ 号・號 ゴウ さけぶ
- 叱 [同]⇒ 叱 シツ しかる
- 嚛 [本]⇒ 本 ホン もと
- 叫 [本]⇒ 叫・叫 キョウ さけぶ
- 罍 [俗]⇒ 参・參 サン まいる
- 嚛 [同]⇒ 呼 コ よぶ
- 嚛 [俗]⇒ 呼 コ よぶ
- 貊 [同]⇒ 狗 コウ・ク いぬ

- 嘔 [同]⇒ 欧・歐 オウ はく
- 罌 [古]⇒ 阜 フ おか
- 曐 [同]⇒ 星 セイ・ショウ ほし
- 啡 [同]⇒ 唄 バイ うた
- 梹 [古]⇒ 梅・梅 バイ うめ
- 嘊 [同]⇒ 唖 ガイ いがむ
- 喫 [俗]⇒ 喫・喫 キツ
- 嘩 [同]⇒ 嘩・譁 コウ かまびすしい
- 嗥 [俗]⇒ 嗥 コウ ほえる
- 嘮 [俗]⇒ 嗄 サ かれる

嗣 〔俗〕⇩ 嗣 シ つぐ
嗣 シ つぐ
嚔 〔俗〕⇩ 誂 チョウ いどむ・あつらえる
嘗 〔俗〕⇩ 嘗 ショウ・ジョウ なめる
啐 〔同〕⇩ 嗾 ソウ けしかける
嗾 〔俗〕⇩ 嗾 ソウ けしかける
嚏 〔本〕⇩ 嘘 キョ うそ
嘘 〔俗〕⇩ 嘘 キョ うそ
噌 〔俗〕⇩ 噌 ソウ かまびすしい
嘆 〔同〕⇩ 歎 タン なげく

〔口部〕

嘯 〔俗〕⇩ 嘯 ショウ うそぶく
嚔 〔同〕⇩ 嚔 テイ くさめ・くしゃみ
嚠 〔同〕⇩ 齢・齡 レイ よわい・とし

〔口部〕

鳯 〔同〕⇩ 鳧 カ おとり
圖 〔俗〕⇩ 図・圖 ズ・ト はかる
圗 〔俗〕⇩ 図・圖 ズ・ト はかる
圈 〔同〕⇩ 圏・圈 ケン
罬 〔古〕⇩ 罪 ザイ つみ

〔土部〕

壜 〔俗〕⇩ 台・臺 ダイ・タイ うてな
臺 〔俗〕⇩ 台・臺 ダイ・タイ うてな
墎 〔俗〕⇩ 郭 カク くるわ
墅 〔同〕⇩ 野 ヤ の
塸 〔同〕⇩ 鹵 ロ しおつち
塢 〔俗〕⇩ 堰 エン せき
塲 〔俗〕⇩ 場 ジョウ ば
埨 〔同〕⇩ 塔 トウ
塩 〔俗〕⇩ 塩・鹽 エン しお
塞 〔本〕⇩ 塞 サイ・ソク ふさぐ

壀 〔同〕⇩ 塹 ザン ほり
塵 〔俗〕⇩ 塵 ジン ちり
墨 〔俗〕⇩ 墨・墨 ボク すみ
墇 〔本〕⇩ 障 ショウ さわる
壚 〔俗〕⇩ 墟 キョ あと
墟 〔俗〕⇩ 墟 キョ あと
墳 〔古〕⇩ 墳・墳 フン はか
趨 〔俗〕⇩ 趣 シュ おもむき
壇 〔俗〕⇩ 壇 ダン
壜 〔同〕⇩ 罅 カ ひび

〈土部〉

境
[同]⇨ 疆 キョウ さかい

臺
[俗]⇨ 蟲 ト

〈夂・夊・夕部〉

毊
[同]⇨ 蛙 ア かえる

甂
[俗]⇨ 殪 エイ たおれる

壺

歒
[本]⇨ 降・降 コウ おりる

夢
[俗]⇨ 夢 ム ゆめ

粿
[同]⇨ 夥 カ おびただしい

〈大・女部〉

〈子部〉

奧
[同]⇨ 傘 サン かさ

嫛
[俗]⇨ 妃 ヒ きさき

嫩
[同]⇨ 傲 ゴウ おごる

嫯
[同]⇨ 傲 ゴウ おごる

嫡
[俗]⇨ 嫡 チャク よつぎ

嫩
[同]⇨ 嫩 ドン わかい

嫩
[俗]⇨ 嫩 ドン わかい

嫚
[俗]⇨ 慢 マン おこたる

嬌
[俗]⇨ 嬌 キョウ なまめかしい

〈宀部〉

學
[俗]⇨ 学・學 ガク まなぶ

斆
[同]⇨ 槻 キ つき

寴
[俗]⇨ 褒・襃 ホウ ほめる

竆
[古]⇨ 宜 ギ よろしい

實
[俗]⇨ 実・實 ジツ み・みのる

宣
[古]⇨ 宣 セン のべる

窩
[俗]⇨ 窃・竊 セツ ぬすむ

寤
[同]⇨ 悟 ゴ さとる

涽
[同]⇨ 浸・浸 シン ひたす

寨
[同]⇨ 砦 サイ とりで

窻
[俗]⇨ 窓 ソウ まど

寏
[俗]⇨ 奥・奧 オウ おく

寪
[同]⇨ 貯 チョ たくわえる

寢
[俗]⇨ 寝・寢 シン ねる

寡
[俗]⇨ 寡 カ すくない

察
[俗]⇨ 察 サツ

寧
[俗]⇨ 寧・寧 ネイ やすい

審
[俗]⇨ 審 シン つまびらか

寮
[俗]⇨ 寮 リョウ

〈寸・小（⺌）部〉

寠 〔俗〕⇩ 窶 ク まずしい
窋 〔同〕⇩ 窿 リュウ
猷 〔同〕⇩ 簠 ホ

尊 〔俗〕⇩ 尊・尊 ソン とうとい・たっとい
剽 〔俗〕⇩ 剽 ヒョウ おびやかす
勠 〔同〕⇩ 戮 リク ころす
尌 〔古〕⇩ 樹 ジュ き
楽 〔俗〕⇩ 楽・樂 ガク・ラク たのしい

〈尸部〉

屟 〔古〕⇩ 舜・舜 シュン
扁 〔俗〕⇩ 漏 ロウ もれる
屣 〔同〕⇩ 踪 ショウ・ソウ あと

〈屮（屮）部〉

芔 〔古〕⇩ 共 キョウ とも
萃 〔古〕⇩ 奏 ソウ かなでる
苳 〔同〕⇩ 喪 ソウ も

〈山部〉

島 〔古〕⇩ 島 トウ しま
嶌 〔同〕⇩ 島 トウ しま

島 〔俗〕⇩ 島 トウ しま
嶌 〔俗〕⇩ 島 トウ しま
嵩 〔俗〕⇩ 壺 コ つぼ
嵩 〔俗〕⇩ 嵩 スウ たかい
塹 〔同〕⇩ 塹 ザン ほり
嶄 〔同〕⇩ 嶃 ザン たかい

《川・巾・干・幺 部》

巢 〔古〕⇩ 巣・巢 ソウ す
幗 〔同〕⇩ 幕 マク・バク とばり
幹 〔俗〕⇩ 幹 カン みき

〈广部〉

㽞 〔同〕⇩ 継・繼 ケイ つぐ

廣 〔俗〕⇩ 広・廣 コウ ひろい
庿 〔同〕⇩ 悩・惱 ノウ なやむ
廄 〔同〕⇩ 厩・廏 キュウ うまや
廐 〔俗〕⇩ 厩・廏 キュウ うまや
庽 〔同〕⇩ 腐 フ くさる
廙 〔俗〕⇩ 廙 ヨク
廨 〔俗〕⇩ 廨 カイ
鉥 〔同〕⇩ 鍬 ショウ・シュウ くわ・すき

廣 〔同〕→ 癀 シャク

〈廾・弋・弓 部〉

奬 〔俗〕→ 奨・奨 ショウ すすめる

戴 〔同〕→ 戴・戴 タイ いただく

鬻 〔同〕→ 粥 シュク かゆ

〈彳部〉

御 〔古〕→ 御 ギョ・ゴ おん

復 〔本〕→ 復 フク かえる

徱 〔同〕→ 徱 ヒョウ すばやい

微 〔俗〕→ 微・微 ビ かすか

銜 〔俗〕→ 銜 カン くつわ

糜 〔古〕→ 靡 ビ なびく

〈忄部〉

愢 〔同〕→ 怩 ジ はじる

惺 〔俗〕→ 惰 ダ おこたる

慠 〔俗〕→ 傲 ゴウ おごる

憀 〔同〕→ 儚 ボウ はかない

愩 〔同〕→ 憤・憤 フン いきどおる

熨 〔俗〕→ 慰 イ なぐさめる

慚 〔同〕→ 慙 ザン はじる

慽 〔同〕→ 感 セキ うれえる

懷 〔同〕→ 懐・懐 カイ なつかしい

憻 〔俗〕→ 瞠 ドウ みはる

〈扌部〉

搩 〔同〕→ 拡・擴 カク ひろめる

據 〔俗〕→ 拠・據 キョ・コ よる

攄 〔俗〕→ 拠・據 キョ・コ よる

摅 〔俗〕→ 拠・據 キョ・コ よる

樞 〔俗〕→ 枢・樞 スウ とぼそ

搟 〔同〕→ 建 ケン・コン たてる・たつ

摽 〔同〕→ 揭・掲 ケイ かかげる

搩 〔俗〕→ 捻 ネン ひねる

搭 〔同〕→ 筈 チ むち

㩜 〔俗〕→ 揆 キ はかる

揬 〔俗〕→ 揆 キ はかる

撋 〔俗〕→ 揃 セン そろう

搢 〔同〕→ 揺・搖 ヨウ ゆれる

搯 〔同〕→ 揺・搖 ヨウ ゆれる

摠 〔俗〕→ 惣 ソウ

搩 〔俗〕→ 揬 ケツ

楈 [俗] ⇩ 摂・攝 セツ とる

搗 [俗] ⇩ 搗 トウ つく・かてて

摜 [同] ⇩ 慣 カン なれる

摺 [俗] ⇩ 摺 ショウ ひだ・する

摸 [俗] ⇩ 模 モ・ボ かた

様 [本] ⇩ 様・樣 ヨウ さま

摠 [同] ⇩ 総・總 ソウ すべる

揰 [俗] ⇩ 誓 セイ ちかう

撤 [同] ⇩ 撮 サツ とる

播 [俗] ⇩ 播 ハ・バン まく

搙 [俗] ⇩ 摩・摩 マ さする

擦 [同] ⇩ 礫 タク はりつけ

擅 [俗] ⇩ 擅 セン ほしいまま

操 [同] ⇩ 操 ソウ みさお・あやつる

擁 [俗] ⇩ 擁 ヨウ いだく

搙 [同] ⇩ 縫・縫 ホウ ぬう

〈氵部〉

漆 [俗] ⇩ 七 シチ なな・ななつ

濛 [俗] ⇩ 尿 ニョウ しと

澁 [古] ⇩ 洪 コウ

澏 [同] ⇩ 浅・淺 セン あさい

淽 [俗] ⇩ 浸・浸 シン ひたす

滲 [俗] ⇩ 浸・浸 シン ひたす

濵 [古] ⇩ 浜・濱 ヒン はま

乹 [古] ⇩ 乾 カン かわく

溎 [同] ⇩ 涯 ガイ みぎわ

淳 [俗] ⇩ 淳 ジュン あつい

滴 [同] ⇩ 雫 しずく

鹵 [同] ⇩ 鹵 ロ しおっち

渕 [俗] ⇩ 淵 エン ふち

蕩 [俗] ⇩ 湯 トウ ゆ

激 [同] ⇩ 渤 ボツ

滿 [俗] ⇩ 満・滿 マン みちる

滿 [俗] ⇩ 満・滿 マン みちる

塗 [俗] ⇩ 塗 ト ぬる

滏 [俗] ⇩ 滑 カツ すべる

滑 [俗] ⇩ 滑 カツ すべる

減 [古] ⇩ 漢・漢 カン

漢 [俗] ⇩ 漢・漢 カン

滔 [俗] ⇩ 滔 トウ はびこる

氵部

親字	区分	正字	音訓
漑	〔俗〕	↓ 溉	ガイ／そそぐ
滬	〔俗〕	↓ 滬	コ
漱	〔俗〕	↓ 漱	ソウ／くちすすぐ
渂	〔同〕	↓ 漂	ヒョウ／ただよう
漏	〔俗〕	↓ 漏	ロウ／もれる
潦	〔同〕	↓ 漉	ロク／こす
窪	〔同〕	↓ 窪	ワ／くぼむ
滷	〔同〕	↓ 潟	セキ／かた
蕩	〔俗〕	↓ 蕩	トウ／とろける
激	〔俗〕	↓ 激	ゲキ／はげしい

| 潴 | 〔俗〕 | ↓ 瀦 | チョ |
| 潅 | 〔俗〕 | ↓ 灌 | カン／そそぐ |

犭部

獨	〔俗〕	↓ 独・獨	ドク／ひとり
獟	〔俗〕	↓ 独・獨	ドク／ひとり
獚	〔俗〕	↓ 猟・獵	リョウ／かり
猦	〔俗〕	↓ 猟・獵	リョウ／かり
獡	〔同〕	↓ 僄	ヒョウ／すばやい
獐	〔同〕	↓ 麞	ショウ／のろ・くじか

〈艹（艸）部〉

萟	〔同〕	↓ 芸・藝	ゲイ／わざ
藝	〔俗〕	↓ 芸・藝	ゲイ／わざ
棽	〔本〕	↓ 林	リン／はやし
草	〔本〕	↓ 草	ソウ／くさ
蒭	〔同〕	↓ 芻	スウ／まぐさ
蔑	〔同〕	↓ 芻	スウ／まぐさ
苹	〔俗〕	↓ 華・華	カ・ケ／はな
華	〔俗〕	↓ 華・華	カ・ケ／はな
萩	〔同〕	↓ 荻	テキ／おぎ
庵	〔同〕	↓ 庵	アン／いおり

菊	〔同〕	↓ 菊	キク
棽	〔同〕	↓ 麻・麻	マ／あさ
善	〔俗〕	↓ 善	ゼン／よい
葉	〔俗〕	↓ 葉	ヨウ／は
蔬	〔同〕	↓ 証・證	ショウ／あかす・あかし
蒨	〔同〕	↓ 蒨	セン／あかね
蒱	〔同〕	↓ 蒲	ホ／がま
蒱	〔俗〕	↓ 蒲	ホ／がま
莝	〔俗〕	↓ 莝	ザ
蔭	〔俗〕	↓ 蔭	イン／かげ

蓐 [同] ⇩ 褥 ジョク しとね
菫 [同] ⇩ 薑 キョウ しょうが・はじかみ
蘆 [俗] ⇩ 薔 ショウ
蕭 [俗] ⇩ 蕭 ショウ よもぎ
蒿 [俗] ⇩ 薦 セン すすめる
藁 [俗] ⇩ 藁 コウ わら
褻 [俗] ⇩ 褻 セツ ふだんぎ
暮 [古] ⇩ 謨 ボ はかる
蓀 [同] ⇩ 藷 ショ いも
蕎 [俗] ⇩ 鑰 ヤク かぎ

〈心(小)部〉

憲 [古] ⇩ 恵・惠 ケイ・エ めぐむ
辱 [同] ⇩ 辱 ジョク はずかしめる
忍 [俗] ⇩ 渋・澁 ジュウ しぶい・しぶ
悠 [俗] ⇩ 悠 ユウ はるか
悠 [俗] ⇩ 倏 シュク たちまち
寒 [同] ⇩ 塞 サイ・ソク ふさぐ
慎 [古] ⇩ 慎・愼 シン つつしむ
慎 [俗] ⇩ 慎・愼 シン つつしむ
憫 [古] ⇩ 憫 ビン あわれむ

〈戈部〉

態 [俗] ⇩ 態 タイ ありさま
慈 [同] ⇩ 遜 ソン ゆずる
慰 [俗] ⇩ 慰 イ なぐさめる
慶 [俗] ⇩ 慶 ケイ よろこぶ
憂 [同] ⇩ 憂 ユウ うれえる
憲 [俗] ⇩ 憲・憲 ケン のり
整 [俗] ⇩ 整 セイ ととのえる
愿 [俗] ⇩ 願 ガン ねがう
愳 [古] ⇩ 懼 ク おそれる

〈戸・手・支部〉

截 [同] ⇩ 切 セツ きる
戧 [古] ⇩ 剛 ゴウ つよい
戧 [本] ⇩ 創 ソウ きずつける
戟 [本] ⇩ 戟 ゲキ ほこ
戟 [同] ⇩ 戟 ゲキ ほこ
戦 [俗] ⇩ 戦・戰 セン いくさ・たたかう
踐 [俗] ⇩ 践・踐 セン ふむ
嗣 [俗] ⇩ 嗣 シ つぐ
挙 [古] ⇩ 奉 ホウ・ブ たてまつる

〈支（攴）部〉

漦	敷	敷	敽	敲	鼓	數		鼓	搫
〔同〕	〔俗〕	〔同〕	〔同〕	〔同〕	〔俗〕	〔俗〕		〔俗〕	〔同〕
⇩	⇩	⇩	⇩	⇩	⇩	⇩		⇩	⇩
撻	敷・敷	敷・敷	肇・肇	殼	鼓	数・數		数・數	搬
タッ	フ	フ	チョウ	カク	コ	スウ		スウ	ハン
むちうつ	しく	しく	はじめる		つづみ	かず		かず	はこぶ

〈斤部〉

皒	禍	勞		斳	斳	斷	斷		整
〔古〕	〔古〕	〔俗〕		〔古〕	〔同〕	〔俗〕	〔俗〕		〔俗〕
⇩	⇩	⇩		⇩	⇩	⇩	⇩		⇩
禍・禍	禍・禍	労・勞		誓	斯	断・斷	断・斷		整
カ	カ	ロウ		セイ	シ	ダン・	ダン・		セイ
わざわい	わざわい	つかれる		ちかう	この	たつ・	たつ・		ととのえる
						ことわる	ことわる		

〈方・旡（无・旡）部〉

〈日・曰部〉

替	曉	散	曼	書	猷	瞑	暱	暀	
〔俗〕	〔俗〕	〔俗〕	〔俗〕	〔古〕	〔同〕	〔同〕	〔俗〕	〔同〕	
⇩	⇩	⇩	⇩	⇩	⇩	⇩	⇩	⇩	
替	暁・曉	散	曼	書	唐・唐	冥	昵	旺	
サン	ギョウ	サン	マン	ショ	トウ	メイ・ミョウ	ジツ	オウ	
	あかつき	ちる		かく	から	くらい	なじむ・ちかづく	さかん	

暽	曄	暴	暮	猒	暐	霤	彙	暠	暜
〔同〕	〔俗〕	〔俗〕	〔俗〕	〔俗〕	〔俗〕	〔同〕	〔同〕	〔同〕	〔本〕
⇩	⇩	⇩	⇩	⇩	⇩	⇩	⇩	⇩	⇩
暤	曄	暴	暮	厭	暐	蒙	彙	皓・皓	普
コウ	ヨウ	ボウ	ボ	エン	イ	モウ	イ	コウ	フ
あきらか	かがやく	あぼく・あばれる	くれる	あきる		こうむる	はりねずみ	しろい	あまねし

〈月(月)部〉

題 〔俗〕⇩ 題 ダイ ひたい

膂 〔同〕⇩ 呂 リョ・ロ せぼね

膳 〔俗〕⇩ 胆・膽 タン きも

縢 〔俗〕⇩ 凌 リョウ しのぐ

胈 〔俗〕⇩ 能 ノウ よく・あたう

朝 〔同〕⇩ 朝・朝 チョウ あさ

腝 〔俗〕⇩ 嗜 シ たしなむ

腴 〔同〕⇩ 腱 ケン

膌 〔同〕⇩ 瘠 セキ やせる

腦 〔同〕⇩ 瘦 ソウ やせる

腦 〔同〕⇩ 瘤 リュウ こぶ

〈木部〉

椓 〔俗〕⇩ 架 カ かける

栅 〔同〕⇩ 柵 サク やらい

橃 〔同〕⇩ 送・送 ソウ おくる

桯 〔同〕⇩ 剛 ゴウ つよい

樑 〔同〕⇩ 桀 ケツ はりつけ

梅 〔同〕⇩ 梅 セン

槀 〔同〕⇩ 栗 リツ くり

榘 〔同〕⇩ 矩・矩 ク さしがね

槮 〔俗〕⇩ 索 サク なわ

梟 〔同〕⇩ 巣・巣 ソウ す

梓 〔同〕⇩ 梓 シ あずさ

樑 〔俗〕⇩ 梁 リョウ はり

根 〔俗〕⇩ 根 ロウ

棘 〔俗〕⇩ 棘 キョク いばら

嗇 〔古〕⇩ 嗇 ショク おしむ

榦 〔本〕⇩ 幹 カン みき

斡 〔同〕⇩ 幹 カン みき

榨 〔本〕⇩ 搾 サク しぼる

楯 〔同〕⇩ 楔 セツ くさび

椿 〔同〕⇩ 椿 チン つばき

槩 〔俗〕⇩ 概・概 ガイ おおむね

槁 〔同〕⇩ 槁 コウ かれる

樂 〔同〕⇩ 欒 ほこ

槃 〔同〕⇩ 穀・穀 コク もみ

槽 〔俗〕⇩ 槽 ソウ かいばおけ

樋 〔俗〕⇩ 樋 トウ ひ・とい

槃 〔同〕⇩ 盤 バン さら

歇歌 〈欠部〉 槍欅檻橐樹橋橐

歇
[俗]
⇩
喘
ゼン
あえぐ

歌
[同]
⇩
唄
バイ
うた

槍
[同]
⇩
鑓
やり

欅
[俗]
⇩
欅
キョ
けやき

檻
[俗]
⇩
檻
カン
おり

橐
[俗]
⇩
橐
タク
ふくろ

樹
[俗]
⇩
樹
ジュ
き

橋
[俗]
⇩
橋
キョウ
はし

橐
[俗]
⇩
稿
コウ
わら

〈殳部〉 殯趾 〈止・歹部〉 歎歔歍欽歎歎

殯
[俗]
⇩
冥
メイ・ミョウ
くらい

趾
[同]
⇩
駆・駆
ク
かける

歎
[俗]
⇩
歎
タン
なげく

歔
[同]
⇩
嗤
シ
わらう

歍
[同]
⇩
嗄
サ
かれる

欽
[古]
⇩
欽
キン
つつしむ

歎
[同]
⇩
款
カン

歎
[本]
⇩
款
カン

漿業 〈水（氺）部〉 瞡毓 〈母・氏部〉 殼穀毀毀

漿
[俗]
⇩
漿
ショウ

業
[俗]
⇩
業
ギョウ・ゴウ
わざ

瞡
[俗]
⇩
愍
ビン
あわれむ

毓
[同]
⇩
育
イク
そだつ・そだてる

殼
[同]
⇩
鑿
サク
うがつ・のみ

穀
[俗]
⇩
殼
ゲキ

毀
[俗]
⇩
毀
キ
こわす

毀
[古]
⇩
毀
キ
こわす

煽煒燐章焰罴燄燒營 〈火部〉

煽
[俗]
⇩
煽
セン
あおる

煒
[俗]
⇩
煒
イ

燐
[本]
⇩
燐
リン

章
[同]
⇩
焼・燒
ショウ
おにび

焰
[古]
⇩
焰
エン
ほのお

罴
[本]
⇩
黒・黑
コク・くろ
くろい

燄
[同]
⇩
烝
ジョウ
むす

燒
[俗]
⇩
晃
コウ
あきらか

營
[同]
⇩
卦
カ
うらかた

熋 [本] ⇩ 熊 ユウ くま

燁 [俗] ⇩ 燁 ヨウ かがやく

粦 [本] ⇩ 燐 リン

燼 [俗] ⇩ 燼 ジン もえのこり

焼 [同] ⇩ 爆 バク やく

羹 [俗] ⇩ 羹 コウ あつもの

〈灬 部〉

黙 [古] ⇩ 然 ゼン・ネン しかり

熊 [俗] ⇩ 熊 ユウ くま

熙 [俗] ⇩ 熙 キ かわく・ひかる

熟 [俗] ⇩ 熟 ジュク うれる

熏 [同] ⇩ 薫・薰 クン かおる

熏 [俗] ⇩ 燻 クン いぶす

〈爪 (爫・⺥) 部〉

爮 [同] ⇩ 搔 ソウ かく

爱 [俗] ⇩ 愛 アイ めでる

〈爻 (⺜・⺬) 部〉

奝 [本] ⇩ 爾 ジ なんじ

疢 [古] ⇩ 疾 シツ やまい

牖 [古] ⇩ 敗 ハイ やぶれる

〈片 部〉

牒 [本] ⇩ 牒 チョウ ふだ

鬲 [同] ⇩ 隔・隔 カク へだてる・へだたる

〈牛 (牜)・犬 部〉

犕 [同] ⇩ 牡 ボ おす

㸯 [同] ⇩ 振 シン ふる・ふるう

犢 [俗] ⇩ 畜 チク たくわえる

噐 [俗] ⇩ 器・器 キ うつわ

〈玉 (王) 部〉

瑯 [俗] ⇩ 琅 ロウ

琶 [本] ⇩ 琶 ハ

琵 [本] ⇩ 琵 ビ

瑋 [俗] ⇩ 瑋 イ

瓃 [俗] ⇩ 瑣 サ

璂 [俗] ⇩ 瑣 サ

瑪 [同] ⇩ 碼 ヤード

璓 [俗] ⇩ 環・環 カン たまき

〈瓦 部〉

甍 [俗] ⇩ 瓷 シ いしやき

甄 [俗] ⇩ 甄 ケン すえ

〈甘部〉

嘗 〔俗〕⇩ 嘗 ショウ・ジョウ／なめる

堵 〔同〕⇩ 蔗 シャ・ショ／さとうきび

〈生部〉

隆 〔本〕⇩ 隆・隆 リュウ／たかい・さかん

甦 〔本〕⇩ 甦 ソ／よみがえる

〈用・田部〉

甯 〔本〕⇩ 庸 ヨウ／もちいる

當 〔俗〕⇩ 当・當 トウ／あたる・あてる

畜 〔同〕⇩ 畜 チク／たくわえる

〈广部〉

痕 〔同〕⇩ 蝕 ショク／むしばむ

瘦 〔俗〕⇩ 痩 ソウ／やせる

瘐 〔同〕⇩ 痩 ソウ／やせる

瘇 〔同〕⇩ 腫 シュ／はれる

瘱 〔同〕⇩ 嫉 シツ／ねたむ

厕 〔俗〕⇩ 廁 シ／かわや

痔 〔同〕⇩ 痔 ジ

墨 〔同〕⇩ 糞 フン／くそ

畦 〔同〕⇩ 膵 ショウ

〈皮部〉

鞁 〔俗〕⇩ 鼓 コ／つづみ

鼓 〔俗〕⇩ 鼓 コ／つづみ

韠 〔同〕⇩ 韋 イ／なめしがわ

景 〔俗〕⇩ 景 ケイ／かげ

臬 〔同〕⇩ 泉 セン／いずみ

發 〔俗〕⇩ 発・發 ハツ・ホツ／はなつ

〈癶・白部〉

瘂 〔俗〕⇩ 癒・癒 ユ／いえる・いやす

瘻 〔俗〕⇩ 瘻 ロウ

〈皿部〉

置 〔本〕⇩ 置 チ／おく

督 〔俗〕⇩ 督 トク／ただす

舁 〔同〕⇩ 尊・尊 ソン／たっとい・とうとい

睞 〔俗〕⇩ 眥 シ／まなじり

〈目部〉

塩 〔俗〕⇩ 塩・鹽 エン／しお

盡 〔本〕⇩ 尽・盡 ジン／つくす

艟 〔同〕⇩ 頬 ほお

輝 〔同〕⇩ 皸 クン／ひび・あかぎれ

〈矛・矢部〉

碕 [俗] ⇒ 埼 キ・きし・さき
礎 [同] ⇒ 砧 チン・きぬた
〈石部〉
疑 [俗] ⇒ 疑 ギ・うたがう
貛 [同] ⇒ 盾 ジュン・たて
睯 [俗] ⇒ 瞻 セン・みる
瞞 [俗] ⇒ 瞞 マン・だます
睿 [古] ⇒ 叡 エイ・あきらか
瞑 [俗] ⇒ 瞑 メイ・つぶる

〈示（礻）部〉

稟 [俗] ⇒ 稟 ヒン・リン・うける
福 [俗] ⇒ 福・福 フク・さいわい
褅 [俗] ⇒ 禍・禍 カ・わざわい
禘 [俗] ⇒ 社・社 シャ・やしろ
碱 [俗] ⇒ 鹹 セン・ケン
礜 [同] ⇒ 巌・巌 ガン・いわお
碌 [同] ⇒ 墜・墜 ツイ・おちる
磠 [同] ⇒ 瑙 ノウ
碰 [俗] ⇒ 撞 ホウ

〈禾部〉

稗 [俗] ⇒ 稗 ハイ・ひえ
稠 [俗] ⇒ 禍・禍 カ・わざわい
穡 [同] ⇒ 蓄 チク・たくわえる
穂 [俗] ⇒ 捷 ショウ・はやい
穐 [同] ⇒ 授 ジュ・さずける
稱 [同] ⇒ 秤 ショウ・ビン・はかり
稱 [俗] ⇒ 称・稱 ショウ・たたえる
祖 [古] ⇒ 禱 トウ・いのる
禵 [俗] ⇒ 禷 シ

〈穴部〉

寏 [同] ⇒ 伏 フク・ふせる
穄 [同] ⇒ 糯 ダ・もちごめ
穏 [俗] ⇒ 穏・穏 オン・おだやか
稼 [俗] ⇒ 穂・穂 スイ・ほ
穝 [俗] ⇒ 稷 ショク・きび
種 [俗] ⇒ 種 シュ・たね
種 [俗] ⇒ 種 シュ・たね
楔 [俗] ⇒ 禊 ケイ・みそぎ
稟 [俗] ⇒ 稟 ヒン・リン・うける

竪
〔俗〕
⇩
豎
ジュ
たつ

竭
〔俗〕
⇩
竭
ケツ
つきる

〈立部〉

竈
〔俗〕
⇩
竈
ソウ
かまど

窳
〔同〕
⇩
竄
ザン
かくれる

窟
〔同〕
⇩
窟
クツ
いわや

窩
〔同〕
⇩
寝・寝
シン
ねる

寔
〔俗〕
⇩
寔
ショク
まことに

窓
〔俗〕
⇩
窓
ソウ
まど

窠
〔同〕
⇩
松
ショウ
まつ

褸
〔俗〕
⇩
縷
ル
いと

禅
〔俗〕
⇩
禪
タン
ひとえ

褊
〔俗〕
⇩
褊
ヘン
せまい

褶
〔同〕
⇩
帽・帽
ボウ

褪
〔同〕
⇩
幄
アク
とばり

〈ネ部〉

罻
〔同〕
⇩
羅
ラ
あみ

置
〔俗〕
⇩
置
チ
おく

罺
〔同〕
⇩
置
チ
おく

〈罒部〉

劉
〔同〕
⇩
策
サク
むち

筋
〔俗〕
⇩
筋
キン
すじ

箇
〔同〕
⇩
個
コ

篲
〔同〕
⇩
帚
ソウ
ほうき

箕
〔古〕
⇩
典
テン
のり

箔
〔同〕
⇩
扒
はめる

篩
〔俗〕
⇩
冊
サツ
ふみ

簫
〔俗〕
⇩
冊
サツ
ふみ

箇
〔同〕
⇩
个
カ

〈竹部〉

箭
〔同〕
⇩
箭
セン
や

簸
〔俗〕
⇩
簸
フク
えびら

算
〔同〕
⇩
算
サン
かぞえる・かず

篦
〔古〕
⇩
箇
キン

筶
〔同〕
⇩
箝
カン
はさむ

篊
〔俗〕
⇩
盒
レン
はこ

劄
〔同〕
⇩
劄
トウ・サツ
さす

算
〔俗〕
⇩
罩
トウ
こめる

策
〔俗〕
⇩
策
サク
むち

策
〔俗〕
⇩
策
サク
むち

〈米部〉

箸 [俗]⇒箸 チョ／はし

篇 [俗]⇒篇 ヘン／ふみ

笓 [俗]⇒篦 ヘイ／へら

箐 [俗]⇒簀 サク／すのこ

粼 [同]⇒屎 シ／くそ

粶 [本]⇒康 コウ／やすい

精 [同]⇒粥 シュク／かゆ

粲 [俗]⇒粲 サン

粞 [同]⇒精・精 セイ・ショウ／くわしい

〈糸部〉

繪 [同]⇒衿 キン／えり

絜 [同]⇒素 ソ・ス／もと

繁 [古]⇒紹 ショウ

紳 [本]⇒紳 シン

絻 [俗]⇒晩・晩 バン／くれ

続 [俗]⇒続・續 ゾク／つづく

糤 [俗]⇒糒 ビ／ほしいい

粦 [同]⇒隣・隣 リン／となり

糀 [俗]⇒麹 キク／こうじ

戠 [古]⇒織 ショク・シキ／おる

繃 [同]⇒繃 ホウ

緐 [本]⇒繁・繁 ハン／しげる

絚 [俗]⇒極 キョウ

緍 [俗]⇒緡 ビン／いと・さし

綫 [同]⇒線 セン／いと

綵 [俗]⇒緑・緑 リョク・ロク／みどり

網 [本]⇒網・網 モウ／あみ

綴 [俗]⇒綴 テイ／つづる

縶 [俗]⇒縶 ケイ

綷 [俗]⇒繪 かすり

〈缶部〉

罇 [同]⇒醆 サン／さかずき

缾 [同]⇒瓶・瓶 ビン／かめ

〈羊（主・羊）部〉

義 [俗]⇒義 ギ／よい

羮 [俗]⇒羹 コウ／あつもの

〈羽（羽・习）部〉

翿 [俗]⇒酬 シュウ／むくいる

翄 [同]⇒翅 シ／つばさ・はね

翠
〔俗〕
⇩
翠・翠
スイ
みどり

〈耒（耒）部〉

耤
〔同〕
⇩
耘
ウン
くさぎる

耤
〔同〕
⇩
藉
シャ・セキ
しく

〈耳部〉

聰
〔俗〕
⇩
脳・腦
ノウ

智
〔同〕
⇩
婿・壻
セイ
むこ

斆
〔俗〕
⇩
散
サン
ちる

腚
〔同〕
⇩
愯
ゾウ
たしか

聰
〔俗〕
⇩
聡・聰
ソウ
さとい

賊
〔同〕
⇩
馘
カク
くびきる

〈聿部〉

肇
〔本〕
⇩
肇・肇
チョウ
はじめる

肇
〔本〕
⇩
肇・肇
チョウ
はじめる

肇
〔本〕
⇩
肇・肇
チョウ
はじめる

〈自・臼（旧）部〉

聚
〔俗〕
⇩
聚
シュウ
あつまる

晨
〔同〕
⇩
晨
シン
あした・あさ

晳
〔本〕
⇩
春
ショウ
うすづく

興
〔俗〕
⇩
興
コウ・キョウ
おこる・おこす

〈舌部〉

舓
〔同〕
⇩
舐
シ
なめる

舓
〔同〕
⇩
辞・辭
ジ
やめる

辞
〔俗〕
⇩
辞・辭
ジ
やめる

〈舟部〉

艁
〔古〕
⇩
津
シン
つ

艜
〔古〕
⇩
朕・朕
チン
われ

舶
〔同〕
⇩
舶
ハク

艛
〔古〕
⇩
勝・勝
ショウ
かつ・まさる

艘
〔俗〕
⇩
艘
ソウ
ふね

〈艮・色・虍部〉

羮
〔俗〕
⇩
養・養
ヨウ
やしなう

艶
〔同〕
⇩
艶・艶
エン
なまめかし・つや

劇
〔同〕
⇩
虎
コ
とら

〈虫部〉

蚰
〔同〕
⇩
虹
コウ
にじ

蝐
〔俗〕
⇩
虻
ボウ
あぶ

蜚
〔俗〕
⇩
飛
ヒ
とぶ

蚕
〔同〕
⇩
蚕・蠶
サン
かいこ

蠶
〔俗〕
⇩
蚕・蠶
サン
かいこ

蠶
〔俗〕
⇩
蚕・蠶
サン
かいこ

蜂 [同]⇩ 蚌 ボウ

錠 [俗]⇩ 蛇 ジャ・ダ へび

蜜 [俗]⇩ 蜜 ミツ

颯 [同]⇩ 蝨 シツ しらみ

蝕 [俗]⇩ 蝕 ショク むしばむ

蝲 [同]⇩ 蝶 チョウ

蜻 [同]⇩ 蟶 テイ

螫 [同]⇩ 鯏 あさり

蠅 [俗]⇩ 蠅 ヨウ はえ

蠟 [俗]⇩ 蠟 ロウ

〈血部〉

盟 [本]⇩ 盟 メイ ちかう

盥 [本]⇩ 盟 メイ ちかう

〈衣部〉

裝 [俗]⇩ 裝・装 ショウ・ソウ よそおう

製 [同]⇩ 裂 レツ さく・さける

裔 [俗]⇩ 裔 エイ すそ

襄 [本]⇩ 裵 ハイ

襃 [俗]⇩ 褒・襃 ホウ ほめる

〈両(西)・臣部〉

〈言部〉

譺 [同]⇩ 唆 サ そそのかす

誖 [同]⇩ 悖 ハイ もとる

誏 [同]⇩ 朗・朗 ロウ ほがらか

詥 [古]⇩ 教・敎 キョウ おしえる

詾 [古]⇩ 訟 ショウ うったえる

誊 [俗]⇩ 嗟 ああ サ

鼇 [同]⇩ 孤 コ ひとり

覇 [俗]⇩ 覇・覇 ハ はたがしら

霸 [同]⇩ 覇・覇 ハ はたがしら

詳 [本]⇩ 詳 ショウ くわしい

誂 [同]⇩ 誂 チョウ いどむ・あつらえる

話 [本]⇩ 話 ワ はなす

罰 [俗]⇩ 罰 バツ・バチ つみ

誡 [俗]⇩ 誡 カイ いましめる

誤 [俗]⇩ 誤・誤 ゴ あやまる

誓 [俗]⇩ 誓 セイ ちかう

誼 [本]⇩ 誼 ギ よしみ

誼 [俗]⇩ 誼 ギ よしみ

諂 [俗]⇩ 諂 テン へつらう

〈身部〉

跳 [同]⇩ 跳 チョウ はねる・とぶ

蹐 [俗]⇩ 躊 チュウ

觜 [同]⇩ 妊 ニン はらむ

誀 [同]⇩ 狙 ソ ねらう

躬 [同]⇩ 躬 キュウ

貌 [俗]⇩ 貌 ボウ かたち・かお

蹴 [同]⇩ 蹴 シュク・シュウ ける

軃 [俗]⇩ 軃 やがて

〈車・辛部〉

軸 [俗]⇩ 軸 ジク まきもの

載 [本]⇩ 載 サイ のせる・のる

輶 [同]⇩ 輶 ユウ

辣 [同]⇩ 辣 ラツ からい

〈辵(辶・辶)部〉

逋 [古]⇩ 及・及 キュウ およぶ

區 [俗]⇩ 区・區 ク さかい

邊 [俗]⇩ 辺・邊 ヘン あたり・べ

邊 [俗]⇩ 辺・邊 ヘン あたり・べ

遘 [俗]⇩ 造・造 ゾウ つくる

達 [俗]⇩ 達・達 タツ とおる

遟 [古]⇩ 遅・遅 チ おくれる

遒 [本]⇩ 道・道 ドウ・トウ みち

遁 [俗]⇩ 遁 トン のがれる

違 [同]⇩ 違・違 イ ちがう

違 [俗]⇩ 違・違 イ ちがう

遘 [俗]⇩ 遘 コウ あう

邐 [俗]⇩ 俚 リ いやしい

〈邑(阝)部〉

鄙 [俗]⇩ 鄙 ヒ ひな

郞 [同]⇩ 郎・郎 ロウ おとこ

郡 [本]⇩ 郡 グン こおり

鄙 [俗]⇩ 鄙 ヒ ひな

鄣 [俗]⇩ 障 ショウ さわる

〈酉・里部〉

酻 [俗]⇩ 酔・酔 スイ よう

酸 [俗]⇩ 酸 サン すい

醱 [俗]⇩ 醍 ダイ

醩 [本]⇩ 糟 ソウ かす

曹 [俗]⇩ 党・黨 トウ むら

〈金部〉

〔金部〕

- 鎹　［同］⇩ 鎹　かすがい
- 鋏　［俗］⇩ 鋏　キョウ・はさみ
- 銳　［俗］⇩ 鋭・銳　エイ・するどい
- 鋩　［俗］⇩ 鋩　きっさき
- 鉋　［俗］⇩ 鉋　ホウ・かんな
- 銕　［古］⇩ 鉄・鐵　テツ・くろがね
- 鋘　［同］⇩ 鈞　キン
- 鉤　［古］⇩ 鈞　キン
- 鈎　［同］⇩ 斧　フ・おの
- 鈇　［同］⇩ 斧　フ・おの
- 鉾　［同］⇩ 矛　ホ・ム

〈門部〉

- 閖　［同］⇩ 寺　ジ・てら
- 開　［本］⇩ 開　カイ・ひらく・あける
- 開　［俗］⇩ 開　カイ・ひらく・あける
- 閏　［俗］⇩ 閏　ジュン・うるう
- 鬨　［俗］⇩ 鬨　コウ・とき
- 闇　［同］⇩ 闊　カツ・ひろい

〈阜（阝）部〉

- 隍　［同］⇩ 堂　ドウ
- 隟　［同］⇩ 崩・崩　ホウ・くずれる

- 陳　［本］⇩ 陳　チン・のべる
- 陸　［俗］⇩ 陸　リク・ロク・おか
- 陸　［俗］⇩ 陸　リク・ロク・おか
- 隝　［俗］⇩ 陸　おか
- 隆　［俗］⇩ 隆・隆　リュウ・たかい・さかん
- 隆　［俗］⇩ 隆・隆　リュウ・たかい・さかん
- 隘　［俗］⇩ 隘　アイ・せまい
- 隔　［俗］⇩ 隔・隔　カク・へだてる
- 隟　［古］⇩ 隙　ゲキ・ひま・すき
- 隙　［俗］⇩ 隙　ゲキ・ひま・すき
- 隰　［俗］⇩ 瑠　ル

- 隠　［俗］⇩ 隠・隱　イン・かくす・かくれる
- 際　［俗］⇩ 際　サイ・きわ
- 隲　［同］⇩ 騭　カ・ひ

〈隹部〉

- 雙　［俗］⇩ 双・雙　ソウ・ふた
- 鴟　［同］⇩ 鴟　シ・とび
- 雛　［同］⇩ 雛　スウ・ひな
- 難　［俗］⇩ 難・難　ナン・かたい
- 難

〈雨（⻗）部〉

- 霶　［同］⇩ 処・處　ショ・おる

〈雨 部〉（続き）

霓 [同] ⇩ 電 デン・いなずま

電 [同] ⇩ 電 デン・いなずま

靈 [俗] ⇩ 霊・靈 レイ・リョウ・たま

霄 [古] ⇩ 霰 サン・あられ

〈非・面 部〉

罪 [本] ⇩ 罪 ザイ・つみ

皰 [同] ⇩ 皰 ホウ・にきび

〈革 部〉

軸 [俗] ⇩ 冑 チュウ・かぶと

韋 [俗] ⇩ 冑 チュウ・かぶと

鞆 [同] ⇩ 紳 シン

鞾 [同] ⇩ 絆 ハン・きずな

鞄 [俗] ⇩ 鞄 ホウ・かばん

鞄 [俗] ⇩ 鞄 ホウ・かばん

鞱 [同] ⇩ 鼗 トウ・ふりつづみ

〈韋（韋）・頁 部〉

鞄 [同] ⇩ 鞄 ホウ・かばん

頬 [同] ⇩ 洋 ヨウ

頌 [同] ⇩ 施 シ・セ・ほどこす

頡 [同] ⇩ 胡 コ・えびす

頬 [俗] ⇩ 規 キ・のり

頡 [俗] ⇩ 頓 トン・ぬかずく

頓 [俗] ⇩ 頓 トン・ぬかずく

頌 [俗] ⇩ 預 ヨ・あずける

頊 [俗] ⇩ 預 ヨ・あずける

頏 [古] ⇩ 髪・髪 ハツ・かみ

頎 [同] ⇩ 鬢 ゼン・ひげ

頸 [俗] ⇩ 頸 ケイ・くび

頤 [同] ⇩ 髭 シ・ひげ

顊 [俗] ⇩ 顧・顧 コ・かえりみる

顧 [俗] ⇩ 顧・顧 コ・かえりみる

〈風・食（食・食）部〉

颯 [同] ⇩ 颯 サツ

颱 [同] ⇩ 秣 マツ・まぐさ

餤 [古] ⇩ 粒 リュウ・つぶ

餅 [俗] ⇩ 飯・飯 ハン・めし

飼 [俗] ⇩ 飼・飼 シ・かう

餝 [俗] ⇩ 飾・飾 ショク・かざる

餐 [同] ⇩ 飽・飽 ホウ・あきる

飴 [同] ⇩ 飴 イ・あめ

駈
〔同〕
⇩
群
グン
むれる・むれ

《馬部》

遒
〔同〕
⇩
髪・髮
かみ

敯
〔古〕
⇩
髪・髮
ハツ

《首部》

餮
〔俗〕
⇩
饕
トウ
むさぼる

餤
〔同〕
⇩
饕
トウ
むさぼる

餅
〔俗〕
⇩
餅・餅
ヘイ
もち

餌
〔俗〕
⇩
餌
ジ
え・えさ

飾
〔同〕
⇩
錺
かざり

髧
〔同〕
⇩
髧
コン
そる

髣
〔同〕
⇩
仿
ホウ
さまよう

《髟部》

骺
〔同〕
⇩
肪
ボウ
あぶら

骹
〔同〕
⇩
股
コ
もも・また

骸
〔同〕
⇩
歧
キ

《骨部》

駏
〔俗〕
⇩
驢
ロ
ろば

駭
〔俗〕
⇩
駭
ガイ
おどろく

馱
〔俗〕
⇩
馱
ダ

槐
〔古〕
⇩
鬼
キ
おに

《鬼部》

戨
〔同〕
⇩
鍋
カ
なべ

鬪
〔俗〕
⇩
闘・鬥
トウ
たたかう

《門・高部》

髫
〔同〕
⇩
鬢
ビン

髹
〔同〕
⇩
髻
ケイ
もとどり

鬕
〔同〕
⇩
髯
ゼン
ひげ

髲
〔俗〕
⇩
髪・髮
ハツ
かみ

髪
〔同〕
⇩
髪・髮
かみ

鲅
〔同〕
⇩
鯒
こち

鮫
〔同〕
⇩
鮇
こち

魡
〔同〕
⇩
釣・釣
チョウ
つる

《魚部》

鼌
〔同〕
⇩
魍
モウ

竃
〔同〕
⇩
魂
コン
たましい

竈
〔同〕
⇩
魂
コン
たましい

魅
〔同〕
⇩
魁
カイ
さきがけ

魁
〔古〕
⇩
魁
カイ
さきがけ

魁
〔同〕
⇩
鬼
キ
おに

⿰魚也 [同] ⇩ 鰙 わかさぎ

〈鳥部〉

⿱少鳥 [同] ⇩ 雀 ジャク すずめ

鳩 [俗] ⇩ 雄 ユウ お・おす

⿰弋鳥 [同] ⇩ 鳶 エン とび・とんび

⿵几鳥 [古] ⇩ 鴻 コウ おおとり

⿰工鳥 [同] ⇩ 鴻 コウ おおとり

〈鹵・麥（麦）部〉

⿱卤土 [同] ⇩ 鹵 ロ しおつち

⿺麦亡 [同] ⇩ 芒 ボウ のぎ・すすき

〈麻（麻）・黑（黒）・黽部〉

⿸广⿱林厶 [俗] ⇩ 麼 モ

⿰黑刀 [同] ⇩ 黥 ゲイ いれずみ

黾 [本] ⇩ 黽 ビン・ベン あおがえる

十五画

〔一 部〕

偃 [俗] ⇩ 偃　エン　ふす

憂 [俗] ⇩ 憂　ユウ　うれえる

〔乙（乚）・二・亠 部〕

藝 [俗] ⇩ 芸・藝　ゲイ　わざ

裹 [俗] ⇩ 糞　フン　くそ

齎 [同] ⇩ 臍　セイ　ほぞ・へそ

〔人（イ・ヘ）部〕

傀 [古] ⇩ 化・化　カ・ケ　ばける

僊 [俗] ⇩ 仙　セン

壍 [古] ⇩ 地　チ・ジ　つち

偵 [同] ⇩ 偵　テイ　うかがう

鹵 [俗] ⇩ 鹵　ロ　しおつち

傀 [同] ⇩ 傀　カイ　くぐつ

傻 [同] ⇩ 傻　サ

債 [俗] ⇩ 債　サイ　かり

剽 [俗] ⇩ 剽　ヒョウ　すばやい

僑 [同] ⇩ 嗇　ショク　おしむ

儀 [俗] ⇩ 載　サイ　のせる・のる

儜 [同] ⇩ 零　レイ　おちる・こぼれる

僻 [俗] ⇩ 僻　セン

像 [俗] ⇩ 像　ゾウ　かたどる

僕 [本] ⇩ 僕　ボク　しもべ

僯 [俗] ⇩ 僯　リン

僚 [本] ⇩ 僚　リョウ　つかさ

儚 [同] ⇩ 儚　ボウ　はかない

優 [俗] ⇩ 優　ユウ　やさしい

儵 [同] ⇩ 蹙　シュク　せまる

儷 [俗] ⇩ 儷　レイ　ならぶ

〔几・八（丷）・冂 部〕

甓 [俗] ⇩ 僻　ヘキ　さける

蕩 [俗] ⇩ 蕩　トウ　とろける

圖 [古] ⇩ 冒・冒　ボウ　おかす

〔冖・冫・几 部〕

竈 [俗] ⇩ 竈　ソウ　かまど

凛 [俗] ⇩ 凜　リン　きびしい

凱 [同] ⇩ 凱　ガイ　かちどき

〔刂 部〕

剭 〔古〕⇩ 則 ソク のり
剝 〔同〕⇩ 剿 ソウ
劃 〔俗〕⇩ 劃 カク
劇 〔俗〕⇩ 劇 ゲキ はげしい
劇 〔俗〕⇩ 劇 ゲキ はげしい
劇 〔俗〕⇩ 劇 ゲキ はげしい
劉 〔同〕⇩ 劉 リュウ
劉 〔同〕⇩ 斲 タク きる

〔力・勹・匕・十 部〕

勸 〔同〕⇩ 勧・勧 カン すすめる

襢 〔古〕⇩ 神・神 シン・ジン かみ
縣 〔俗〕⇩ 隷・隷 レイ
躺 〔同〕⇩ 乾 カン かわく

〔厂 部〕

愿 〔古〕⇩ 原 ゲン はら
厬 〔同〕⇩ 峨 ガ
厰 〔同〕⇩ 蔵・藏 ゾウ くら
厫 〔同〕⇩ 甍 ボウ いらか

〔厶・又 部〕

嗟 〔同〕⇩ 去 キョ・コ さる

趣 〔本〕⇩ 催 サイ もよおす
鼓 〔俗〕⇩ 鼓 コ つづみ

〔口 部〕

噏 〔同〕⇩ 吸・吸 キュウ すう
琴 〔俗〕⇩ 吟 ギン うめく
噎 〔俗〕⇩ 咽 エツ・イン のど
嚚 〔古〕⇩ 要・要 ヨウ いる
唾 〔本〕⇩ 唾 ダ つば・つばき
噉 〔同〕⇩ 啖 タン くらう
喘 〔同〕⇩ 喘 ゼン あえぐ

嘆 〔俗〕⇩ 喋 チョウ しゃべる
嗒 〔同〕⇩ 塔 トウ
嗑 〔同〕⇩ 游 ユウ およぐ
噍 〔同〕⇩ 悲 ヒ かなしい
嚤 〔俗〕⇩ 粤 エツ
嘷 〔俗〕⇩ 嗥 コウ ほえる
嘅 〔同〕⇩ 慨・慨 ガイ いきどおる
戰 〔俗〕⇩ 戦・戦 セン いくさ・たたかう
嚐 〔俗〕⇩ 嘗 ショウ・ジョウ なめる
嘓 〔俗〕⇩ 嗰 ガン

贔 [古]⇩ 囂 ゴウ かまびすしい

嚪 [同]⇩ 囈 ゲイ うわごと

嚪 [同]⇩ 囈 ゲイ うわごと

嚙 [俗]⇩ 嚙 かむ

嘼 [俗]⇩ 獣・獸 ジュウ けもの

嘿 [同]⇩ 黙・默 モク だまる

噴 [俗]⇩ 噴・噴 フン ふく

嘲 [俗]⇩ 嘲 チョウ あざける

噂 [俗]⇩ 噂 ソン うわさ

器 [俗]⇩ 器・器 キ うつわ

墮 [同]⇩ 堕・墮 ダ おとす

槸 [古]⇩ 野 ヤ の

塲 [俗]⇩ 町 チョウ まち

墜 [本]⇩ 地 チ・ジ つち

墻 [古]⇩ 子 シ こ

〈土部〉

圙 [古]⇩ 冒・冒 ボウ おかす

圖 [俗]⇩ 図・圖 ズ・ト はかる

〈囗部〉

嚛 [同]⇩ 囂 ゴウ かまびすしい

増 [俗]⇩ 増・增 ゾウ ます・ふえる

壨 [古]⇩ 塵 ジン ちり

塾 [俗]⇩ 塾 ジュク

境 [俗]⇩ 境 キョウ さかい

墍 [俗]⇩ 堅 キ

墓 [古]⇩ 墓 ボ はか

塊 [同]⇩ 塊 カイ かたまり

塩 [俗]⇩ 塩・鹽 エン しお

堤 [同]⇩ 堤 テイ つつみ

墮 [同]⇩ 堕・墮 ダ おとす

壚 [俗]⇩ 牆 ショウ かき

壿 [同]⇩ 樽 ソン たる

壇 [俗]⇩ 壇 ダン

壊 [俗]⇩ 壊・壞 カイ こわす

壞 [俗]⇩ 壊・壞 カイ こわす

機 [俗]⇩ 畿 キ みやこ

墳 [俗]⇩ 墳・墳 フン はか

壑 [同]⇩ 墩 トン

牅 [同]⇩ 埔 ヨウ

墨 [俗]⇩ 墨・墨 ボク すみ

瓐 〔俗〕⇨ 牆（ショウ・かき）

磽 〔同〕⇨ 磽（コウ・そね）

壜 〔同〕⇨ 壜（ドン・びん）

〈土・夕部〉

壽 〔俗〕⇨ 寿・壽（ジュ・ことぶき）

臺 〔古〕⇨ 握（アク・にぎる）

夥 〔俗〕⇨ 夥（カ・おびただしい）

〈大部〉

奫 〔同〕⇨ 淵（エン・ふち）

畚 〔古〕⇨ 奪（ダツ・うばう）

奪 〔俗〕⇨ 奪（ダツ・うばう）

斃 〔同〕⇨ 弊・弊（ヘイ・たおれる）

〈女部〉

蟁 〔同〕⇨ 盛・盛（セイ・もる）

嬀 〔同〕⇨ 婿（ダ）

隓 〔同〕⇨ 婿（ダ）

媚 〔本〕⇨ 媚（ビ・こびる）

嬃 〔俗〕⇨ 媚（ビ・こびる）

嫻 〔同〕⇨ 嫻（カン・みやびやか）

嬴 〔俗〕⇨ 嬴（エイ・あまる）

嬰 〔俗〕⇨ 嬰（エイ・みどりご）

嬬 〔俗〕⇨ 嬬（ジュ・つま）

嬰 〔同〕⇨ 麗（レイ・うるわしい）

〈子・宀部〉

學 〔俗〕⇨ 学・學（ガク・まなぶ）

實 〔俗〕⇨ 実・實（ジツ・み・みのる）

實 〔俗〕⇨ 実・實（ジツ・み・みのる）

冠 〔俗〕⇨ 冠（カン・かんむり）

宰 〔古〕⇨ 宰（サイ・つかさ）

寘 〔同〕⇨ 宿（シュク・やど・やどる）

寒 〔俗〕⇨ 寒・寒（カン・さむい）

寱 〔俗〕⇨ 塞（サイ・ソク・ふさぐ）

寢 〔同〕⇨ 寝・寢（シン・ねる）

優 〔同〕⇨ 僚（リョウ・つかさ）

寮 〔俗〕⇨ 寡（カ・すくない）

寍 〔俗〕⇨ 寧・寧（ネイ・やすい）

寗 〔同〕⇨ 鞍（アン・くら）

宷 〔俗〕⇨ 鞍（アン・くら）

寪 〔古〕⇨ 嚮（キョウ・むかう）

〈寸部〉

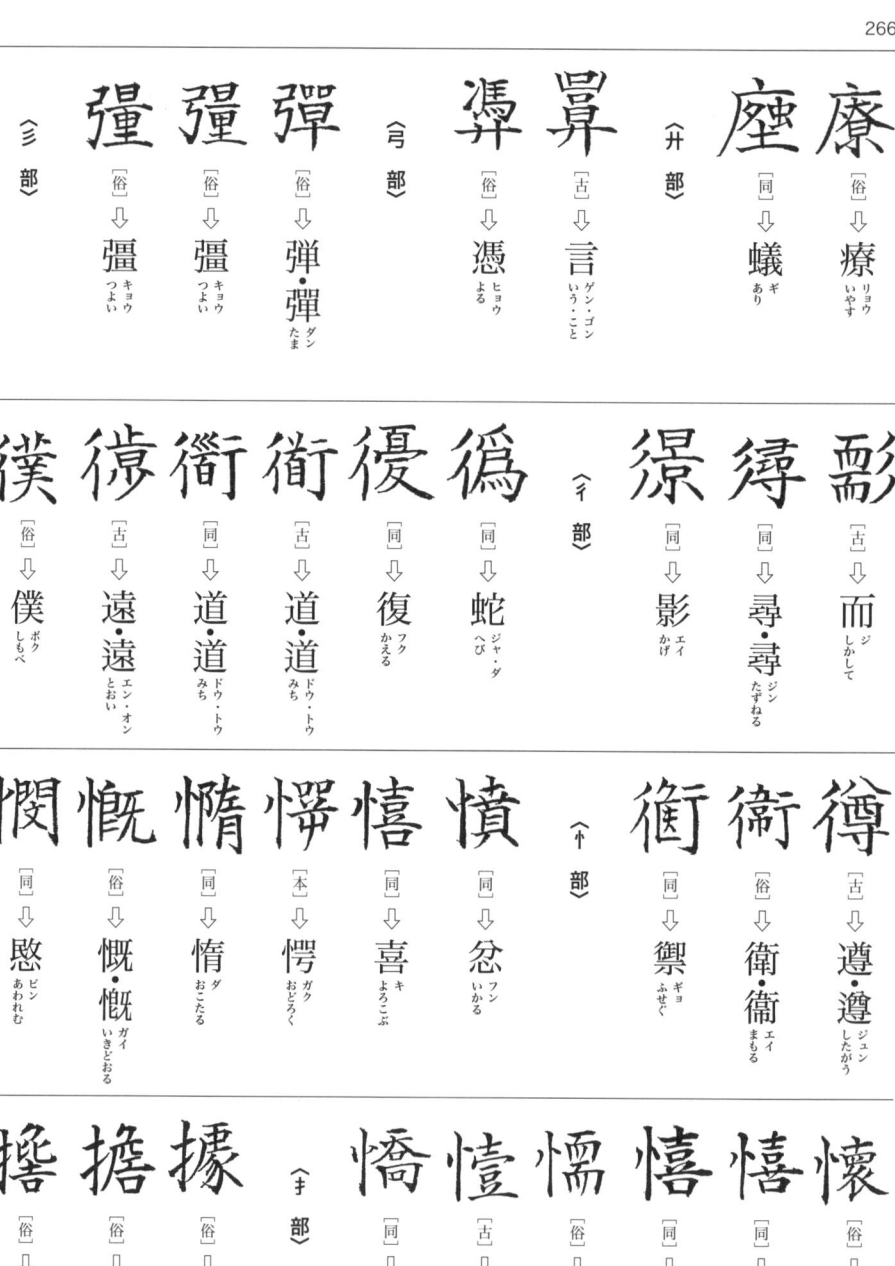

廫 〔俗〕⇩ 療 リョウ いやす

塵 〔同〕⇩ 蟻 ギ あり

〔廾部〕

鼻 〔古〕⇩ 言 ゲン・ゴン いう・こと

馮 〔古〕⇩ 憑 ヒョウ よる

〔弓部〕

彈 〔俗〕⇩ 弾・弾 ダン たま

彊 〔俗〕⇩ 彊 キョウ つよい

彊 〔俗〕⇩ 彊 キョウ つよい

〔彡部〕

髟 〔古〕⇩ 而 ジ しかして

繹 〔同〕⇩ 尋・尋 ジン たずねる

澋 〔同〕⇩ 影 エイ かげ

〔彳部〕

佗 〔同〕⇩ 蛇 ジャ・ダ へび

徦 〔同〕⇩ 復 フク かえる

徣 〔古〕⇩ 道・道 ドウ・トウ みち

衛 〔同〕⇩ 道・道 ドウ・トウ みち

徸 〔古〕⇩ 遠・遠 エン・オン とおい

僕 〔俗〕⇩ 僕 ボク しもべ

徇 〔古〕⇩ 遵・遵 ジュン したがう

衞 〔俗〕⇩ 衛・衞 エイ まもる

衞 〔同〕⇩ 禦 ギョ ふせぐ

〔忄部〕

憤 〔同〕⇩ 忿 フン いかる

憙 〔同〕⇩ 喜 キ よろこぶ

愕 〔本〕⇩ 愕 ガク おどろく

惰 〔同〕⇩ 惰 ダ おこたる

慨 〔俗〕⇩ 慨・慨 ガイ いきどおる

憫 〔同〕⇩ 愍 ビン あわれむ

懷 〔俗〕⇩ 懐・懐 カイ なつかしい

憙 〔同〕⇩ 憙 キ よろこぶ

憘 〔俗〕⇩ 憙 キ よろこぶ

懦 〔同〕⇩ 懦 ダ よわい

懚 〔古〕⇩ 懿 イ うるわしい

憍 〔同〕⇩ 驕 キョウ おごる

〔扌部〕

攄 〔俗〕⇩ 拠・據 キョ・コ よる

擔 〔俗〕⇩ 担・擔 タン かつぐ・になう

攕 〔俗〕⇩ 担・擔 タン かつぐ・になう

撰 [俗]⇩ 撰 セン／えらぶ

撖 [本]⇩ 撒 サン／まく

擒 [同]⇩ 増・增 ゾウ／ふえる

攝 [俗]⇩ 摂・攝 セツ／とる

攜 [俗]⇩ 携 ケイ／たずさわる

撚 [同]⇩ 絶・絕 ゼツ／たえる・たつ

搭 [同]⇩ 搭 トウ

搁 [同]⇩ 掉 トウ／ふる・ふるう

措 [本]⇩ 措 ソ／おく

振 [俗]⇩ 振 シン／ふる

渚 [俗]⇩ 渚・渚 ショ／なぎさ

澔 [俗]⇩ 浩・浩 コウ／ひろい

澔 [同]⇩ 浩・浩 コウ／ひろい

活 [同]⇩ 活 カツ／いきる

澍 [同]⇩ 注・注 チュウ／そそぐ

〈氵部〉

攪 [俗]⇩ 攪 カク／みだす

壞 [俗]⇩ 壊・壞 カイ／こわす

橫 [俗]⇩ 横・横 オウ／よこ

撐 [俗]⇩ 撑 トウ／ささえる

漆 [俗]⇩ 漆 シツ／うるし

溉 [俗]⇩ 溉 ガイ／そそぐ

溜 [本]⇩ 溜 リュウ／したたる

滯 [俗]⇩ 滞・滯 タイ／とどこおる

滓 [俗]⇩ 滓 シ／おり

漢 [俗]⇩ 漢・漢 カン

激 [同]⇩ 敦 トン／あつい

滿 [俗]⇩ 満・滿 マン／みちる

寒 [同]⇩ 寒・寒 カン／さむい

澹 [俗]⇩ 淡 タン／あわい

澂 [同]⇩ 澄 チョウ／すむ

潭 [俗]⇩ 潭 タン／ふち

潛 [俗]⇩ 潜・潜 セン／ひそむ・もぐる

潜 [俗]⇩ 潜・潜 セン／ひそむ・もぐる

潜 [本]⇩ 潜・潜 セン／ひそむ・もぐる

濳 [俗]⇩ 濟 サン

漏 [俗]⇩ 漏 ロウ／もれる

漂 [俗]⇩ 漂 ヒョウ

滴 [本]⇩ 滴 テキ／しずく・したたる

滲 [俗]⇩ 滲 シン／にじむ

激 〔俗〕⇒ 激 ゲキ／はげしい
激 〔俗〕⇒ 激 ゲキ／はげしい
潰 〔俗〕⇒ 潰 フン／わく
湜 〔俗〕⇒ 醍 ダイ
濤 〔同〕⇒ 濡 ジュ／ぬれる
濡 〔俗〕⇒ 濡 ジュ／ぬれる
潴 〔同〕⇒ 潴 チョ
潅 〔俗〕⇒ 灌 カン／そそぐ
潅 〔俗〕⇒ 灌 カン／そそぐ
潬 〔同〕⇒ 灘 タン／なだ

〈犭部〉

獦 〔俗〕⇒ 猟・獵 リョウ／かり
獵 〔俗〕⇒ 猟・獵 リョウ／かり
獵 〔俗〕⇒ 猟・獵 リョウ／かり
猏 〔俗〕⇒ 獖 フン・ホン

〈艹（艸）部〉

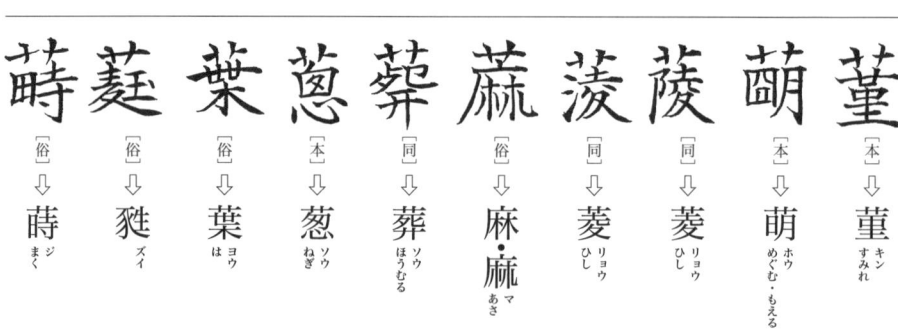

藝 〔俗〕⇒ 芸・藝 ゲイ／わざ
藺 〔同〕⇒ 妍 ケン／うつくしい
蒡 〔同〕⇒ 華・華 カ・ケ／はな
蓮 〔同〕⇒ 造・造 ゾウ／つくる

菫 〔本〕⇒ 菫 キン／すみれ
萌 〔本〕⇒ 萌 ホウ／めぐむ・もえる
薐 〔同〕⇒ 菱 リョウ／ひし
菱 〔同〕⇒ 菱 リョウ／ひし
蔴 〔俗〕⇒ 麻・麻 マ／あさ
葬 〔同〕⇒ 葬 ソウ／ほうむる
葱 〔本〕⇒ 葱 ソウ／ねぎ
葉 〔俗〕⇒ 葉 ヨウ／は
菙 〔俗〕⇒ 桵 ズイ
蒔 〔俗〕⇒ 蒔 ジ／まく

蒸 〔俗〕⇒ 蒸 ジョウ／むす
蒸 〔俗〕⇒ 蒸 ジョウ／むす
薺 〔俗〕⇒ 薺 キ
蔑 〔俗〕⇒ 蔑 ベツ／さげすむ
蔑 〔俗〕⇒ 蔑 ベツ／さげすむ
莞 〔俗〕⇒ 蔑 ベツ／さげすむ
蔓 〔俗〕⇒ 蔓 マン／つる
蜜 〔同〕⇒ 蜜 ミツ
蕈 〔俗〕⇒ 蕈 ジン／きのこ
蔽 〔俗〕⇒ 蔽 ヘイ／おおう

甍 [俗] ⇩ 甍 ボウ いらか
蘊 [同] ⇩ 蘊 ウン つむ
蕡 [俗] ⇩ 蕡 フン
薩 [俗] ⇩ 薩 サツ
蔗 [同] ⇩ 藷 ショ いも
〈心(小)部〉
應 [俗] ⇩ 応・應 オウ こたえる
憝 [俗] ⇩ 悖 ハイ もとる
憨 [同] ⇩ 恵・惠 ケイ・エ めぐむ
嘗 [古] ⇩ 常 ジョウ つね・とこ

慾 [同] ⇩ 欲 ヨク ほっする・ほしい
憖 [同] ⇩ 傲 ゴウ おごる
慟 [同] ⇩ 慟 ドウ なげく
慤 [俗] ⇩ 慤 カク つつしむ
慕 [同] ⇩ 慕 ボ したう
慰 [本] ⇩ 慰 イ なぐさめる
慮 [俗] ⇩ 慮 リョ おもんぱかる
憩 [俗] ⇩ 憩 ケイ いこい
憲 [俗] ⇩ 憲・憲 ケン のり
憲 [俗] ⇩ 憲・憲 ケン のり

憑 [俗] ⇩ 憑 ヒョウ よる
瞞 [俗] ⇩ 瞞 マン だます
懇 [俗] ⇩ 懇 コン ねんごろ
〈戈部〉
戲 [同] ⇩ 呼 コ よぶ
戟 [同] ⇩ 埴 ショク はに
國 [俗] ⇩ 摑 カク つかむ
戳 [本] ⇩ 截 セツ きる
戲 [俗] ⇩ 戯・戲 ギ たわむれる
戴 [古] ⇩ 戴・戴 タイ いただく

穢 [古] ⇩ 穢 ワイ けがれる
識 [古] ⇩ 識 シキ しる
襲 [古] ⇩ 襲 シュウ おそう
〈戸(戸)・手部〉
殿 [俗] ⇩ 殿 デン との・どの
拏 [同] ⇩ 拘 コウ とらえる
挈 [俗] ⇩ 掠 リャク かすめる
〈支部〉
賅 [同] ⇩ 貫 カン つらぬく
敱 [同] ⇩ 散 サン ちる

〈攴（攵）部〉

- 鼓　[俗]⇒　鼓（つづみ／コ）
- 歐　[俗]⇒　殴・毆（オウ／なぐる）
- 數　[俗]⇒　数・數（スウ／かず）
- 數　[俗]⇒　数・數（スウ／かず）
- 夐　[本]⇒　夐（ケイ／はるか）
- 敺　[古]⇒　駆・驅（ク／かける）
- 歐　[同]⇒　駆・驅（ク／かける）
- 敖　[同]⇒　熬（ゴウ／いる）
- 敠　[同]⇒　整（セイ／ととのえる）
- 整　[同]⇒　整（セイ／ととのえる）

〈文・斗部〉

- 襄　[同]⇒　褒・襃（ホウ／ほめる）
- 斠　[同]⇒　熨（イ・ウツ／のし・ひのし）

〈斤・方部〉

- 斷　[俗]⇒　断・斷（ダン／たつ・ことわる）
- 新　[古]⇒　新（シン／あたらしい）
- 旂　[同]⇒　翰（カン）

〈日・曰部〉

- 朁　[古]⇒　務（ム／つとめる）
- 曶　[古]⇒　渇・渴（カツ／かわく）

- 嘈　[同]⇒　曹（ソウ／つかさ）
- 智　[古]⇒　智（チ／ちえ）
- 暴　[俗]⇒　煮・煮（シャ／にる・にえる）
- 曡　[古]⇒　豊・豐（ホウ／ゆたか）
- 㬎　[同]⇒　影（エイ／かげ）
- 㬎　[俗]⇒　影（エイ／かげ）
- 暫　[同]⇒　暫（ザン／しばらく）
- 暉　[同]⇒　皞（コウ／あきらか）
- 替　[俗]⇒　稽（ケイ／とどまる）
- 暴　[古]⇒　曝（バク／さらす）

〈月（肉）部〉

- 脅　[同]⇒　脊（セキ／せ）
- 臕　[同]⇒　羞（シュウ／すすめる・はじる）
- 豚　[俗]⇒　豚（トン／ぶた）
- 膓　[俗]⇒　腸（チョウ／はらわた）
- 腹　[同]⇒　腹（フク／はら）
- 膌　[俗]⇒　脊（セキ／せぼね）
- 縢　[俗]⇒　縢（トウ）
- 骨　[俗]⇒　髄・髓（ズイ）

〈木部〉

楍 [俗]⇩ 植 ショク うえる

檋 [俗]⇩ 極 キョク きわめる

槼 [同]⇩ 規 キ のり

榙 [同]⇩ 答 チ むち

樒 [同]⇩ 榊 しきみ

樑 [同]⇩ 梁 リョウ はり

槤 [同]⇩ 耕・耕 コウ たがやす

樏 [同]⇩ 茶 チャ・サ

樞 [俗]⇩ 枢・樞 スウ とぼそ

橾 [同]⇩ 条・條 ジョウ えだ・すじ

慨 [俗]⇩ 概・慨 ガイ おおむね

槩 [同]⇩ 概・槩 ガイ おおむね

鵃 [同]⇩ 蔦 チョウ つた。

榛 [同]⇩ 漆 シツ うるし

樓 [同]⇩ 楼・樓 ロウ たかどの

楚 [同]⇩ 楚 ソ いばら

歎 [同]⇩ 嘆・歎 タン なげく

嗇 [本]⇩ 嗇 ショク おしむ

䇂 [同]⇩ 竣 シュン おわる

椚 [同]⇩ 椚 くぬぎ

樯 [俗]⇩ 檣 ショウ ほばしら

橄 [俗]⇩ 橄 ゲキ めしぶみ

標 [俗]⇩ 標 ヒョウ しるし

鈗 [俗]⇩ 標 べんと

樹 [俗]⇩ 樹 ジュ き

橋 [俗]⇩ 樹 ジュ き

橘 [俗]⇩ 橋 キョウ はし

橺 [俗]⇩ 橘 キツ たちばな

標 [俗]⇩ 欄 カン

檦 [俗]⇩ 標 ヒョウ しるし

槳 [同]⇩ 槳 ショウ かじ

歠 [同]⇩ 飲・飮 イン のむ

〈欠〉部

橲 [合]⇩ 木 甑 きそ

槻 ⇩ 欟 つき

樌 [同]⇩ 艪 ロ

檕 [同]⇩ 馨 ケイ かおる

橹 [同]⇩ 櫓 ロ やぐら

縮 [俗]⇩ 縮 シュク ちぢむ

檀 [俗]⇩ 檀 ダン まゆみ

檣 [俗]⇩ 檣 ショウ ほばしら

歈 ［同］⇒ 飲・飮 のむ（イン）

歊 ［俗］⇒ 嗄 かれる（サ）

歌 ［同］⇒ 歌 うた・うたう（カ）

歌 ［同］⇒ 歌 うた・うたう（カ）

歒 ［俗］⇒ 敵 かたき（テキ）

歎 ［俗］⇒ 歎 なげく（タン）

歎 ［俗］⇒ 歎 なげく（タン）

歔 ［同］⇒ 歔 むせびなく（キョ）

〈止部〉

鴟 ［同］⇒ 雌 め・めす（シ）

曙 ［同］⇒ 蹯 ふむ（チョ）

〈歹部〉

殱 ［俗］⇒ 勦 （ソウ）

殄 ［俗］⇒ 戮 ころす（リク）

殥 ［同］⇒ 縮 ちぢむ（シュク）

殣 ［同］⇒ 饉 （キン）

〈父・母・比部〉

聲 ［俗］⇒ 声・聲 こえ・こわ（セイ・ショウ）

殻 ［俗］⇒ 敵 かたき（テキ）

毓 ［同］⇒ 育 そだつ・そだてる（イク）

麗 ［俗］⇒ 麗 うるわしい（レイ）

〈毛部〉

毱 ［同］⇒ 髻 もとどり（ケイ）

毬 ［同］⇒ 鞠 まり・けまり（キク）

〈水（氺）部〉

㳖 ［俗］⇒ 流 ながれる（リュウ）

慕 ［俗］⇒ 慕 したう（ボ）

〈火部〉

燊 ［古］⇒ 万・萬 よろず（マン・バン）

爇 ［同］⇒ 烈 はげしい（レツ）

燹 ［本］⇒ 烽 のろし（ホウ）

燧 ［同］⇒ 烽 のろし（ホウ）

燖 ［同］⇒ 熟 うれる（ジュク）

爇 ［本］⇒ 熱 あつい（ネツ）

燃 ［俗］⇒ 燃 もえる（ネン）

燥 ［俗］⇒ 燥 かわく（ソウ）

爎 ［俗］⇒ 燥 かわく（ソウ）

燼 ［俗］⇒ 燼 もえのこり（ジン）

〈灬部〉

熊 ［俗］⇒ 熊 くま（ユウ）

瓯
〔俗〕
⇒摑
カク
つかむ

骰
〔古〕
⇒辞・辭
ジ
やめる

籹
〔同〕
⇒彩・彩
サイ
いろどる

毲
〔同〕
⇒衰
スイ
おとろえる

〈爪（爫・爫）部〉

熱
〔俗〕
⇒熱
ネツ
あつい

熙
〔俗〕
⇒熙
キ
かわく・ひかる

熈
〔同〕
⇒熙
キ
かわく・ひかる

憔
〔同〕
⇒憔
ショウ
やつれる

媌
〔同〕
⇒憔
ショウ
やつれる

璆
〔同〕
⇒球
キュウ
たま

〈玉（王）部〉

獻
〔同〕
⇒献・獻
ケン・コン
たてまつる

奬
〔本〕
⇒奨・奬
ショウ
すすめる

〈犬部〉

牖
〔俗〕
⇒牖
ユウ
まど

牎
〔同〕
⇒窓
ソウ
まど

牘
〔同〕
⇒簀
サク
すのこ

〈爿（丬）・片部〉

瓯
〔同〕
⇒攫
カク
つかむ

睸
〔本〕
⇒舅
キュウ
しゅうと

畷
〔俗〕
⇒畷
テツ
なわて

薔
〔俗〕
⇒畜
チク
たくわえる

嘼
〔古〕
⇒畜
チク
たくわえる

禩
〔古〕
⇒祀
シ
まつる

解
〔俗〕
⇒解
カイ・ゲ
とく・とかす

〈用・田部〉

瓔
〔俗〕
⇒瓔
ヨウ

環
〔俗〕
⇒環・環
カン
たまき

瑟
〔本〕
⇒瑟
シツ
おおごと

療
〔俗〕
⇒療
リョウ
いやす

瘵
〔俗〕
⇒療
リョウ
いやす

瘻
〔俗〕
⇒憊
ハイ
つかれる

瘻
〔同〕
⇒廈
カ
いえ

瘲
〔同〕
⇒度
ド・ト・タク
たび

寱
〔同〕
⇒嚏
テイ
くさめ・くしゃみ

〈疋・广部〉

畤
〔古〕
⇒疇
チュウ
たぐい

薔
〔古〕
⇒穡
ショク

畾
〔本〕
⇒雷
ライ
かみなり

雍 〔同〕⇩ 鷹 ヨウ たか

〈白部〉

暜 〔本〕⇩ 替 タイ かえる

皜 〔同〕⇩ 皓・皓 コウ しろい

皞 〔同〕⇩ 皓・皓 コウ しろい

皣 〔俗〕⇩ 皣 ヨウ

〈皮・皿部〉

羆 〔同〕⇩ 羆 ヒグマ

盡 〔同〕⇩ 尽・盡 ジン つくす

盟 〔俗〕⇩ 盟 メイ ちかう

監 〔俗〕⇩ 監 カン みる

〈目部〉

翰 〔同〕⇩ 看 カン みる

眷 〔古〕⇩ 省 セイ・ショウ かえりみる

瞑 〔同〕⇩ 眠 ミン ねむる・ねむい

瞋 〔同〕⇩ 嗔 シン いかる

睡 〔俗〕⇩ 睡 スイ ねむる

瞱 〔俗〕⇩ 瞱 ヨウ

〈矛部〉

矜 〔俗〕⇩ 矜 キョウ あわれむ

艙 〔同〕⇩ 槍 ソウ やり

〈矢部〉

雉 〔同〕⇩ 雉 チ きじ

魖 〔同〕⇩ 魖 チ すだま

〈石部〉

磅 〔同〕⇩ 听 ギン ポンド

碟 〔同〕⇩ 桀 ケツ はりつけ

磎 〔同〕⇩ 渓・溪 ケイ たに

砕 〔俗〕⇩ 砦 サイ とりで

磂 〔同〕⇩ 硫 リュウ

碩 〔同〕⇩ 隕 イン おちる

磋 〔同〕⇩ 瑳 サ みがく

磁 〔本〕⇩ 磁・磁 ジ

碧 〔俗〕⇩ 碧 ヘキ みどり・あお

磄 〔同〕⇩ 確 カク たしか

〈示(礻)部〉

䰗 〔古〕⇩ 鬼 キ おに

襀 〔俗〕⇩ 帽・帽 ボウ

襢 〔俗〕⇩ 禅・禪 ゼン ゆずる

禍 〔俗〕⇩ 福・福 フク さいわい

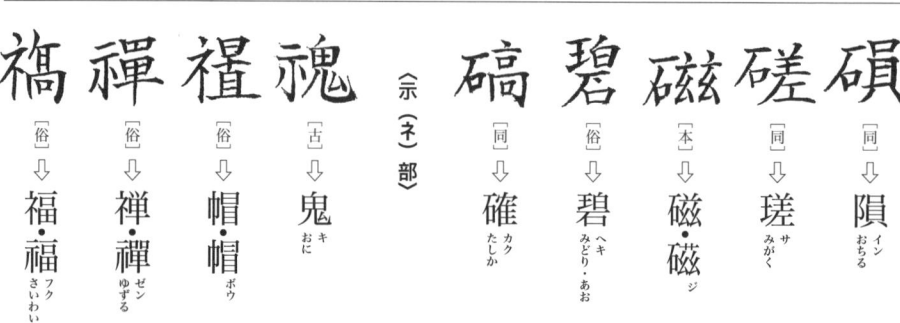

〈内(冂)・禾 部〉

崗 [本] ⇒ 万・萬 マン・バン よろず

秦 [本] ⇒ 秦 シン はた

稊 [本] ⇒ 稚 チ おさない

禱 [俗] ⇒ 禱 トウ いのる

禦 [俗] ⇒ 禦 ギョ ふせぐ

積 [俗] ⇒ 積 セキ つむ

禕 [俗] ⇒ 禕 イ

褐 [俗] ⇒ 褐・褐 カツ ぬのこ

福 [俗] ⇒ 福・福 フク さいわい

〈穴 部〉

稿 [俗] ⇒ 藁 コウ わら

稾 [同] ⇒ 藁 コウ わら

黐 [同] ⇒ 黎 レイ おおい・くろ

稽 [俗] ⇒ 稽 ケイ とどまる

稽 [俗] ⇒ 稽 ケイ とどまる

稲 [俗] ⇒ 稲・稲 トウ いね

稲 [俗] ⇒ 稲・稲 トウ いね

窊 [俗] ⇒ 冤 エン ぬれぎぬ

窴 [古] ⇒ 塡 テン うずめる

〈ネ 部〉

罭 [同] ⇒ 罰 バツ・バチ つみ

〈皿 部〉

罭 [古] ⇒ 置 チ おく

竭 [俗] ⇒ 竭 ケツ つきる

龍 [俗] ⇒ 竜・龍 リュウ たつ

龍 [俗] ⇒ 竜・龍 リュウ たつ

〈立 部〉

窯 [同] ⇒ 窯 ヨウ かま

窴 [同] ⇒ 塡 テン うずめる

〈竹 部〉

箄 [同] ⇒ 筍 ジュン たけのこ

策 [俗] ⇒ 策 サク むち

筋 [俗] ⇒ 筋 キン すじ

屏 [俗] ⇒ 屏 ヘイ・ビョウ しりぞく

箴 [同] ⇒ 針 シン はり

箋 [俗] ⇒ 栽 サイ うえる

〈竹 部〉

襷 [俗] ⇒ 襷 たすき

褘 [俗] ⇒ 褘 イ ひざかけ

褲 [俗] ⇒ 袴 コ はかま

筅 〔同〕⇒ 筅 セン ささら

節 〔俗〕⇒ 節・節 セツ・セチ ふし

箝 〔俗〕⇒ 箝 カン はさむ

箍 〔俗〕⇒ 箍 コ・ク たが

算 〔俗〕⇒ 算 サン かぞえる・かず

箙 〔俗〕⇒ 箙 フク えびら

箭 〔俗〕⇒ 箭 セン や

築 〔同〕⇒ 築・築 チク きずく

築 〔俗〕⇒ 築・築 チク きずく

籔 〔同〕⇒ 藪 ソウ やぶ

〈米部〉

篸 〔同〕⇒ 簪 シン かんざし

箪 〔俗〕⇒ 箪 タン かたみ・わりご

穀 〔俗〕⇒ 穀・穀 コク もみ

精 〔俗〕⇒ 精・精 セイ・ショウ くわしい

粦 〔俗〕⇒ 粦 リン

糍 〔俗〕⇒ 餈 シ

糞 〔同〕⇒ 糞 フン くそ

餱 〔同〕⇒ 餱 コウ ほしいい

糯 〔同〕⇒ 糯 ダ もちごめ

〈糸部〉

緝 〔同〕⇒ 麵 メン むぎこ

繄 〔俗〕⇒ 喫・喫 キツ

縇 〔同〕⇒ 幅 フク はば

緫 〔俗〕⇒ 綱 コウ つな

緇 〔本〕⇒ 緇 シ くろ

總 〔同〕⇒ 総・總 ソウ すべる

総 〔俗〕⇒ 総・總 ソウ すべる

縞 〔同〕⇒ 線 セン いと

縕 〔同〕⇒ 縕 オン・ウン

〈羊（⺶・⺷）・羽（羽・丑）部〉

縱 〔俗〕⇒ 縦・縦 ジュウ たて

縋 〔俗〕⇒ 縋 ツイ すがる

縷 〔俗〕⇒ 縷 ル いと

繞 〔俗〕⇒ 繞 ジョウ まとう

纏 〔俗〕⇒ 纏 テン まとう

緫 〔俗〕⇒ 纔 サン わずか

羙 〔俗〕⇒ 羹 コウ あつもの

䰖 〔同〕⇒ 剪 セン きる・たつ

瓬 〔俗〕⇒ 瓬 ガン もてあそぶ

〈老（耂）部〉

翩 〔俗〕⇨ 翩 ヘン

貯 〔俗〕⇨ 猪・猪 チョ い・いのこ

〈耒（耒）部〉

署 〔本〕⇨ 署・署 ショ しるす

頼 〔同〕⇨ 耘 くさぎる ウン

種 〔同〕⇨ 種 たね シュ

〈耳部〉

聲 〔俗〕⇨ 声・聲 セイ・ショウ こえ・こわ

聰 〔俗〕⇨ 聡・聰 ソウ さとい

〈肉・舌部〉

聞 〔古〕⇨ 聞 ブン・モン きく・きこえる

聰 〔同〕⇨ 聯 レン つらなる

聯 〔俗〕⇨ 聯 レン つらなる

腎 〔同〕⇨ 腎 ジン

踶 〔同〕⇨ 舐 シ なめる

趧 〔同〕⇨ 舐 シ なめる

〈舟部〉

颿 〔同〕⇨ 帆 ハン ほ

艐 〔古〕⇨ 届・届 カイ とどく

〈色・虍部〉

觪 〔古〕⇨ 津 シン つ

觪 〔古〕⇨ 津 シン つ

艘 〔同〕⇨ 艘 ソウ ふね

皰 〔同〕⇨ 顔・顔 ガン かお

頗 〔同〕⇨ 顔・顔 ガン かお

虒 〔同〕⇨ 号・號 ゴウ さけぶ

〈虫部〉

蝨 〔同〕⇨ 虻 ボウ あぶ

鋆 〔同〕⇨ 蚕・蠶 サン かいこ

蜿 〔俗〕⇨ 蛇 ジャ・ダ へび

蜋 〔同〕⇨ 蛹 ヨウ さなぎ

蝗 〔同〕⇨ 蜻 セイ

蜜 〔俗〕⇨ 蜜 ミツ

蝦 〔同〕⇨ 蝦 カ・ガ えび

蝙 〔俗〕⇨ 蝙 ヘン

蟒 〔俗〕⇨ 蟒 ボウ うわばみ

螻 〔俗〕⇨ 螻 ロウ けら

蝉 〔俗〕⇨ 蝉 セン せみ

蝿 〔俗〕⇨ 蝿 ヨウ はえ

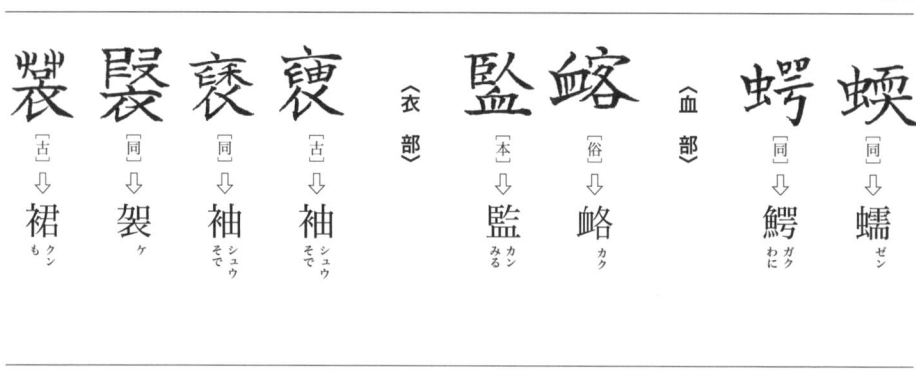

蝡 〔同〕⇩ 蠕 ゼン

⿰虫咢 〔同〕⇩ 鰐 ガク わに

〈血部〉

⿰血客 〔俗〕⇩ 衉 カク

監 〔本〕⇩ 監 カン みる

〈衣部〉

褏 〔古〕⇩ 袖 シュウ そで

褎 〔同〕⇩ 袖 シュウ そで

⿱髟衣 〔同〕⇩ 袈 ケ

⿱丵衣 〔古〕⇩ 裙 クン も

裔 〔同〕⇩ 裔 エイ すそ

⿱亠裔 〔同〕⇩ 裔 エイ すそ

⿳亠由衣 〔同〕⇩ 褎 ユウ そで

⿰⿱士⿵冖吅衣 〔同〕⇩ 囊 ノウ ふくろ

〈見・角部〉

覚 〔俗〕⇩ 覚・覺 カク おぼえる

親 〔同〕⇩ 親 シン おや・したしい

⿰角戔 〔同〕⇩ 盞 サン さかずき

〈言部〉

⿰言金 〔古〕⇩ 吟 ギン うめく

誯 〔同〕⇩ 唱 ショウ となえる

諄 〔俗〕⇩ 淳 ジュン あつい

⿱侃言 〔同〕⇩ 愆 ケン あやまる

誇 〔俗〕⇩ 誇 コ ほこる

訿 〔同〕⇩ 訾 シ そしる

⿰言咢 〔同〕⇩ 詢 ジュン はかる・とう

罸 〔本〕⇩ 罰 バツ・バチ つみ

⿰言戒 〔俗〕⇩ 誡 カイ いましめる

請 〔俗〕⇩ 読・讀 ドク・トク・トウ よむ

⿰言巠 〔俗〕⇩ 誣 ブ しいる

⿱臨言 〔古〕⇩ 監 カン みる

課 〔俗〕⇩ 課 カ はかる

⿱敀言 〔同〕⇩ 諏 シュ はかる

談 〔同〕⇩ 噺 はなし

諌 〔俗〕⇩ 諫 カン いさめる

⿰言彦 〔俗〕⇩ 諺 ゲン ことわざ

謚 〔同〕⇩ 諡 シ おくりな

諫 〔同〕⇩ 諜 チョウ まわしもの

謀 〔同〕⇩ 諜 チョウ まわしもの

⿰言風 〔俗〕⇩ 諷 フウ

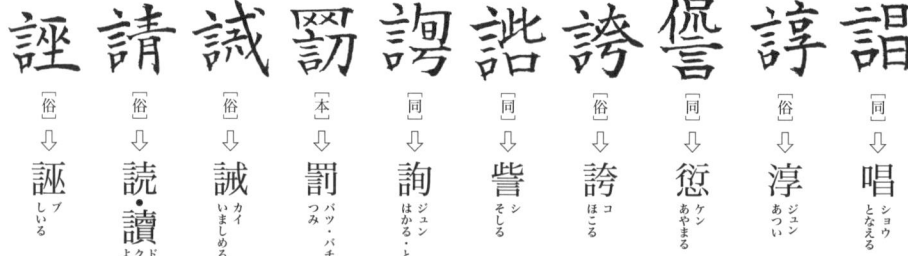

〈言 部〉

- 諛 [俗] ⇒ 諛 ユ へつらう
- 談 [同] ⇒ 譚 タン はなし
- 諡 [俗] ⇒ 譜 フ

〈谷・豆 部〉

- 谿 [俗] ⇒ 渓・溪 ケイ たに
- 壹 [俗] ⇒ 壱・壹 イチ もっぱら
- 豐 [古] ⇒ 豊・豐 ホウ ゆたか
- 尌 [俗] ⇒ 樹 ジュ き

〈豕・豸 部〉

- 豪 [古] ⇒ 毫 ゴウ わずか

- 豪 [俗] ⇒ 豪 ゴウ やまあらし
- 貌 [同] ⇒ 猊 ゲイ
- 貓 [本] ⇒ 猫 ビョウ ねこ

〈貝 部〉

- 賣 [俗] ⇒ 売・賣 バイ うる・うれる
- 賣 [古] ⇒ 商・商 ショウ あきなう
- 賑 [俗] ⇒ 帳 チョウ とばり
- 賛 [同] ⇒ 貫 カン つらぬく
- 賈 [同] ⇒ 貴 キ とうとい
- 質 [俗] ⇒ 質 シツ・シチ たち

- 養 [古] ⇒ 賤 セン いやしい
- 貸 [同] ⇒ 賦 フ ぶやく
- 賚 [同] ⇒ 賚 ライ たまう
- 賭 [俗] ⇒ 賭 ト かける
- 購 [同] ⇒ 購・購 コウ あがなう
- 賑 [合] ⇒ 勘定 かんじょう

〈走 部〉

- 趏 [同] ⇒ 来・來 ライ くる
- 趨 [同] ⇒ 叛 ハン そむく
- 趨 [同] ⇒ 趨 スウ はしる

- 踣 [同] ⇒ 仆 フ たおれる

〈足(⻊) 部〉

- 蹄 [俗] ⇒ 奔・奔 ホン はしる
- 踁 [同] ⇒ 脛 ケイ すね
- 躅 [俗] ⇒ 躅 シュウ
- 蹤 [同] ⇒ 踪 シュウ・ソウ あと
- 蹢 [古] ⇒ 蹈 トウ ふむ
- 蹹 [同] ⇒ 蹈 トウ ふむ
- 踏 [同] ⇒ 蹋 トウ ふむ

〈身 部〉

〈辛・辰 部〉

輝　[本]⇒輝　キ　かがやく

輒　[俗]⇒輒　チョウ　すなわち

輕　[古]⇒軽・輕　ケイ　かるい・かろやか

〈車部〉

躱　[同]⇒躾　しつけ

賑　[俗]⇒賑　シン　にぎわう

躶　[同]⇒裸　ラ　はだか

矮　[同]⇒矮　ワイ

躲　[同]⇒射　シャ　いる

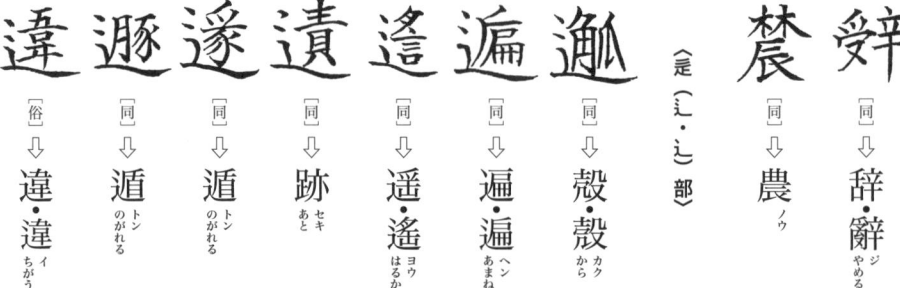

違　[俗]⇒違・違　イ　ちがう

遯　[同]⇒遁　トン　のがれる

遂　[同]⇒遁　トン　のがれる

遺　[同]⇒跡　セキ　あと

遷　[同]⇒遥・遙　ヨウ　はるか

遍　[同]⇒遍・遍　ヘン　あまねく

邇　[同]⇒殻・殻　カク　から

〈辵(辶・⻌)部〉

蕽　[同]⇒農　ノウ

辝　[同]⇒辞・辭　ジ　やめる

〈邑(阝)部〉

邀　[同]⇒邀　ヨウ　むかえる

徭　[同]⇒避・避　ヒ　さける

還　[同]⇒還・還　カン　かえる

遼　[俗]⇒遼・遼　リョウ　はるか

遷　[俗]⇒遷・遷　セン　うつる

遘　[俗]⇒遷・遷　セン　うつる

遷　[同]⇒遷・遷　セン　うつる

遮　[俗]⇒遮・遮　シャ　さえぎる

違　[俗]⇒違・違　イ　ちがう

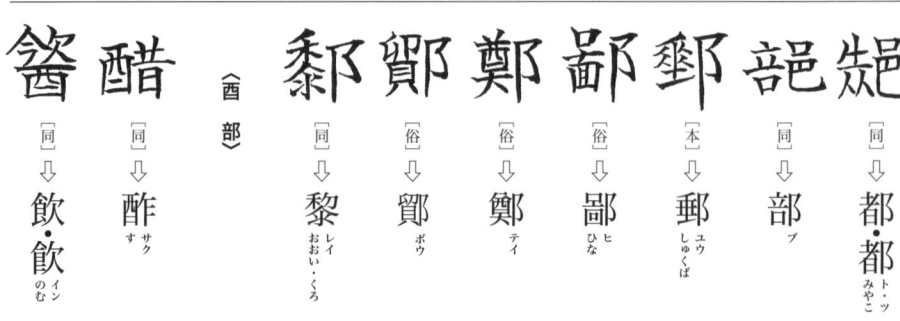

酱　[同]⇒飲・飲　イン　のむ

醋　[同]⇒酢　サク　す

〈酉部〉

黎　[同]⇒黎　レイ　おおい・くろ

郳　[俗]⇒鄍　ボウ

鄭　[俗]⇒鄭　テイ

鄙　[俗]⇒鄙　ヒ　ひな

郵　[本]⇒郵　ユウ　しゅくば

邑　[同]⇒部　ブ

鄃　[同]⇒都・都　ト・ツ　みやこ

醆 [同]⇒ 盞 サン さかずき

嘗 [俗]⇒ 嘗 ショウ・ジョウ なめる

醬 [本]⇒ 醬 ショウ

〈釆・里部〉

番 [本]⇒ 眷 ケン かえりみる

釐 [本]⇒ 厘 リン

堂 [俗]⇒ 党・黨 トウ むら

〈金部〉

鑫 [古]⇒ 珍 チン めずらしい

鉎 [同]⇒ 挫 ザ くじく

鋞 [同]⇒ 釬 カン こて

銅 [俗]⇒ 鉤 コウ かぎ

鋖 [古]⇒ 誓 セイ ちかう

鉎 [本]⇒ 銀 ギン しろがね

錢 [俗]⇒ 銭・錢 セン ぜに

銅 [俗]⇒ 銅 ドウ あかがね

鋒 [俗]⇒ 鋒 ホウ ほこさき

銷 [俗]⇒ 鎖・鎖 サ くさり

銃 [古]⇒ 鎮・鎮 チン しずめる

鋑 [同]⇒ 鑴 セン ほる・える

鋁 [同]⇒ 鑢 リョ やすり

銃 [合]⇒ 金椀 きんわん

〈門部〉

閏 [同]⇒ 閏 ジュン うるう

闊 [同]⇒ 闊 カツ ひろい

聞 [同]⇒ 関 ゲキ しずか

鬩 [同]⇒ 鬮 カク

〈阜⻖・隶部〉

隔 [同]⇒ 陽 ヨウ ひ

蔭 [俗]⇒ 蔭 イン かげ

隱 [俗]⇒ 隠・隱 イン かくす・かくれる

墜 [俗]⇒ 墜・墜 ツイ おちる

隊 [俗]⇒ 墜・墜 ツイ おちる

隤 [同]⇒ 墳・墳 フン はか

隸 [同]⇒ 肆 シン ほしいまま

〈隹部〉

餹 [古]⇒ 雉 チ きじ

嶲 [同]⇒ 巂 ケイ・スイ

雉 [同]⇒ 鵝 ガ がちょう

雕 [同]⇒ 鵰 ケン

雛　[同] ⇩ 鶴　コク・コウ　くぐい

雛　[俗] ⇩ 離　リ　はなれる

雜　[俗] ⇩ 離　リ　はなれる

雅　[同] ⇩ 鷹　ヨウ　たか

〈雨（⻗）・面　部〉

震　[俗] ⇩ 震　シン　ふるえる

霙　[同] ⇩ 霰　サン　あられ

霓　[同] ⇩ 霰　サン　あられ

醒　[同] ⇩ 皺　シュウ　しわ

〈革　部〉

鞘　[同] ⇩ 狩　シュ　かる・かり

靫　[同] ⇩ 皺　シュウ　しわ

鞁　[同] ⇩ 鞴　フク

靴　[同] ⇩ 鼛　トウ　ふりつづみ

〈韋（韋）　部〉

韗　[同] ⇩ 因　イン　よる

靺　[俗] ⇩ 靺　バツ

韍　[俗] ⇩ 韍　フツ　ひざかけ

〈韭・音・頁　部〉

韱　[俗] ⇩ 韱　セン

曑　[同] ⇩ 響・響　キョウ　ひびく

頮　[同] ⇩ 求　キュウ　もとめる

頫　[同] ⇩ 俯　フ　うつむく

頄　[同] ⇩ 戚　セキ　うれえる

頓　[俗] ⇩ 頓　トン　ぬかずく

頯　[俗] ⇩ 頓　トン　ぬかずく

頢　[俗] ⇩ 預　ヨ　あずける

頤　[俗] ⇩ 頤　イ　あご・おとがい

頰　[俗] ⇩ 頬　キョウ　ほお

頸　[俗] ⇩ 頸　ケイ　くび

頭　[俗] ⇩ 頸　ケイ　くび

額　[同] ⇩ 額　ガク　ひたい

顧　[俗] ⇩ 顧・顧　コ　かえりみる

〈風・食（𩙿・食）　部〉

颿　[同] ⇩ 帆　ハン　ほ

飥　[同] ⇩ 飥　ジン

飭　[俗] ⇩ 飭　チョク　いましめる

餝　[俗] ⇩ 飾・飾　ショク　かざる

餙　[俗] ⇩ 飾・飾　ショク　かざる

餂　[同] ⇩ 飽・飽　ホウ　あきる

⿰飠皀 〔同〕⇩ 飽・飽 ホウ あきる

⿱⿰夕又食 〔俗〕⇩ 餐 サン

⿰飠戋 〔俗〕⇩ 餞 セン はなむけ

〈馬部〉

⿱馬云 〔同〕⇩ 駆・驅 ク かける

⿰馬丘 〔俗〕⇩ 駆・驅 ク かける

⿰馬去 〔俗〕⇩ 駆・驅 ク かける

⿰馬召 〔同〕⇩ 駕 ガ

⿰馬也 〔同〕⇩ 駝 ダ

⿰口馬 〔同〕⇩ 駘 タイ

⿰馬奴 〔同〕⇩ 駑 ド

〈骨部〉

骵 〔俗〕⇩ 体・體 タイ・テイ からだ

⿰骨只 〔同〕⇩ 肢 シ てあし

〈髟部〉

髥 〔俗〕⇩ 髯 ゼン ひげ

髺 〔俗〕⇩ 髻 ケイ もとどり

⿱髟目 〔同〕⇩ 鬘 マン かずら

〈鬲部〉

⿰鬲瓦 〔同〕⇩ 鬲 レキ・カク かま

⿰鬲古 〔同〕⇩ 糊 コ のり

〈鬼部〉

䰠 〔同〕⇩ 神・神 シン・ジン かみ

⿺鬼友 〔俗〕⇩ 魃 バツ ひでり

〈魚部〉

⿰魚攵 〔同〕⇩ 漁 ギョ・リョウ すなどる

⿰魚斤 〔同〕⇩ 鮎 デン あゆ

⿰魚付 〔俗〕⇩ 鮒 フ ふな

魪 〔同〕⇩ 鮃 ヘイ ひらめ

⿰魚火 〔同〕⇩ 鮖 かじか

⿱少魚 〔同〕⇩ 鯊 サ はぜ

魦 〔同〕⇩ 鯊 サ はぜ

鮎 〔同〕⇩ 鯰 なまず

魳 〔俗〕⇩ 鰤 シ ぶり

魣 〔同〕⇩ 鱮 ショ たなご

魲 〔俗〕⇩ 鱸 ロ すずき

〈鳥部〉

⿱鳥木 〔本〕⇩ 梟 キョウ ふくろう

⿱小鳥 〔同〕⇩ 雀 ジャク すずめ

鴈 〔同〕⇩ 雁 ガン かり

鴈
[同]⇩
雁
ガン
かり

鷟
[古]⇩
鳳
ホウ
おおとり

鴉
[同]⇩
鴉
ア
からす

鶍
[同]⇩
鴟
シ
とび

鴝
[同]⇩
鶴
カク
つる

鴎
[俗]⇩
鷗
オウ
かもめ

鴎
[俗]⇩
鷗
オウ
かもめ

〈鹵部〉

鹺
[同]⇩
接
セツ
つぐ

夒
[同]⇩
魯
ロ
おろか

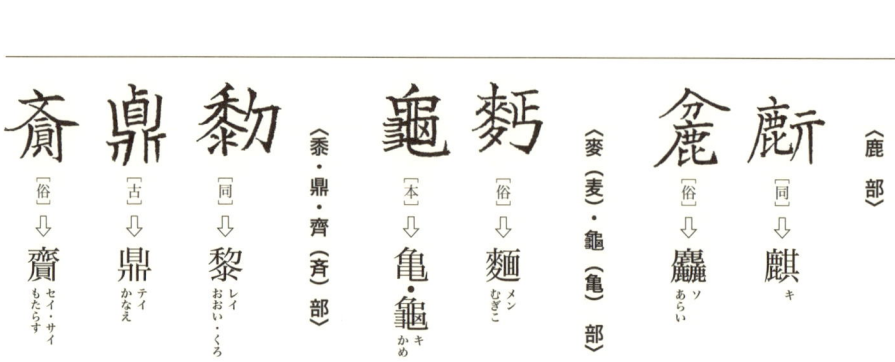

〈鹿部〉

麕
[同]⇩
麒
キ

麁
[俗]⇩
麤
ソ
あらい

〈麥(麦)・龜(亀)部〉

麹
[俗]⇩
麵
メン
むぎこ

龜
[本]⇩
亀・龜
キ
かめ

〈黍・鼎・齊(斉)部〉

黐
[同]⇩
黎
レイ
おおい・くろ

鼑
[古]⇩
鼎
テイ
かなえ

斎
[俗]⇩
齎
セイ・サイ
もたらす

十六画

〈一・ノ・乙（乚）部〉

囊　[俗]⇒ 囊　ノウ　ふくろ

舊　[俗]⇒ 旧・舊　キュウ　ふるい

槏　[古]⇒ 兼・槏　ケン　かねる

謙　[古]⇒ 謙・謙　ケン　へりくだる

龜　[俗]⇒ 亀・龜　キ　かめ

〈人（イ・へ）部〉

儞　[同]⇒ 你　ジ　なんじ

濱　[俗]⇒ 浜・濱　ヒン　はま

猷　[古]⇒ 飲・猷　イン　のむ

㒁　[同]⇒ 豪　ゴウ　やまあらし

贏　[古]⇒ 裸　ラ　はだか

啇　[俗]⇒ 商・商　ショウ　あきなう

齋　[俗]⇒ 斉・齊　セイ・サイ　ひとしい

擧　[同]⇒ 挙・擧　キョウ　あげる

豫　[同]⇒ 予・豫　ヨ　あらかじめ

儀　[本]⇒ 儀　のり

儀　[俗]⇒ 儀　のり

僭　[同]⇒ 儚　ボウ　はかない

儛　[同]⇒ 舞・舞　ブ　まう・まい

儕　[俗]⇒ 儕　サイ　ともがら

儔　[俗]⇒ 儔　チュウ　ともがら

儔　[俗]⇒ 儔　チュウ　ともがら

贏　[同]⇒ 贏　エイ　あまる

舘　[俗]⇒ 館・舘　カン　やかた

舘　[俗]⇒ 館・舘　カン　やかた

舘　[俗]⇒ 館・舘　カン　やかた

儻　[俗]⇒ 儻　トウ　あるいは

〈八（ハ）部〉

蒻　[俗]⇒ 弱・弱　ジャク　よわい

薨　[俗]⇒ 薨　コウ　みまかる

薄　[俗]⇒ 薄・薄　ハク　うすい

〈一・几 部〉

窇　[古]⇒ 古　コ　ふるい

甮　[同]⇒ 子　こ　シ

〈刀 部〉

〔刂 部〕

辨 [本]⇒ 弁・辨 わきまえる（ベン）

劍 [同]⇒ 剣・劍 つるぎ（ケン）

劔 [俗]⇒ 剣・劍 つるぎ（ケン）

劒 [俗]⇒ 剣・劍 つるぎ（ケン）

劔 [俗]⇒ 剣・劍 つるぎ（ケン）

辧 [俗]⇒ 瓣・辯 わきまえる（ベン）

劓 [古]⇒ 則 のり（ソク）

劍 [俗]⇒ 剣・劍 つるぎ（ケン）

〔力・ク・匕 部〕

劃 [俗]⇒ 劃 （カク）

劉 [俗]⇒ 劉 （リュウ）

劉 [俗]⇒ 劉 （リュウ）

劉 [同]⇒ 穫 かる（カク）

勠 [本]⇒ 勠 （ソウ）

匔 [俗]⇒ 窮 きわまる（キュウ）

韲 [俗]⇒ 稽 とどまる（ケイ）

〔匚・匸・卩(㔾)・又 部〕

舜 [本]⇒ 舜・舜 （シュン）

〔口 部〕

磬 [俗]⇒ 殻・殻 から（カク）

叡 [同]⇒ 叡 あきらか（エイ）

喿 [俗]⇒ 佇 たたずむ（チョ）

喿 [俗]⇒ 參・参 まいる（サン）

鼏 [古]⇒ 咆 ほえる（ホウ）

鼎 [古]⇒ 員 かず（イン）

嘦 [俗]⇒ 喚 わめく（カン）

嚃 [同]⇒ 喞 なく（ショク・ソク）

道 [同]⇒ 道・道 みち（ドウ）

〔土 部〕

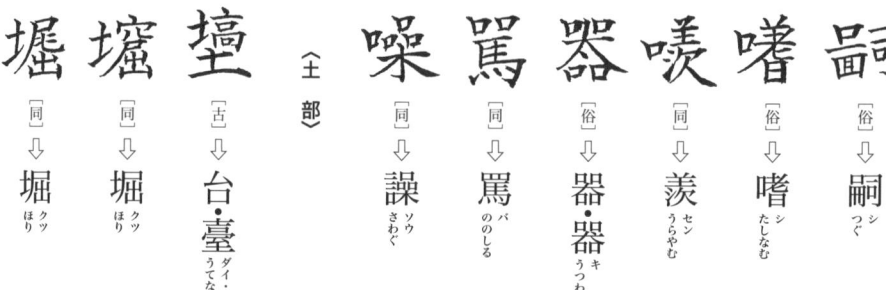

嗣 [俗]⇒ 嗣 つぐ（シ）

嗜 [俗]⇒ 嗜 たしなむ（シ）

嗘 [同]⇒ 羨 うらやむ（セン）

器 [俗]⇒ 器・器 うつわ（キ）

罵 [同]⇒ 罵 ののしる（バ）

噪 [同]⇒ 譟 さわぐ（ソウ）

壾 [古]⇒ 台・臺 うてな（ダイ・タイ）

壙 [同]⇒ 堀 ほり（クツ）

堀 [同]⇒ 堀 ほり（クツ）

〈土部〉

〈女部〉

〈大部〉

〈子部〉

〈宀部〉

堀 [同]⇒堀 クツ ほり
臺 [古]⇒堂 ドウ
塲 [同]⇒曼 マン
壄 [古]⇒野 ヤ の
薗 [俗]⇒鹵 ロ しおつち
壥 [古]⇒隊・隊 タイ おちる
塡 [俗]⇒塡 テン うずめる
塴 [俗]⇒摂・攝 セツ とる
塸 [俗]⇒毀 キ こわす
墿 [俗]⇒窟 クツ いわや

壇 [俗]⇒壇 ダン
壅 [同]⇒甕 ヨウ ふさぐ
隧 [同]⇒隧 スイ みち
隧 [同]⇒隧 スイ みち
墻 [同]⇒牆 ショウ かき
壇 [同]⇒疆 キョウ さかい
壹 [俗]⇒壱・壹 イチ もっぱら
嗇 [俗]⇒壱・壹 イチ もっぱら
壽 [俗]⇒寿・壽 ジュ ことぶき

隸 [俗]⇒隷・隷 レイ
歸 [俗]⇒帰・歸 キ かえる
奧 [同]⇒奥・奥 オウ おく
奮 [俗]⇒奮 フン ふるう
奮 [俗]⇒奮 フン ふるう
矯 [俗]⇒矯 キョウ ためる
嬰 [古]⇒要・要 ヨウ いる
孃 [俗]⇒娘 ジョウ むすめ

嬢 [俗]⇒嫋 ジョウ たおやか
嬴 [同]⇒嬴 エイ あまる
嬴 [同]⇒嬴 エイ あまる
孿 [古]⇒季 キ すえ
戟 [古]⇒域 イキ くぎり
諸 [同]⇒堵 ト かき
韓 [同]⇒鶉 ジュン うずら
實 [俗]⇒実・實 ジツ み・みのる

〈忄部〉

- 惕 ［同］⇒ 慢 マン おこたる
- 懍 ［同］⇒ 懍 リツ おそれる
- 憻 ［同］⇒ 坦 タン たいら

- 辟 ［同］⇒ 避・避 ヒ さける
- 㻜 ［同］⇒ 還・還 カン かえる
- 衞 ［俗］⇒ 衛・衞 エイ まもる
- 徹 ［同］⇒ 徹 テツ とおる
- 儀 ［俗］⇒ 儀 ギ のり
- 僕 ［俗］⇒ 僕 ボク しもべ

〈扌部〉

- 掘 ［本］⇒ 掘 クツ ほる
- 擋 ［同］⇒ 迚 とても
- 擇 ［本］⇒ 択・擇 タク えらぶ

- 懶 ［同］⇒ 懇 コン ねんごろ
- 懍 ［俗］⇒ 懍 リン
- 懷 ［俗］⇒ 懐・懷 カイ なつかしい
- 憤 ［本］⇒ 憤・憤 フン いきどおる
- 憕 ［同］⇒ 儚 ボウ はかない
- 憀 ［同］⇒ 儚 ボウ はかない

- 携 ［俗］⇒ 携 ケイ たずさわる
- 擅 ［同］⇒ 亶 タン まこと
- 撿 ［同］⇒ 検・検 ケン しらべる
- 攏 ［俗］⇒ 揺・揺 ヨウ ゆれる
- 撚 ［俗］⇒ 揃 セン そろう
- 橙 ［俗］⇒ 撲 キ はかる
- 攝 ［同］⇒ 接 セツ つぐ
- 捷 ［同］⇒ 捷 ショウ はやい
- 撇 ［同］⇒ 掲・掲 ケイ かかげる
- 搗 ［同］⇒ 掲・掲 ケイ かかげる

- 潟 ［同］⇒ 活 カツ いきる
- 澤 ［同］⇒ 沢・澤 タク さわ

〈氵部〉

- 攘 ［俗］⇒ 攘 ジョウ はらう
- 攡 ［俗］⇒ 擁 ヨウ いだく
- 擅 ［俗］⇒ 擅 セン ほしいまま
- 擅 ［俗］⇒ 擅 セン ほしいまま
- 撛 ［俗］⇒ 撛 リン
- 撲 ［俗］⇒ 撲 ボク うつ・ぶつ
- 擵 ［同］⇒ 摽 ヒョウ うつ

瀗 [同] ⇒ 睢 キ・スイ

濴 [俗] ⇒ 落 おちる ラク

港 [本] ⇒ 港・港 みなと コウ

過 [同] ⇒ 渦 うず カ

澱 [同] ⇒ 淀 よど デン

澹 [同] ⇒ 淡 あわい タン

潙 [本] ⇒ 渇・渇 かわく カツ

濅 [本] ⇒ 浸・浸 ひたす シン

瀚 [同] ⇒ 浣 あらう カン

瀙 [同] ⇒ 洒 そそぐ サイ

潾 [俗] ⇒ 潾 リン

潛 [俗] ⇒ 潜・潜 ひそむ・もぐる セン

盩 [同] ⇒ 漉 こす ロク

藫 [同] ⇒ 漫 みだり マン

湯 [同] ⇒ 漫 みだり マン

潨 [同] ⇒ 漂 ただよう ヒョウ

漆 [同] ⇒ 漆 うるし シツ

濆 [俗] ⇒ 漬 つける シ

漫 [同] ⇒ 漁 すなどる ギョ・リョウ

演 [本] ⇒ 演 のべる エン

舊 [俗] ⇒ 旧・舊 ふるい キュウ

〈艸（艹）部〉

猭 [同] ⇒ 獺 かわうそ ダツ

獨 [同] ⇒ 特 ひとり トク

〈犭部〉

藻 [俗] ⇒ 藻 も ソウ

瀟 [同] ⇒ 瀟 ショウ

瀉 [俗] ⇒ 瀉 そそぐ シャ

濤 [俗] ⇒ 濤 なみ トウ

瀓 [同] ⇒ 蕩 とろける トウ

薗 [俗] ⇒ 園 その エン

薆 [同] ⇒ 萱 かや ケン

蕙 [本] ⇒ 萱 かや ケン

萠 [俗] ⇒ 萌 めぐむ・もえる ホウ

蒽 [同] ⇒ 萌 めぐむ・もえる ホウ

蓏 [俗] ⇒ 菰 こも コ

蘽 [俗] ⇒ 菊 キク

薹 [同] ⇒ 耄 ほうける ボウ・モウ

華 [同] ⇒ 華・華 はな カ・ケ

蕻 [古] ⇒ 荘・荘 おごそか ソウ

犭艸部（16画）

- 蘇 〔同〕⇩ 藷 ショ・いも
- 蘊 〔同〕⇩ 蘊 ウン・つむ
- 藪 〔俗〕⇩ 藪 やぶ・ソウ
- 薯 〔俗〕⇩ 薯 ショ・いも
- 藉 〔俗〕⇩ 藉 シャ・セキ・しく
- 薄 〔同〕⇩ 薄・薄 ハク・うすい
- 獲 〔同〕⇩ 獲 カク・える
- 蒞 〔俗〕⇩ 蕊 ズイ・しべ
- 巖 〔俗〕⇩ 蕨 ケツ・わらび
- 薆 〔本〕⇩ 蔘 シン

心（小）部／戈・手部

- 慰 〔同〕⇩ 慰 イ・なぐさめる
- 罳 〔俗〕⇩ 憚 タン・はばかる
- 遇 〔俗〕⇩ 愚 グ・おろか
- 憾 〔俗〕⇩ 感 カン
- 隱 〔同〕⇩ 惰 ダ・おこたる
- 憲 〔俗〕⇩ 寓 グウ・よる
- 憙 〔同〕⇩ 喜 キ・よろこぶ
- 熒 〔俗〕⇩ 労・勞 ロウ・つかれる
- 〈心（小）部〉
- 膫 〔俗〕⇩ 臘 ロウ

- 摰 〔本〕⇩ 摯 シ・つかむ
- 撓 〔古〕⇩ 拝・拜 ハイ・おがむ
- 戲 〔俗〕⇩ 戯・戲 ギ・たわむれる
- 〈戈・手部〉
- 懣 〔俗〕⇩ 懣 モン・もだえる
- 懟 〔同〕⇩ 厭 エン
- 憊 〔同〕⇩ 憊 ハイ・つかれる
- 憩 〔同〕⇩ 憩 ケイ・いこい
- 慭 〔俗〕⇩ 憖 ギン・なまじい
- 慈 〔俗〕⇩ 憐・憐 レン・あわれむ

攴（攵）部

- 整 〔同〕⇩ 整 セイ・ととのえる
- 敲 〔同〕⇩ 敵 テキ・かたき
- 敵 〔同〕⇩ 敵 テキ・かたき
- 播 〔同〕⇩ 播 ハ・バン・まく
- 敵 〔同〕⇩ 噴・噴 フン・ふく
- 散 〔本〕⇩ 散 サン・ちる
- 敬 〔本〕⇩ 敬 ケイ・うやまう
- 斂 〔同〕⇩ 乱・亂 ラン・みだれる
- 〈攴（攵）部〉
- 摯 〔同〕⇩ 摯 シ・つかむ

整 [同]⇒橋 キョウ はし

〈方 部〉

旘 [同]⇒幟 シ のぼり

旛 [俗]⇒旛 ハン はた

〈日・日 部〉

旾 [同]⇒昔 セキ むかし

暱 [同]⇒昵 ジツ なじむ・ちかづく

晉 [本]⇒晋・晉 シン すすむ

明明 [同]⇒朗・朗 ロウ ほがらか

暻 [俗]⇒景 ケイ かげ

朤朤 [同]⇒朗・朗 ロウ ほがらか

膌 [同]⇒脊 セキ せ

膽 [俗]⇒胆・膽 タン きも

〈月(月) 部〉

㬎 [古]⇒顕・顯 ケン あきらか

暸 [同]⇒瞭 リョウ あきらか

曦 [同]⇒熹 キ

晵 [俗]⇒稽 ケイ とどまる

曌 [同]⇒照 ショウ てる

朁 [同]⇒替 タイ かえる

膠 [俗]⇒膠 コウ にかわ

膝 [俗]⇒膝 シツ ひざ

罷 [本]⇒罷 ヒ やめる

臂 [同]⇒臂 ヒ うで・ひじ

臘 [同]⇒臘 ロウ

〈木 部〉

樸 [同]⇒朴 ボク ほお

橾 [俗]⇒束 ソク たば

欆 [同]⇒柳 リュウ やなぎ

橡 [同]⇒栃 とち

櫻 [俗]⇒桜・櫻 オウ さくら

椿 [同]⇒偆 シャ さて

橄 [俗]⇒梡 カン たきぎ

橱 [俗]⇒厨・廚 チュウ くりや

棊 [同]⇒棋 キ

檷 [同]⇒無 ム・ブ ない

槑 [同]⇒無 ム・ブ ない

橃 [同]⇒筏 バツ いかだ

檠 [俗]⇒傑・傑 ケツ すぐれる

樂 [俗]⇒楽・樂 ガク・ラク たのしい

16画

〔方・日・曰・月・木部〕

- 楢 〔同〕↓ 椿 つばき／チン
- 橾 〔俗〕↓ 楢 なら／ユウ
- 槩 〔同〕↓ 概・概 おおむね／ガイ
- 橷 〔同〕↓ 榛 はしばみ／シン
- 橅 〔同〕↓ 模 かた／モ・ボ
- 様 〔俗〕↓ 様・様 さま／ヨウ
- 橮 〔本〕↓ 榴 ざくろ／リュウ
- 穀 〔俗〕↓ 穀・穀 もみ／コク
- 機 〔本〕↓ 機 はた／キ
- 機 〔俗〕↓ 機 はた／キ

- 橘 〔俗〕↓ 橘 たちばな／キツ
- 橋 〔俗〕↓ 橋 はし／キョウ
- 橜 〔同〕↓ 橛 くい／ケツ
- 樽 〔俗〕↓ 樽 たる／ソン
- 頼 〔俗〕↓ 頼・頼 たのむ／ライ
- 檀 〔俗〕↓ 檀 まゆみ／ダン
- 叢 〔同〕↓ 叢 むらがる／ソウ
- 麓 〔古〕↓ 麓 ふもと／ロク

〈欠部〉

- 歙 〔同〕↓ 吸・吸 すう／キュウ

- 噂 〔俗〕↓ 蹲 うずくまる／ソン
- 歴 〔俗〕↓ 歴・歴 へる／レキ
- 瞳 〔同〕↓ 剪 きる・たつ／セン

〈止部〉

- 歖 〔古〕↓ 懿 うるわしい／イ
- 歖 〔俗〕↓ 憙 よろこぶ／キ
- 歅 〔俗〕↓ 歎 なげく／タン
- 歘 〔同〕↓ 欻 クツ
- 歖 〔古〕↓ 喜 よろこぶ／キ
- 歖 〔古〕↓ 喜 よろこぶ／キ

- 㲿 〔俗〕↓ 殻・殻 から／カク
- 燅 〔本〕↓ 渉・渉 わたる／ショウ

〈夊・水（氷）部〉

〈火部〉

- 熿 〔俗〕↓ 炳 ゼツ
- 營 〔俗〕↓ 営・営 いとなむ／エイ
- 燅 〔同〕↓ 焰 ほのお／エン
- 熿 〔同〕↓ 焚 やく・たく／フン
- 燓 〔同〕↓ 焚 やく・たく／フン
- 燸 〔同〕↓ 暖・暖 あたたかい／ダン

燚 [古] ↓ 業 ギョウ・ゴウ わざ

熿 [同] ↓ 煌 コウ きらめく

爇 [俗] ↓ 熟 ジュク うれる

爇 [本] ↓ 熱 ネツ あつい

爛 [俗] ↓ 燗 ラン かん

燕 [本] ↓ 燕 エン つばめ

熹 [同] ↓ 熹 キ

嬉 [同] ↓ 熹 キ

〈爪部〉

黨 [俗] ↓ 党・黨 トウ むら

劔 [俗] ↓ 剣・劍 ケン つるぎ

鼑 [俗] ↓ 遁 トン のがれる

凞 [同] ↓ 熙 キ かわく・ひかる

熟 [俗] ↓ 熟 ジュク うれる

樵 [同] ↓ 樵 ショウ きこり

燕 [本] ↓ 燕 エン つばめ

〈爪（⺥・爫）・牛（牜）部〉

斝 [古] ↓ 爵・爵 シャク さかずき

斛 [同] ↓ 犂 レイ すき

〈犬部〉

獣 [俗] ↓ 独・獨 ドク ひとり

猒 [俗] ↓ 厭 エン あきる

獘 [本] ↓ 弊・弊 ヘイ たおれる

獘 [同] ↓ 獘 ヘイ たおれる

〈玉（王）部〉

璔 [俗] ↓ 珊 サン

璙 [同] ↓ 瓊 ケイ たま

瓊 [俗] ↓ 瓊 ケイ たま

〈瓦部〉

瓢 [俗] ↓ 瓢 ヒョウ ひさご・ふくべ

甆 [俗] ↓ 甑 ソウ こしき

〈甘・田部〉

蘠 [同] ↓ 蔗 シャ・ショ さとうきび

曘 [同] ↓ 場 ジョウ ば

疊 [俗] ↓ 畳・疊 ジョウ たたむ・たたみ

奮 [俗] ↓ 奮 フン ふるう

〈彳部〉

痀 [同] ↓ 痀 ク

瘲 [俗] ↓ 脹 チョウ ふくれる

〈疒部〉

盟
［同］
⇩
盟
ちかう

盧
［同］
⇩
塩・鹽
シオ
エン

麩
［俗］
⇩
麩
ふすま

〈皮・皿部〉

皞
［俗］
⇩
皞
コウ
あきらか

綠
［同］
⇩
緑・綠
リョク・ロク
みどり

處
［同］
⇩
処・處
ショ
おる

〈白部〉

皛
［古］
⇩
登
トウ・ト
のぼる

發
［古］
⇩
登
トウ・ト
のぼる

矯
［古］
⇩
智
チ
ちえ

獲
［同］
⇩
矜
キョウ
あわれむ

〈矛・矢部〉

矚
［俗］
⇩
矚
ショク
みる

瞚
［同］
⇩
瞬・瞬
シュン
またたく

瞞
［俗］
⇩
瞞
マン
だます

瞢
［俗］
⇩
瞢
ボウ
くらい

睿
［俗］
⇩
叡
エイ
あきらか

瞽
［俗］
⇩
盲・盲
モウ

〈目部〉

橙
［俗］
⇩
澄
チョウ
すむ

禍
［同］
⇩
祖・祖
ソ
じじ

禩
［俗］
⇩
祀
シ
まつる

〈示（⻰）部〉

礧
［同］
⇩
磊
ライ

硼
［同］
⇩
磅
ホウ
ポンド

確
［俗］
⇩
確
カク
たしか

〈石部〉

矯
［俗］
⇩
矯
キョウ
ためる

殤
［同］
⇩
傷
ショウ
きず

黎
［同］
⇩
黎
レイ
おおい・くろ

穄
［同］
⇩
穂・穗
スイ
ほ

穄
［同］
⇩
穂・穗
スイ
ほ

稽
〈禾部〉
⇩
稽
ケイ
とどまる

凜
［俗］
⇩
凛
リン
きびしい

稻
［俗］
⇩
稲・稻
トウ
いね

穐
［俗］
⇩
秋
シュウ
あき

穭
［同］
⇩
芸・藝
ゲイ
わざ

穊
［同］
⇩
芸・藝
ゲイ
わざ

〈禾部〉

〈穴 部〉

蘇 [同] ⇩ 積 つむ（セキ）
穅 [同] ⇩ 糠 ぬか（コウ）
馨 [同] ⇩ 馨 かおる（ケイ）

窺 [同] ⇩ 伺 うかがう（シ）
竊 [俗] ⇩ 窃・竊 ぬすむ（セツ）
濳 [俗] ⇩ 浸・浸 ひたす（シン）
寐 [俗] ⇩ 寐 ねる（ビ）
寐 [俗] ⇩ 寐 ねる（ビ）
寝 [俗] ⇩ 寝・寝 ねる（シン）

〈立 部〉

窟 [俗] ⇩ 窟 いわや（クツ）
窶 [同] ⇩ 窮 きわまる（キュウ）
窯 [同] ⇩ 窯 かま（ヨウ）
窺 [俗] ⇩ 窺 うかがう（キ）
竈 [俗] ⇩ 竈 かまど（ソウ）

端 [俗] ⇩ 端 はし（タン）
戲 [同] ⇩ 熾 さかん（シ）
竸 [俗] ⇩ 競 きそう・ケイ・せる（キョウ）

〈皿 部〉

〈ネ 部〉

羃 [同] ⇩ 択・擇 えらぶ（タク）
羅 [古] ⇩ 置 おく（チ）

襆 [本] ⇩ 複（フク）
縫 [同] ⇩ 縫・縫 ぬう（ホウ）
繃 [同] ⇩ 繃（ホウ）
褸 [同] ⇩ 縷 いと（ル）
褶 [古] ⇩ 襲 おそう（シュウ）

〈竹 部〉

笠 [同] ⇩ 笠 かさ（リュウ）

笛 [同] ⇩ 笠 かさ（リュウ）
篔 [同] ⇩ 筍 たけのこ（ジュン）
簑 [同] ⇩ 蓑 みの（サ）
簑 [同] ⇩ 椿 つばき（チン）
箶 [同] ⇩ 箱 はこ（キョ）
簇 [同] ⇩ 筮 めどぎ（ゼイ）
節 [俗] ⇩ 節・節 ふし（セツ・セチ）
篛 [同] ⇩ 箸（ジャク）
範 [俗] ⇩ 範 のり（ハン）
範 [俗] ⇩ 範 のり（ハン）

篝 [俗] ⇒ 篝 コウ ふせご・かがり
簒 [俗] ⇒ 簒 サン うばう
筬 [俗] ⇒ 篩 シ ふるい
築 [同] ⇒ 築 やな
等 [俗] ⇒ 籌 チュウ かずとり
筥 [俗] ⇒ 籠 ロウ かご
〈米部〉
糚 [同] ⇒ 粧 ショウ よそおう
模 [俗] ⇒ 模 モ・ボ かた
穀 [同] ⇒ 穀・穀 コク もみ

縞 [同] ⇒ 絢 ケン あや
桼 [俗] ⇒ 素 ソ・ス もと
繇 [同] ⇒ 素 ソ・ス もと
繁 [同] ⇒ 素 ソ・ス もと
緜 [俗] ⇒ 索 サク なわ
縣 [俗] ⇒ 県・縣 ケン かける
縣 [俗] ⇒ 県・縣 ケン かける
〈糸部〉
雜 [俗] ⇒ 糴 テキ かいよね
霰 [同] ⇒ 霰 サン あられ

縉 [俗] ⇒ 縉 シン さしはさむ
縊 [俗] ⇒ 縊 イ くびれる
緯 [俗] ⇒ 緯・緯 イ よこいと
緯 [俗] ⇒ 緯・緯 イ よこいと
縁 [俗] ⇒ 縁・緣 エン ふち
經 [俗] ⇒ 綱 コウ つな
緜 [同] ⇒ 碧 ヘキ みどり・あお
緄 [同] ⇒ 幌 コウ ほろ
絡 [同] ⇒ 絡 ラク からむ
貉 [同] ⇒ 絡 ラク からむ

翰 [俗] ⇒ 翰 カン
鮮 [俗] ⇒ 解 カイ・ゲ とく・とかす
〈羊(⺷・⺶)羽(羽・羽)部〉
緱 [同] ⇒ 繋 ケイ つなぐ
織 [俗] ⇒ 織 ショク・シキ おる
繏 [俗] ⇒ 縺 レン もつれる
徽 [同] ⇒ 徽 キ よい
続 [俗] ⇒ 遶 ジョウ めぐる
繁 [俗] ⇒ 繁・繁 ハン しげる
〈耳・聿・肉部〉

〈至・白（臼）・舌 部〉

聯 ［同］⇒ 聯 つらなる（レン）

肇 ［同］⇒ 肆 ほしいまま（シ）

贅 ［同］⇒ 膂 せぼね（リョ）

臻 ［俗］⇒ 臻 いたる（シン）

曷 ［同］⇒ 万・萬 よろず（マン・バン）

鼁 ［俗］⇒ 鼠 ねずみ（ソ）

舁 ［本］⇒ 興 おこる・おこす（コウ・キョウ）

鮚 ［俗］⇒ 憩 いこい（ケイ）

〈舟 部〉

〈虫 部〉

舫 ［同］⇒ 舫 ふね・もやい（ホウ）

鞝 ［同］⇒ 朝・朝 あさ（チョウ）

艇 ［同］⇒ 艇（テイ）

艦 ［俗］⇒ 艦 いくさぶね（カン）

螒 ［俗］⇒ 蚕・蠶 かいこ（サン）

蝨 ［俗］⇒ 蚕・蠶 かいこ（サン）

蝨 ［同］⇒ 蚤 のみ（ソウ）

蟲 ［本］⇒ 蚊 か（ブン）

蟊 ［同］⇒ 蚊 か（ブン）

〈衣 部〉

蠆 ［同］⇒ 蛆 うじ（ショ）

蟷 ［同］⇒ 嗤 わらう（シ）

蜻 ［俗］⇒ 蜻（セイ）

蝸 ［同］⇒ 融 とける・とかす（ユウ）

螳 ［同］⇒ 蟻 あり（ギ）

蟲 ［古］⇒ 蠱（ト）

縢 ［俗］⇒ 勝・勝 かつ・まさる（ショウ）

裒 ［同］⇒ 裊 （ジョウ）

襃 ［本］⇒ 褒・褒 ほめる（ホウ）

〈両（両）・臣 部〉

襃 ［本］⇒ 褒・褒 ほめる（ホウ）

罷 ［同］⇒ 罷 やめる（ヒ）

臧 ［俗］⇒ 蔵・藏 くら（ゾウ）

臧 ［俗］⇒ 蔵・藏 くら（ゾウ）

臨 ［俗］⇒ 臨 のぞむ（リン）

〈見 部〉

覩 ［古］⇒ 睹 みる（ト）

親 ［俗］⇒ 親 おや・したしい（シン）

〈言 部〉

第1段（右→左）

- 訨　〔同〕⇩　弁・辨・瓣・辯　わきまえる　ベン
- 誯　〔同〕⇩　呵　しかる　カ
- 詬　〔同〕⇩　記　しるす　キ
- 諧　〔同〕⇩　偕　ともに　カイ
- 誉　〔同〕⇩　啓・啓　ひらく　ケイ
- 譸　〔俗〕⇩　訛　なまる　カ
- 譣　〔同〕⇩　訪　おとずれる　ホウ
- 諍　〔同〕⇩　訴　うったえる　ソ
- 譺　〔同〕⇩　詫　あざむく　タ

第2段（右→左）

- 諄　〔同〕⇩　詢　はかる・とう　ジュン
- 諺　〔同〕⇩　詫　ほごる・わびる　タ
- 譽　〔俗〕⇩　誉・譽　ほまれ　ヨ
- 誉　〔俗〕⇩　誉・譽　ほまれ　ヨ
- 諜　〔同〕⇩　誡　いましめる　カイ
- 誡　〔俗〕⇩　誠　いましめる　カイ
- 譔　〔俗〕⇩　撰　えらぶ　セン
- 諏　〔同〕⇩　諏　はかる　シュ
- 諄　〔俗〕⇩　諄　くどい　ジュン
- 諂　〔俗〕⇩　諂　へつらう　テン

第3段（右→左）

- 論　〔俗〕⇩　論　あげつらう　ロン
- 諼　〔同〕⇩　諠　わすれる　ケン
- 諺　〔俗〕⇩　諺　ことわざ　ゲン
- 諞　〔俗〕⇩　諞　ヘン
- 諭　〔俗〕⇩　諭・喩　さとす　ユ
- 諭　〔同〕⇩　諭・喩　さとす　ユ
- 諷　〔同〕⇩　謡・謠　うたい　ヨウ
- 謹　〔俗〕⇩　謹・謹　つつしむ　キン
- 謎　〔俗〕⇩　謎　なぞ　メイ
- 謳　〔俗〕⇩　謳　うたう　オウ

第4段（右→左）

- 譛　〔同〕⇩　譜　フ
- 讒　〔俗〕⇩　讒　そしる　ザン
- 〈豕部〉
- 豬　〔本〕⇩　猪・猪　い・いのこ　チョ
- 猯　〔同〕⇩　豚　ぶた　トン
- 〈豸部〉
- 豬　〔同〕⇩　猪・猪　い・いのこ　チョ
- 貂　〔同〕⇩　猶・猶　なお　ユウ
- 貃　〔同〕⇩　貌　かたち・かお　ボウ
- 〈貝部〉

賣 〔俗〕⇒ 商・商 ショウ あきなう

賰 〔同〕⇒ 偆 シュン

販 〔俗〕⇒ 販 ハン ひさぐ

貲 〔本〕⇒ 貴 キ とうとい

賜 〔俗〕⇒ 賜 シ たまわる

賦 〔俗〕⇒ 賦 フ ぶやく

賭 〔同〕⇒ 賭 ト かける

贅 〔俗〕⇒ 贅 ゼイ いぼ

贐 〔同〕⇒ 贐 ジン はなむけ

〈赤・走 部〉

棘 〔同〕⇒ 煉 レン ねる

赮 〔古〕⇒ 霞 カ かすみ

趄 〔俗〕⇒ 趙 シ

〈足（𧾷） 部〉

路 〔同〕⇒ 趙 シ

踏 〔同〕⇒ 踥 サイ

蹜 〔同〕⇒ 遁 トン のがれる

踰 〔同〕⇒ 逾 ユ こえる

跟 〔同〕⇒ 腿 タイ もも

踴 〔同〕⇒ 踊 ヨウ おどる

跿 〔古〕⇒ 蹄 テイ ひづめ

蹏 〔同〕⇒ 蹄 テイ ひづめ

蹹 〔俗〕⇒ 蹈 トウ ふむ

〈身 部〉

軀 〔同〕⇒ 面 メン おもて・つら

躾 〔同〕⇒ 躾 しつけ

〈車・辛 部〉

輐 〔同〕⇒ 軒 ケン のき

輭 〔同〕⇒ 軟 ナン やわらか

輼 〔本〕⇒ 輼 シ ほろぐるま

輪 〔俗〕⇒ 輪・輪 ユ いたす

輸 〔俗〕⇒ 輸・輸 ユ いたす

辟 〔俗〕⇒ 壁 ヘキ かべ

〈辵（辶・辶） 部〉

遲 〔俗〕⇒ 逮・逮 タイ およぶ

遟 〔俗〕⇒ 遅・遅 チ おくれる

遉 〔同〕⇒ 道・道 ドウ・トウ みち

遃 〔同〕⇒ 随・隨 ズイ したがう

遠 〔古〕⇒ 遠・遠 エン・オン とおい

遖 〔本〕⇒ 遛 リュウ とどまる

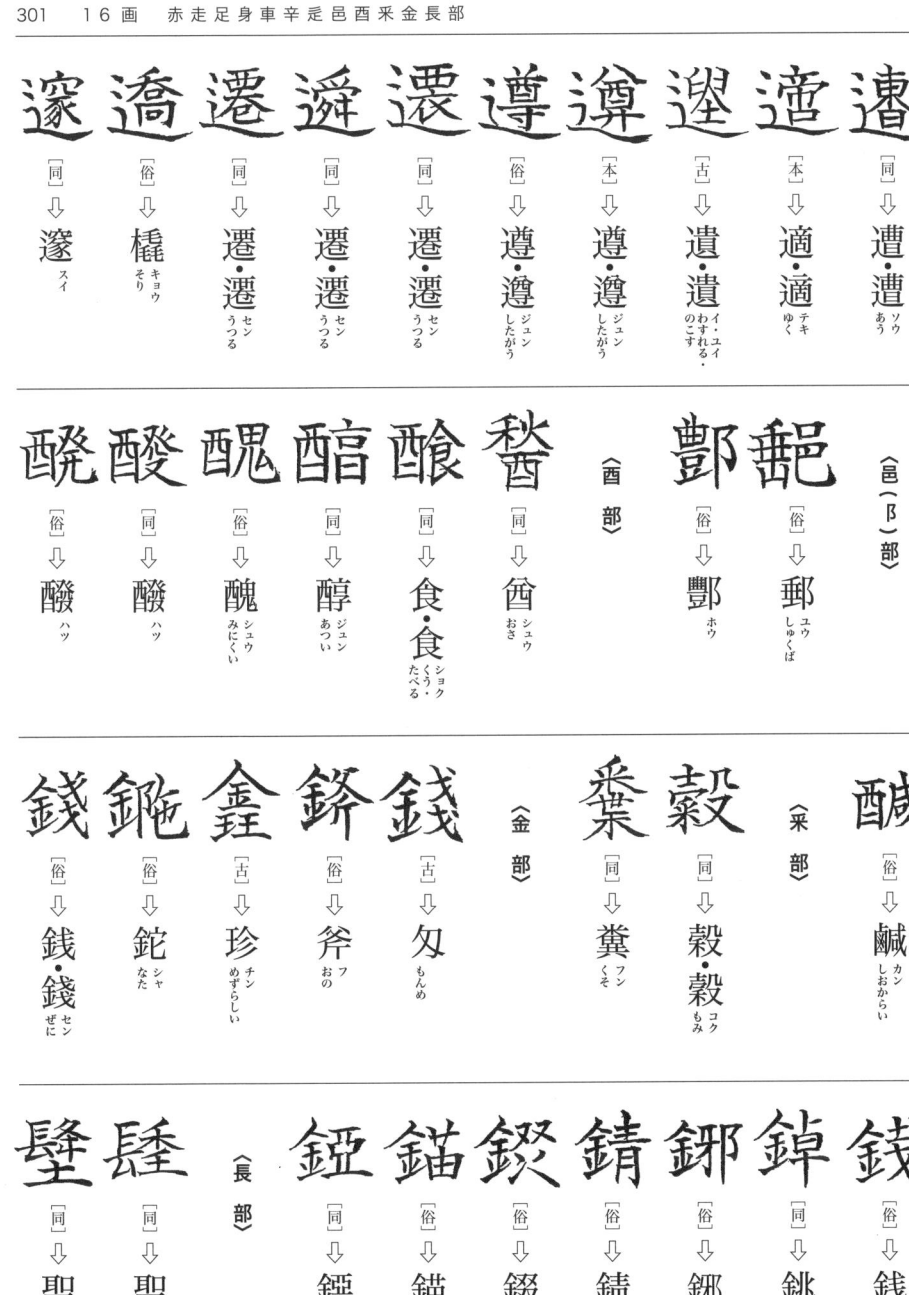

〔辵部〕

遭 [同]↓ 遭 ソウ／あう

遳 [本]↓ 適・適 テキ／ゆく

遺 [古]↓ 遺・遺 イ・ユイ／わすれる・のこす

遵 [本]↓ 遵・遵 ジュン／したがう

遵 [俗]↓ 遵・遵 ジュン／したがう

還 [同]↓ 遷・遷 セン／うつる

遜 [同]↓ 遷・遷 セン／うつる

遷 [同]↓ 遷・遷 セン／うつる

蹻 [俗]↓ 橇 キョウ／そり

邃 [同]↓ 邃 スイ

〈酉部〉

醱 [俗]↓ 醱 ハツ

酸 [同]↓ 醱 ハツ

醜 [俗]↓ 醜 シュウ／みにくい

醇 [同]↓ 醇 ジュン／あつい

釀 [同]↓ 食・食 ショク／くう・たべる

醤 [同]↓ 酋 シュウ／おさ

〈邑（阝）部〉

酆 [俗]↓ 酆 ホウ

郰 [俗]↓ 郵 ユウ／しゅくば

〈金部〉

錢 [俗]↓ 錢・銭 ゼニ／セン

鉈 [俗]↓ 鉈 シャ／なた

鑫 [古]↓ 珍 チン／めずらしい

鍩 [俗]↓ 斧 フ／おの

錢 [古]↓ 刎 もんめ

〈釆部〉

粲 [同]↓ 糞 フン／くそ

穀 [同]↓ 穀・穀 コク／もみ

醶 [俗]↓ 鹹 カン／しおからい

〈長部〉

塧 [同]↓ 聖・聖 セイ・ショウ／ひじり

䯡 [同]↓ 聖・聖 セイ・ショウ／ひじり

鋙 [同]↓ 鋙

錨 [同]↓ 錨 ビョウ／いかり

鋄 [俗]↓ 綴 テツ／しころ

錆 [俗]↓ 錆 セイ／さび

鎃 [俗]↓ 鎃 ヤ

鏅 [同]↓ 銚 チョウ／すき

錢 [俗]↓ 錢・銭 ゼニ／セン

〈門部〉

壄	髦	鬕
〔俗〕⇒ 聖・聖 セイ・ショウ ひじり	〔同〕⇒ 髭 シ ひげ	〔同〕⇒ 鬘 マン かずら

裍	悶	悶	閞	闘	閔
〔同〕⇒ 殺・殺 サツ ころす	〔古〕⇒ 患 カン わずらう	〔古〕⇒ 患 カン わずらう	〔俗〕⇒ 扉・扉 ヒ とびら	〔古〕⇒ 開 カイ ひらく・あける	〔同〕⇒ 憫 ビン あわれむ

〈阜（阝）部〉

闋
〔同〕⇒ 闋 ケツ かく

險	隴	隴	隊
〔俗〕⇒ 険・険 ケン けわしい	〔同〕⇒ 巇 ギ けわしい	〔同〕⇒ 嶮 ケン けわしい	〔古〕⇒ 燧 スイ ひうち

〈隶・隹部〉

隷	雕	雖
〔同〕⇒ 隷・隷 レイ	〔同〕⇒ 琱 チョウ ほる	〔俗〕⇒ 雖 スイ いえども

雖	離	雞	雛	雓	雕
〔俗〕⇒ 雖 スイ いえども	〔俗〕⇒ 離 リ はなれる	〔同〕⇒ 鶏・鶏 ケイ にわとり	〔同〕⇒ 鶉 ジュン うずら	〔同〕⇒ 鵺 ヤ ぬえ	〔同〕⇒ 鷲 シュウ わし

〈雨（⻗）部〉

雲	電	霊
〔古〕⇒ 陰 イン かげ・かげる	〔本〕⇒ 電 デン いなずま	〔同〕⇒ 零 レイ おちる・こぼれる

霙	霸	霰	霽	霽	霄
〔俗〕⇒ 零 レイ おちる・こぼれる	〔俗〕⇒ 覇・覇 ハ はたがしら	〔同〕⇒ 霰 サン あられ	〔同〕⇒ 霽 セイ はれる	〔同〕⇒ 霽 セイ はれる	〔俗〕⇒ 霽 セイ はれる

〈青（青）部〉

靘	静
〔同〕⇒ 天 テン あめ・あま	〔俗〕⇒ 静・静 セイ しずか

〈革部〉

鞘
〔同〕⇒ 削・削 サク けずる

韓
〔俗〕
⇩
韓
コウ

〔韭・音部〕

煒
〔俗〕
⇩
煒
イ

鞘
〔本〕
⇩
削・削
サク
けずる

〈韋（韋）部〉

鞜
〔同〕
⇩
鞜
トウ
つつむ

鞭
〔俗〕
⇩
鞭
むち
ベン

鞘
〔俗〕
⇩
鞘
さや
ショウ

鞭
〔俗〕
⇩
硬
コウ
かたい

潁
〔俗〕
⇩
隷・隷
レイ

頹
〔俗〕
⇩
潁
ほさき
エイ

潁
〔俗〕
⇩
潁
ほさき
エイ

鬘
〔同〕
⇩
鬘
ひげ
ゼン

顁
〔同〕
⇩
鬘
ひげ
ゼン

頣
〔同〕
⇩
頃
ころ
ケイ

顄
〔古〕
⇩
唇
くちびる
シン

〈頁部〉

龍
〔俗〕
⇩
竜・龍
たつ
リュウ

龍
〔俗〕
⇩
竜・龍
たつ
リュウ

餝
〔同〕
⇩
飾・飾
かざる
ショク

餔
〔同〕
⇩
哺
ふくむ
ホ

餐
〔古〕
⇩
食・食
たべる
ショク・くう

〈食（倉・食）部〉

顣
〔俗〕
⇩
願
ねがう
ガン

顣
〔俗〕
⇩
願
ねがう
ガン

頼
〔俗〕
⇩
頼・頼
たのむ
ライ

顱
〔古〕
⇩
頼・頼
たのむ
ライ

頹
〔俗〕
⇩
頹
くずれる
タイ

頤
〔俗〕
⇩
頤
あご・おとがい
イ

鶩
〔俗〕
⇩
騰・騰
のぼる・あがる
トウ

駢
〔俗〕
⇩
駢
ならぶ
ヘン

駒
〔俗〕
⇩
駒
こま
ク

罵
〔本〕
⇩
罵
のしる
バ

馴
〔同〕
⇩
駆・駆
かける
ク

駆
〔同〕
⇩
駆・駆
かける
ク

駝
〔同〕
⇩
馳
はせる
チ

〈馬部〉

饒
〔俗〕
⇩
饒
ゆたか
ジョウ

餝
〔古〕
⇩
飽・飽
あきる
ホウ

〈骨部〉

髓 [同] ⇒ 脳・腦 ノウ

骿 [同] ⇒ 頷 ガン あご・うなずく

骺 [俗] ⇒ 骸 ガイ なきがら・むくろ

骸 [俗] ⇒ 骸 ガイ なきがら・むくろ

骸 [俗] ⇒ 髑

〈高部〉

髑 [俗] ⇒ 髑 ドク

〈髟・門部〉

髳 [同] ⇒ 耄 ボウ・モウ ほうける

亹 [本] ⇒ 郭 カク くるわ

髪 [同] ⇒ 髪 キュウ

鬪 [同] ⇒ 闘・鬪 トウ たたかう

〈高・鬼部〉

鬻 [古] ⇒ 鬲 レキ・カク かま

鬻 [同] ⇒ 鬲 レキ・カク かま

魑 [同] ⇒ 鬼 おに

〈魚部〉

鯂 [同] ⇒ 甦 ソ よみがえる

魯 [俗] ⇒ 魯 ロ おろか

鮎 [同] ⇒ 鮎 なまず

鮗 [俗] ⇒ 鮗 このしろ

鮓 [古] ⇒ 鮨 シ すし

鮨 [同] ⇒ 鮨 シ すし

鯛 [同] ⇒ 鯛・鯛 チョウ たい

鮹 [俗] ⇒ 鯛・鯛 チョウ たい

鮎 [同] ⇒ 鯰 なまず

罴 [俗] ⇒ 鰈 カン やもお

鮊 [同] ⇒ 鱗・鱗 リン うろこ

〈鳥部〉

鴟 [同] ⇒ 雎 ショ みさご

鷹 [俗] ⇒ 雁 ガン かり

鴂 [同] ⇒ 雉 チ きじ

鳳 [俗] ⇒ 鳳 ホウ おおとり

鴉 [俗] ⇒ 鴉 ア からす

鴨 [同] ⇒ 鴨 オウ かも

鸞 [同] ⇒ 鴨 オウ かも

鵑 [俗] ⇒ 鵜 ム

鶯 [俗] ⇒ 鶯 オウ うぐいす

癘 [同] ⇒ 鷹 ヨウ たか

〈歯・麥（麦）部〉

齡 [俗] ⇒ 矜 キョウ あわれむ

麩　[同]⇒糊　コ　のり

麱　[俗]⇒麹　キク　こうじ

麵　[俗]⇒麺　メン　むぎこ

麺

〈黑（黒）・齒（歯）部〉

黖　[同]⇒黒・黑　コク　くろ・くろい

黙　[同]⇒黙・默　モク　だまる

齝　[同]⇒齔　シン

十七画

〈丿・乙 部〉

- 辡 [俗]⇒弁・辨・瓣・辯 ベン わきまえる
- 奞 [俗]⇒奮 フン ふるう
- 奮 [俗]⇒奮 フン ふるう
- 齎 [同]⇒臍 セイ ほぞ・へそ
- 羸 [俗]⇒羸 ルイ つかれる

〈人(イ・个) 部〉

- 儁 [同]⇒俊 シュン すぐれる
- 燈 [古]⇒登 トウ・ト のぼる
- 儇 [本]⇒儇 ケン かしこい
- 傷 [俗]⇒賜 シ たまわる
- 儛 [俗]⇒舞 ブ まう
- 儲 [俗]⇒儲 チョ もうけ
- 儷 [俗]⇒儷 レイ ならぶ

〈儿・冫・刀 部〉

- 讎 [俗]⇒讐 シュウ あだ

〈力 部〉

- 蠭 [同]⇒有 ユウ・ウ ある
- 勳 [同]⇒勲・勳 クン いさお

〈勹・十・厶 部〉

- 㡭 [古]⇒絶・絕 ゼツ たえる

- 韔 [俗]⇒韓・韓 カン いげた
- 嚴 [俗]⇒厳・嚴 ゲン・ゴン きびしい

- 覼 [同]⇒頼・賴 ライ たのむ
- 瀆 [俗]⇒瀆 トク みぞ
- 兜 [俗]⇒兜 トウ かぶと

〈口 部〉

- 豫 [俗]⇒予・豫 ヨ あらかじめ
- 對 [同]⇒対・對 タイ・ツイ こたえる
- 啍 [同]⇒咄 トツ しかる
- 嚙 [同]⇒銜 カン くつわ
- 嚌 [俗]⇒嚌 サン
- 嬶 [同]⇒嬶 かかあ
- 嚮 [俗]⇒嚮 キョウ むかう
- 嚋 [俗]⇒疇 チュウ たぐい
- 韻 [同]⇒韻 イン ひびき

〈口・土部〉

圗 〔古〕⇨ 獄（ゴク・ひとや）
壓 〔俗〕⇨ 殿（デン・との・どの）
壍 〔同〕⇨ 塹（ザン・ほり）
壥 〔俗〕⇨ 塵（ジン・ちり）
壚 〔俗〕⇨ 墾（コン・たがやす）
壁 〔俗〕⇨ 壁（ヘキ・かべ）
壜 〔俗〕⇨ 牆（ショウ・かき）
壇 〔同〕⇨ 簣（キ・もっこ）
壖 〔同〕⇨ 殯（ヒン・かりもがり）

壐 〔同〕⇨ 璽（ジ・しるし）

〈土・夂・夊・大部〉

秦 〔本〕⇨ 秦（シン・はた）
夐 〔同〕⇨ 夏・夏（カ・なつ）
歸 〔俗〕⇨ 帰・歸（キ・かえる）

〈女部〉

婆 〔同〕⇨ 婆（バ・ばば）
嬪 〔俗〕⇨ 嬪（ヒン・よめ）

〈宀部〉

寢 〔古〕⇨ 寝・寝（シン・ねる）

窺 〔俗〕⇨ 窺（キ・うかがう）

〈寸部〉

對 〔同〕⇨ 対・對（タイ・ツイ・こたえる）
奪 〔俗〕⇨ 奪（ダツ・うばう）
導 〔本〕⇨ 導・導（ドウ・みちびく）

〈尸部〉

屬 〔俗〕⇨ 属・屬（ゾク・つく）
臂 〔俗〕⇨ 臂（ヒ・うで・ひじ）
譬 〔俗〕⇨ 譬（ヒ・たとえる）

〈山部〉

嶽 〔同〕⇨ 岳・嶽（ガク・たけ）
嶹 〔同〕⇨ 島（トウ・しま）
餕 〔古〕⇨ 陵（リョウ・みささぎ）
頷 〔同〕⇨ 嶺（レイ・みね）
嶼 〔俗〕⇨ 嶋（なる）

〈巾部〉

幫 〔同〕⇨ 幇（ホウ・たすける）
幟 〔同〕⇨ 幟（シ・のぼり）

〈广部〉

麀 〔同〕⇨ 牝（ヒン・めす）

〈广部〉

鷹 [俗] ⇩ 鹿 しか ロク

廄 [俗] ⇩ 厩・廏 うまや キュウ

廛 [俗] ⇩ 廛 みせ テン

廩 [俗] ⇩ 廩 くら リン

〈弓・彑〔彐〕部〉

彊 [俗] ⇩ 彊 つよい キョウ

覘 [同] ⇩ 帰・歸 かえる キ

題 [俗] ⇩ 帰・歸 かえる キ

〈彳部〉

衛 [本] ⇩ 帥 ひきいる スイ

徹 [古] ⇩ 徹 とおる テツ

衡 [俗] ⇩ 衡 はかり コウ

衞 [俗] ⇩ 衛・衞 まもる エイ

〈忄部〉

懜 [同] ⇩ 懜 なげく ドウ

慘 [俗] ⇩ 慘 サン

憐 [本] ⇩ 憐・憐 あわれむ レン

羅 [本] ⇩ 罹 かかる リ

懧 [同] ⇩ 懦 よわい ダ

〈扌部〉

擇 [俗] ⇩ 択・擇 えらぶ タク

擾 [同] ⇩ 拠・據 よる キョ

攄 [同] ⇩ 拓 ひらく タク

搗 [同] ⇩ 搗 つく・かて トウ

摽 [同] ⇩ 摽 うつ ヒョウ

攝 [同] ⇩ 截 たつ・きる セツ

撲 [同] ⇩ 撲 うつ・ぶつ ボク

擢 [俗] ⇩ 擢 ぬく テキ

〈氵部〉

濢 [俗] ⇩ 沢・澤 さわ タク

瀞 [俗] ⇩ 浄・淨 きよい ジョウ

濵 [俗] ⇩ 浜・濱 はま ヒン

濟 [俗] ⇩ 済・濟 すます サイ

濟 [俗] ⇩ 済・濟 すます サイ

澀 [俗] ⇩ 渋・澁 しぶい ジュウ・しぶる

潗 [俗] ⇩ 滋・滋 しげる ジ

濂 [同] ⇩ 漁 ギョ・リョウ

瀁 [古] ⇩ 漾 ただよう ヨウ

潰 [俗] ⇩ 潰 ついえる カイ

激 [俗] ⇩ 激 はげしい ゲキ

氵部（つづき）（右から左へ）

- 瀬　[俗]→頤　イ／あご・おとがい
- 濯　[俗]→濯　タク／あらう
- 濤　[俗]→濤　トウ／なみ
- 濛　[俗]→濛　モウ
- 潤　[俗]→闊　カツ／ひろい
- 瀉　[俗]→瀉　シャ／そそぐ
- 濯　[俗]→濹　ボク
- 瀟　[俗]→瀟　ショウ
- 濱　[同]→瀬　ヒン
- 瀒　[俗]→藻　ソウ／も

- 瀰　[同]→瀰　ヒ／ひろい

〈犭部〉

- 獵　[俗]→猟・獵　リョウ／かり
- 獷　[俗]→猟・獵　リョウ／かり
- 獵　[俗]→猟・獵　リョウ／かり
- 蒦　[俗]→獲　カク／える

〈艸（艹）部〉

- 藝　[俗]→芸・藝　ゲイ／わざ
- 藝　[俗]→芸・藝　ゲイ／わざ
- 蓲　[俗]→荻　テキ／おぎ

- 藁　[俗]→眠　ミン／ねむる・ねむい
- 墬　[同]→途・途　ト／みち
- 夢　[俗]→曼　マン
- 蕘　[同]→揉　ジュウ／もむ
- 蕿　[同]→萱　ケン／かや
- 薗　[同]→園　エン／その
- 薪　[同]→新　シン／あたらしい
- 蘀　[俗]→稚　チ／おさない
- 蓼　[同]→零　レイ／おちる・こぼれる
- 彌　[俗]→弭　なぎ

- 夢　[同]→蔓　マン／つる
- 藏　[俗]→蔵・藏　ゾウ／くら
- 蕩　[俗]→蕩　トウ／とろける
- 獲　[俗]→獲　カク／える
- 獲　[俗]→獲　カク／える
- 萬　[俗]→藁　コウ／わら
- 薩　[俗]→薩　サツ
- 藍　[本]→藍　ラン／あい
- 藍　[俗]→藍　ラン／あい
- 薫　[俗]→燻　クン／いぶす

蘊 [本]⇒薀 ウン つむ

蒸 [俗]⇒藻 ソウ も

薄 [俗]⇒簿・簿 ボ

藉 [俗]⇒籍・籍 セキ ふみ

蕎 [俗]⇒鑰 ヤク かぎ

〈心(小)部〉

憼 [同]⇒敬 ケイ うやまう

憨 [同]⇒傲 ゴウ おごる

懡 [同]⇒懈 カイ おこたる

憊 [俗]⇒憊 ハイ つかれる

懇 [本]⇒懇 コン ねんごろ

〈戈・手・支部〉

戲 [俗]⇒戯・戲 ギ たわむれる

搴 [同]⇒擁 ヨウ いだく

㪫 [同]⇒散 サン ちる

〈攴(攵)部〉

㪚 [俗]⇒散 サン ちる

𣪚 [同]⇒操 ソウ みさお・あやつる

𣪚 [同]⇒操 ソウ みさお・あやつる

〈斤部〉

斸 [俗]⇒斸 タク きる

斳 [俗]⇒斳 リン

〈日部〉

曑 [俗]⇒参・参 サン まいる

曐 [俗]⇒星 セイ・ショウ ほし

署 [同]⇒著・著 チョ あらわす

暾 [同]⇒皎 コウ しろい

曨 [同]⇒暴 ボウ あばく・あばれる

曓 [同]⇒暴 ボウ あばく・あばれる

曕 [俗]⇒瞻 セン みる

曦 [俗]⇒曦 ギ

〈曰部〉

㬚 [同]⇒曩 ノウ さき

〈月(月)部〉

脮 [同]⇒孕 ヨウ はらむ

體 [俗]⇒体・體 タイ・テイ からだ

膻 [同]⇒胆・膽 タン きも

膳 [俗]⇒胆・膽 タン きも

朡 [同]⇒皎 コウ しろい

腳 [同]⇒膝 シツ ひざ

〈木部〉

| 樢 〔同〕⇒ 杉 すぎ サン | 檏 〔同〕⇒ 朴 ほお ボク |

臁 〔同〕⇒ 癜 ヨウ

髄 〔同〕⇒ 髓・髄 ズイ

臘 〔俗〕⇒ 臈 ロウ

臉 〔同〕⇒ 瞼 まぶた ケン

瓣 〔同〕⇒ 癖 くせ ヘキ

霄 〔俗〕⇒ 膚 はだ フ

膝 〔俗〕⇒ 膝 ひざ シツ

檗 〔同〕⇒ 檄 めしぶみ ゲキ

橾 〔俗〕⇒ 操 みさお・あやつる ソウ

轂 〔俗〕⇒ 穀・穀 もみ コク

櫝 〔同〕⇒ 榎 えのき カ

檽 〔同〕⇒ 楢 なら ユウ

檖 〔同〕⇒ 楫 かじ シュウ

櫃 〔同〕⇒ 植 うえる ショク

檆 〔本〕⇒ 梭 ひ サ

跿 〔俗〕⇒ 帰・歸 かえる キ

橖 〔同〕⇒ 栃 とち

〈毛部〉

觳 〔俗〕⇒ 声・聲 こえ・こわ セイ・ショウ

歝 〔古〕⇒ 斁 いとう エキ

〈欠・攵部〉

簏 〔俗〕⇒ 麓 ふもと ロク

檴 〔同〕⇒ 櫓 やぐら ロ

櫟 〔俗〕⇒ 櫟 くぬぎ レキ

櫛 〔俗〕⇒ 櫛・櫛 くし シツ

攀 〔俗〕⇒ 攀 よじる ハン

爵 〔俗〕⇒ 爵・爵 さかずき シャク

〈灬部〉

燦 〔俗〕⇒ 燥 かわく ソウ

燹 〔同〕⇒ 燧 ひうち スイ

燩 〔本〕⇒ 燎 かがりび リョウ

輝 〔同〕⇒ 輝 かがやく キ

燼 〔同〕⇒ 盞 さかずき サン

燌 〔同〕⇒ 炳 ゼツ

〈火部〉

氈 〔同〕⇒ 氈 セン

鬐 〔同〕⇒ 睫 まつげ ショウ

點 [同] ⇒ 点・點 テン ぼち

鷥 [同] ⇒ 烽 ホウ のろし

賺 [俗] ⇒ 照 ショウ てる

熬 [本] ⇒ 熬 ゴウ いる

礁 [同] ⇒ 礁 ショウ

〈爪(爫・爪・爫)部〉

嗣 [同] ⇒ 司 シ つかさ

嗣 [同] ⇒ 辞・辭 ジ やめる

檐 [同] ⇒ 檐 エン のき

〈牛(牜)・犬部〉

獨 [同] ⇒ 犢 トク こうし

獸 [同] ⇒ 独・獨 ドク ひとり

獻 [俗] ⇒ 献・獻 ケン・コン たてまつる

獸 [俗] ⇒ 獣・獸 ジュウ けもの

獸 [俗] ⇒ 獣・獸 ジュウ けもの

〈玉(王)・瓜部〉

璘 [俗] ⇒ 璘 リン

瓟 [同] ⇒ 瓠 カク ひさご

〈瓦・田部〉

甄 [同] ⇒ 登 トウ・ト のぼる

甎 [俗] ⇒ 甑 ソウ こしき

曇 [俗] ⇒ 曇 ドン くもる

〈疒部〉

癆 [同] ⇒ 疹 シン

癈 [同] ⇒ 啞 ア

癁 [同] ⇒ 訾 シ そしる

瘵 [同] ⇒ 憔 ショウ やつれる

瘡 [同] ⇒ 膚 フ はだ

瘡 [同] ⇒ 瘡 ソウ かさ

瘤 [本] ⇒ 瘤 リュウ こぶ

癇 [俗] ⇒ 癇 カン

〈白・皿部〉

鞞 [俗] ⇒ 的・的 テキ まと

監 [俗] ⇒ 塩・鹽 エン しお

〈目部〉

曌 [同] ⇒ 照 ショウ てる・てらす

曌 [同] ⇒ 照 ショウ てる・てらす

睡 [本] ⇒ 睡 スイ ねむる

睦 [俗] ⇒ 睦 ボク むつむ

瞪 [同] ⇒ 瞠 ドウ みはる

〈石部〉

磵　[同]⇒澗　カン　たに

礦　[同]⇒鉱・鑛　コウ　あらがね

矯　[俗]⇒矯　キョウ　ためる

豫　[俗]⇒予・豫　ヨ　あらかじめ

〈矛・矢部〉

矚　[俗]⇒矚　ショク　みる

瞻　[俗]⇒瞻　セン　みる

瞥　[俗]⇒瞥　ベツ　みる

瞴　[同]⇒瞠　ドウ　みはる

〈示（ネ）部〉

磾　[俗]⇒磾　テン

礋　[同]⇒礫　レキ　こいし

〈禾部〉

禩　[同]⇒祀　シ　まつる

禩　[同]⇒祀　シ　まつる

穛　[同]⇒授　ジュ　さずける

穉　[同]⇒稚　チ　おさない

穎　[俗]⇒穎　エイ　ほさき

魏　[俗]⇒巍　ギ　たかい

〈穴部〉

窮　[同]⇒究　キュウ　きわめる

竊　[俗]⇒窃・竊　セツ　ぬすむ

竊　[俗]⇒窃・竊　セツ　ぬすむ

竂　[俗]⇒寮　リョウ

窺　[俗]⇒窺　キ　うかがう

竄　[古]⇒竄　ザン　かくれる

寱　[同]⇒囈　ゲイ　うわごと

竈　[俗]⇒竈　ソウ　かまど

竉　[俗]⇒竈　ソウ　かまど

〈罒・ネ部〉

羂　[俗]⇒罷　ヒ　やめる

襍　[同]⇒雑・雜　ザツ・ゾウ　まじる

襁　[俗]⇒襁　キョウ

襖　[俗]⇒襖　オウ　あお

襦　[同]⇒襦　ジュ　はだぎ

〈竹部〉

篗　[同]⇒剪　セン　きる・たつ

簰　[俗]⇒屏　ヘイ・ビョウ　しりぞく

篠　[同]⇒笹　ささ

簑 〔俗〕⇩ 蓑 サ みの

篝 〔俗〕⇩ 篝 コウ ふせご・かがり

簒 〔俗〕⇩ 簒 サン うばう

築 〔本〕⇩ 築・築 チク きずく

箬 〔同〕⇩ 藪 ソウ やぶ

〈米部〉

麁 〔俗〕⇩ 粗 ソ あらい

糖 〔同〕⇩ 糖・糖 トウ あめ

糒 〔同〕⇩ 糒 ビ ほしいい

糞 〔俗〕⇩ 糞 フン くそ

〈糸部〉

終 〔同〕⇩ 終・終 シュウ おわる・おえる

縲 〔同〕⇩ 累 ルイ

總 〔本〕⇩ 惣 ソウ

縧 〔同〕⇩ 絛 トウ さなだ

繈 〔同〕⇩ 襁 キョウ

緯 〔俗〕⇩ 緯・緯 イ よこいと

縮 〔本〕⇩ 縮 シュク ちぢむ

繃 〔俗〕⇩ 繃 ホウ

縷 〔俗〕⇩ 縷 ル いと

繫 〔俗〕⇩ 繫 ケイ つなぐ

繡 〔俗〕⇩ 繡 シュウ ぬいとり

繰 〔同〕⇩ 繰 ソウ くる

纂 〔俗〕⇩ 纂 サン あつめる

纔 〔俗〕⇩ 纔 サン わずか

〈缶・羊（⺶・⺷）部〉

罅 〔同〕⇩ 罅 カ ひび

羲 〔俗〕⇩ 羲 ギ

羹 〔俗〕⇩ 羹 コウ あつもの

〈羽（羽・⺕）部〉

酬 〔俗〕⇩ 酬 シュウ むくいる

翰 〔俗〕⇩ 翰 カン

翳 〔俗〕⇩ 翳 エイ おおう

翼 〔俗〕⇩ 翼・翼 ヨク つばさ

〈耳・肉・至部〉

聊 〔同〕⇩ 聊 リョウ いささか

膚 〔俗〕⇩ 膚 フ はだ

摯 〔俗〕⇩ 摯 シ つかむ

〈臼（臼）部〉

舊 〔俗〕⇩ 旧・舊 キュウ ふるい

〈舟部〉

舉 [俗] ⇒ 挙・擧　キョ　あげる

艉 [古] ⇒ 津　シン　つ

艚 [俗] ⇒ 造・造　ゾウ　つくる

〈虫部〉

螾 [同] ⇒ 蚓　イン　みみず

蠩 [同] ⇒ 蛆　ショ　うじ

蟰 [同] ⇒ 蜂　ホウ　はち

蠦 [同] ⇒ 蜂　ホウ　はち

蝮 [同] ⇒ 蝮　フク　まむし

蟒 [俗] ⇒ 蟒　ボウ　うわばみ

蟆 [同] ⇒ 蟇　マ　がま

蟇 [同] ⇒ 蟇　マ　がま

融 [俗] ⇒ 融　ユウ　とける・とかす

螝 [同] ⇒ 雖　スイ　いえども

〈衣部〉

製 [俗] ⇒ 掣　セイ　ひく

袋 [俗] ⇒ 装・装　ソウ・ショウ　よそおう

襃 [同] ⇒ 裔　エイ　すそ

襃 [本] ⇒ 褒・襃　ホウ　ほめる

襲 [俗] ⇒ 褻　セツ　ふだんぎ

〈見・角部〉

親 [俗] ⇒ 親　シン　おや・したしい

覯 [俗] ⇒ 覯　コウ　みる

覧 [俗] ⇒ 覧・覽　ラン　みる

觧 [俗] ⇒ 鰥　カン　やもお

〈言部〉

諰 [古] ⇒ 息　ソク　いき

謷 [同] ⇒ 速・速　ソク　はやい

謕 [古] ⇒ 啼　テイ　なく

譤 [同] ⇒ 訴　ソ　うったえる

謽 [同] ⇒ 訴　ソ　うったえる

誇 [俗] ⇒ 嘩・譁　カ　かまびすす

譁 [同] ⇒ 嘩・譁　カ　かまびすしい

謷 [俗] ⇒ 嘩・譁　カ　かまびすしい

謯 [同] ⇒ 嗟　サ　ああ

諓 [同] ⇒ 嗟　サ　ああ

謓 [同] ⇒ 嗔　シン　いかる

講 [同] ⇒ 媾　コウ

譭 [同] ⇒ 愧　キ　はじる

譽 [同] ⇒ 愧　キ　はじる

讙 [俗] ⇩ 讙・讙 コウ
譨 [同] ⇩ 謇 ケン
謹 [俗] ⇩ 謹・謹 キン つつしむ
譁 [俗] ⇩ 諱 イ いむ・いみな
糟 [俗] ⇩ 糟 ソウ かす
譆 [同] ⇩ 諦 テイ あきらめる
詔 [本] ⇩ 誑 キョウ たぶらかす
諂 [俗] ⇩ 詔 テン へつらう
譁 [同] ⇩ 歌 カ うた・うたう
讞 [同] ⇩ 詢 ジュン はかる・とう

龥 [俗] ⇩ 籠 ロウ
谺 [同] ⇩ 谿 カツ ひらける
磏 [同] ⇩ 隙 ゲキ ひま・すき
谿 [同] ⇩ 渓・溪 ケイ たに

〈谷部〉

譏 [俗] ⇩ 讒 ザン そしる
譖 [俗] ⇩ 讒 ザン そしる
護 [俗] ⇩ 護 ゴ まもる
謨 [同] ⇩ 謨 ボ はかる
講 [俗] ⇩ 講・講 コウ

蹏 [同] ⇩ 蹄 テイ ひづめ
蹋 [同] ⇩ 踏 トウ ふむ
蹹 [同] ⇩ 踏 トウ ふむ
踉 [同] ⇩ 腿 タイ もも

〈足(⻊)部〉

賣 [同] ⇩ 齎 セイ・サイ もたらす
贖 [同] ⇩ 贅 いぼ
贅 [古] ⇩ 贅 ゼイ いぼ
贅 [同] ⇩ 資・資 シ もと
賣 [本] ⇩ 売・賣 バイ・うる うれる

〈貝部〉

麟 [古] ⇩ 輦 レン てぐるま
轉 [俗] ⇩ 転・轉 テン ころがる
軆 [同] ⇩ 体・體 タイ・テイ からだ

〈身・車部〉

躙 [同] ⇩ 躙 リン ふむ
躊 [俗] ⇩ 躊 チュウ
蹳 [同] ⇩ 蹣 マン
蹤 [俗] ⇩ 踪 ショウ・ソウ あと
踏 [同] ⇩ 蹋 トウ ふむ
蹏 [同] ⇩ 蹄 テイ ひづめ

〈辵(辶・辶)部〉

韜　〔俗〕⇒　韜　トウ・つつむ

邊　〔俗〕⇒　辺・邊　ヘン・あたり・べ

遂　〔同〕⇒　笛　テキ・ふえ

遏　〔本〕⇒　道・道　ドウ・トウ・みち

遉　〔同〕⇒　遥・遥　ヨウ・はるか

邃　〔本〕⇒　穂・穂　スイ・ほ

遷　〔同〕⇒　遷・遷　セン・うつる

〈邑(阝)・酉部〉

鄗　〔同〕⇒　鄗　ギ・はなぎる

醋　〔同〕⇒　嗜　シ・たしなむ

醒　〔俗〕⇒　醒　セイ・さめる

醬　〔俗〕⇒　醬　ショウ

醬　〔俗〕⇒　醬　ショウ

〈里・金部〉

鼗　〔俗〕⇒　沓　トウ・くつ

鍼　〔本〕⇒　針　シン・はり

鑫　〔同〕⇒　証・證　ショウ・あかす・あかし

錀　〔同〕⇒　鉈　シャ・なた

鍌　〔同〕⇒　銑　セン・ずく

鋒　〔俗〕⇒　鋒　ホウ・ほこさき

鋣　〔同〕⇒　鋣　ヤ

鍿　〔本〕⇒　錙　シ

鏴　〔俗〕⇒　録・録　ロク・しるす

鍋　〔同〕⇒　鍋　カ・なべ

鍬　〔同〕⇒　鍬　シュウ・くわ・すき

鍛　〔俗〕⇒　鍛　タン・きたえる

鎚　〔俗〕⇒　鎚　ツイ・つち

鋼　〔俗〕⇒　鋼　はばき

鏟　〔俗〕⇒　鏟　サン

鏟　〔俗〕⇒　鏟　サン

鏓　〔俗〕⇒　鏓　ソウ

鍉　〔同〕⇒　鏑　テキ

鏤　〔俗〕⇒　鏤　ロウ・える・ほる

鋊　〔合〕⇒　金盇　きんれん

〈長部〉

鬆　〔古〕⇒　嵯　ああ

鬀　〔同〕⇒　髻　ケイ・もとどり

鬚　〔同〕⇒　髭　シ・ひげ

〈門部〉

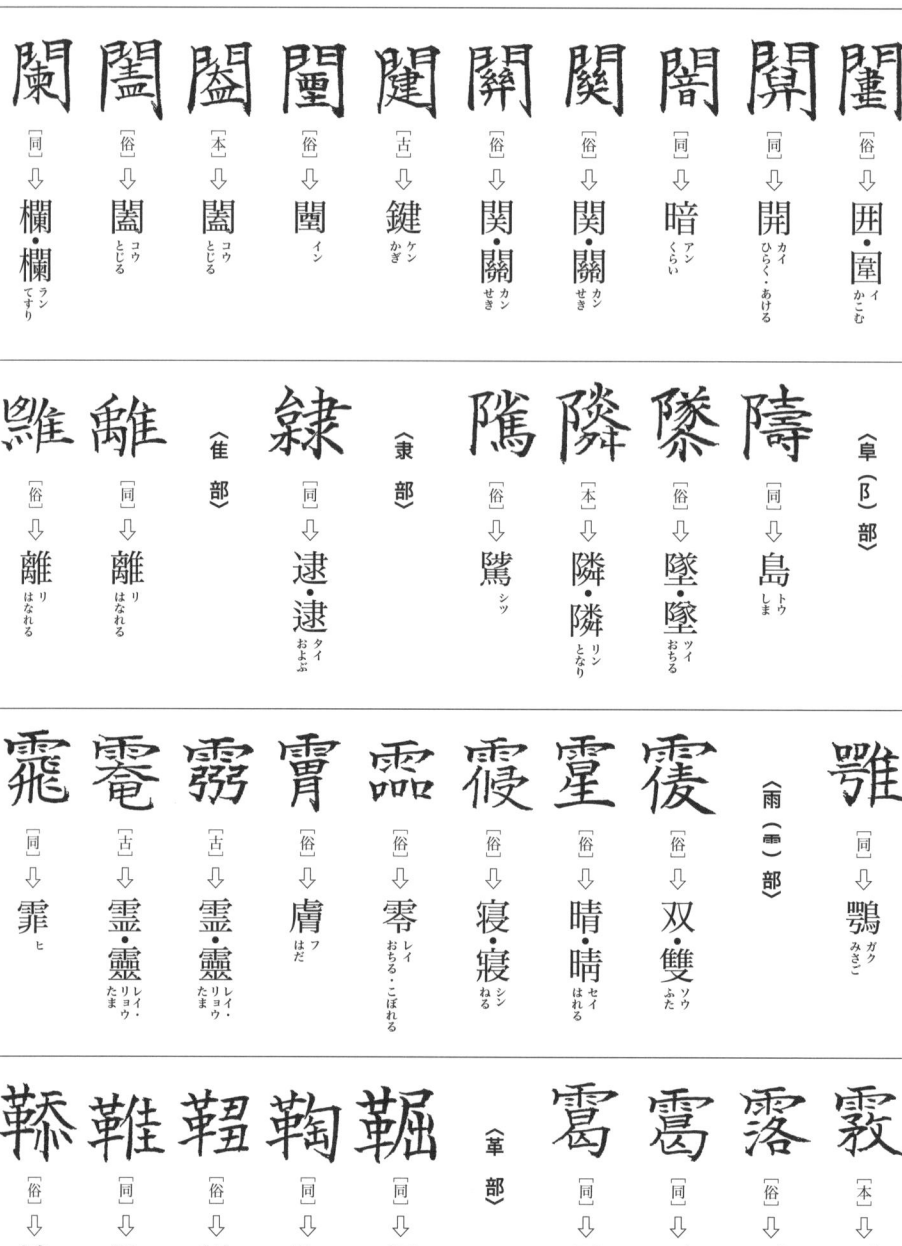

〈門部（続）〉

字	分類	→	正字	音訓
闈	[俗]	⇩	囲・圍	イ／かこむ
開	[同]	⇩	開	カイ／ひらく・あける
闇	[同]	⇩	暗	アン／くらい
関	[俗]	⇩	関・關	カン／せき
闗	[俗]	⇩	関・關	カン／せき
鍵	[古]	⇩	鍵	ケン／かぎ
闉	[俗]	⇩	闥	イン
閤	[本]	⇩	闔	コウ／とじる
闔	[俗]	⇩	闔	コウ／とじる
闌	[同]	⇩	欄・欄	ラン／てすり

〈阜（阝）部〉

字	分類	→	正字	音訓
隝	[同]	⇩	島	トウ／しま
隊	[俗]	⇩	墜・墜	ツイ／おちる
隣	[本]	⇩	隣・鄰	リン／となり
隲	[俗]	⇩	騭	シツ

〈隶部〉

字	分類	→	正字	音訓
隷	[同]	⇩	逮・逮	タイ／およぶ

〈隹部〉

字	分類	→	正字	音訓
離	[同]	⇩	離	リ／はなれる
雛	[俗]	⇩	離	リ／はなれる

〈雨（⻗）部〉

字	分類	→	正字	音訓
雖	[同]	⇩	鶚	ガク／みさご
覆	[俗]	⇩	双・雙	ソウ／ふた
霽	[俗]	⇩	晴・晴	セイ／はれる
霞	[俗]	⇩	寝・寢	シン／ねる
霝	[俗]	⇩	零	レイ／おちる・こぼれる
霄	[俗]	⇩	膚	フ／はだ
霧	[古]	⇩	霊・靈	レイ・リョウ／たま
電	[古]	⇩	霊・靈	レイ・リョウ／たま
霏	[同]	⇩	霏	ヒ

〈革部〉

字	分類	→	正字	音訓
霭	[本]	⇩	霧	ム／きり
露	[俗]	⇩	露	ロ／つゆ
霳	[同]	⇩	靄	アイ／もや
靄	[同]	⇩	靄	アイ／もや
鞇	[同]	⇩	倔	クツ
鞀	[同]	⇩	陶	トウ／すえ
鞦	[俗]	⇩	皺	シュウ／しわ
鞋	[同]	⇩	鞋	アイ／くつ
鞳	[俗]	⇩	撻	タツ／むちうつ

〈韋（韋）部〉

鞟〔俗〕⇒鞹 カク

鞘〔同〕⇒鞘 さや　ショウ

〈頁部〉

穎〔俗〕⇒悴 スイ　やつれる
頴〔同〕⇒瘁 スイ　つかれる
顙〔俗〕⇒頤 イ　あご・おとがい
頼〔俗〕⇒頤　ライ　たのむ　頼・頼
額〔同〕⇒嶺 レイ　みね
額〔同〕⇒題 ダイ　ひたい

〈風部〉

顠〔俗〕⇒願 ガン　ねがう
蠆〔古〕⇒風 フウ　かぜ
飈〔俗〕⇒飆 ヒョウ　つむじかぜ
颮〔同〕⇒魖 チ　すだま

〈食（倉・食）部〉

餚〔同〕⇒肴 コウ　さかな
饒〔同〕⇒飢・飢 キ　うえる
餝〔同〕⇒飾・飾 ショク　かざる
蝕〔本〕⇒蝕 ショク　むしばむ

〈馬・骨部〉

騮〔本〕⇒騮 リュウ
骸〔同〕⇒腿 タイ　もも
骸〔俗〕⇒腿 タイ　もも
骼〔同〕⇒頷 ガン　あご・うなずく

饒〔同〕⇒饑 キ　うえる
餶〔同〕⇒糒 ビ　ほしいい
餉〔同〕⇒餉 ショウ　かれい
餝〔同〕⇒錺 かざり
鍮〔同〕⇒蝕 ショク　むしばむ

〈高部〉

髀〔同〕⇒髀 ヒ　もも

臺〔俗〕⇒台・臺 ダイ・タイ　うてな
郭〔本〕⇒郭 カク　くるわ
豪〔古〕⇒豪 ゴウ　やまあらし

〈髟部〉

髠〔同〕⇒剃 テイ　そる
鬘〔同〕⇒鬘 マン　かずら
鬢〔俗〕⇒鬢 ビン

〈門・高・鬼・魚部〉

〈鳥部〉

親字	区分	→	正字	読み
闤	[俗]	↓	闘・鬪	トウ・たたかう
餔	[俗]	↓	釜	フ・かま
魆	[同]	↓	魅	ミ・いる
鮧	[同]	↓	鮎	デン・なまず
鮍	[同]	↓	鮎	あゆ
鮂	[同]	↓	鯒	こち
鮖	[同]	↓	鮖	わかさぎ
鰲	[同]	↓	鱒	セイ・えつ
鯗	[俗]	↓	鱶	ショウ・ふか

親字	区分	→	正字	読み
倃	[同]	↓	旧・舊	キュウ・ふるい
鵂	[同]	↓	梟	キョウ・ふくろう
鵰	[俗]	↓	鳩	キュウ・はと
鷙	[同]	↓	鳶	エン・とび・とんび
鶒	[同]	↓	鴉	ア・からす
鶎	[同]	↓	鴟	シ・とび
鴬	[同]	↓	鴟	シ・とび
鴲	[同]	↓	鴟	シ・しめ
鴶	[同]	↓	鴴	ちどり
鵭	[同]	↓	鴇	とき

〈黍部〉

親字	区分	→	正字	読み
麿	[合]	↓	麻呂	まろ
麹	[同]	↓	麹	キク・こうじ
麴	[同]	↓	麹	キク・こうじ
麚	[同]	↓	麌	ホウ・おおしか

〈鹿・麥(麦)・麻(麻)部〉

親字	区分	→	正字	読み
鮥	[同]	↓	鷺	ロ・さぎ
鷀	[同]	↓	鵜	テイ・う
鷁	[俗]	↓	鵑	ケン
翳	[同]	↓	雛	スウ・ひな

〈鼓・齊(斉)・齒(歯)部〉

親字	区分	→	正字	読み
齟	[俗]	↓	齟	ソ・かむ
齎	[同]	↓	粂	くめ
齹	[同]	↓	鼓	コ・つづみ
黐	[同]	↓	糊	コ・のり
黏	[同]	↓	糊	コ・のり
黍	[古]	↓	香	コウ・か・かおり

十八画

〈ノ・乙(乚)部〉

辡 [俗]⇒ 瓣・辯 わきまえる ベン

鞞 [俗]⇒ 弁・辨 わきまえる ベン

亂 [俗]⇒ 乱・亂 みだれる ラン

龜 [俗]⇒ 亀・龜 かめ キ

龜 [俗]⇒ 亀・龜 かめ キ

〈ニ・亠 部〉

嚞 [古]⇒ 商・商 あきなう ショウ

齎 [俗]⇒ 済・濟 すます サイ

贏 [同]⇒ 裸 はだか ラ

〈人(イ・ハ・几) 部〉

竆 [俗]⇒ 奮 ふるう フン

億 [本]⇒ 億 おしはかる オク

尵 [俗]⇒ 㦬 カン

〈八(ハ) 部〉

兢 [古]⇒ 兢 つつしむ キョウ

〈匚・乚・匸・厂 部〉

毉 [同]⇒ 医・醫 いやす イ

〈冂・几・力 部〉

爨 [古]⇒ 子 こ シ

劵 [古]⇒ 労・勞 つかれる ロウ

寵 [俗]⇒ 寵 チョウ

藩 [俗]⇒ 藩 まがき ハン

藤 [俗]⇒ 藤・藤 ふじ トウ

蘊 [俗]⇒ 蘊 つむ ウン

藝 [俗]⇒ 芸・藝 わざ ゲイ

〈口 部〉

嚮 [同]⇒ 向 むく コウ

嘷 [同]⇒ 咆 ほえる ホウ

囍 [俗]⇒ 哲 あきらか テツ

嚞 [俗]⇒ 哲 あきらか テツ

嚾 [俗]⇒ 喚 わめく カン

嚘 [俗]⇒ 嗟 ああ サ

嚔 [古]⇒ 嘆・嘆 なげく タン

讀 [同]⇒ 読・讀 よむ ドク・トク・トウ

嚴 [俗]⇒ 厳・嚴 きびしい ゲン・ゴン

噦 [同]⇩ 噦 ゲイ うわごと

嚭 [同]⇩ 懿 イ うるわしい

〈土 部〉

坿 [同]⇩ 坿・壘 ルイ とりで

壗 [同]⇩ 廛 テン みせ

壢 [俗]⇩ 墾 コン たがやす

〈夂・夊・大・宀 部〉

夏 [古]⇩ 夏・夏 カ・ゲ なつ

奧 [本]⇩ 塞 サイ・ソク ふさぐ

竊 [俗]⇩ 窃・竊 セツ ぬすむ

〈尸 部〉

臂 [俗]⇩ 臂 ヒ うで・ひじ

壁 [同]⇩ 璧 ヘキ たま

壁 [俗]⇩ 譬 ヒ たとえる

〈山・巾 部〉

嶹 [俗]⇩ 巍 ギ たかい

幜 [俗]⇩ 幞 ボク

〈广・弓 部〉

廩 [俗]⇩ 廩 リン くら

蹙 [同]⇩ 蹶 ケツ つまずく

彌 [俗]⇩ 弥・彌 ビ ひさしい

〈彳 部〉

衝 [同]⇩ 衝 ショウ つく

優 [俗]⇩ 優 ユウ やさしい

覆 [俗]⇩ 覆・覆 フク くつがえす

〈忄 部〉

懤 [同]⇩ 悟 ゴ さとる

㦦 [俗]⇩ 楽・樂 ガク・ラク たのしい

懞 [俗]⇩ 懞 ボウ おろか

懺 [俗]⇩ 懺 ザン くいる

〈扌 部〉

攃 [俗]⇩ 拝・拜 ハイ おがむ

攈 [同]⇩ 揮 キ ふるう

攜 [本]⇩ 携 ケイ たずさわる

攝 [同]⇩ 摘 テキ つむ

撤 [本]⇩ 摽 ヒョウ うつ

撰 [俗]⇩ 概・概 ガイ おおむね

撦 [同]⇩ 撒 サン まく

攟 [俗]⇩ 摩・摩 マ さする

澤　灂　〈氵部〉　擥　攢　撲　擿　擶　擅　攠
〔俗〕　〔同〕　　　〔同〕　〔俗〕　〔同〕　〔同〕　〔俗〕　〔俗〕　〔俗〕
⇩　⇩　　　⇩　⇩　⇩　⇩　⇩　⇩　⇩
沢・澤　汁　　　攬　攢　攀　擲　擶　擅　摩・摩
さわ タク　しる ジュウ　　　とる ラン　あつまる サン　よじる ハン　なげうつ テキ　セン　ほしいまま セン　さする マ

灌　瀹　瀦　瀆　瀄　瀯　濱　瀕　瀄　瀶
〔俗〕　〔同〕　〔俗〕　〔俗〕　〔同〕　〔同〕　〔俗〕　〔俗〕　〔俗〕　〔本〕
⇩　⇩　⇩　⇩　⇩　⇩　⇩　⇩　⇩　⇩
灌　瀰　瀦　瀆　測　滋・滋　浜・濱　浜・濱　浄・浄　乳・乳
そそぐ カン　ひろい ビ　チョ　みぞ トク　はかる ソク　しげる ジ　はま ヒン　はま ヒン　きよい ジョウ　ちち ニュウ

蔟　蘢　蘭　薶　獷　〈犭・艸(艹)部〉　澎　漱　瀳　灑
〔同〕　〔俗〕　〔同〕　〔古〕　〔俗〕　　　〔同〕　〔俗〕　〔俗〕　〔俗〕
⇩　⇩　⇩　⇩　⇩　　　⇩　⇩　⇩　⇩
榛　竜・龍　莨　埋　猟・獵　　　瀬　灘　攢　灑
はしばみ シン　たつ リュウ　ちからぐさ ロウ　うめる マイ　かり リョウ　　　せ コウ　なだ タン　サン　そそぐ サイ

藻　蘓　藷　薯　薉　蕞　薔　藁　薣　蔽
〔同〕　〔俗〕　〔俗〕　〔同〕　〔同〕　〔俗〕　〔同〕　〔同〕　〔同〕　〔俗〕
⇩　⇩　⇩　⇩　⇩　⇩　⇩　⇩　⇩　⇩
藻　蘇　藷　藷　穢　叢　薑　稿　蔽　幣・幣
も ソウ　よみがえる ソ　いも ショ　いも ショ　けがれる ワイ　むらがる ソウ　みょうが キョウ　わら コウ　おおう ヘイ　ぬさ ヘイ

藻 〔俗〕⇩ 藻 も（ソウ）

籍 〔俗〕⇩ 籍・籍 ふみ（セキ）

麈 〔俗〕⇩ 麤 あらい（ソ）

〈心（忄）部〉

隊 〔同〕⇩ 墜・墜 おちる（ツイ）

愿 〔同〕⇩ 閲・閲 けみする（エツ）

憑 〔同〕⇩ 瞞 だます（マン）

懲 〔俗〕⇩ 懲・懲 こりる（チョウ）

〈支・攴（攵）部〉

皷 〔同〕⇩ 鼓 つづみ（コ）

攽 〔古〕⇩ 敗 やぶれる（ハイ）

敗 〔古〕⇩ 敗 やぶれる（ハイ）

敬 〔俗〕⇩ 敬 うやまう（ケイ）

〈文・斤・方部〉

辡 〔同〕⇩ 斑 まだら（ハン）

䞡 〔古〕⇩ 貸 かす（タイ）

旚 〔同〕⇩ 幟 のぼり（シ）

〈日・曰部〉

嚞 〔同〕⇩ 舎・舎 いえ・や（シャ）

曼 〔本〕⇩ 畳・疊 たたみ（ジョウ）

暴 〔本〕⇩ 暴 あばく・あばれる（ボウ）

暴 〔本〕⇩ 暴 あばく・あばれる（ボウ）

〈月（月）部〉

膡 〔同〕⇩ 肋 あばら（ロク）

膳 〔本〕⇩ 膳 ぜん（ゼン）

〈木部〉

樏 〔同〕⇩ 柝 たく（タク）

榍 〔古〕⇩ 核 さね（カク）

楳 〔古〕⇩ 梅・梅 うめ（バイ）

櫨 〔同〕⇩ 虚・虚 むなしい（キョ・コ）

棋 〔同〕⇩ 棋 き（キ）

榛 〔同〕⇩ 椿 つばき（チン）

櫄 〔同〕⇩ 凳 とう（トウ）

橙 〔俗〕⇩ 権・權 はかる（ケン・ゴン）

權 〔同〕⇩ 橇 しきみ（ミツ）

檵 〔俗〕⇩ 薬・藥 くすり（ヤク）

藥 〔古〕⇩ 檣 ほばしら（ショウ）

橋 〔俗〕⇩ 檣 ほばしら（ショウ）

檣 〔同〕⇩ 觴 さかづき（ショウ）

鴬

〈火・止 部〉

攀　[俗]⇒攀　ハン　よじる

櫑　[合]⇒木綿　もめん

〈欠・止 部〉

歎　[俗]⇒歎　タン　なげく

鍊　[同]⇒帰・歸　キ　かえる

〈殳 部〉

毅　[本]⇒毅　キ　つよい

叡　[俗]⇒叡　エイ　あきらか

〈火 部〉

爌　[同]⇒晃　コウ　あきらか

〈灬 部〉

燿　[本]⇒耀・耀　ヨウ　かがやく

燁　[俗]⇒燁　ヨウ

燿　[同]⇒曜・曜　ヨウ　かがやく

燐　[同]⇒燐　リン

爇　[同]⇒熾　シ　さかん

爀　[同]⇒赫　カク　あかい

燻　[俗]⇒熏　クン　いぶす

熒　[俗]⇒堅　ケン　かたい

奭　[本]⇒票　ヒョウ

〈玉（王）・田 部〉

譒　[同]⇒翻・翻　ホン　ひるがえる

瓊　[俗]⇒瓊　ケイ　たま

璿　[同]⇒璇　セン

璞　[本]⇒瑣　サ

獻　[俗]⇒献・獻　ケン・コン　たてまつる

牆　[俗]⇒牆　ショウ　かき

〈爿（丬）・犬 部〉

獮　[俗]⇒熊　ユウ　くま

優　[同]⇒偃　エン　ふす

〈目 部〉

瞰　[同]⇒皎　コウ　しろい

皐　[古]⇒星　セイ・ショウ　ほし

〈白 部〉

癰　[同]⇒癰　ヨウ

癒　[同]⇒癒・癒　ユ　いえる・いやす

瘍　[俗]⇒凜　リン　きびしい

癘　[同]⇒瘍　ヨウ　できもの

癘　[同]⇒雁　ガン　かり

〈疒 部〉

〈石部〉

碙 [同] ⇒ 険・険（ケン／けわしい）
碇 [俗] ⇒ 碇（テイ／いかり）
曖 [俗] ⇒ 曖（アイ／かげる）
瞠 [同] ⇒ 瞠（ドウ／みはる）
瞢 [同] ⇒ 瞢（ボウ／くらい）
瞬 [同] ⇒ 睥（ヘイ）
畳 [俗] ⇒ 畳・疊（ジョウ／たたむ・たたみ）

磯 [同] ⇒ 磁・磁（ジ）
礰 [同] ⇒ 墜・墜（ツイ／おちる）

〈示（礻）部〉

禮 [同] ⇒ 禰（デイ・ネ）
禮 [同] ⇒ 禅・禅（ゼン／ゆずる）
禒 [同] ⇒ 禄・禄（ロク）
響 [同] ⇒ 響・響（キョウ／ひびく）
礫 [俗] ⇒ 礫（レキ／こいし）
礒 [同] ⇒ 磯（キ／いそ）

〈禾部〉

穟 [同] ⇒ 穂・穂（スイ／ほ）
積 [本] ⇒ 積（セキ／つむ）

〈立部〉

鞞 [俗] ⇒ 弁・辨・瓣・辯（ベン／わきまえる）

露 [俗] ⇒ 露（ロ／つゆ）
竈 [同] ⇒ 竈（ソウ／かまど）
竀 [同] ⇒ 鼬（ユウ／いたち）
竄 [俗] ⇒ 竄（ザン／かくれる）

〈穴部〉

替 [同] ⇒ 穡（ショク）
穰 [俗] ⇒ 穣・穣（ジョウ／ゆたか）

〈竹部〉

籏 [俗] ⇒ 席（セキ／むしろ）
篗 [俗] ⇒ 席（セキ／むしろ）

禧 [同] ⇒ 襁（キョウ）
襤 [同] ⇒ 褐・褐（カツ／ぬのこ）
褐 [同] ⇒ 褐・褐（カツ／ぬのこ）
襟 [同] ⇒ 衿（キン／えり）

〈礻部〉

韹 [同] ⇒ 聾（ロウ）
童 [同] ⇒ 童（ドウ／わらべ）

〔尸・虫 部〕

蠨	蠅	蟦	融	蝶	蟄	龜	戲	臧
〔同〕⇩ 蠨 ゼン	〔俗〕⇩ 蠅 ヨウ はえ	〔俗〕⇩ 蟦 ヒ	〔俗〕⇩ 融 ユウ とける・とかす	〔俗〕⇩ 蝶 チョウ	〔俗〕⇩ 斯 シ この	〔同〕⇩ 亀・龜 キ かめ	〔俗〕⇩ 戯 キ かける	〔同〕⇩ 楫 シュウ かじ

〔衣 部〕

譽	讔	謫	讂	譁	襄	褊
〔同〕⇩ 嗟 サ ああ	〔同〕⇩ 詛 ソ のろう	〔同〕⇩ 商・商 ショウ あきなう	〔古〕⇩ 速・速 ソク はやい	〔同〕⇩ 呼 コ よぶ	〔同〕⇩ 傀 カイ くぐつ	〔同〕⇩ 袂 ベイ たもと

蠣 〔同〕⇩ 蠣 レイ かき 〔言 部〕

〔貝 部〕

譜	調	譓	謬	謬	諛	讇	諦	讀
〔本〕⇩ 譜 フ	〔俗〕⇩ 譎 ケツ いつわる	〔同〕⇩ 謾 マン あざむく	〔俗〕⇩ 謬 ビュウ あやまる	〔俗〕⇩ 謬 ビュウ あやまる	〔同〕⇩ 警 ゴウ そしる	〔同〕⇩ 謙・謙 ケン へりくだる	〔同〕⇩ 諦 テイ あきらめる	〔同〕⇩ 嘖 サク さけぶ

譽 〔俗〕⇩ 嗟 サ ああ

〔足・疋 部〕

贓	賦	賞	賣	譏	譛	讓	競
〔古〕⇩ 贅 ゼイ いぼ	〔同〕⇩ 賦 フ ぶやく	〔本〕⇩ 売・賣 バイ うる・うれる	〔本〕⇩ 売・賣 バイ うる・うれる	〔俗〕⇩ 讒 ザン そしる	〔同〕⇩ 譖 セン	〔俗〕⇩ 譲・譲 ジョウ ゆずる	〔同〕⇩ 競 キョウ・ケイ きそう・せる

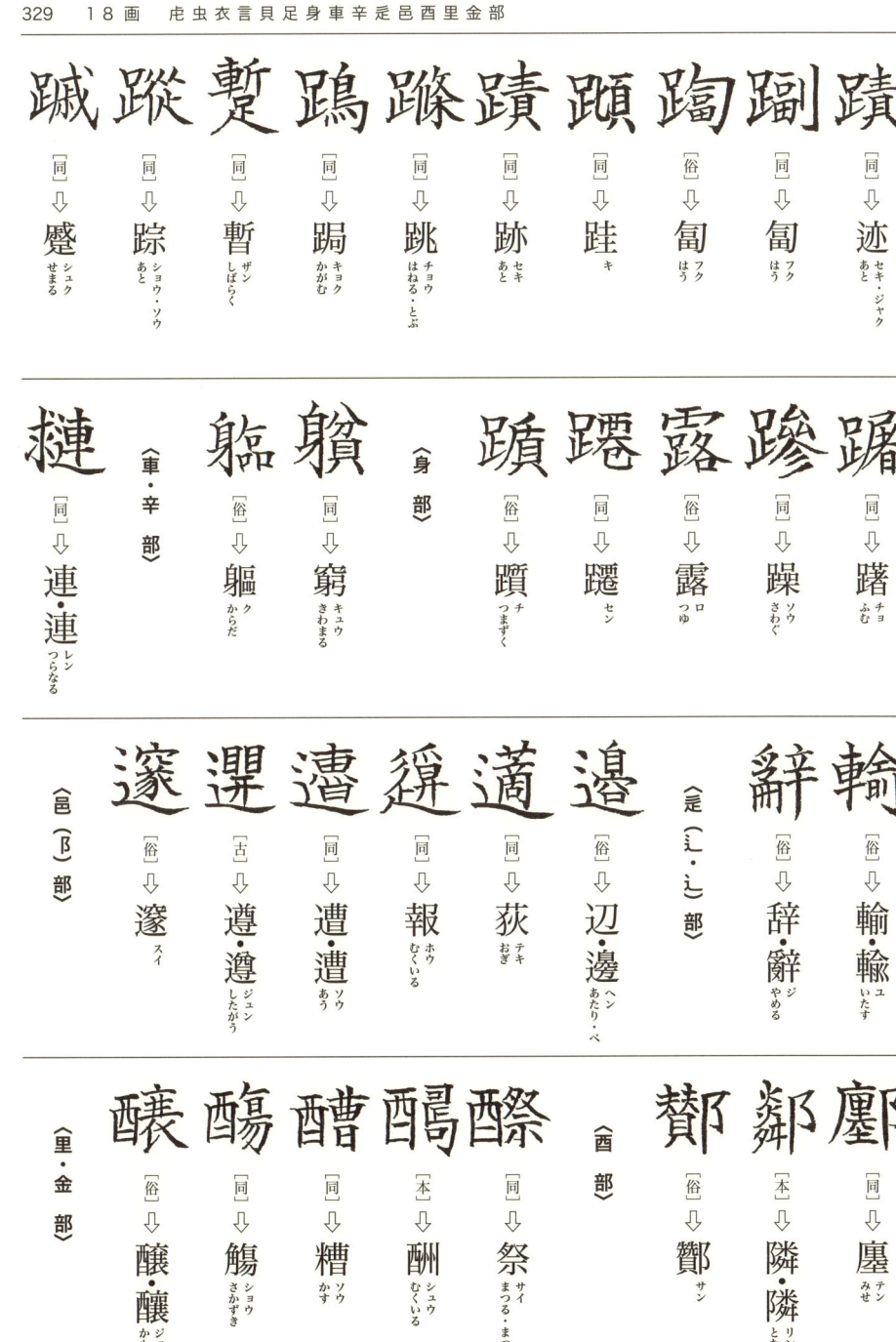

蹟　〔同〕⇩　迹　セキ・ジャク　あと

蹈　〔俗〕⇩　匐　フク　はう

蹋　〔同〕⇩　匐　フク　はう

蹞　〔同〕⇩　趌　キ

蹟　〔同〕⇩　跡　セキ　あと

蹡　〔同〕⇩　跳　チョウ　はねる・とぶ

蹠　〔同〕⇩　跼　キョク　かがむ

鷊　〔同〕⇩　暫　ザン　しばらく

蹤　〔同〕⇩　踪　ショウ・ソウ　あと

蹴　〔同〕⇩　蹙　シュク　せまる

躇　〔同〕⇩　蹰　チョ　ふむ

蹂　〔同〕⇩　躁　ソウ　さわぐ

露　〔俗〕⇩　露　ロ　つゆ

躚　〔同〕⇩　躚　セン

躓　〔俗〕⇩　躓　チ　つまずく

〈身部〉

軀　〔同〕⇩　窮　キュウ　きわまる

軀　〔俗〕⇩　軀　ク　からだ

〈車・辛部〉

遳　〔同〕⇩　連・連　レン　つらなる

〈邑(阝)部〉

邃　〔俗〕⇩　邃　スイ

選　〔古〕⇩　遵・遵　ジュン　したがう

遭　〔同〕⇩　遭・遭　ソウ　あう

避　〔同〕⇩　報　ホウ　むくいる

適　〔同〕⇩　荻　テキ　おぎ

邊　〔俗〕⇩　辺・邊　ヘン　あたり・べ

〈辵(辶・辶)部〉

辭　〔俗〕⇩　辞・辭　ジ　やめる

輸　〔俗〕⇩　輸・輸　ユ　いたす

〈里・金部〉

釀　〔俗〕⇩　醸・醸　ジョウ　かもす

醠　〔同〕⇩　觴　ショウ　さかずき

醥　〔同〕⇩　糟　ソウ　かす

醱　〔本〕⇩　酬　シュウ　むくいる

醱　〔同〕⇩　祭　サイ　まつる・まつり

〈酉部〉

酇　〔俗〕⇩　酇　サン

鄰　〔本〕⇩　隣・隣　リン　となり

廛　〔同〕⇩　塵　テン　みせ

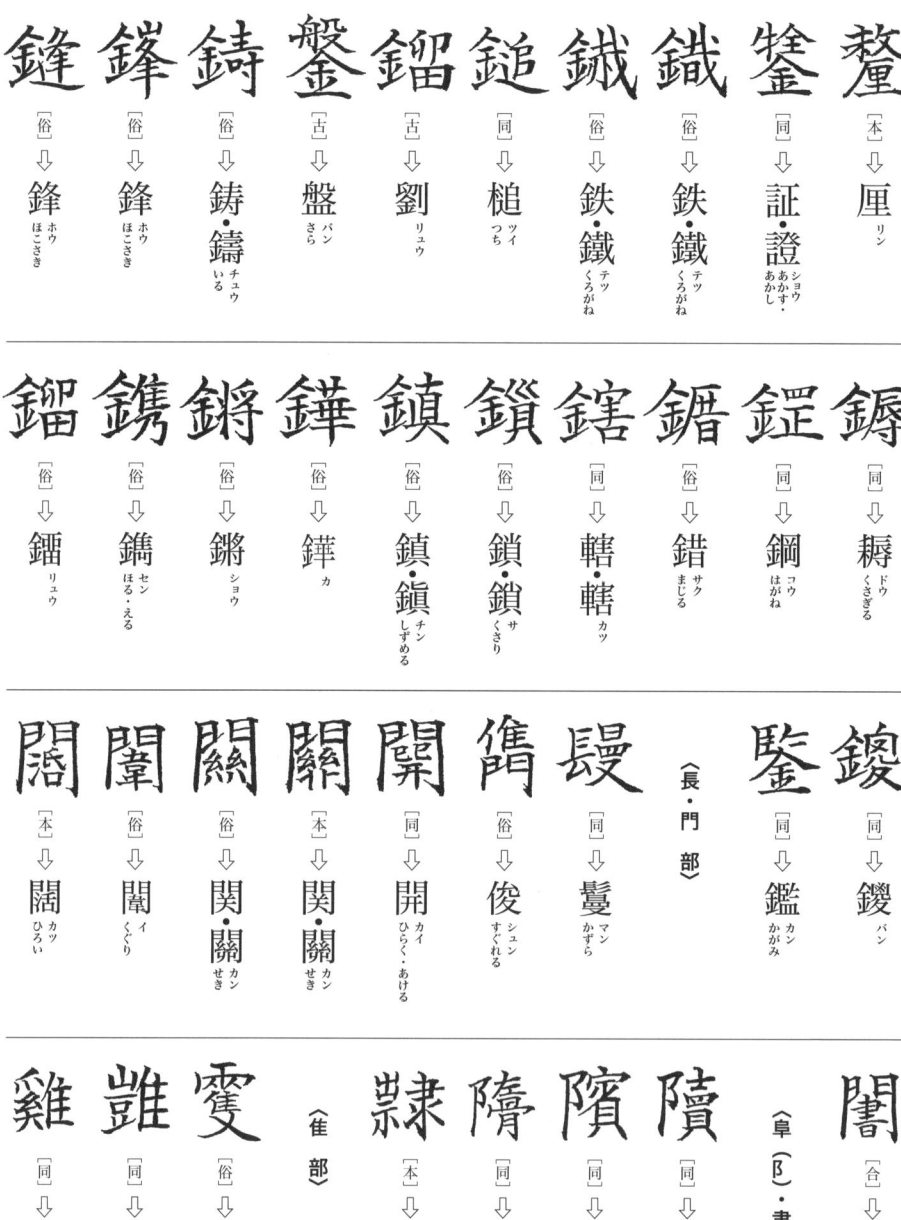

釐 〔本〕⇩ 厘 リン

鑒 〔本〕⇩ 証・證 ショウ あかす・あかし

鐵 〔同〕⇩ 鉄・鐵 テツ くろがね

鐵 〔俗〕⇩ 鉄・鐵 テツ くろがね

鎚 〔同〕⇩ 槌 ツイ つち

鎦 〔古〕⇩ 劉 リュウ

鎜 〔古〕⇩ 盤 バン さら

鑄 〔俗〕⇩ 鋳・鑄 チュウ いる

鏻 〔俗〕⇩ 鋒 ホウ ほこさき

鏻 〔俗〕⇩ 鋒 ホウ ほこさき

鎦 〔俗〕⇩ 鎦 リュウ

鑴 〔俗〕⇩ 鑴 セン ほる・える

鏘 〔俗〕⇩ 鏘 ショウ

鏵 〔俗〕⇩ 鏵 カ

鎮 〔俗〕⇩ 鎮・鎭 チン しずめる

鎖 〔俗〕⇩ 鎖・鎖 サ くさり

鐯 〔同〕⇩ 轄・轄 カツ

鐯 〔俗〕⇩ 錯 サク まじる

鋞 〔同〕⇩ 鋼 コウ はがね

鑄 〔同〕⇩ 耨 ドウ くさぎる

闊 〔本〕⇩ 闊 カツ ひろい

闈 〔俗〕⇩ 闈 イ くぐり

關 〔俗〕⇩ 関・關 カン せき

關 〔本〕⇩ 関・關 カン せき

闓 〔同〕⇩ 開 カイ ひらく・あける

雋 〔俗〕⇩ 俊 シュン すぐれる

縵 〔同〕⇩ 鬘 マン かずら

〈長・門 部〉

鑒 〔同〕⇩ 鑑 カン かがみ

鑁 〔同〕⇩ 鑁 バン

雞 〔同〕⇩ 鶏・鷄 ケイ にわとり

難 〔同〕⇩ 難・難 ナン かたい

靊 〔俗〕⇩ 双・雙 ソウ ふた

〈隹 部〉

隸 〔本〕⇩ 隷・隸 レイ

隋 〔同〕⇩ 髄・髓 ズイ

隤 〔同〕⇩ 瀬 ヒン

隫 〔同〕⇩ 瀆 トク みぞ

〈阜（阝）・隶 部〉

闇 〔合〕⇩ 聞書 ききがき

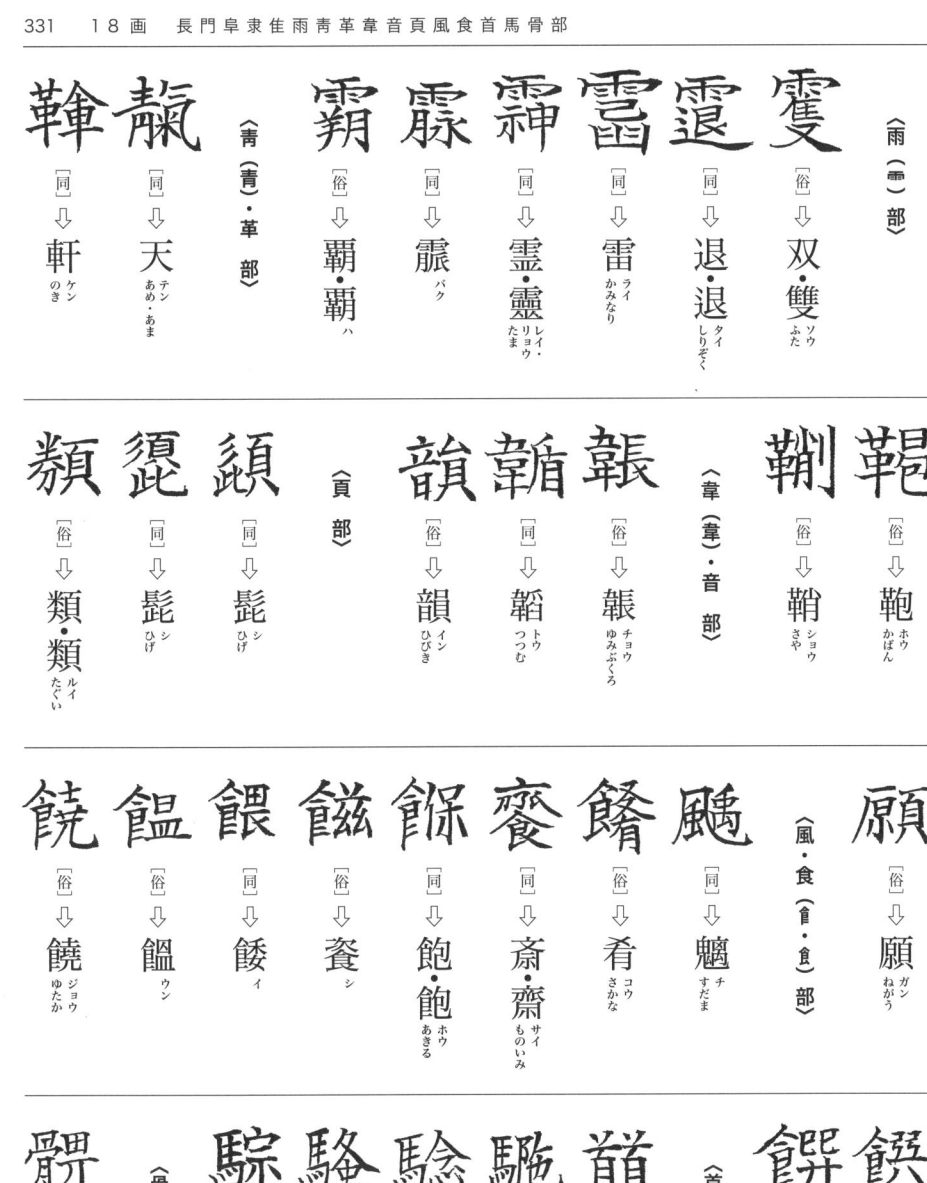

〈高・髟 部〉

髀〔俗〕⇒髀　ヒ／もも

稾〔同〕⇒豪　ゴウ／やまあらし

髹〔同〕⇒肆　シ／ほしいまま

〈門 部〉

闇〔古〕⇒琴　キン／こと

閹〔同〕⇒闔　コウ／とき

〈髟・鬼 部〉

灤〔同〕⇒沸　フツ／わく・わかす

黿〔同〕⇒魎　リョウ

〈魚 部〉

蒐〔同〕⇒麓　ロク／ふもと

鯒〔同〕⇒鮋　こち

鯁〔同〕⇒鯰　なまず

鮹〔同〕⇒鮒　こち

鯋〔同〕⇒鯊　はぜ／サ

紗〔同〕⇒鯊　サ

鮦〔同〕⇒鮋　こち

〈鳥 部〉

鰹〔俗〕⇒鰹　ケン／かつお

鯑〔古〕⇒雉　チ／きじ

〈鹿・麥（麦）部〉

貒〔同〕⇒雉　チ／きじ

䳢〔同〕⇒鴨　オウ／かも

鮠〔同〕⇒鴨　オウ／かも

鼉〔同〕⇒鵞　ガ／がちょう

鱻〔同〕⇒鵞　ガ／がちょう

鰔〔同〕⇒鵞　ガ／がちょう

鶖〔同〕⇒鵜　テイ／う

鯑〔同〕⇒鵜　う

麀〔俗〕⇒鹿　ロク／しか

麐〔同〕⇒麏　キン／のろ・くじか

〈龜（亀）・黍 部〉

麗〔同〕⇒麟・麐　リン

麞〔同〕⇒麟・麐　リン

麬〔同〕⇒麩　フ／ふすま

麪〔同〕⇒麩　フ／ふすま

麰〔同〕⇒麩　フ／ふすま

龜〔古〕⇒亀・龜　キ／かめ

香〔同〕⇒香　コウ／か・かおり

〈鼠・齒（歯）部〉

鼦〔同〕⇒貂　チョウ／てん

齧〔俗〕⇒齧　ゲツ／かむ・かじる

十九画

〔一部〕

嚻　〔俗〕⇩　囂　かまびすしい　ゴウ

囊　〔俗〕⇩　囊　ふくろ　ノウ

囊　〔俗〕⇩　囊　ふくろ　ノウ

〔乙（乚）部〕

龜　〔俗〕⇩　亀・龜　かめ　キ

龜　〔俗〕⇩　亀・龜　かめ　キ

〔亠部〕

齋　〔俗〕⇩　斉・齊　ひとしい　セイ・サイ

齎　〔俗〕⇩　斉・齊　ひとしい　セイ・サイ

饕　〔古〕⇩　商・商　あきなう　ショウ

蠻　〔俗〕⇩　蛮・蠻　バン

羸　〔同〕⇩　豪　やまあらし　ゴウ

羸　〔俗〕⇩　贏　つかれる　ルイ

〔人（イ・𠆢）・八（丷）部〕

儼　〔俗〕⇩　儼　おごそか　ゲン

蘇　〔俗〕⇩　蘇　よみがえる　ソ

藻　〔俗〕⇩　藻　も　ソウ

〔刂部〕

劓　〔古〕⇩　剔　えぐる　テキ・テイ

劇　〔同〕⇩　靡　なびく　ビ

〔匚・匸・又部〕

竪　〔俗〕⇩　医・醫　いやす　イ

雞　〔同〕⇩　椹　きわら　チン

〔口部〕

孿　〔古〕⇩　子　こ　シ

鬺　〔古〕⇩　唐・唐　から　トウ

囇　〔同〕⇩　啖　くらう　タン

骼　〔同〕⇩　歌　うた・うたう　カ

獸　〔俗〕⇩　獣・獸　けもの　ジュウ

巌　〔同〕⇩　厳・嚴　きびしい　ゲン・ゴン

巖　〔俗〕⇩　厳・嚴　きびしい　ゲン・ゴン

嚮　〔俗〕⇩　嚮　むかう　キョウ

頻　〔同〕⇩　顰　しかめる　ヒン

〔土・夂・攵部〕

塴　〔俗〕⇩　櫓　のき　エン

夔　〔同〕⇩　夔　キ

〈女部〉

嬢 [同]⇒嫋 ジョウ たおやか

孏 [俗]⇒嬴 エイ あまる

嬴 [俗]⇒嬴 エイ あまる

嬢 [俗]⇒嬢・嬢 ジョウ むすめ

嬾 [同]⇒懶 ラン おこたる

〈子・宀部〉

孼 [俗]⇒孼 ゲツ ひこばえ

寳 [俗]⇒宝・寶 ホウ たから

寶 [俗]⇒宝・寶 ホウ たから

寠 [俗]⇒寒・寒 カン さむい

窒 [同]⇒蜜 ミツ

窺 [同]⇒親 シン おや・したしい

鞫 [同]⇒鞠 キク まり・けまり

寵 [俗]⇒寵 チョウ

〈寸・尸部〉

鐏 [同]⇒尊・尊 ソン たっとい・とうとい

廬 [俗]⇒廬 ロ いおり

《巛(川)・巾部》

噡 [同]⇒頤 イ あご・おとがい

傾 [合]⇒頭巾 ずきん

〈广部〉

麻 [古]⇒廉・廉 レン いさぎよい

廬 [俗]⇒廬 ロ いおり

〈彳部〉

衛 [同]⇒衝 ショウ つく

徹 [同]⇒導・導 ドウ みちびく

〈忄部〉

悼 [古]⇒惇 トン あつい

憒 [俗]⇒憤・憤 フン いきどおる

憶 [本]⇒憶 オク おもう

懶 [俗]⇒懶 ラン おこたる

〈扌部〉

攀 [俗]⇒拝・拝 ハイ おがむ

挀 [本]⇒挀 クン ひろう

攘 [俗]⇒携 ケイ たずさわる

搔 [同]⇒掻 ソウ かく

撫 [同]⇒撫 ブ なでる

撲 [同]⇒撲 ボク うつ・ぶつ

壊 [同]⇒壊・壊 カイ こわす

潛　[同]⇒潜・潜　セン　ひそむ・もぐる

滴　[同]⇒滴　テキ　しずく・したたる

瀧　[同]⇒滝・瀧　ロウ　たき

瀅　[同]⇒湿・濕　シツ　しめる

濕　[本]⇒湿・濕　シツ　しめる

渟　[本]⇒淳　ジュン　あつい

瀞　[同]⇒浄・淨　ジョウ　きよい

〈氵 部〉

撑　[同]⇒攪　コウ・カク　みだす

攅　[同]⇒篹　サン　うばう

薆　[同]⇒萱　ケン　かや

薏　[同]⇒萱　ケン　かや

薝　[同]⇒苕　タン

蘜　[同]⇒菊　キク

蕲　[同]⇒芹　キン　せり

舊　[俗]⇒旧・舊　キュウ　ふるい

〈艸（艹）部〉

瀧　[俗]⇒灌　カン　そそぐ

瀞　[俗]⇒瀞　セイ　とろ

瀑　[俗]⇒瀑　バク　たき

藤　[同]⇒藤・藤　トウ　ふじ

襚　[俗]⇒褻　セツ　ふだんぎ

藁　[同]⇒藁　コウ　わら

藥　[俗]⇒薬・藥　ヤク　くすり

薜　[本]⇒薜　セツ

勲　[同]⇒薫・薫　クン　かおる

蓙　[同]⇒蔗　シャ・ショ　さとうきび

儌　[同]⇒僕　ボク　しもべ

蓄　[同]⇒蓄　チク　たくわえる

薔　[同]⇒夢　ム　ゆめ

靉　[古]⇒噫　イ　ああ

寠　[俗]⇒塞　サイ・ソク　ふさぐ

悬　[古]⇒患　カン　わずらう

懝　[俗]⇒応・應　オウ　こたえる

應　[俗]⇒応・應　オウ　こたえる

〈心（忄）部〉

龘　[古]⇒驪　キ

蘿　[俗]⇒蘿　はぎ

藿　[俗]⇒穫　カク　かる

薽　[同]⇒穫　カク　かる

〈戈・手 部〉

懸 [俗] ⇩ 懸 ケン かける

戲 [同] ⇩ 戦・戰 セン いくさ・たたかう

擧 [同] ⇩ 攬 ラン とる

擧 [同] ⇩ 攬 ラン とる

〈支・攴(攵) 部〉

籔 [俗] ⇩ 数・數 スウ かず

㩧 [同] ⇩ 撲 ボク うつ・ぶつ

〈日・曰 部〉

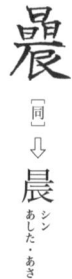

曟 [同] ⇩ 晨 シン あした・あさ

曟 [同] ⇩ 晨 シン あした・あさ

矌 [同] ⇩ 曠 コウ むなしい

〈月(肉) 部〉

朣 [俗] ⇩ 腫 シュ はれる

臘 [同] ⇩ 蠟 ロウ

臟 [同] ⇩ 臓・臟 ゾウ はらわた

臘 [俗] ⇩ 臘 ロウ

臘 [俗] ⇩ 臘 ロウ

〈木 部〉

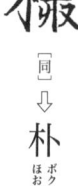

樸 [同] ⇩ 朴 ボク ほお

櫻 [俗] ⇩ 桜・櫻 オウ さくら

森 [同] ⇩ 無 ム・ブ ない

欇 [俗] ⇩ 摂・攝 セツ とる

樬 [俗] ⇩ 楮 チョ こうぞ

櫎 [同] ⇩ 横・橫 オウ よこ

權 [俗] ⇩ 権・權 ケン・ゴン はかる

櫃 [同] ⇩ 槽 ソウ かいばおけ

欖 [同] ⇩ 蕓 ウン いらか

樗 [同] ⇩ 箸 チョ はし

櫜 [同] ⇩ 囊 コウ

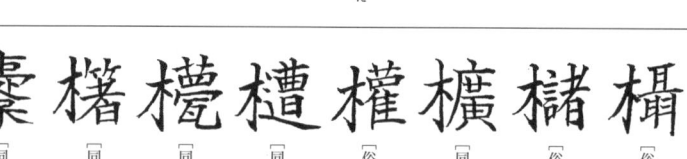

櫓 [同] ⇩ 艪 ロ

欑 [同] ⇩ 欑 サン むらがる

〈歹・比 部〉

殲 [俗] ⇩ 殲 セン つくす・ほろぼす

毗 [同] ⇩ 毘 ヒ たすける

〈火 部〉

熾 [同] ⇩ 撮 サツ とる

爕 [俗] ⇩ 燮 ショウ やわらぐ

爐 [同] ⇩ 炉・爐 ジン もえのこり

爛 [俗] ⇩ 爛 セツ

〈爪(爫・爫)部〉

辭 [俗]⇒辞・辭　ジ　やめる

辭 [俗]⇒辞・辭　ジ　やめる

〈父・爿(丬)部〉

蠽 [同]⇒蟄　チツ　かくれる

牆 [本]⇒牆　ショウ　かき

〈牛(牜)・犬部〉

犂 [同]⇒犂　レイ　すき

犢 [俗]⇒犢　トク　こうし

獻 [俗]⇒献・獻　ケン・コン　たてまつる

〈玉(王)部〉

璦 [本]⇒瑳　サ

環 [本]⇒環・環　カン　たまき

瓊 [俗]⇒瓊　ケイ　たま

瓊 [俗]⇒瓊　ケイ　たま

瓚 [俗]⇒瓚　サン

〈瓦・田部〉

甖 [同]⇒甖　オウ　かめ

疆 [同]⇒境　キョウ　さかい

〈孑部〉

癡 [同]⇒痴・癡　チ　おろか

癡 [俗]⇒痴・癡　チ　おろか

〈皿部〉

鹽 [同]⇒塩・鹽　エン　しお

塩 [俗]⇒塩・鹽　エン　しお

〈目部〉

矏 [同]⇒陽　ひ

饕 [古]⇒叡　エイ　あきらか

矏 [同]⇒矉　ヒン　しかめる

矏 [同]⇒矉　ヒン　しかめる

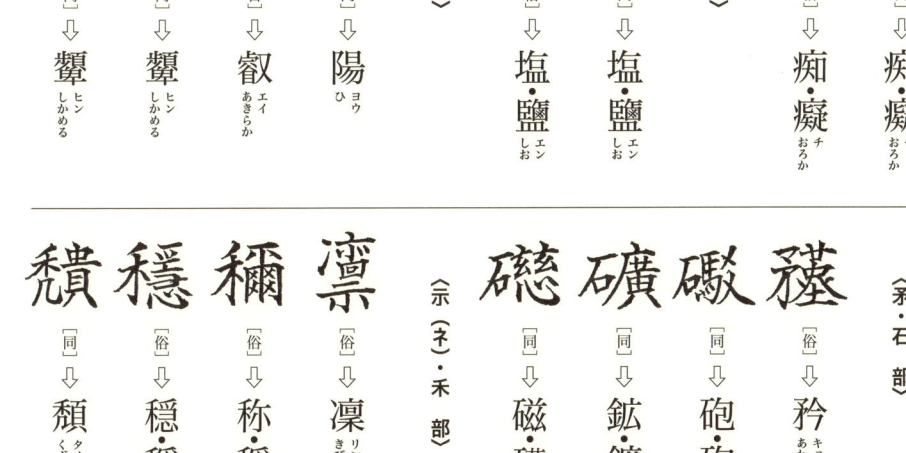

〈矛・石部〉

薐 [俗]⇒矜　キョウ　あわれむ

礮 [同]⇒砲・砲　ホウ　つつ

礦 [同]⇒鉱・鑛　コウ　あらがね

礠 [同]⇒磁・磁　ジ

〈示(礻)・禾部〉

稟 [俗]⇒凛　リン　きびしい

稱 [俗]⇒称・稱　ショウ　たたえる

穩 [俗]⇒穏・穩　オン　おだやか

積 [同]⇒頹　タイ　くずれる

穨 〔俗〕⇩ 頽 タイ くずれる

〈穴部〉

竊 〔俗〕⇩ 窃・竊 セツ ぬすむ

窺 〔俗〕⇩ 窃・竊 セツ ぬすむ

寢 〔俗〕⇩ 寝・寢 シン ねる

窮 〔本〕⇩ 窮 キュウ きわまる

窶 〔俗〕⇩ 窮 キュウ きわまる

竄 〔俗〕⇩ 竄 ザン かくれる

竈 〔同〕⇩ 竈 ソウ かまど

〈立・四部〉

蟻 〔俗〕⇩ 儀 ギ のり

羅 〔俗〕⇩ 羅 ラ あみ

罵 〔同〕⇩ 羈 キ おもがい

〈衤部〉

襖 〔同〕⇩ 幞 ボク

襪 〔同〕⇩ 韈 ベツ たび

〈竹部〉

簽 〔同〕⇩ 奩 レン はこ

簷 〔同〕⇩ 檐 エン のき

簀 〔同〕⇩ 簀 サク すのこ

簌 〔俗〕⇩ 藪 ソウ やぶ

籔 〔俗〕⇩ 籔 ソウ やぶ

〈米・糸部〉

糖 〔同〕⇩ 糖・糖 トウ あめ

繋 〔俗〕⇩ 麦・麥 バク むぎ

緇 〔俗〕⇩ 綱 コウ つな

緩 〔本〕⇩ 緩・緩 カン ゆるい

繭 〔本〕⇩ 繭 ケン まゆ

繕 〔同〕⇩ 繕 ゼン つくろう

繹 〔本〕⇩ 繹 エキ

繮 〔同〕⇩ 韁 キョウ きずな

〈缶・网（罒・四）部〉

甕 〔同〕⇩ 甕 オウ かめ

畷 〔古〕⇩ 置 チ おく

〈耳部〉

聽 〔俗〕⇩ 聴・聴 チョウ きく

職 〔俗〕⇩ 職 ショク つかさどる

〈肉部〉

臀 〔同〕⇩ 臀 デン しり

臂 〔同〕⇩ 臂 ヒ うで・ひじ

〈舟部〉

| 艢 〔同〕⇩ 檣 ショウ ほばしら |
| 艫 〔同〕⇩ 艪 ロ |

〈艮・虍部〉

| 覲 〔同〕⇩ 艱 カン かたい |
| 臚 〔同〕⇩ 覇・覇 ハ はたがしら |

〈虫部〉

| 蟣 〔本〕⇩ 蛾 ガ |
| 蟻 〔同〕⇩ 蛾 ガ |
| 蟸 〔同〕⇩ 蝨 シツ しらみ |

| 蠃 〔同〕⇩ 螺 ラ にな |
| 蠏 〔同〕⇩ 蟹 カイ かに |
| 蠅 〔俗〕⇩ 蠅 ヨウ はえ |
| 蠅 〔俗〕⇩ 蠅 ヨウ はえ |
| 蠡 〔同〕⇩ 蠡 レイ |
| 蠟 〔俗〕⇩ 蠟 ロウ |

〈衣部〉

| 蠃 〔本〕⇩ 裸 ラ はだか |
| 襃 〔同〕⇩ 褒・襃 ホウ ほめる |

〈両（襾）部〉

| 覆 〔本〕⇩ 覆・覆 フク おおう・くつがえす |
| 覇 〔俗〕⇩ 覇・覇 ハ はたがしら |
| 覇 〔俗〕⇩ 覇・覇 ハ はたがしら |

〈臣部〉

| 臩 〔古〕⇩ 僕 ボク しもべ |
| 臨 〔同〕⇩ 臨 リン のぞむ |

〈見部〉

| 覧 〔同〕⇩ 覕 ベツ みる |
| 覰 〔俗〕⇩ 覰 ショ うかがう |
| 覶 〔俗〕⇩ 覶 ラ |

〈角部〉

| 觿 〔同〕⇩ 觥 コウ |
| 觿 〔同〕⇩ 觽 ケイ くじり |

〈言部〉

| 譏 〔俗〕⇩ 幾 キ いく |
| 譁 〔同〕⇩ 辜 コ つみ |
| 譽 〔同〕⇩ 嗟 サ ああ |
| 譚 〔同〕⇩ 噂 ソン うわさ |
| 譸 〔同〕⇩ 嘲 チョウ あざける |
| 譔 〔同〕⇩ 撰 セン えらぶ |

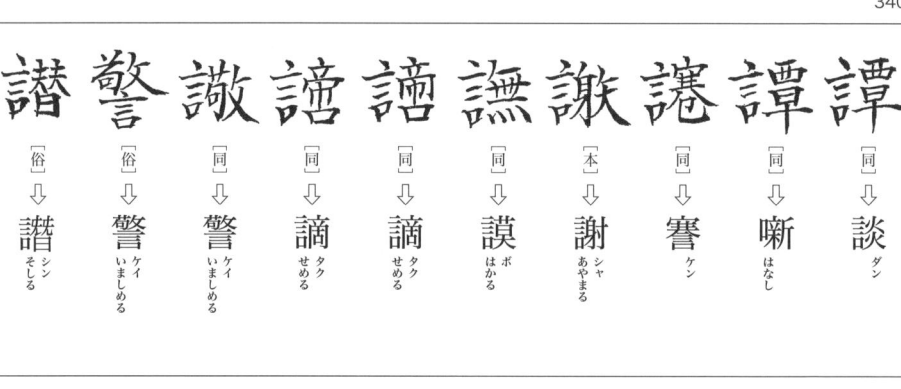

譚 〔同〕↓ 談 ダン

譚 〔同〕↓ 噺 はなし

讒 〔同〕↓ 謇 ケン

譙 〔同〕↓ 謝 シャ あやまる

譁 〔本〕↓ 謀 ボ はかる

譫 〔同〕↓ 謫 タク せめる

譖 〔同〕↓ 謫 タク せめる

譏 〔俗〕↓ 警 ケイ いましめる

警 〔俗〕↓ 警 ケイ いましめる

譜 〔俗〕↓ 譖 シン そしる

護 〔俗〕↓ 護 ゴ まもる

譟 〔俗〕↓ 響・響 キョウ ひびく

譴 〔同〕↓ 譴 ケン せめる・とがめる

讒 〔俗〕↓ 讒 ザン そしる

〈豆・豸 部〉

警 〔同〕↓ 否 ヒ いな

獷 〔俗〕↓ 獷 フン

〈貝 部〉

賍 〔同〕↓ 財 ザイ・サイ たから

贅 〔同〕↓ 幣・幤 ヘイ ぬさ

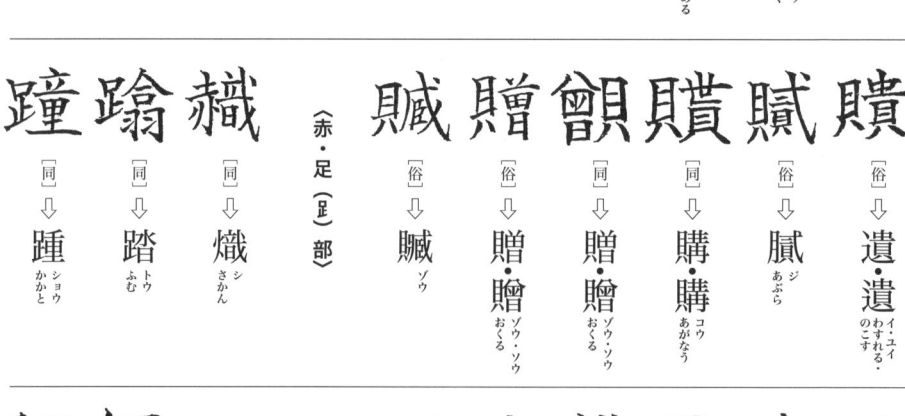

贖 〔俗〕↓ 遺・遺 イ・ユイ わすれる・のこす

賦 〔俗〕↓ 膩 ジ あぶら

賵 〔同〕↓ 購・購 コウ あがなう

贖 〔同〕↓ 贈・贈 ゾウ・ソウ おくる

贈 〔俗〕↓ 贈・贈 ゾウ・ソウ おくる

賍 〔俗〕↓ 贓 ゾウ

〈赤・足（⻊）部〉

熾 〔同〕↓ 熾 シ さかん

蹻 〔同〕↓ 踏 トウ ふむ

躓 〔同〕↓ 踵 ショウ かかと

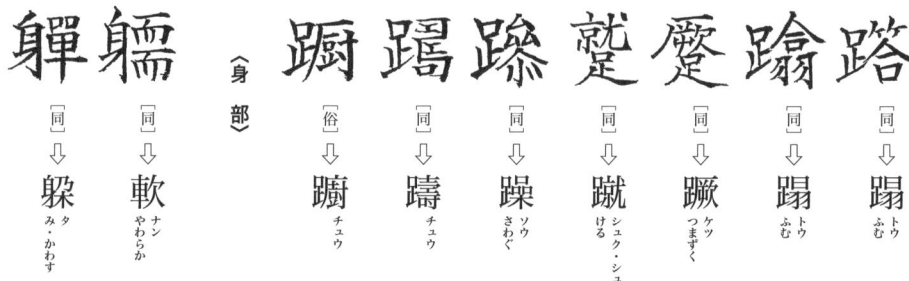

路 〔同〕↓ 踏 トウ ふむ

蹻 〔同〕↓ 蹋 トウ ふむ

蹙 〔同〕↓ 蹶 ケツ つまずく

蹙 〔同〕↓ 蹴 シュク・シュウ ける

蹂 〔同〕↓ 躁 ソウ さわぐ

躅 〔同〕↓ 躊 チュウ

蹰 〔俗〕↓ 躊 チュウ

〈身 部〉

軀 〔同〕↓ 軟 ナン やわらか

軆 〔同〕↓ 躱 タ み・かわす

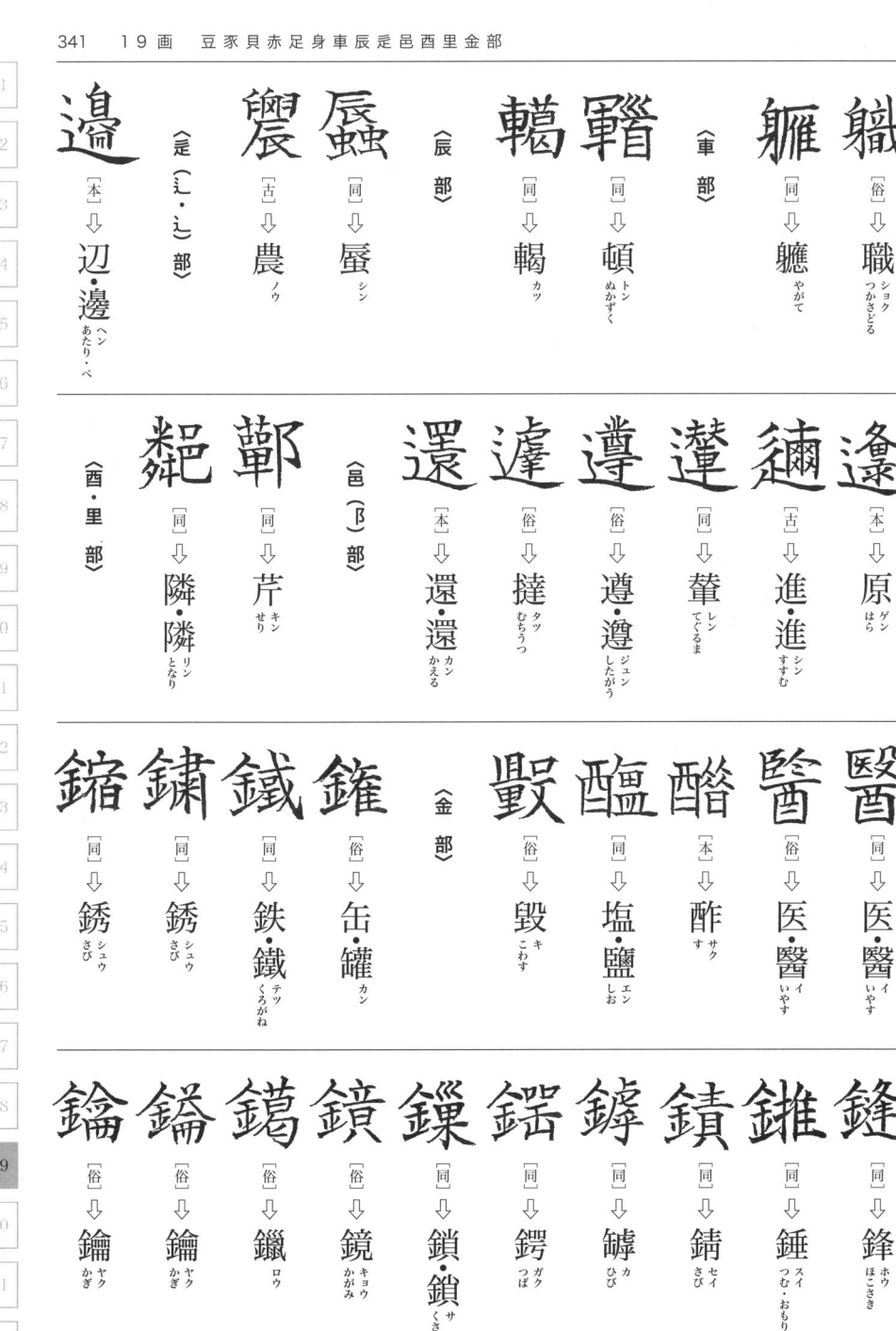

〈門部〉

鑿 [俗] ⇓ 鑿 サク うがつ・のみ

鐋 [合] ⇓ 金椀 きんわん

鎰 [合] ⇓ 金奩 きんれん

闖 [同] ⇓ 伺 シ うかがう

闘 [同] ⇓ 塾 ジュク

闚 [同] ⇓ 窺 キ うかがう

闕 [俗] ⇓ 闕 ケツ かく

闚 [俗] ⇓ 闕 ケツ かく

闥 [俗] ⇓ 闥 キュウ

〈阜(阝)・隹部〉

隤 [同] ⇓ 瀕 ヒン

夒 [俗] ⇓ 双・雙 ふた ソウ

難 [俗] ⇓ 難・難 かたい ナン

難 [同] ⇓ 糶 うりよね チョウ

〈雨(雨)・非部〉

霻 [本] ⇓ 雪・雪 ゆき セツ

雪 [古] ⇓ 雪・雪 ゆき セツ

霺 [同] ⇓ 蔀 しとみ ホウ

霊 [俗] ⇓ 霊・靈 たま レイ・リョウ

〈革部〉

霖 [同] ⇓ 霖 ながあめ リン

靡 [本] ⇓ 靡 なびく ビ

韡 [俗] ⇓ 靴・靴 くつ カ

韈 [同] ⇓ 皺 しわ シュウ

鞻 [俗] ⇓ 鞋 くつ アイ

鞴 [同] ⇓ 鞴 ゆごて コウ

鞴 [俗] ⇓ 鞴 フク

韜 [同] ⇓ 韜 つつむ トウ

韜 [同] ⇓ 韜 つつむ トウ

〈韋(韋)部〉

韙 [俗] ⇓ 韙 よい・ただしい イ

韗 [俗] ⇓ 韗 ウン

韝 [同] ⇓ 韝 フク

〈韭部〉

竈 [同] ⇓ 齏 あえる セイ

鐅 [同] ⇓ 齏 あえる セイ

〈頁部〉

顝 [古] ⇓ 凶 ひよめき シン

顙 [同] ⇓ 頃 ころ ケイ

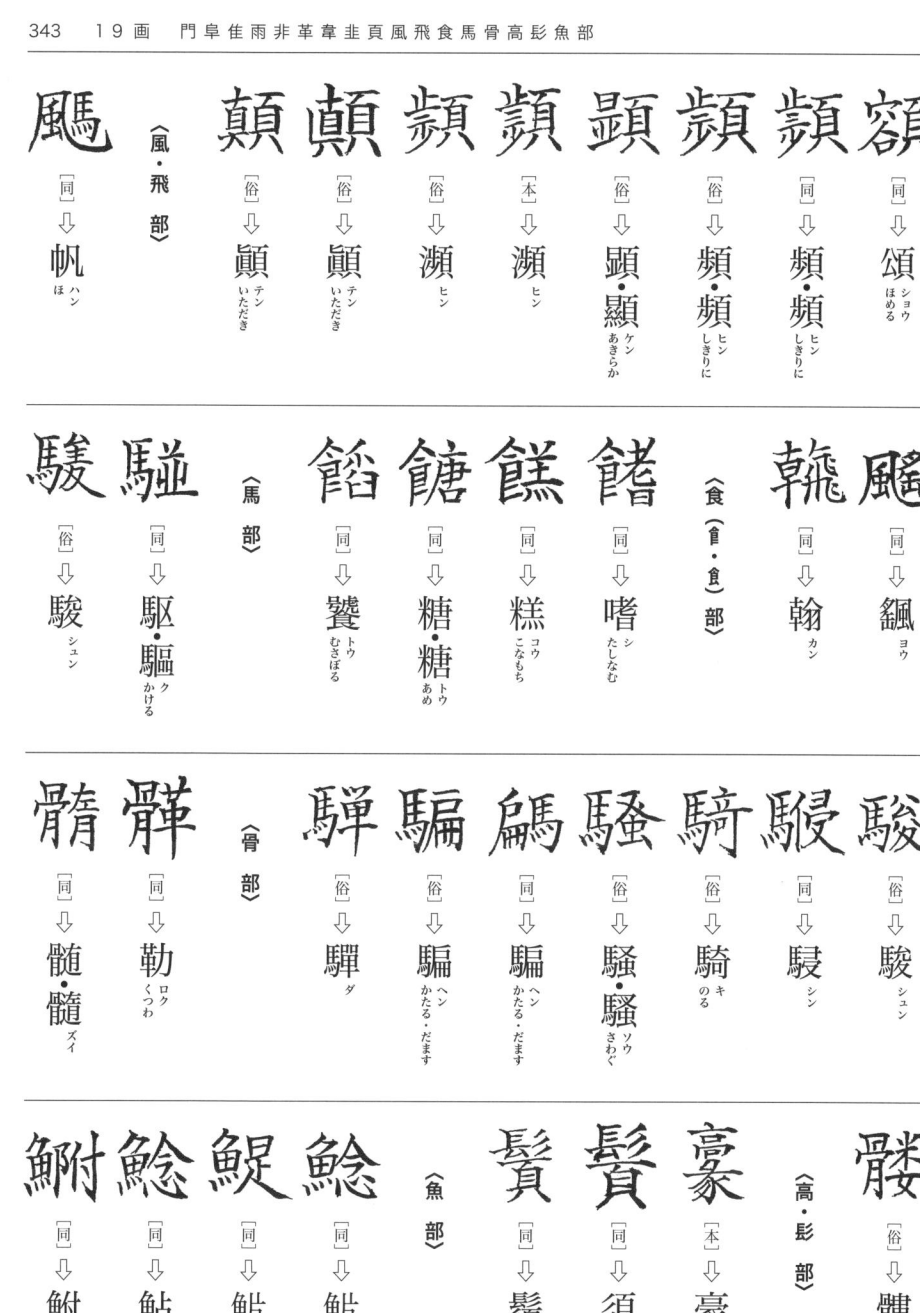

額
［同］⇩
頌
ショウ
ほめる

顳
［俗］⇩
顕・顯
ケン
あきらか

顰
［俗］⇩
頻・顰
ヒン
しきりに

顰
［同］⇩
頻・顰
ヒン
しきりに

顕
［本］⇩
瀬
ヒン

顳
［俗］⇩
瀬
ヒン

顳
［俗］⇩
瀬
ヒン

顛
［俗］⇩
顛
テン
いただき

顛
［俗］⇩
顛
テン
いただき

顛
〈風・飛部〉

颿
［同］⇩
帆
ハン
ほ

――

颺
〈食（𩙿・食）部〉

饎
［同］⇩
嗜
シ
たしなむ

饊
［同］⇩
糕
コウ
こなもち

餹
［同］⇩
糖・餹
トウ
あめ

餡
［同］⇩
饕
トウ
むさぼる

〈馬部〉

駶
［同］⇩
駆・驅
ク
かける

駿
［俗］⇩
駿
シュン

蘢
［同］⇩
翰
カン

颺
［同］⇩
飆
ヨウ

――

髓
［同］⇩
髓・髓
ズイ

髀
［同］⇩
勒
ロク
くつわ

〈骨部〉

駳
［俗］⇩
驒
ダ

騗
［俗］⇩
騙
ヘン
かたる・だます

鯿
［俗］⇩
騙
ヘン
かたる・だます

騒
［俗］⇩
騒・騷
ソウ
さわぐ

騎
［俗］⇩
騎
キ
のる

駸
［同］⇩
駸
シン

駿
［俗］⇩
駿
シュン

――

鮒
［同］⇩
鮒
フ
ふな

鯰
［同］⇩
鮎
デン
あゆ

�65
［同］⇩
鮎
なまず

鯰
［同］⇩
鮎
なまず

〈魚部〉

鬚
［同］⇩
鬚
シュ
ひげ・あごひげ

鬐
［同］⇩
須
ス・シュ

豪
［本］⇩
豪
ゴウ
やまあらし

〈高・髟部〉

髏
［俗］⇩
髏
ロ

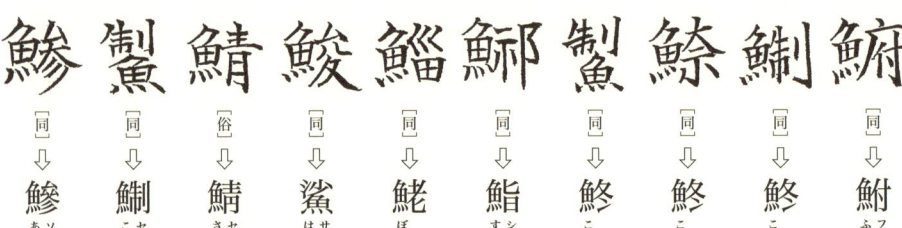

鯵〔同〕⇒鯵 ソウ あじ

鱟〔同〕⇒鯛 セイ このしろ

鯖〔俗〕⇒鯖 セイ さば

鮻〔同〕⇒鯊 サ はぜ

鯔〔同〕⇒鮲 ぼら

鰤〔同〕⇒鮨 シ すし

鬻〔同〕⇒鮗 このしろ

鰶〔同〕⇒鮗 このしろ

鯏〔同〕⇒鮗 このしろ

鮒〔同〕⇒鮒 フ ふな

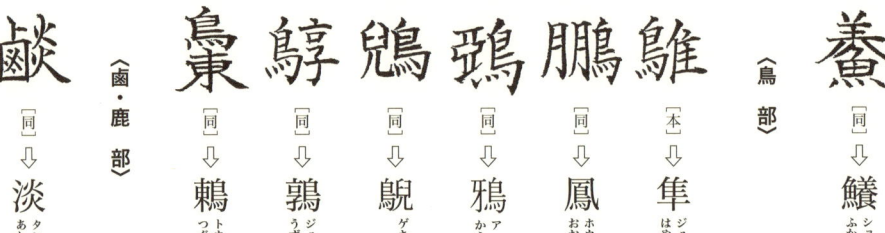

歠〔同〕⇒淡 タン あわい

〈鹵・鹿部〉

彙〔同〕⇒鶫 つぐみ

鶉〔同〕⇒鶉 ジュン うずら

鵙〔同〕⇒鳻 ゲキ

鵶〔同〕⇒鴉 ア からす

鵬〔同〕⇒鳳 ホウ おおとり

雛〔本〕⇒隼 ジュン はやぶさ

〈鳥部〉

鱶〔同〕⇒鱶 ショウ ふか

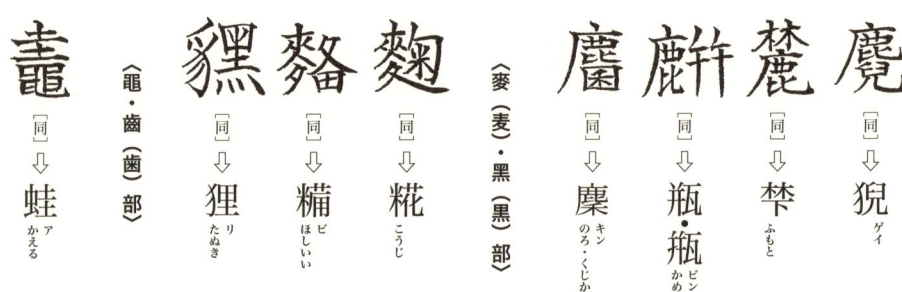

蠶〔同〕⇒蛙 ア かえる

〈龜・齒(歯)部〉

貜〔同〕⇒狸 リ たぬき

麲〔同〕⇒糒 ほしいい

麹〔同〕⇒糀 こうじ

〈麥(麦)・黑(黒)部〉

麁〔同〕⇒瓶・瓶 ビン かめ

麟〔同〕⇒麋 キン のろ・くじか

麓〔同〕⇒梺 ふもと

麿〔同〕⇒猊 ゲイ

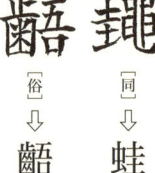

齬〔俗〕⇒齬 ゴ

鼃〔同〕⇒蛙 ア かえる

二十画

〈一・ノ 部〉

- 囊　【俗】⇒囊　ノウ　ふくろ
- 囊　【俗】⇒囊　ノウ　ふくろ
- 鞠　【同】⇒乱・亂　ラン　みだれる

〈人（イ・ヘ）部〉

- 儬　【古】⇒仙　セン
- 儦　【本】⇒儦　ヒョウ　すばやい

〈八（ソ）・刂 部〉

- 僵　【同】⇒僵　ライ　やぶれる
- 儼　【俗】⇒儼　ゲン　おごそか
- 巘　【俗】⇒藤・藤　トウ　ふじ
- 齵　【古】⇒副　フク　そう・そえる
- 劓　【本】⇒劓　ヒョウ　おびやかす

〈勹・十・厂 部〉

- 鼂　【同】⇒蝨　シツ　しらみ
- 韓　【本】⇒韓・韓　カン　いげた
- 厤　【同】⇒鬲　レキ・カク　かま

〈口 部〉

- 器　【古】⇒器・器　キ　うつわ
- 巖　【古】⇒厳・嚴　ゲン・ゴン　きびしい
- 嚥　【同】⇒鷹　ヨウ

〈土 部〉

- 壘　【俗】⇒塁・壘　ルイ　とりで
- 壔　【俗】⇒塵　テン　みせ
- 瓏　【同】⇒壟　ロウ　うね

〈女 部〉

- 孃　【同】⇒娘　ジョウ　むすめ

〈子・宀・寸・尸 部〉

- 孾　【同】⇒嬰　エイ　みどりご
- 蜜　【同】⇒宝・寶　ホウ　たから
- 蠱　【同】⇒蜜　ミツ
- 燾　【本】⇒善　ゼン　よい
- 屨　【本】⇒展　テン　のびる
- 嬰　【同】⇒嬰　エイ　みどりご
- 爛　【同】⇒懶　ラン　おこたる

〈山 部〉

- 巖　【同】⇒磊　ライ

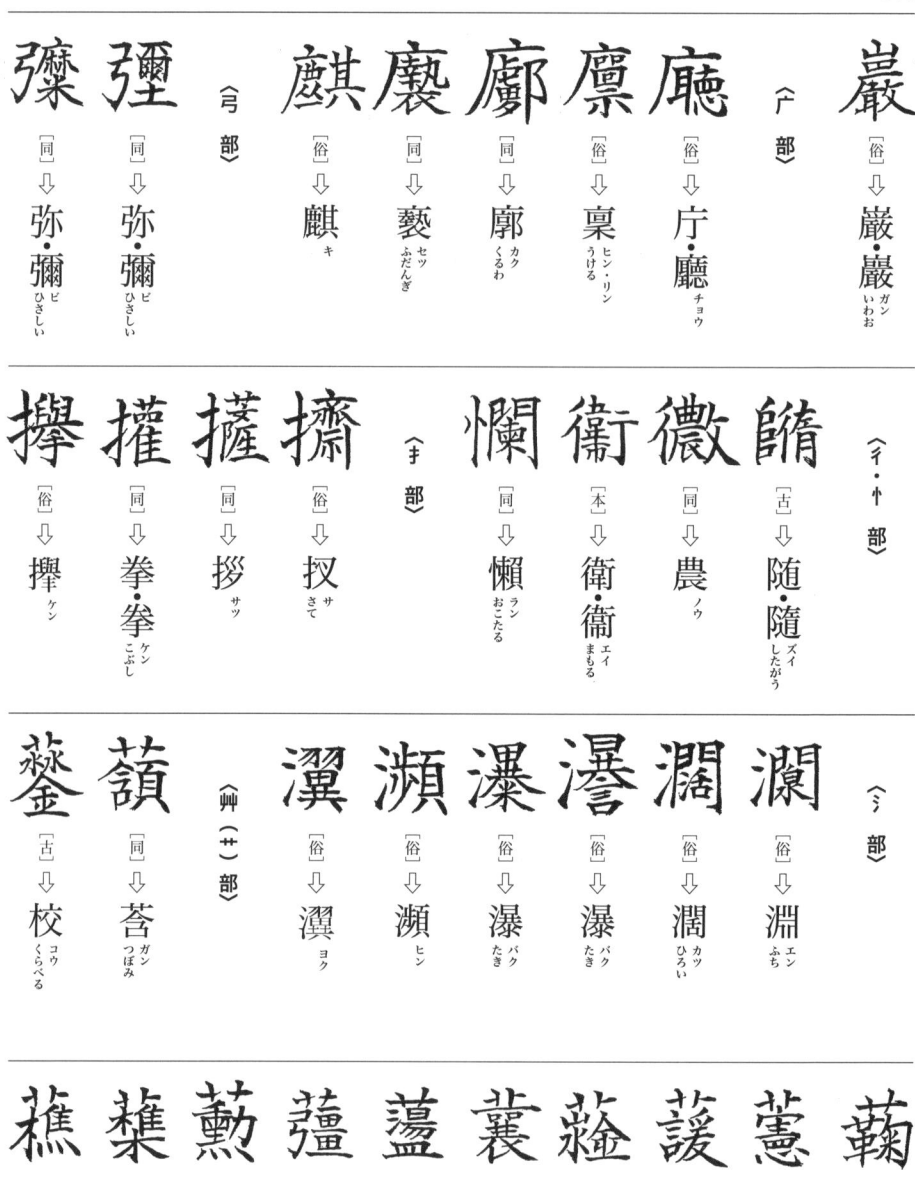

〈广部〉

巌 [俗] ⇩ 巖・巖 ガン いわお

廰 [俗] ⇩ 庁・廳 チョウ

凜 [俗] ⇩ 稟 ヒン・リン うける

廓 [同] ⇩ 廓 カク くるわ

麇 [同] ⇩ 藝 セツ ふだんぎ

麒 [俗] ⇩ 麒 キ

〈弓部〉

彊 [同] ⇩ 弥・彌 ビ ひさしい

彊 [同] ⇩ 弥・彌 ビ ひさしい

〈イ・彳部〉

鮪 [古] ⇩ 随・隨 ズイ したがう

徽 [同] ⇩ 農 ノウ

衞 [本] ⇩ 衛・衞 エイ まもる

懶 [同] ⇩ 懶 ラン おこたる

〈扌部〉

擶 [俗] ⇩ 扠 サ さて

攃 [同] ⇩ 拶 サツ

攉 [同] ⇩ 拳・拳 ケン こぶし

擽 [俗] ⇩ 撃 ケン

〈氵部〉

瀾 [俗] ⇩ 淵 エン ふち

潤 [俗] ⇩ 潤 カツ ひろい

瀑 [俗] ⇩ 瀑 バク たき

瀑 [俗] ⇩ 瀑 バク たき

瀬 [俗] ⇩ 瀬 ヒン

瀿 [俗] ⇩ 瀷 ヨク

〈艸(艹)部〉

嶺 [同] ⇩ 苔 ガン つぼみ

鏊 [古] ⇩ 校 コウ くらべる

蘜 [同] ⇩ 菊 キク

蕙 [本] ⇩ 萱 ケン かや

薐 [同] ⇩ 萱 ケン かや

蘐 [同] ⇩ 証・證 ショウ あかす

蕤 [俗] ⇩ 蓑 サ みの

蘯 [本] ⇩ 蕩 トウ とろける

薑 [同] ⇩ 薑 キョウ しょうが

蘍 [同] ⇩ 薫・薫 クン かおる

蘱 [同] ⇩ 樵 ショウ きこり

蕉 [同] ⇩ 樵 ショウ きこり

〈艹〉
藤　[俗]⇒藤・藤　トウ・ふじ
蘓　[俗]⇒蘇　ソ　よみがえる
護　[同]⇒護　ゴ　まもる

〈心(忄)〉部
懸　[俗]⇒瞞　マン　だます
懿　[同]⇒懿　イ　うるわしい

〈戈・支〉部
戴　[同]⇒識　シキ　しる
歡　[俗]⇒散　サン　ちる

〈攴(攵)〉部

斅　[古]⇒学・學　ガク　まなぶ
斆　[本]⇒敦　トン　あつい
數　[同]⇒数・數　スウ　かず
數　[同]⇒壊・壞　カイ　こわす
黴　[同]⇒黴　バイ　かび

〈斤〉部
靳　[俗]⇒祈・祈　キ　いのる
斷　[本]⇒断・斷　ダン　たつ・ことわる

〈日・曰〉部
曹　[本]⇒曹　ソウ　つかさ

〈月(⺼)〉部
馨　[同]⇒馨　ケイ　かおる

臚　[俗]⇒膚　フ　はだ
臗　[同]⇒髄・髓　ズイ

〈木〉部
欔　[同]⇒那・那　ナ
櫺　[同]⇒柝　セキ　さく
櫪　[同]⇒椚　くぬぎ
橢　[同]⇒楕　ダ
榛　[俗]⇒榛　シン　はしばみ

権　[俗]⇒権・權　ケン・ゴン　はかる
櫩　[同]⇒檐　エン　のき
蘗　[俗]⇒檗　ハク　きはだ
櫨　[俗]⇒櫨　ロ　はぜ

〈歹・殳・氏〉部
殰　[同]⇒壊・壞　カイ　こわす
毃　[同]⇒鑿　サク　うがつ・のみ
蝨　[同]⇒蚊　ブン　か

〈火〉部
爛　[同]⇒焔　エン　ほのお

〔同〕⇩ 焦（ショウ／こげる）

〔同〕⇩ 熟（ジュク／うれる）

〔同〕⇩ 燐（リン）

〔俗〕⇩ 燻（クン／いぶす）

〈灬・爪（爫）・罒 部〉

〔本〕⇩ 羆（ヒ／ひぐま）

〔俗〕⇩ 辞・辭（ジ／やめる）

〔俗〕⇩ 辞・辭（ジ／やめる）

〔俗〕⇩ 辞・辭（ジ／やめる）

〈片・犬 部〉

〔同〕⇩ 籠（ロウ／かご）

〔俗〕⇩ 献・獻（ケン・コン／たてまつる）

〈玉（王）部〉

〔同〕⇩ 傀（カイ／くぐつ）

〔同〕⇩ 瑰（カイ）

〔同〕⇩ 碧（ヘキ／みどり・あお）

〈田 部〉

〔同〕⇩ 畦（ケイ／あぜ）

〔俗〕⇩ 塁・壘（ルイ／とりで）

〈广 部〉

〔俗〕⇩ 疼（トウ／いたむ・うずく）

〔同〕⇩ 痒（ヨウ／かゆい）

〔同〕⇩ 療（リョウ／いやす）

〈目 部〉

〔俗〕⇩ 瞢（ボウ／くらい）

〔俗〕⇩ 顛（テン／いただき）

〔俗〕⇩ 顛（テン／いただき）

〈石 部〉

〔同〕⇩ 厲（レイ・ライ／といし）

〔同〕⇩ 摩・磨（マ／さする）

〔同〕⇩ 磐（バン／いわ）

〔同〕⇩ 磨・磨（マ／みがく）

〈示（礻）・禾 部〉

〔俗〕⇩ 稟（ヒン・リン／うける）

〔同〕⇩ 担・擔（タン／かつぐ・になう）

〔本〕⇩ 穡（ショク）

〔同〕⇩ 穡（ショク）

〔同〕⇩ 糧（リョウ・ロウ／かて）

〈穴 部〉

〔俗〕⇩ 究（キュウ／きわめる）

〈立・ネ部〉

竊　[同]　⇒　窃・竊　ぬすむ　セツ

竊　[俗]　⇒　窃・竊　ぬすむ　セツ

竊　[俗]　⇒　窃・竊　セツ　ぬすむ

竈　[俗]　⇒　竈　ソウ　かまど

囍　[同]　⇒　競　キョウ・ケイ　きそう・せる

襱　[古]　⇒　表　ヒョウ　おもて・あらわす

〈竹部〉

篠　[同]　⇒　簸　フク　えびら

簰　[同]　⇒　簽　コウ　ふせご・かがり

〈米・糸部〉

簿　[俗]　⇒　簿・簿　ボ

籀　[俗]　⇒　籀　チュウ

簪　[俗]　⇒　簪　シン　かんざし

籭　[同]　⇒　簣　キ　もっこ

纊　[同]　⇒　纊　コウ　ふせご・かがり

釋　[俗]　⇒　釈・釋　シャク　とく・ゆるす

繬　[同]　⇒　紬　チュウ　つむぎ

辮　[同]　⇒　編・編　ヘン　あむ

縱　[本]　⇒　縒　シ　よる

〈羊(𦍌・羊)部〉

繽　[俗]　⇒　縹　ヒョウ　はなだ

羅　[本]　⇒　羅　ラ　あみ

纏　[俗]　⇒　纏　テン　まとう

蕭　[古]　⇒　善　ゼン　よい

羹　[俗]　⇒　羹　コウ　あつもの

〈羽(羽・羽)・而耒(耒)部〉

耀　[同]　⇒　曜・曜　ヨウ　かがやく

噐　[同]　⇒　喘　ゼン　あえぐ

穫　[同]　⇒　穫　カク　かる

〈耳部〉

聽　[俗]　⇒　聴・聴　チョウ　きく

職　[俗]　⇒　職　ショク　つかさどる

〈虫部〉

蠶　[俗]　⇒　蚕・蠶　サン　かいこ

蠑　[同]　⇒　蛍・螢　ケイ　ほたる

蠑　[同]　⇒　蜻　セイ

蠒　[俗]　⇒　繭　ケン　まゆ

蠆　[同]　⇒　蠍　ケツ・カツ　さそり

蟲　[同]　⇒　蠍　ケツ・カツ　さそり

蠱　[同]　⇒　蠍　ケツ・カツ　さそり

〈言部〉

- 譯 [本]⇒ 訳・譯（ヤク／わけ）
- 譭 [同]⇒ 毀（キ／こわす）
- 譮 [同]⇒ 話（ワ／はなす）
- 譩 [同]⇒ 噫（イ／ああ）
- 譟 [同]⇒ 噪（ソウ／さわぐ）
- 謂 [本]⇒ 謂（イ／いう）
- 謾 [同]⇒ 謾（マン／あざむく）

〈貝・走部〉

- 贅 [同]⇒ 贅（ゼイ／いぼ）

〈足（𧾷）部〉

- 趭 [同]⇒ 躁（ソウ／さわぐ）
- 蹲 [同]⇒ 鈍（ドン／にぶい・にぶる）
- 躃 [同]⇒ 躄（ヘキ）

〈身部〉

- 軆 [俗]⇒ 体・體（タイ・テイ／からだ）
- 軀 [同]⇒ 独・獨（ドク／ひとり）

〈車・辰部〉

- 轝 [同]⇒ 輿（ヨ／こし）
- 轔 [俗]⇒ 鱗（リン）

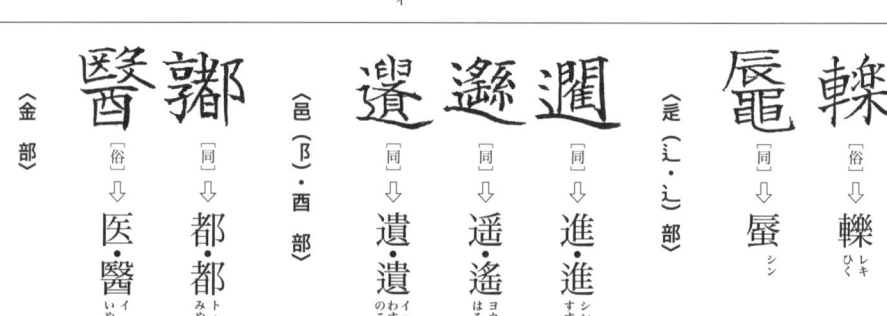

- 轑 [俗]⇒ 轢（レキ／ひく）
- 鼀 [同]⇒ 蜃（シン）

〈足（辶・辶）部〉

- 週 [同]⇒ 進・進（シン／すすむ）
- 遙 [同]⇒ 遥・遙（ヨウ／はるか）
- 遺 [同]⇒ 遺・遺（イ・ユイ／わすれる・のこす）

〈邑（阝）・酉部〉

- 鄹 [同]⇒ 都・都（ト・ツ／みやこ）
- 醫 [俗]⇒ 医・醫（イ／いやす）

〈金部〉

- 鐙 [古]⇒ 灯・燈（トウ／ひ）
- 鐬 [俗]⇒ 鉞（エツ／まさかり）
- 鐵 [同]⇒ 鉄・鐵（テツ／くろがね）
- 鐡 [俗]⇒ 鉄・鐵（テツ／くろがね）
- 鑯 [俗]⇒ 鉄・鐵（テツ／くろがね）
- 鑮 [同]⇒ 鈿（デン／かんざし）
- 鑌 [同]⇒ 匱（キ／ひつ）
- 鐪 [同]⇒ 劉（リュウ）
- 鋸 [同]⇒ 鉇（ア／しころ）
- 鐠 [本]⇒ 錯（サク／まじる）

〔隹部〕

隧 〔同〕⇓ 燧 スイ ひうち

鎌 〔俗〕⇓ 鎌・鎌 レン かま

鏑 〔同〕⇓ 鏑 テキ かぶらや

鐘 〔俗〕⇓ 鐘 ショウ かね

鐔 〔俗〕⇓ 鐔 タン つば

鑢 〔同〕⇓ 鑢 ロウ

〈門部〉

闈 〔俗〕⇓ 窺 キ うかがう

闋 〔俗〕⇓ 闋 ケツ かく

〈隹部〉

〈雨（雨）部〉

雙 〔俗〕⇓ 双・雙 ソウ ふた

嚁 〔古〕⇓ 曜・曜 ヨウ かがやく

難 〔俗〕⇓ 難・難 ナン かたい

鷲 〔同〕⇓ 鷲 シュウ わし

雛 〔同〕⇓ 鶲 バン

雯 〔同〕⇓ 女 ジョ・ニョ おんな

覆 〔俗〕⇓ 覆・覆 フク くつがえす

霰 〔本〕⇓ 霰 サン あられ

〈革部〉

〈韋（韋）部〉

鞾 〔本〕⇓ 靴・靴 カ くつ

鞄 〔同〕⇓ 鞄 ホウ かばん

鞠 〔同〕⇓ 鞠 キク まり・けまり

韇 〔同〕⇓ 韇 フク

韞 〔俗〕⇓ 韞 ウン つつむ

韝 〔俗〕⇓ 韝 コウ ゆごて

韜 〔俗〕⇓ 韜 トウ つつむ

韛 〔俗〕⇓ 韛 ハイ ふいごう

韉 〔俗〕⇓ 韉 イ さかん

〈頁部〉

顖 〔同〕⇓ 凶 シン ひよめき

顱 〔同〕⇓ 顱 ロ

顬 〔同〕⇓ 顬 ル・ロ

顴 〔俗〕⇓ 顴 カン

顥 〔同〕⇓ 顥 コ

〈風・飛部〉

飇 〔同〕⇓ 飄 ヒョウ つむじかぜ

魑 〔俗〕⇓ 魑 チ すだま

〈食（食）部〉

翼 〔同〕⇓ 翼・翼 ヨク つばさ

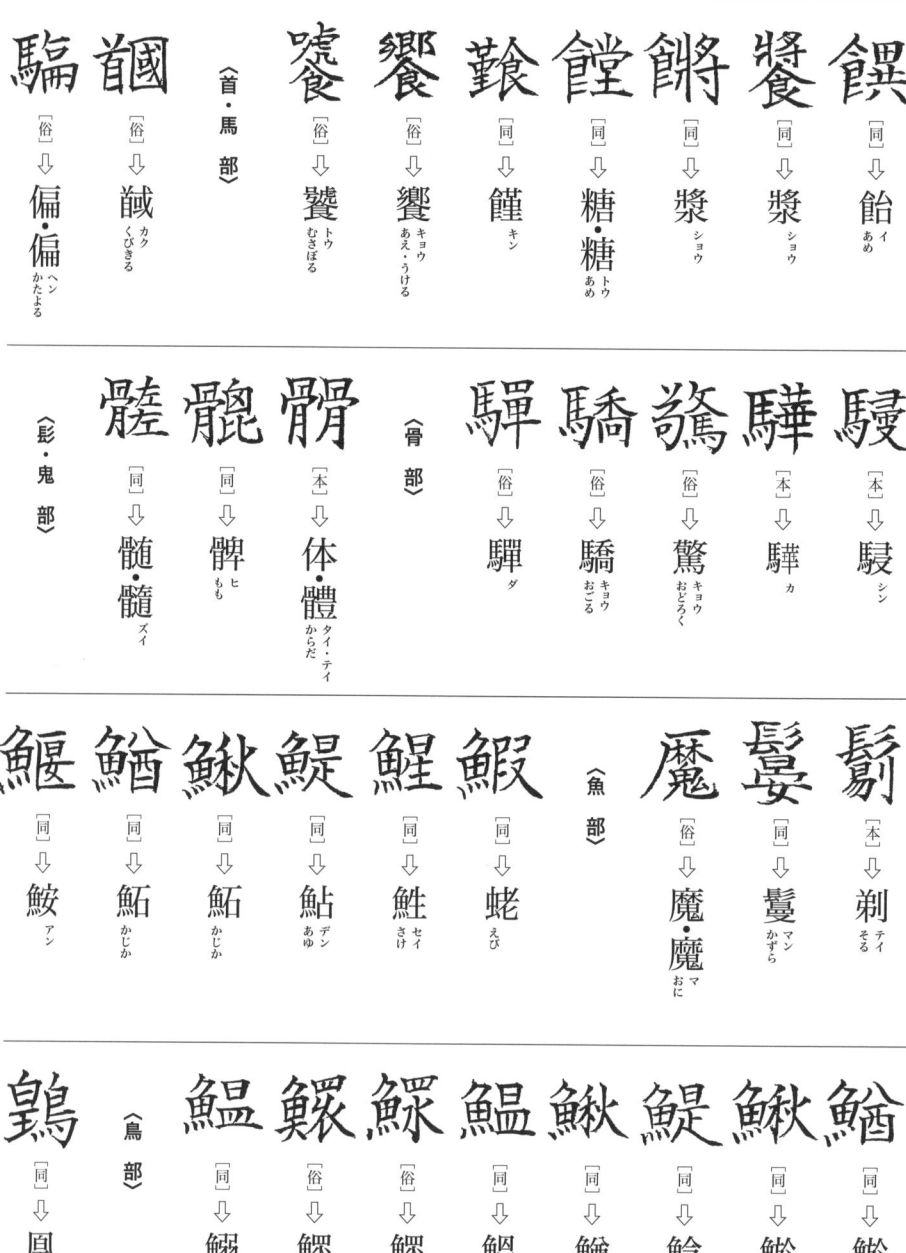

第一段（右から左）

饙 [同]⇒飴 イ／あめ

餳 [同]⇒漿 ショウ

餹 [同]⇒漿 ショウ

餲 [同]⇒糖・糖 トウ／あめ

饉 [同]⇒饉 キン

鞻 [同]⇒饗 キョウ／あえ・うける

饗 [俗]⇒饗 キョウ／あえ・うける

饕 [俗]⇒饕 トウ／むさぼる

〈首・馬 部〉

馘 [俗]⇒馘 カク／くびきる

騗 [俗]⇒偏・偏 ヘン／かたよる

第二段

〈彡・鬼 部〉

髓 [同]⇒髄・髄 ズイ

髀 [同]⇒髀 ヒ／もも

骭 [本]⇒体・體 タイ・テイ／からだ

〈骨 部〉

驒 [俗]⇒驒 ダ

驕 [俗]⇒驕 キョウ／おごる

驚 [俗]⇒驚 キョウ／おどろく

驊 [本]⇒驊 カ

駸 [本]⇒駸 シン

第三段

鰻 [同]⇒鮟 アン

鮨 [同]⇒鮗 かじか

鰍 [同]⇒鮗 かじか

鯷 [同]⇒鮎 デン／あゆ

鯉 [同]⇒鮭 セイ／さけ

鰕 [同]⇒蛄 えび

〈魚 部〉

魔 [俗]⇒魔・魔 マ／おに

鬘 [同]⇒鬘 マン／かずら

鬀 [本]⇒剃 テイ／そる

第四段

鶑 [同]⇒凰 オウ／おおとり

〈鳥 部〉

鰛 [同]⇒鰯 いわし

鰥 [俗]⇒鰥 カン／やもお

鰥 [俗]⇒鰥 カン／やもお

鰛 [同]⇒鰛 オン／いわし

鰍 [同]⇒鰌 シュウ／どじょう

鯷 [同]⇒鯰 なまず

鰍 [同]⇒鰌 どじょう

鰌 [同]⇒鰌 どじょう

鷟　[同]⇩　鳶　エン　とび・とんび

鶿　[俗]⇩　鷟　ジ

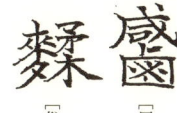
鸕　[同]⇩　鷟　ジ

鷟　[俗]⇩　鷟　ジ

〈齒・麥（麦）部〉

盬　[同]⇩　鹹　カン　しおからい

黐　[俗]⇩　麹　キク　こうじ

檾

〈黃（黄）・龜（亀）・黑（黒）部〉

難　[同]⇩　曜・曜　ヨウ　かがやく

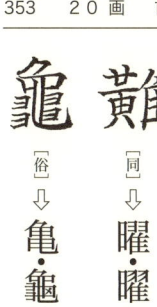
龜　[俗]⇩　亀・龜　キ　かめ

黯　[同]⇩　黯　アン

〈齒（歯）部〉

齩　[俗]⇩　嚙　ゲツ　かむ

齞　[俗]⇩　齞　ガ

齚　[同]⇩　齰　サク

〈龍（竜）部〉

罷　[同]⇩　籠　ロウ　かご

龕　[俗]⇩　龕　ガン　ずし

二十一画

〈人（イ・ヘ）部〉

倦　[本]⇒仙　セン

儺　[同]⇒儷　レイ　ならぶ

〈几・十・又部〉

龜　[俗]⇒亀・龜　キ　かめ

孿　[古]⇒率・率　ソツ・リツ　ひきいる

變　[俗]⇒変・變　ヘン　かわる

〈口部〉

嚻　[同]⇒囂　ゴウ　かまびすしい

囃　[同]⇒囃　ソウ　はやし・はやす

嚴　[同]⇒儼　ゲン　おごそか

囊　[俗]⇒囊　ノウ　ふくろ

〈土部〉

塞　[本]⇒塞　サイ・ソク　ふさぐ

壅　[同]⇒壅　ヨウ　ふさぐ

〈土・夕・女部〉

懿　[俗]⇒懿　イ　うるわしい

〈宀・寸部〉

殼　[俗]⇒壊・壞　カイ　こわす

孃　[俗]⇒歓・歡　カン　よろこぶ

㝩　[俗]⇒夢　ム　ゆめ

尉　[同]⇒剽　ヒョウ　おびやかす

〈山部〉

巖　[俗]⇒巌・巖　ガン　いわお

巍　[同]⇒巍　ギ　たかい

巍　[同]⇒巍　ギ　たかい

魏

〈卅・彳・彡部〉

鬌　[同]⇒籌　ゼイ　めどぎ

彯　[本]⇒儵　ヒョウ　すばやい

懽　[同]⇒歓・歡　カン　よろこぶ

〈手部〉

攜　[本]⇒携　ケイ　たずさわる

摽　[古]⇒標　ヒョウ

攃　[本]⇒撫　ブ　なでる

擸　[本]⇒擁　ヨウ　いだく

攡　[俗]⇒籬　リ　まがき

〈扌部〉

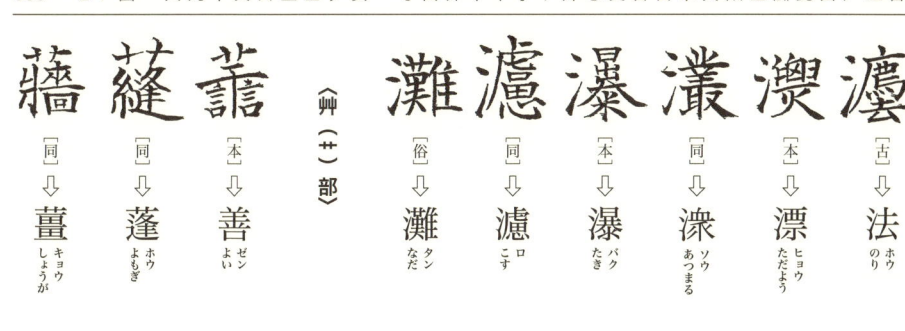

瀘 〔古〕⇒ 法　ホウ・のり

澳 〔本〕⇒ 漂　ヒョウ・ただよう

瀁 〔同〕⇒ 漾　ソウ・あつまる

瀑 〔本〕⇒ 瀑　バク・たき

濾 〔同〕⇒ 濾　ロ・こす

灘 〔俗〕⇒ 灘　タン・なだ

〈艸（艹）部〉

蕭 〔本〕⇒ 善　ゼン・よい

縫 〔同〕⇒ 蓬　ホウ・よもぎ

蘳 〔同〕⇒ 薑　キョウ・しょうが

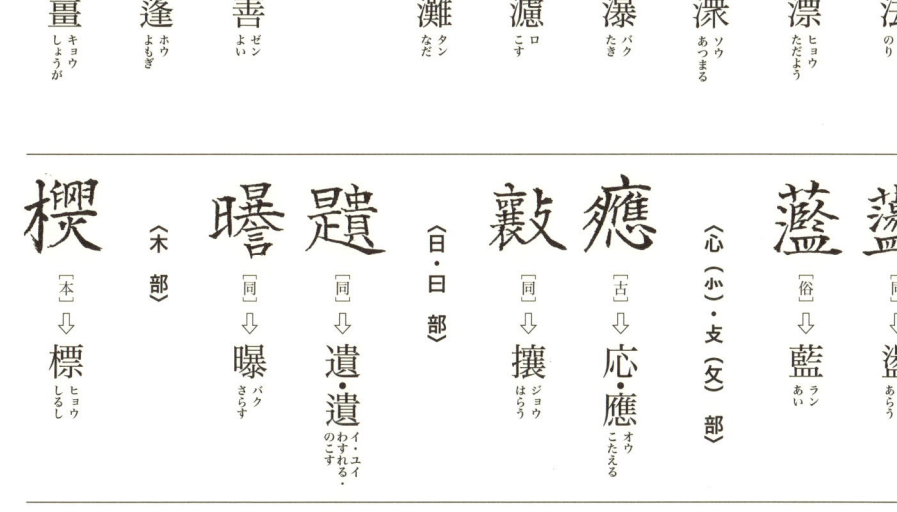

蘫 〔同〕⇒ 盪　トウ・あらう

藍 〔俗〕⇒ 藍　ラン・あい

〈心（忄）・支（攵）部〉

癋 〔古〕⇒ 応・應　オウ・こたえる

歡 〔同〕⇒ 攘　ジョウ・はらう

〈日・曰部〉

躓 〔同〕⇒ 遺・遺　イ・ユイ・わすれる・のこす

曙 〔同〕⇒ 曝　バク・さらす

〈木部〉

櫻 〔本〕⇒ 標　ヒョウ・しるし

蘱 〔同〕⇒ 樵　ショウ・きこり

爵 〔古〕⇒ 爵・爵　シャク・さかずき

蘜 〔同〕⇒ 囊　ノウ・ふくろ

〈火部〉

爛 〔俗〕⇒ 焔　エン

爛 〔同〕⇒ 爛　ラン・かん

儵 〔本〕⇒ 燧　スイ・ひうち

〈爪（爫・⺤）・玉（王）部〉

爵 〔本〕⇒ 爵・爵　シャク・さかずき

瓊 〔同〕⇒ 瓊　ケイ・たま

龠 〔同〕⇒ 璽　ジ・しるし

〈瓜・瓦・田部〉

瓢 〔本〕⇒ 瓢　ヒョウ・ひさご・ふくべ

甀 〔同〕⇒ 甀　ソウ・こしき

疊 〔本〕⇒ 畳・疊　ジョウ・たたむ・たたみ

〈疒部〉

癢 〔同〕⇒ 痒　ヨウ・かゆい

癲 〔同〕⇒ 癀　タイ

龍 〔俗〕⇒ 聾　ロウ

〈皿・目・石・禾部〉

壚 [同] ↓ 塩・鹽　エン・しお
囏 [本] ↓ 艱　カン・かたい
礮 [本] ↓ 砲・砲　ホウ・つつ
薷 [同] ↓ 誘　ユウ・さそう

〈穴・ネ 部〉
竊 [俗] ↓ 窃・竊　セツ・ぬすむ
竈 [俗] ↓ 竈　ソウ・かまど
襱 [同] ↓ 襱　キョウ

〈竹 部〉
篲 [古] ↓ 彗　スイ・ほうき

籓 [同] ↓ 藩　ハン・まがき
籀 [本] ↓ 籀　チュウ
籌 [俗] ↓ 籌　チュウ・かずとり
籘 [俗] ↓ 籐　トウ
籤 [俗] ↓ 籤　セン・くじ

〈糸 部〉
纍 [本] ↓ 累　ルイ・かさなる
纉 [俗] ↓ 続・續　ゾク・つづける
纅 [同] ↓ 儡　ライ・やぶれる
纎 [俗] ↓ 繊・纖　セン

繿 [同] ↓ 襤　ラン・ぼろ
纜 [同] ↓ 襤　ラン・ぼろ
纘 [俗] ↓ 纘　サン

〈缶・羊（主・羊）・耳 部〉
罐 [俗] ↓ 缶・罐　カン
羸 [俗] ↓ 羸　ルイ・つかれる
聽 [俗] ↓ 聴・聽　チョウ・きく

〈舟 部〉
艛 [本] ↓ 謄・謄　トウ・うつす
艖 [俗] ↓ 謄・謄　トウ・うつす

艫 [俗] ↓ 艫　ロ・へさき・とも

〈虫 部〉
蟣 [同] ↓ 蛭　シツ・ひる
蠚 [同] ↓ 齧　ゲツ・かむ・かじる

〈衣・見 部〉
襻 [同] ↓ 襻　ハン
覸 [俗] ↓ 覶　ラ

〈言・豆 部〉
譯 [俗] ↓ 訳・譯　ヤク・わけ
譖 [同] ↓ 診　シン・みる

〔言部〕

譽　[俗]↓誉・譽　ヨ　ほまれ

讓　[同]↓讀　コウ

譜　[本]↓譜　フ

議　[本]↓議　ギ　はかる

護　[俗]↓護　ゴ　まもる

讒　[俗]↓讒　ザン　そしる

鼕　[合]↓毗登　ひとう

〈貝・走・身 部〉

贏　[本]↓贏　エイ　あまる

趲　[同]↓躍・躍　ヤク　おどる

〈車 部〉

轒　[俗]↓嬪　ヒン　よめ

轑　[同]↓軟　ナン　やわらか

轗　[同]↓衡　コウ　はかり

轘　[同]↓轄・轄　カツ

〈辰・酉・釆 部〉

農　[古]↓農　ノウ

醻　[同]↓酬　シュウ　むくいる

醇　[古]↓醇　ジュン　あつい

釋　[俗]↓釈・釋　シャク・とく・ゆるす

〈金 部〉

鐔　[俗]↓価・價　カ　あたい

鐱　[古]↓剣・劍　ケン　つるぎ

鉋　[俗]↓鉋　ホウ　かんな

繩　[同]↓縄・繩　ジョウ　なわ

鏽　[俗]↓銹　シュウ　さび

鑄　[俗]↓鋳・鑄　チュウ　いる

鍋　[同]↓鍋　カ　なべ

鑛　[同]↓鎌・鎌　レン　かま

鎌　[同]↓鎌・鎌　レン　かま

〈長 部〉

鑑　[俗]↓鑿　サク・のみ　うがつ

鑰　[俗]↓鑰　ヤク　かぎ

鑢　[俗]↓鑢　やり

鱗　[俗]↓鱗　リン

鐙　[同]↓鐙　トウ　たかつき

鏝　[俗]↓鏝　マン

鑢　[同]↓鏖　オウ　みなごろし

彌　[本]↓弥・彌　ビ　ひさしい

彌　[本]↓弥・彌　ビ　ひさしい

〈隹部〉

顦 〔同〕⇩ 憔 ショウ やつれる

鸚 〔同〕⇩ 鸚 ガク うそ

鸕 〔同〕⇩ 鷺 ロ さぎ

〈雨(雲)部〉

靈 〔本〕⇩ 霊・靈 レイ・リョウ たま

霺 〔古〕⇩ 震 シン ふるえる

霶 〔俗〕⇩ 濃 ノウ こい

霿 〔同〕⇩ 霧 ム きり

〈面・革部〉

醮 〔同〕⇩ 憔 ショウ やつれる

鞨 〔同〕⇩ 靴・鞜 カ くつ

鞭 〔同〕⇩ 鞭 ベン むち

〈韋(韋)・音部〉

韓 〔同〕⇩ 靴・鞜 カ くつ

韗 〔俗〕⇩ 韗 ヒッ ひざかけ

韺 〔同〕⇩ 響・響 キョウ ひびく

〈頁部〉

頟 〔俗〕⇩ 預 ヨ あずける

顧 〔俗〕⇩ 顧・顧 コ かえりみる

顱 〔同〕⇩ 顱 ロ・ル

〈風部〉

飄 〔俗〕⇩ 飄 ヒョウ つむじかぜ

颺 〔古〕⇩ 儺 ダ・ナ おにやらい

飇 〔俗〕⇩ 飆 ヒョウ つむじかぜ

飈 〔俗〕⇩ 飆 ヒョウ つむじかぜ

〈飛・食(倉・食)部〉

翻 〔同〕⇩ 翻・翻 ホン ひるがえる

饑 〔同〕⇩ 飢・飢 キ うえる

餲 〔同〕⇩ 餉 ショウ かれい

饍 〔同〕⇩ 膳 ゼン

饡 〔同〕⇩ 饌 セン そなえる

饕 〔俗〕⇩ 饕 トウ むさぼる

〈馬部〉

騷 〔俗〕⇩ 騒・騒 ソウ さわぐ

驣 〔俗〕⇩ 騰・騰 トウ あがる・のぼる

駁 〔同〕⇩ 驚 ゴウ おごる

驕 〔俗〕⇩ 驕 キョウ おごる

〈骨部〉

軀 〔同〕⇩ 軀 ク からだ

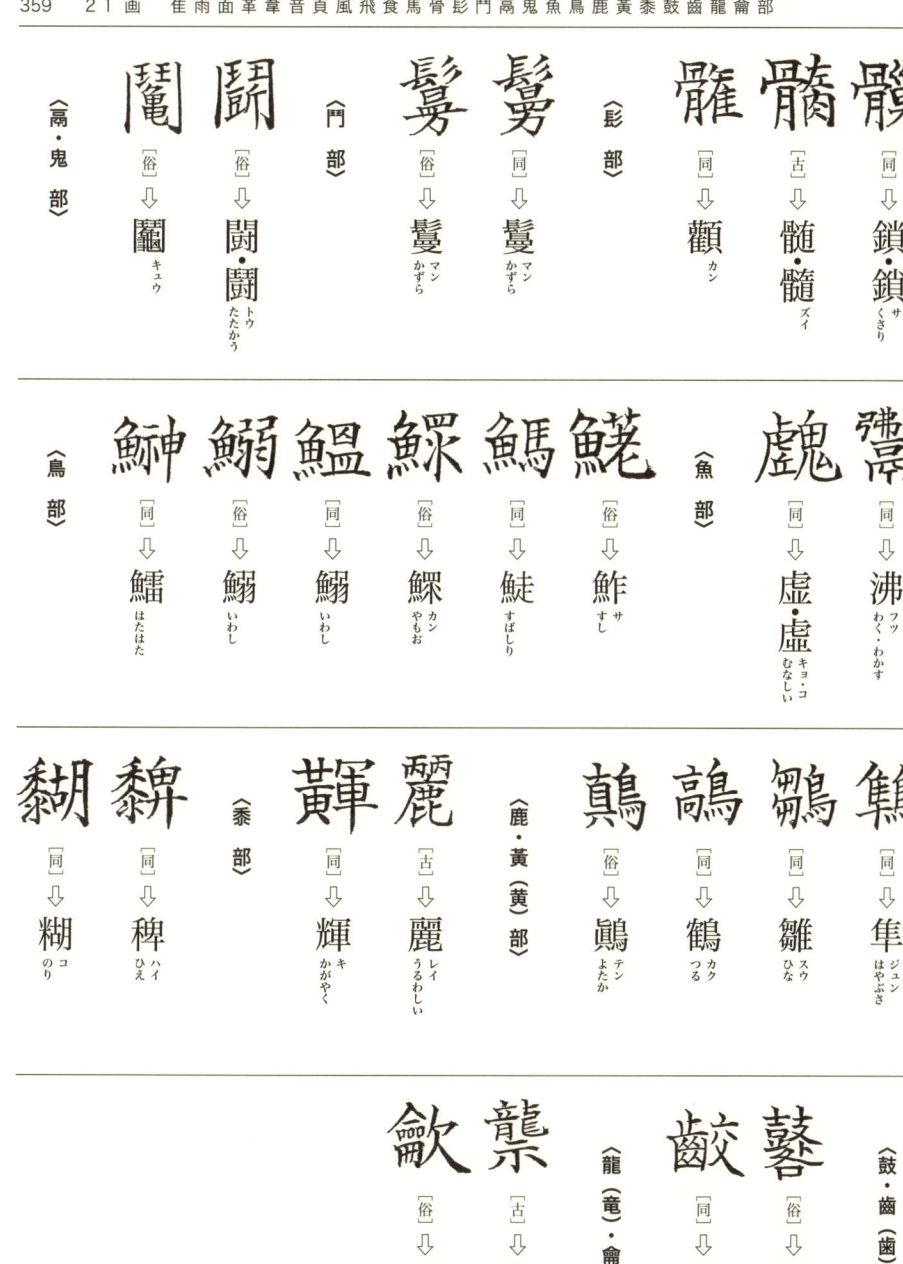

〈影部〉

髒　〔同〕⇒　鎖・鎖　サ（くさり）

髓　〔古〕⇒　髄・髄　ズイ

顴　〔同〕⇒　顴　カン

〈髟部〉

鬘　〔同〕⇒　鬘　マン（かずら）

鬘　〔俗〕⇒　鬘　マン（かずら）

〈門部〉

鬪　〔俗〕⇒　鬪・鬭　トウ（たたかう）

鬮　〔俗〕⇒　鬮　キュウ

〈鬲・鬼部〉

〈魚部〉

鬻　〔同〕⇒　沸　フツ（わく・わかす）

麤　〔同〕⇒　虚・虚　キョ・コ（むなしい）

鮺　〔俗〕⇒　鮓　サ（すし）

鱃　〔同〕⇒　鮏　（すばしり）

鰥　〔俗〕⇒　鰈　カン（やもお）

鰮　〔同〕⇒　鰯　（いわし）

鰯　〔俗〕⇒　鰯　（いわし）

鯡　〔同〕⇒　鰰　（はたはた）

〈鳥部〉

鶲　〔同〕⇒　隼　ジュン（はやぶさ）

鶵　〔俗〕⇒　雛　スウ（ひな）

鶴　〔同〕⇒　鶴　カク（つる）

鷆　〔俗〕⇒　鶇　テン（よたか）

〈鹿・黄（黄）部〉

麗　〔古〕⇒　麗　レイ（うるわしい）

韗　〔同〕⇒　輝　キ（かがやく）

〈黍部〉

黏　〔同〕⇒　稗　ハイ（ひえ）

黐　〔同〕⇒　糊　コ（のり）

鼕　〔俗〕⇒　鼕　コウ（おおつづみ）

齩　〔同〕⇒　噛　（かむ）

齧　〔俗〕⇒　齧　ゲツ（かむ）

〈鼓・歯（歯）部〉

齫　〔俗〕⇒　蘂　コウ

〈龍（竜）・龠部〉

龑　〔古〕⇒　竜・龍　リュウ（たつ）

龡　〔俗〕⇒　吹　スイ（ふく）

二十二画

〈二・厂 部〉

竉 [古] ⇒ 垣 エン かき

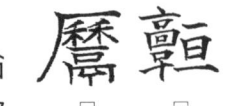

厤 [同] ⇒ 鬲 レキ・カク かま

〈口 部〉

囋 [同] ⇒ 餐 サン

囂 [俗] ⇒ 囂 ゴウ かまびすしい

〈士・女 部〉

〈山 部〉

嬽 [俗] ⇒ 懿 イ うるわしい

嬟 [本] ⇒ 嫖 ヒョウ かるい

巌 [本] ⇒ 岩 ガン いわ

巖 [本] ⇒ 巌・巖 ガン いわお

巘 [同] ⇒ 巌・巖 ガン いわお

〈弓・扌 部〉

彌 [同] ⇒ 餌 ジ え・えさ

攦 [同] ⇒ 撻 タツ むちうつ

攪 [本] ⇒ 擾 ジョウ みだれる

〈氵 部〉

灑 [同] ⇒ 洒 サイ そそぐ

瀬 [同] ⇒ 浩・浩 コウ ひろい

濃 [同] ⇒ 濃 ノウ こい

瀟 [同] ⇒ 瀟 ショウ

灞 [俗] ⇒ 灞 ハ

灝 [同] ⇒ 灝 ハ

灔 [同] ⇒ 灔 エン

〈犭・艸（艹）部〉

獿 [同] ⇒ 優 ユウ やさしい

〈心（忄）・戈・手 部〉

蘂 [同] ⇒ 樵 ショウ きこり

叢 [俗] ⇒ 叢 ソウ むらがる

繭 [同] ⇒ 繭 ケン まゆ

蘖 [同] ⇒ 蘖 ゲツ こうじ

蘢 [同] ⇒ 齏 セイ あえる

懿 [同] ⇒ 軀 ク からだ

戩 [古] ⇒ 城・城 ジョウ しろ

攣 [俗] ⇒ 擁 ヨウ いだく

〈方・日・曰・月（⺼）部〉

籲　[同]⇒祈・祈　いのる　キ

曝　[本]⇒曝　さらす　バク

靚朋　[同]⇒儔　ともがら　チュウ

〈木部〉

檄　[俗]⇒穀・穀　もみ　コク

欑　[同]⇒雑・雜　まじる　ザツ

橿　[同]⇒僵　やぶれる　ライ

欀　[同]⇒叢　むらがる　ソウ

欟　[俗]⇒欟　ッキ

〈爿・玉・目部〉

〔二段目〕

牆　[古]⇒牆　かき　ショウ

璿　[同]⇒瓊　たま　ケイ

矑　[同]⇒観・觀　みる　カン

〈示部〉

禴　[同]⇒祂　ヤク

禶　[同]⇒神・神　シン・ジン

〈禾・穴・立・罒部〉

穮　[同]⇒薦　すすめる・こも　セン

竊　[俗]⇒窃・竊　ぬすむ　セツ

競　[俗]⇒競　きそう・せる　キョウ・ケイ

〔三段目〕

羇　[同]⇒羇　おもがい　キ

〈竹部〉

籤　[同]⇒籤　むらがる　ソウ

籐　[同]⇒籐　トウ

籯　[同]⇒贏　あまる　エイ

〈糸部〉

變　[俗]⇒変・變　かわる・かえる　ヘン

繼　[本]⇒継・繼　つぐ　ケイ

纏　[俗]⇒纏　まとう　テン

〈缶・耳部〉

〔下段〕

罎　[同]⇒罎　びん　ドン

聾　[同]⇒聾　ロウ

〈舟部〉

艟　[同]⇒騰・騰　あがる・のぼる　トウ

艫　[俗]⇒艫　へさき・とも　ロ

〈虫部〉

蠶　[俗]⇒蚕・蠶　かいこ　サン

蠡　[同]⇒蚊　ブン

蠨　[同]⇒蟬　せみ　セン

蠟　[同]⇒蟬　せみ　セン

蠱　[同]⇒蠱　ト

蠱 [同]⇒蠱 ト

〈角・言部〉

觿 [同]⇒觿 ケイ くじり

譯 [同]⇒訳・譯 ヤク わけ

讐 [俗]⇒監 カン みる

譖 [同]⇒諸・諸 ショ もろもろ

譱 [同]⇒論 ロン あげつらう

謹 [本]⇒謹・謹 キン つつしむ

譎 [同]⇒譎 タク せめる

讓 [俗]⇒譲・讓 ジョウ ゆずる

讓 [俗]⇒譲・讓 ジョウ ゆずる

誰 [俗]⇒讐 シュウ あだ

識 [俗]⇒識 シン

〈谷・貝部〉

嶺 [同]⇒潰 トク みぞ

賢 [古]⇒賢 ケン かしこい

贋 [本]⇒贋 ガン にせ

贖 [俗]⇒贖 ショク あがなう

〈足(足)部〉

蹙 [同]⇒履 リ はく

躊 [俗]⇒躊 チュウ

〈車部〉

載 [古]⇒車 シャ くるま

轖 [同]⇒轆 ロク

〈辛・走[辶・辶]部〉

飜 [同]⇒弁・辨・瓣・辯 ベン わきまえる

遷 [本]⇒遷・遷 セン うつる

邁 [同]⇒邁 マイ ゆく

〈邑(阝)・酉・来部〉

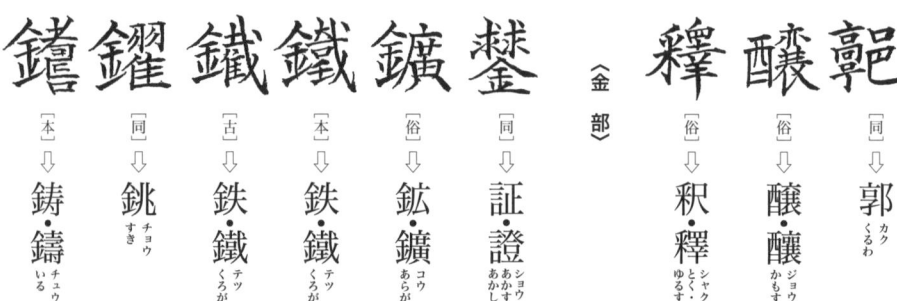

鄿 [同]⇒郭 カク くるわ

釀 [俗]⇒醸・釀 ジョウ かもす

釋 [俗]⇒釈・釋 シャク とく・ゆるす

〈金部〉

鏊 [同]⇒証・證 ショウ あかす・あかし

鑛 [俗]⇒鉱・鑛 コウ あらがね

鐵 [本]⇒鉄・鐵 テツ くろがね

鐵 [古]⇒鉄・鐵 テツ くろがね

钁 [同]⇒銚 チョウ すき

鑄 [本]⇒鋳・鑄 チュウ いる

鐇　[合]⇒金箸　きんちょ

〈門・雨（霝）部〉

闠　[同]⇒塾　ジュク

零　[同]⇒零　おちる・こぼれる　レイ

霙　[同]⇒霊・靈　レイ・リョウ　たま

霿　[同]⇒濛　モウ

〈革部〉

鞢　[同]⇒撻　むちうつ　タツ

鞴　[同]⇒鞴　フク

〈音・頁部〉

響　[俗]⇒響・響　ひびく　キョウ

顥　[同]⇒頂　いただき　チョウ

顟　[同]⇒儚　はかない　ボウ

顠　[同]⇒髑　ドク

〈飛・食（飠・𩙿）部〉

龜　[俗]⇒亀・龜　かめ　キ

饙　[同]⇒餴　フン

饗　[同]⇒饗　あえ・うける　キョウ

〈馬部〉

騰　[同]⇒騰・騰　のぼる・あがる　トウ

驑　[同]⇒驑　リュウ

驚　[俗]⇒驚　おどろく　キョウ

驚　[俗]⇒驚　おどろく　キョウ

〈髟部〉

鬚　[同]⇒須　まつ　ス・シュ

鬣　[俗]⇒鬣　たてがみ　リョウ

〈髙・鬼部〉

鬻　[本]⇒粥　かゆ　シュク

餌　[同]⇒餌　え・えさ　ジ

甗　[俗]⇒甑　こしき　ソウ

魖　[本]⇒魖　すだま　チ

〈魚部〉

鰌　[同]⇒鮒　ふな　フ

鱫　[同]⇒鮂　このしろ

鰥　[同]⇒鯤　はららご　コン

鰥　[同]⇒鰙　わかさぎ

鰌　[同]⇒鮲　どじょう

鰒　[同]⇒鰒　あわび　フク

鰧　[同]⇒鰧　おこぜ　トウ

鱒　[同]⇒鰻　うなぎ　バン

〈鳥・麻（麻）部〉

鱈	鰹	鱒	鰲		雞	鶏	鶴	鶴	鷗
[俗]⇒鱈 たら	[俗]⇒鰹 かつお ケン	[俗]⇒鱒 えそ	[俗]⇒鼇 ゴウ		[同]⇒雉 チ きじ	[同]⇒難・難 ナン かたい	[同]⇒鶴 カク つる	[俗]⇒鶴 カク つる	[同]⇒鷗 オウ かもめ

〈黒（黒）・黽 部〉　〈歯（歯）・龍（竜）・龠 部〉

麿		騰	鼇		齢	龍	龢		戀
[合]⇒麻呂 まろ		[本]⇒黛・黛 タイ まゆずみ	[俗]⇒鼇 ゴウ		[俗]⇒齢・齢 レイ よわい・とし	[同]⇒飛 ヒ とぶ	[古]⇒和 ワ やわらぐ	＊＊＊	[古]⇒恋・戀 レン こい

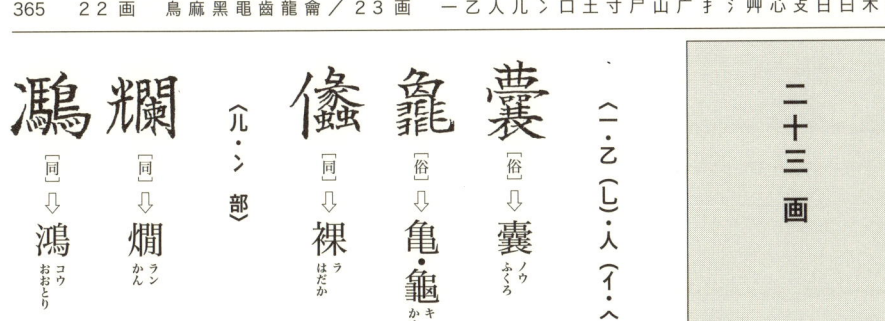

二十三画

〈一・乙（乚）・人（イ・ヘ）部〉

丶

囊　[俗]⇒ 囊　ノウ　ふくろ

龜　[俗]⇒ 亀・龜　キ　かめ

〈儿・ン部〉

儳　[同]⇒ 裸　ラ　はだか

爛　[同]⇒ 爛　ラン　かん

鸕　[同]⇒ 鴻　コウ　おおとり

〈口部〉

嚴　[同]⇒ 厳・嚴　ゲン・ゴン　きびしい

囏　[古]⇒ 艱　カン　かたい

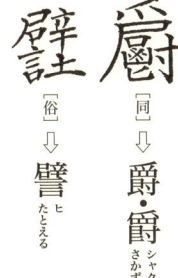

〈土・寸・尸部〉

尠　[本]⇒ 塾　ジュク

厴　[同]⇒ 爵・爵　シャク　さかずき

劈　[俗]⇒ 譬　ヒ　たとえる

〈山部〉

巖　[本]⇒ 巌・巖　ガン　いわお

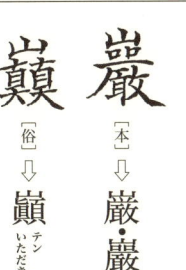

巓　[俗]⇒ 巓　テン　いただき

〈广部〉

廳　[俗]⇒ 庁・廳　チョウ

廰　[俗]⇒ 庁・廰　チョウ

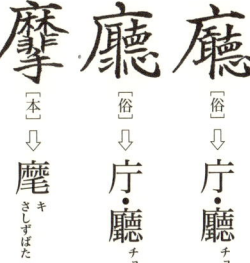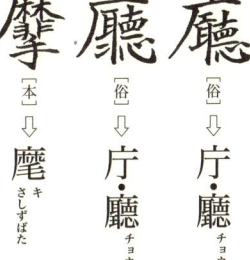

攠　[本]⇒ 麾　キ　さしずばた

〈扌部〉

攙　[同]⇒ 捻　ネン　ひねる

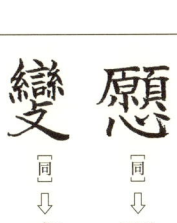

擶　[同]⇒ 捻　ネン　ひねる

攘　[同]⇒ 攘　ジョウ　はらう

〈氵部〉

灒　[本]⇒ 漕　ソウ　こぐ

灝　[本]⇒ 濃　ノウ　こい

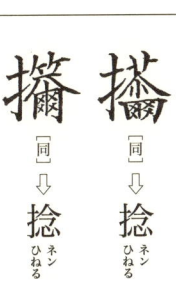

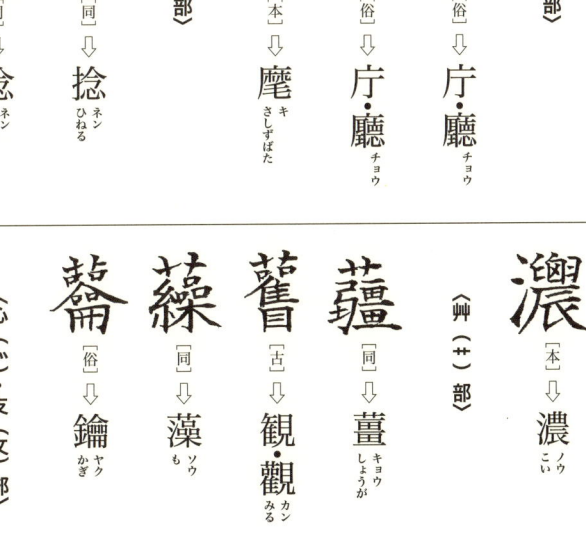

〈艸（艹）部〉

薑　[同]⇒ 薑　キョウ　しょうが

舊　[古]⇒ 観・觀　カン　みる

蘓　[同]⇒ 藻　ソウ　も

蕎　[俗]⇒ 鑰　ヤク　かぎ

〈心（忄）・支（攴）部〉

愿　[同]⇒ 願　ガン　ねがう

變　[同]⇒ 変・變　ヘン　かわる

〈日・曰・木部〉

曬 〔同〕⇩ 晒 さらす サイ

欛 〔俗〕⇩ 欛 つか ハ

欛 〔俗〕⇩ 欛 つか ハ

〈止・火 部〉

叡 〔同〕⇩ 叡 あきらか エイ

燈 〔同〕⇩ 灯・燈 ひ トウ

爆 〔同〕⇩ 爆 やく バク

〈瓜・瓦 部〉

瓢 〔本〕⇩ 瓢 ひさご・ふくべ ヒョウ

甕 〔本〕⇩ 甕 かめ オウ

〈田 部〉

畦 〔同〕⇩ 畦 あぜ ケイ

蠢 〔同〕⇩ 略 おかす リャク

〈疒・石 部〉

癯 〔同〕⇩ 臞 やせる ク

礧 〔俗〕⇩ 磊 ライ

〈禾・竹 部〉

龝 〔本〕⇩ 秋 あき シュウ

穐 〔古〕⇩ 秋 あき シュウ

籢 〔同〕⇩ 奩 はこ レン

〈糸 部〉

繺 〔同〕⇩ 線 いと セン

纖 〔本〕⇩ 纖・繊 セン

纜 〔同〕⇩ 纜 ともづな ラン

纜 〔俗〕⇩ 纜 ともづな ラン

〈耳・臼(日)・舟 部〉

聽 〔俗〕⇩ 聴・聽 きく チョウ

瓢 〔古〕⇩ 瓢 ひさご・ふくべ ヒョウ

艟 〔本〕⇩ 艪 おこぜ トウ

〈虫 部〉

蠭 〔本〕⇩ 蜂 はち ホウ

蝶 〔同〕⇩ 蝶 チョウ

蟻 〔同〕⇩ 蟻 あり ギ

〈襾(西) 部〉

羈 〔俗〕⇩ 羈 たび・おもがい キ

羈 〔俗〕⇩ 羈 たび・おもがい キ

羈 〔俗〕⇩ 羈 おもがい キ

〈言 部〉

監 〔古〕⇩ 監 みる カン

諂 〔同〕⇩ 諂 へつらう テン

23
24
25
26
27
28
29
30
31
32
33
36
39
44

謣 [同]⇒ 諤 ガク

儺 [同]⇒ 讐 シュウ あだ

讐 [同]⇒ 讐 シュウ あだ

〈貝・足〉部

贖 [同]⇒ 遺・遺 イ・エイ わすれる・のこす

騰 [同]⇒ 騰・騰 トウ あがる・のぼる

〈車・辵（辶・辶）部〉

轢 [同]⇒ 轢 レキ ひく

邁 [同]⇒ 邁 マイ ゆく

〈酉部〉

醼 [同]⇒ 宴 エン うたげ

醶 [同]⇒ 酢 サク す

醸 [古]⇒ 燕 エン つばめ

酇 [同]⇒ 糟 ソウ かす

釃 [同]⇒ 讌 エン うたげ

〈金部〉

鑄 [俗]⇒ 鋳・鑄 チュウ いる

鑕 [同]⇒ 鍏 ショウ

鑢 [俗]⇒ 鑢 やり

鑑 [同]⇒ 鑑 カン かがみ

鐦 [同]⇒ 鑢 リョ やすり

鑽 [俗]⇒ 鑽 サン きり・きる

鑿 [俗]⇒ 鑿 サク うがつ・のみ

〈長・隹・雨（⻗）部〉

錀 [同]⇒ 弥・彌 ビ ひさしい

難 [本]⇒ 難・難 ナン かたい

霝 [本]⇒ 雷 ライ かみなり

〈革部〉

鞏 [同]⇒ 鼓 コ つづみ

韈 [同]⇒ 韈 ベツ たび

〈貝・風・食（⻟・食）部〉

願 [同]⇒ 願 ガン ねがう

颷 [俗]⇒ 飄 ヒョウ つむじかぜ

颺 [古]⇒ 儺 ダ・ナ おにやらい

籑 [本]⇒ 饌 セン そなえる

〈馬部〉

驥 [俗]⇒ 虞・虞 グ おそれ

驢 [本]⇒ 騾 ラ らば

贏 [同]⇒ 鬘 マン かずら

驕

〈骨部〉

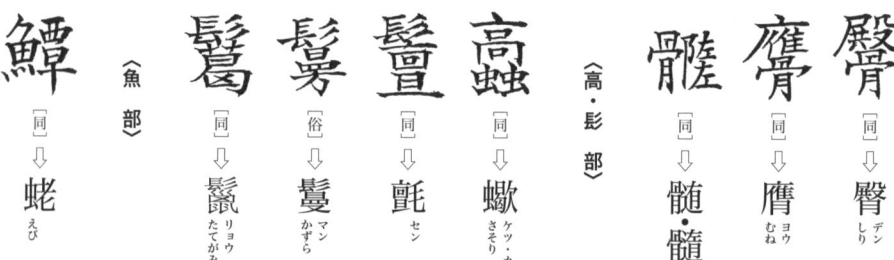

〈高・髟 部〉　　〈魚 部〉

臀　[同]⇒臀　デン　しり

膺　[同]⇒膺　ヨウ　むね

髓　[同]⇒髓・髄　ズイ

髙蟲　[同]⇒蠍　ケツ・カツ　さそり

曡　[同]⇒甂　セン

髦　[俗]⇒鬘　マン　かずら

鬍　[同]⇒鬚　リョウ　たてがみ

鱏　[同]⇒蛑　えび

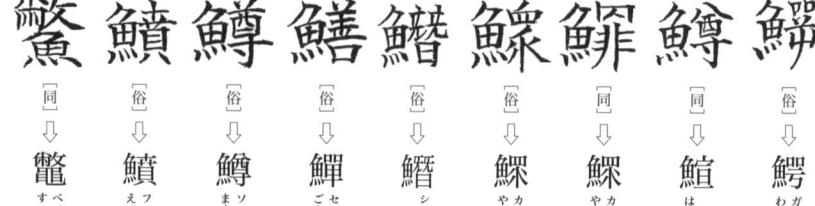

〈鳥 部〉

鰐　[俗]⇒鰐　ガク　わに

鱒　[同]⇒鱠　はらか

鮲　[同]⇒鯢　やもお　カン

鰈　[俗]⇒鯢　やもお　カン

鰊　[俗]⇒鰭　シン

鱔　[俗]⇒鯤　ごまめ　セン

鱒　[俗]⇒鱒　ます　ソン

鱝　[俗]⇒鱝　えい　フン

鱉　[同]⇒鼈　すっぽん　ベツ

〈鼠・鼻(鼻)部〉

鴬　[同]⇒燕　つばめ　エン

鶎　[同]⇒鴫　しぎ

鶯　[同]⇒鶯　うぐいす　オウ

鵰　[俗]⇒鵰　イン

鶡　[同]⇒鷲　わし　シュウ

鵬　[本]⇒鵬　ショウ

就鳥　[同]⇒鷲　わし　シュウ

鶺　[同]⇒鶺　ショウ

鼴　[同]⇒鼴　エン　もぐら

鼾　[同]⇒齁　サ

二十四画

〈人(イ・ヘ)部〉

- 儼　〔俗〕⇒儼　おごそか　ゲン
- 讎　〔俗〕⇒讐　あだ　シュウ

〈厂・口・士部〉

- 廳　〔俗〕⇒庁・廳　チョウ
- 齧　〔同〕⇒齧　かむ・かじる　ゲツ
- 嚴　〔俗〕⇒儼　おごそか　ゲン

〈尸・山部〉

- 懿　〔俗〕⇒懿　うるわしい　イ
- 屭　〔合〕⇒贔屭　ひいき
- 巖　〔俗〕⇒巌・巖　ガン　いわお
- 巖　〔俗〕⇒巌・巖　ガン　いわお
- 巉　〔俗〕⇒巌・巖　いわお　ガン

〈广部〉

- 廱　〔同〕⇒甕　ふさぐ　ヨウ
- 躄　〔同〕⇒蹶　つまずく　ケツ
- 鷹　〔俗〕⇒鷹　たか　ヨウ

〈扌部〉

- 攬　〔同〕⇒擁　いだく　ヨウ
- 欛　〔同〕⇒欛　つか　ハ

〈氵・心(忄)部〉

- 瀰　〔同〕⇒瀰　ビ
- 懿　〔俗〕⇒懿　うるわしい　イ

〈木部〉

- 櫃　〔同〕⇒柩　ひつぎ　キュウ
- 槽　〔本〕⇒槽　かいばおけ　ソウ

〈火部〉

- 爛　〔同〕⇒爛　ラン　かん

〈石部〉

- 爛　〔本〕⇒爛　ただれる　ラン
- 礦　〔本〕⇒磨・磨　みがく　マ
- 礛　〔俗〕⇒巌・巖　ガン　いわお

〈ネ・竹・糸部〉

- 襷　〔同〕⇒襷　たすき
- 籍　〔本〕⇒籍・籍　ふみ　セキ
- 纏　〔俗〕⇒纏　まとう　テン

〈缶・色・虫部〉

- 罋　〔同〕⇒甕　かめ　オウ

蠶 [同] ⇩ 蚕・蠶 サン かいこ

〈言 部〉

譁 [本] ⇩ 嘩・嘩 カ かまびすしい

謇 [同] ⇩ 謇 ケン

〈走・足（⻊）部〉

趯 [同] ⇩ 躍・躍 ヤク おどる

蹇 [俗] ⇩ 蹇 ケン なやむ

〈辵（辶・辶）部〉

進 [古] ⇩ 進・進 シン すすむ

〈金 部〉

鑈 [同] ⇩ 鬲 レキ・カク かま

鍔 [同] ⇩ 鍔 ガク つば

鑬 [同] ⇩ 鑑 カン かがみ

〈門・隹・雨（⻗）部〉

鐫 [同] ⇩ 鐫 セン ほる・える

雧 [同] ⇩ 集 シュウ あつまる

霰 [本] ⇩ 霰 サン あられ

〈革・韋（韋）・頁・風 部〉

韆 [俗] ⇩ 韆 セン

韈 [俗] ⇩ 韤 ベツ たび

願 [同] ⇩ 願 ガン ねがう

飄 [同] ⇩ 飄 ヒョウ つむじかぜ

〈馬 部〉

驝 [同] ⇩ 馲 タク

駘 [同] ⇩ 駘 タイ

駱 [同] ⇩ 駱 ラク かわらげ

〈骨・髟 部〉

髕 [同] ⇩ 臏 ヒン あしきる

鬚 [俗] ⇩ 須 ス・シュ まつ

鬢 [同] ⇩ 鬢 ビン

〈魚 部〉

鱨 [同] ⇩ 嘗 ショウ・ジョウ なめる

鱠 [同] ⇩ 膾 カイ なます

鯉 [同] ⇩ 鯉 リ こい

鱣 [同] ⇩ 鯉 リ こい

鱜 [同] ⇩ 鯉 リ こい

鱷 [本] ⇩ 鯨 ゲイ くじら

鱞 [同] ⇩ 鰥 カン やもお

鱩 [同] ⇩ 鰰 はたはた

鰻 [同] ⇩ 鰻 バン うなぎ

| 23 |
| 24 |
| 25 |
| 26 |
| 27 |
| 28 |
| 29 |
| 30 |
| 31 |
| 32 |
| 33 |
| 36 |
| 39 |
| 44 |

齅
［本］
⇩
嗅
キュウ
かぐ

韒
［同］
⇩
煌
コウ
きらめく

〈黄（黄）・鼻（鼻）部〉

鷁
［同］
⇩
鷺
ロ
さぎ

鶞
［同］
⇩
鶉
ジュン
うずら

〈鳥部〉

鰻
［同］
⇩
鰤
キョウ

鰤
［同］
⇩
鰻
アイ
むつ

鱫
［同］
⇩
鱥
ケイ

鰻
［俗］
⇩
鰻
バン
うなぎ

籥
［俗］
⇩
吹
スイ
ふく

齼
［同］
⇩
齟
ソ
かむ

齭
［同］
⇩
切
セツ
きる

〈歯（歯）・龠部〉

二十五画

〈女・广・彐 部〉

嬳 〔俗〕⇒ 歓・歡 カン よろこぶ

麛 〔本〕⇒ 廓 カク くるわ

摩 〔同〕⇒ 麾 キ さしずばた

夔 〔同〕⇒ 蔓 カク

〈氵 部〉

澪 〔同〕⇒ 零 レイ おちる・こぼれる

〈艸(艹)・日・日 部〉

漁 〔本〕⇒ 漁 ギョ・リョウ すなどる

灤 〔同〕⇒ 灘 タン なだ

疊 〔俗〕⇒ 畳・疊 ジョウ たたむ・たたみ

囑 〔同〕⇒ 燭 ショク ともしび

〈木 部〉

欟 〔同〕⇒ 槻 キ つき

櫚 〔同〕⇒ 檐 エン のき

欛 〔同〕⇒ 欛 つき

欝 〔俗〕⇒ 鬱 ウツ しげる

〈火・目 部〉

爥 〔同〕⇒ 燭 ショク ともしび

矙 〔同〕⇒ 幻 ゲン まぼろし

矙 〔同〕⇒ 瞰 カン みおろす

矙 〔同〕⇒ 瞰 カン みおろす

〈石・ネ 部〉

礶 〔俗〕⇒ 罎 ト

襽 〔同〕⇒ 襴 ラン

〈竹 部〉

籭 〔同〕⇒ 篩 シ ふるい

〈老(耂)・虫 部〉

鼫 〔同〕⇒ 堵 ト かき

蠢 〔同〕⇒ 蟻 ギ あり

〈西(襾) 部〉

羈 〔同〕⇒ 羈 キ たび・おもがい

羈 〔同〕⇒ 羈 キ おもがい

〈言 部〉

讙 〔同〕⇒ 喧 ケン かまびすしい

譩 〔同〕⇒ 噫 イ ああ

籭 〔同〕⇒ 鞠 キク まり・けまり

讞 [同] ⇒ 囈 ゲイ うわごと

〈貝・足（𧾷）・走（辶・⻌）部〉

贓 [同] ⇒ 贜 ゾウ

躙 [同] ⇒ 蹋 トウ ふむ

邐 [同] ⇒ 靉 アイ

〈金部〉

鑑 [同] ⇒ 鍵 ケン かぎ

鑿 [俗] ⇒ 鑿 サク うがつ・のみ

〈雨（䨅）・頁部〉

霸 [俗] ⇒ 羈 キ おもがい

顚 [同] ⇒ 顎 ガク あご

顯 [本] ⇒ 顕・顯 ケン あきらか

顱 [俗] ⇒ 顱 ロ・ル

〈馬・高部〉

驛 [俗] ⇒ 駅・驛 エキ つぎうま

鬻 [同] ⇒ 煮・煮 シャ・にる・にえる

〈魚部〉

鱓 [同] ⇒ 鱓 しいら

鱗 [本] ⇒ 鱗・鱗 リン うろこ

〈鳥・龠部〉

鸎 [同] ⇒ 鶯 オウ うぐいす

龡 [同] ⇒ 唱 ショウ となえる

二十六画

〈丿・十・寸 部〉

- 爛　〔同〕⇒ 爛　ラン・かん
- 鼅　〔同〕⇒ 倔　クツ
- 轟　〔同〕⇒ 博・博　ハク・ひろい

〈艸・廾・皿・目 部〉

- 蘸　〔同〕⇒ 酢　サク
- 鹽　〔同〕⇒ 鹹　セン・ケン

〈虫 部〉

- 覶　〔同〕⇒ 観・觀　カン・みる
- 蠶　〔俗〕⇒ 蚕・蠶　サン・かいこ
- 蠿　〔俗〕⇒ 蚕・蠶　サン・かいこ

〈衣・言・貝・足(⻊) 部〉

- 襲　〔古〕⇒ 襲　シュウ・おそう
- 讃　〔同〕⇒ 賛・讚　サン・たたえる
- 贕　〔本〕⇒ 贖　ショク・あがなう
- 躪　〔同〕⇒ 躙　リン・ふむ

〈金 部〉

- 鑵　〔同〕⇒ 缶・罐　カン
- 鐦　〔同〕⇒ 鈿　デン・かんざし
- 鑼　〔同〕⇒ 銚　チョウ・すき

〈食(𩙿・飠)・馬 部〉

- 饢　〔同〕⇒ 餉　ショウ・かれい
- 驣　〔同〕⇒ 騰・騰　トウ・あがる・のぼる

〈骨 部〉

- 髓　〔同〕⇒ 髄・髓　ズイ
- 髗　〔同〕⇒ 顱　ロ・ル

〈髟・高 部〉

- 鬤　〔同〕⇒ 鬣　リョウ・たてがみ
- 鬻　〔同〕⇒ 炒　ショウ・いためる
- 鬻　〔同〕⇒ 羹　コウ・あつもの

〈魚・鳥 部〉

- 鱤　〔同〕⇒ 鮊　わかさぎ
- 鷜　〔同〕⇒ 鷺　ロ・さぎ

〈歯(齒)・龠 部〉

- 齼　〔同〕⇒ 齟　ソ・かむ
- 龤　〔同〕⇒ 諧　カイ・なう
- 龥　〔同〕⇒ 籲　ユ・よぶ

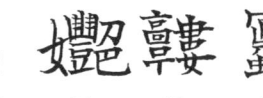

二十七画

〔26画〕

鬱 [俗] ⇒ 鬱 ウツ しげる

鐅 [同] ⇒ 太 タ ふとい

〈木 部〉

蠮 [同] ⇒ 艶・艶 エン なまめかしい・つや

轟 [同] ⇒ 楼・樓 ロウ たかどの

蠶 [同] ⇒ 蜜 ミツ

〈宀・女 部〉

邐 [同] ⇒ 鸂 イツ しぎ

豔 [本] ⇒ 艶・艶 エン なまめかしい・つや

囍 [同] ⇒ 蠱 ト

〈虫・豆・走（辶・辶）部〉

鼃 [古] ⇒ 秋 シュウ あき

穖 [本] ⇒ 秋 シュウ あき

纝 [同] ⇒ 駱 ラク かわらげ

疉 [同] ⇒ 雷 ライ かみなり

〈田・白・禾 部〉

鬱 [俗] ⇒ 鬱 ウツ しげる

驫 [同] ⇒ 騰・騰 トウ あがる・のぼる

驊 [同] ⇒ 歓・歡 カン よろこぶ

颮 [同] ⇒ 歓・歡 カン よろこぶ

飆 [本] ⇒ 飄 ヒョウ つむじかぜ

觀 [古] ⇒ 風 フウ かぜ

〈風・馬 部〉

靅 [同] ⇒ 靆 つる

靆 [同] ⇒ 靆 つる

鐢 [俗] ⇒ 礬 ハン

〈金・雨（靈）部〉

〈骨・鬯・魚 部〉

鱴 [同] ⇒ 籭 チ

齩 [同] ⇒ 齧 ゲツ かむ

〈歯（歯）・龠 部〉

鼈 [俗] ⇒ 鼈 ベツ すっぽん

鶴 [同] ⇒ 鶴 カク つる

〈鳥・黽 部〉

鱸 [俗] ⇒ 鱸 ロ すずき

鰐 [同] ⇒ 鰐 ガク わに

鬱 [同] ⇒ 鬱 ウツ しげる

顴 [同] ⇒ 顴 カン

二十八画

〈氵・木　部〉

瀶 [俗]⇒ 灘　タン　なだ

欙 [俗]⇒ 栗　リツ　くり

欟 [同]⇒ 槻　キ　つき

鬱 [俗]⇒ 鬱　ウツ　しげる

〈灬・玉(王)・臼(臼)　部〉

鸛 [同]⇒ 焦　ショウ　こげる

瓔 [同]⇒ 玲　レイ

釁 [同]⇒ 興　コウ・キョウ　おこる・おこす

〈虫　部〉

蠟 [同]⇒ 蛮・蠻　バン

蠹 [同]⇒ 蠧　ト

〈角・言・豆　部〉

觿 [同]⇒ 触・觸　ショク　ふれる・さわる

讙 [同]⇒ 喧　ケン　かまびすしい

讝 [本]⇒ 艶・艶　エン　なまめかしい・つや

〈金　部〉

鑿 [俗]⇒ 鑿　サク　うがつ・のみ

鑿 [俗]⇒ 鑿　サク　うがつ・のみ

〈隹・魚　部〉

雧 [本]⇒ 集　シュウ　あつまる

鯤 [同]⇒ 鯤　コン　はらご

〈龜(亀)・歯(歯)　部〉

鼈 [同]⇒ 鼈　ベツ　すっぽん

齽 [同]⇒ 噤　キン　つぐむ

二十九画

〈ネ・臣・言　部〉

襽 [同]⇒ 衿　キン　えり

臨 [古]⇒ 臨　リン　のぞむ

讓 [本]⇒ 讓・譲　ジョウ　ゆずる

〈金・雨(雫)・鳥　部〉

鑑 [同]⇒ 鑑　カン　かがみ

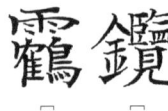

鸖 [俗]⇒ 鶴　カク　つる

鸛
[同]⇒鴝ク

三十画

〈厂・山 部〉

原願 [同]⇒源 ゲン みなもと

巓 [俗]⇒巓 テン いただき

〈氵・爿・玉・走・辶・彑 部〉

灄 [同]⇒鶴 カク つる

牆 [古]⇒牆 ショウ かき

䗹 [同]⇒鷸 イツ しぎ

三十一画

〈口 部〉

嚻 [俗]⇒囂 ゴウ かまびすしい

〈木 部〉

欙 [古]⇒栗 リツ くり

三十二画

〈鳥 部〉

鸀 [同]⇒属・屬 ゾク つく

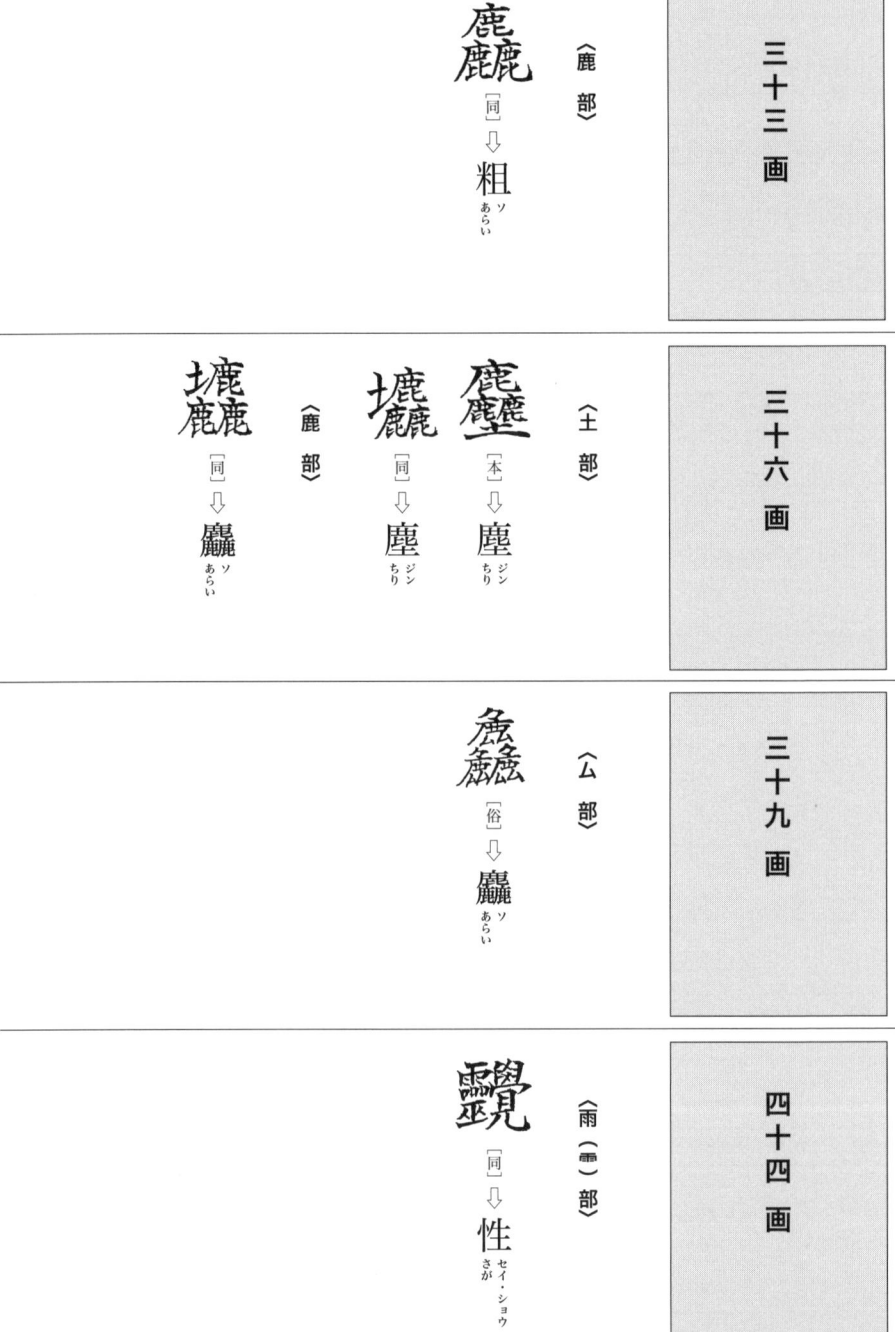

三十三画

〈鹿部〉

鹿鹿
鹿 [同] ⇨ 粗
ソ
あらい

三十六画

〈土部〉

鹿塵
塵 [本] ⇨ 塵
ジン
ちり

〈鹿部〉

塵鹿
塵 [同] ⇨ 塵
ジン
ちり

塵鹿
鹿 [同] ⇨ 麤
ソ
あらい

三十九画

〈厶部〉

麤
麤 [俗] ⇨ 麤
ソ
あらい

四十四画

〈雨（䨥）部〉

靈覓
[同] ⇨ 性
セイ・ショウ
さが

日本難字異体字大字典
「解読編」終

井上 辰雄（いのうえ・たつお）
1928年生れ。東京大学国史科卒業。東京大学大学院(旧制)満期修了。熊本大学教授、筑波大学教授を歴任す。筑波大学名誉教授。文学博士。
著書等 『正税帳の研究』(塙書房)、『古代王権と宗教的部民』(柏書房)、『隼人と大和政権』(学生社)、『火の国』(学生社)、『古代王権と語部』(教育社)、『熊襲と隼人』(教育社)、『天皇家の誕生—帝と女帝の系譜』(遊子館)、『日本文学地名大辞典〈散文編〉』(遊子館、監修)、『日本難訓難語大辞典』(遊子館、監修)、『古事記のことば—この国を知る134の神語り』(遊子館)、『古事記の想像力—神から人への113のものがたり』(遊子館)、『茶道をめぐる歴史散歩』(遊子館)、『図説・和歌と歌人の歴史事典』(遊子館)、『在原業平—雅を求めた貴公子』(遊子館)、『万葉びとの心と言葉の事典』(遊子館)、『常陸風土記の世界』(雄山閣出版)など。

墨書：
加藤 まり子（かとう・まりこ）
鹿児島大学教育学部卒業。書家。

日本難字異体字大字典 コンパクト版 〈解読編〉
2017年10月30日　第1刷発行

監修者　井上辰雄
編　集　日本難字異体字大字典編集委員会
　　　　編集著作権者　瓜坊 進
発行者　遠藤伸子
発行所　株式会社 遊子館
　　　　152-0003　東京都目黒区碑文谷 5-16-18-401
　　　　電話 03-3712-3117　FAX 03-3712-3177
印刷・製本　シナノ印刷株式会社
装　幀　中村豪志
定　価　外箱表示

ISBN 978-4-86361-030-9 C3500 (全2巻)

　　　※本書は『日本難字異体字大字典』(遊子館)の縮刷版です。

遊子館の辞典

日本難訓難語大辞典　定価（本体 16,000 円＋税）ISBN978-4-946525-74-2
井上辰雄 監修
B5 判・上製・488 頁
「読めない」「引けない」日本語がすぐわかる。国文学、歴史用語、古文書、古記録、宛字、外来語、動植物用語など、各分野より 1 万 6000 余語を幅広く採字した本格的な難訓難語解読辞典。

日本文学地名大辞典 — 詩歌編（上・下）　揃価（本体 36,000 円＋税）ISBN978-4-946525-17-9
大岡　信 監修
B5 判・上製・セット箱入・総1200 頁
万葉から現代まで、北海道から沖縄まで日本の詩歌に詠まれた地名を解説。豊富な詩歌作品例による地名表現の実証資料辞典。収録地名 2500 余。和歌・連歌・短歌・俳句・近代詩 1 万 5000 余の作品を時代順に収録。都道府県別地名索引・歌枕地名（旧国名別）索引・俳枕地名索引完備。

日本文学地名大辞典 — 散文編（上・下）　揃価（本体 36,000 円＋税）ISBN978-4-946525-34-6
井上辰雄 監修
B5 判・上製・セット箱入・総800 頁
『古事記』から『街道を行く』まで、1800 余の作品例による文学地名表現辞典。収録地名 1200 余。日本文学の主要な散文・宴曲・歌謡・狂言・謡曲作品を分類して時代順に収録。400 図におよぶ歴史図絵収録。都道府県別地名索引完備。

〔日本文学史蹟大辞典〕　全 4 巻
井上辰雄・大 岡 信・太田幸夫・牧谷孝則 監修
各巻 A4 判・上製・セット箱入／地図編 172 頁・地名解説編 480 頁／絵図編（上・下）480 頁
史蹟地図＋絵図＋地名解説＋詩歌・散文作品により、文学と歴史を統合した最大規模の文学史蹟大辞典。史蹟約 3000 余、詩歌・散文例約 4500 余。歴史絵図 1230 余収録。
日本文学史蹟大辞典 — 地図編・地名解説編　揃価（本体 46,000 円＋税）ISBN978-4-946525-31-5
日本文学史蹟大辞典 — 絵図編（上・下）　揃価（本体 46,000 円＋税）ISBN978-4-946525-32-2

〔短歌・俳句・狂歌・川柳表現辞典〈歳時記版〉〕　全 6 巻
大 岡 信 監修　各巻 B6 判 512 〜 632 頁、上製箱入
万葉から現代の作品をテーマ別・歳時記分類をした実作者・研究者のための作品辞典。他書を圧倒する情報量。全項目 7300 余。全作品 3 万 7000 余。全時代の作品を年代順に収録。作品の出典明記。季語の検索に便利な「歳時記」構成。四季索引完備。
短歌俳句 植物表現辞典　定価（本体 3,500 円＋税）ISBN978-4-946525-38-4
短歌俳句 動物表現辞典　定価（本体 3,300 円＋税）ISBN978-4-946525-39-1
短歌俳句 自然表現辞典　定価（本体 3,300 円＋税）ISBN978-4-946525-40-7
短歌俳句 生活表現辞典　定価（本体 3,500 円＋税）ISBN978-4-946525-41-4
短歌俳句 愛情表現辞典　定価（本体 3,300 円＋税）ISBN978-4-946525-42-1
狂 歌 川 柳 表 現 辞 典　定価（本体 3,300 円＋税）ISBN978-4-946525-43-8